逸身喜一郎／吉田伸之［編］

両替商 銭屋佐兵衛

2 逸身家文書 研究

東京大学出版会

A BANK IN OSAKA: *ZENISA* vol. 2
STUDIES ON *ZENISA*

Kiichiro ITSUMI and Nobuyuki YOSHIDA, Editors

University of Tokyo Press, 2014
ISBN 978-4-13-026237-8

序

本論集『両替商　銭屋佐兵衛』第1・2巻は、逸身家に残された稀有な史料群を素材として、二〇〇四年六月以来実施してきた、十年余に及ぶ共同調査・研究の成果として刊行されるものである。逸身家文書は、西洋古典学の第一人者・逸身喜一郎氏のもとに伝来した二五〇〇点ほどの新発見の史料群である（史料群の来歴や発見の経緯については、第1巻第一章で詳述）。逸身氏のご先祖は、かつて大坂で有力な両替商であった銭屋（逸身）佐兵衛家である。逸身家文書は、その一部に一七世紀のものも含まれるが、大半はほぼ一九世紀前半から二〇世紀初頭にかけてのもので、近世大坂の両替商として成長してゆく銭屋佐兵衛店が、近代に入り一八八〇年に逸身銀行へと継承され、一九〇二年に取り付けによる破綻・任意解散へと至る、ほぼ一世紀近くにわたる史料群である。この逸身家文書を対象とする現状記録調査は、東京大学日本史学研究室において実施され、史料細胞現状記録などの成果を、『大坂両替商逸身家文書現状記録調査報告書』（ぐるーぷ・とらっど3　二〇〇六―二〇一〇年度科学研究費補助金・基盤研究（S）「16―19世紀、伝統都市の分節的な社会＝空間構造に関する比較類型論的研究」（研究代表者＝吉田伸之）、二〇一〇年三月。以下、「報告書」）に一括して掲載した。

二〇〇九年度以降、共同研究が本格的に始まる中で、逸身家文書に関連する史料群の調査も進展し、その中で、古書店から石灰町の人別帳を購入したり、大阪商業大学商業史博物館佐古慶三教授収集文書の「銭佐日記」に出会うことができた。そして銭屋佐兵衛家の「中興の祖」とされ、中核的な存在である四代宝房に関する史料がもっとも豊富に残ることが確認されたのである。これらを踏まえ、逸身喜一郎氏は、ご専門の西洋古典学において駆使されてきたプロソポグラフィの手法、すなわち、「個々の人物の階層や家柄、姻戚関係、出身地域に着目し、その人間関係から歴史を読み解こうとする方法」（第1巻第一章・注1）を適用し、四代佐兵衛の評伝を軸に、逸身家の歴史についての包括的な叙述を目指すこととなった。こうして著された大作が第1巻『四代佐兵衛 評伝』に他ならない。また、共同研究参加者による個別研究は、相互のテーマや素材の重複を一部に含みながらも地道に進められ、その端緒的な成果は、まず「報告書」に掲載された。その前後、新たに八木滋氏、中川すがね氏、須賀博樹氏のご参加を得て、二〇一〇年頃までに、個別研究全体のとりまとめについての見通しを得た。そこで、『四代佐兵衛 評伝』と、逸身家文書を素材とする個別研究成果『逸身家文書 研究』をそれぞれの巻に編集し、二〇一四年度日本学術振興会科学研究費補助金（研究成果公開促進費）を得られることとなって、東京大学出版会にお願いし、刊行が実現する運びとなった次第である。

本論集、第1巻は『四代佐兵衛 評伝』（以下、「評伝編」）である。この大部な本文部分は、前述のように逸身喜一郎氏による単著となっている。この評伝は、四代佐兵衛の生涯を軸に、銭屋（逸身）佐兵衛家の歴史を、全七章七七節にわたり、二〇世紀初頭の逸身銀行破綻までを描ききる。そして逸身家の家族、親類、縁戚、奉公人、出入り層など、第1巻所掲の人名索引にあるように、二〇〇名を超える多数の人びとについて、逸身家文書などの記述や、墓碑銘、さらには伝承を照合し、それぞれ個人の同定を達成、あるいは肉薄したものである。一読してすぐ納得できるように、氏の努力によって、歴史の闇から掬い取られた人びとは数限りない。こうしてこの評伝は、大坂両替商の一事例研究というレベルに留まらず、近世・近代移行期を通じ、金融に関わった個別経営が、大坂島之内を舞台にどのように生成、発展、展開、破綻の過程を歩んだのかを克明に辿る一つの全体史といえるものである。ここでは、氏の本来の専門分野（西洋古典学）で用いられてきたプロソポグラフィという手法を駆使し、その有効性を実証している。

こうして日本史学に対しては、対象とする史料群へのアプローチにおいて、所与のものとしてある自己の関心から部分を限定的に切り取るような手法を根底から批判し、素材の史料群に現れるあらゆる人びとを、可能な限り詳細に、具体的に、また包括的に同定しつくす、というスタンスの重要性を提起しているといえるのではなかろうか。

また第1巻では、まず冒頭の口絵部分にカラー写真による銭佐（逸身家）関係の解説を試みた。この部分は「報告書」冒頭で掲げた口絵を基礎に、その後の調査研究を踏まえながら、八木滋氏が新たに編集し解説を施したものである。また、「評伝」本論に続いて、「評伝編」や「研究編」で頻繁に用いられている逸身家文書を中心とする基本史料（群）一〇点を取り上げ、これらについて、史料写真を添えて簡潔な史料解題を付した。これは、逸身家文書の史料群としての特質やその階層構造を知る上での手がかりともなろう。また、巻末部分に、「評伝編」「研究編」の叙述を理解しやすくするために、主要な逸身家系図（担当・逸身氏）、関係地図（担当・八木氏）、四代佐兵衛年表、人名索引、（以上は、小松、八木、逸身の各氏による）を収録した。

本論集第2巻は『逸身家文書 研究』（以下、「研究編」）と題し、一〇編のモノグラフで構成した。これらを第I部「イエと社会」、第II部「経営の展開」第III部「商いの実相」、の三つの部に編集した。

第I部「イエと社会」は、両替商・銭佐のイエが、都市社会・大坂の中で、あるいは同族団結合などにおいて、どのような位相・位置にあったかを検討する四つの章で構成する。

第一章「都市大坂における銭佐の社会的位相」（吉田伸之）は、島之内の石灰町を本拠とする銭佐が、巨大都市大坂においてどのような社会的位相にあったかを、「銭佐日記」なども用いながら、石灰町の社会＝空間、掛屋敷経営、普請方という三つの局面から検討する。

第二章「「ええじゃないか」と銭佐」（竹ノ内雅人）は、逸身家文書中の「天照皇大神宮御降臨諸事扣」の史料紹介を通じて、最幕末期における銭佐店と周辺社会との関係をスケッチする。そこでは、店舗内の諸構成主体や出入集団などの存在が抽出され、第一章後半の内容と相補い合う形となっている。

第三章「逸身家文書のなかの「野々口家文書」」（杉森哲也）は、京都の丹後縮緬問屋・丹後屋（野々口家）に関する一群の史料が、逸身家文書の中に伝来した経緯を検討し、同家に嫁してその後本家に戻った三代佐兵衛娘らくが丹後屋の家業に関わり、その後逸身家に戻った事由を見る。

第四章「逸身家の婚礼」（小松愛子）は、逸身家文書全体の二割近くに及ぶ婚礼関係史料に注目し、幕末期から明治中期にかけての六件の婚礼事例を精緻に分析する。ここでは、逸身家に関わる婚礼儀礼が、縁談段階から詳細に検討され、縁組み相手の選定、婚礼儀礼における統括者＝総元締の役割、婚礼によって織りなされる諸関係の構造など、新たな事実解明が豊富に提供される。

第II部「経営の展開」の三つの章は、両替商としての銭佐が明治期以降逸身銀行へと展開する、金融を軸とする経営の諸過程を段階的に扱いながら、その経営構造の特質を解明する。

第五章「銭屋佐兵衛の本両替経営」（中川すがね）は、執筆者による近世大坂の本両替研究の一環として、商業金融を基盤として有力な本両替へと成長する銭佐の経営を、一八世紀後半の初代段階から、独立した経営主体として活動を活発化させる三代の時期、天保八年頃までを中心に解明する。そこではいくつかの決算帳簿が分析に供され、本両替、領主金融、家屋敷経営などの推移を見る。

第六章「幕末維新期における銭佐の経営」（小林延人）は、第五章を受けて、弘化年間以降明治十年代にかけての銭佐の両替商としての経営実態を分析する。ここでは大名貸が幕末期にいたる過程の中で経営に占めた比重、また大名貸の蓄積や掛屋敷経営をも軸とする経営基盤が、維新期以降の経営に継承されつつ、近代の銀行資本へと転身する上で、どのような条件を付与したか等が検討される。

第七章「逸身銀行の設立・展開とその破綻」（中西聡）は、逸身銀行の設立から、経営展開、そして破綻の経緯を検討し、近代前期大阪における旧両替商を系譜とする銀行に関する事例分析とする。そこでは、縁戚関係を核とする銀行のネットワーク、近世以来の商人ネットワークを活かした積極的な紡績金融や、コルレスポンデス網の形成、さらには逸身銀行の経営破綻のいきさつなどが明らかにされる。

第III部「商いの実相」では、銭佐の経営の具体的な有り様を、類業の両替商との交流や、大名貸、藩の国産仕法との関わりなどから、その実態に迫る三つの論考を集めた。

第八章「銭佐と住友江戸中橋店」（海原亮）は、住友江戸中橋店からの書簡約一二〇点が逸身家文書の中に含まれる事実に注目し、住友側に残された関連史料も併せて、文政期後半、住友の同店と銭佐との書簡でどのような情報が交換されたかを分析する。そして江戸での貨幣改鋳と引替、江戸定飛脚宿嶋屋の「正金不着」事件、江戸本両替升屋源四郎休店一件などをめぐる情報交換から、両替・為替業務での結びつき以外に濃密な取引関係が存在したことを明らかにする。

第九章「熊本藩国産明礬と銭佐」（八木滋）は、逸身家文書に含まれる関連史料から、銭佐と熊本藩国産明礬との関わりを追究し、明礬という商品をめぐる、熊本藩、産地＝山方、大坂における和明礬会所（近江屋五郎兵衛）、明礬商人、からなる流通システムの実態を明らかにする。その中で、銭佐の熊本藩への大名貸、藩の明礬流通仕法を担う蔵元としての銭佐の関わり、明礬売買構造の実態、などに迫る。

第一〇章「銭佐と因州鳥取藩」（須賀博樹）は、「銭佐日記」や「諸家貸」などの分析を通じ、幕末維新期において、銭佐が鳥取藩（因州藩）を対象に行った大名貸の実態解明をめざす。そこでは、大坂商人の連合（組合）によるリスクの回避、「御差別」という藩からの返済システムによる信用の存在などが見いだされ、藩の京都での政治活動を支えた大坂両替商による融資の特質を見る。

以上、第1巻『四代佐兵衛 評伝』、および第2巻『逸身家文書 研究』収録の一〇編の論考による成果は、とりあえず以下の点にあるように思われる。

1　三井や鴻池、住友など、三都を股にかけ全国的に展開する超巨大化を遂げた一握りの豪商ではなく、大坂を拠点とし、近世後期に顕著に成長し、有力な「金融資本」（両替商）へと展開した家と経営に関する貴重な事例研究が、一挙にまとめて提供されること。

2　逸身喜一郎氏による『四代佐兵衛 評伝』は、大坂両替商に関する前例のない達成であり、前述のように一つの全体史叙述にほかならない。また、第2巻収録の諸論考は、こうした評伝の全体史叙述にとっての基礎をなし、これを補い、またその不可分の一翼を構成する。他方で評伝は、第2巻の諸論考にとって、必ず参照すべき前提であり、「評伝編」で発見・発掘された論点や、喚起された問題関心を展開する、という関係にある。「研究編」に収録した諸成果には、歴史学における分野史、すなわち経済史、経営史、都市社会史などにおけるそれぞれのディシプリン間の微妙な差異が見られる。しかし共同研究の取り組みの中で、こうした差異は部分的にではあれ乗り越えられ、また相互の成果を共有し参照し合う関係が端緒的ではあるが構築されたことは重要である。

3　またプロソポグラフィという研究法・叙述法についていえば、これは大量の「最適史料」を残す武家・貴族・豪農商などを対象とする歴史研究にとっては勿論であろうが、むしろ、近世から近代前期を生きたふつうの人びとの歴史を辿る上で、極めて重要かつ有効な方法ではないかと考える。歴史叙述における細密画の達成は、私見によれば、こうした民衆レベルにおいて一段と深い意味を帯びるのであり、プロソポグラフィは、まさに歴史社会を精緻に描く上で、重要な分析手段を私たちにもたらすように思われる。

4　さらに編者の関心に引きつけて、都市社会史という視点からみるとき、新たに浮上した課題や論点群は相当量に及ぶ。例えば、銭佐の婚礼関係から見えてくる大坂や京都、さらには周辺社会との関係は、近世後期における大坂の存立基盤の一部ともいえるものであって、単なるイエの儀礼に留まらない意味を帯びる。また、普請方の構造は、豪商（大店）と都市社会（民衆世界）との接点として注目されるが、これを京都や江戸との類例との間で比較類型論的に把握する上で一つのきっかけを得た。また、銭佐の大名貸が、債務者である藩の国産仕法と深く結びつき、明礬（熊本藩）・砂糖（土佐藩）などを介して、大坂市場への参入にとって不可欠の条件であることが示され、両替商が全国市場に関わる構造の一端が明らかにされたことに興味が惹かれる。

さて序文の最後に、個人的な感慨を若干記すことをお許しいただきたい。かつて、職場の同僚であった逸身喜一郎氏からご相談を受け、大阪市中心部の上本町のご親戚宅に残されていた銭屋佐兵衛家旧蔵史料群と出会うという幸運を得た。すぐにこれを東京大学に搬送し、院生学生諸君と数年にわたって現状記録を実施し、報告書にとりまとめることができた。この間、史料群との出会いから今日まで、丸一〇年が経過した。これまでの史料調査の中でも特異な経験をさせていただいた。この調査においては、とかく陥りがちな史料調査唯一主義（史料調査のみに明け暮れて満足し、研究を疎かにする古文書フェチ）に堕さぬよう、調査報告書完成前後から新たなメンバーを得て共同研究を開始し、逸身家文書研究会として再組織した。そこでの旺盛な研究成果がまた逸身氏を「刺激」し、こうして逸身氏は膨大なエネルギーと情熱をもって、四代佐兵衛を中心とするプロソポグラフィ研究に邁進されたのである。こうして、日本史学の狭い「専門性」はある意味で軽く乗り越えられ、逸身氏ははるかな高みに到達されてしまった。驚嘆するとともに、感慨を覚えざるを得ない。こうしたことが可能となったのは、逸身氏がご自身のルーツに関して強い愛着と関心を掻き立てられたことが基礎にあったのだろうが、それ以上に、逸身家文書という単一の素材をめぐる研究交流と、異なる学問分野間における共同の営みとが、そうした高みへと氏を誘ったのだと思う。これはきわめて稀な達成であるとともに、多分野・異分野間における研究の交流・共同という営みに、あらたな足跡を印することになったといえるのではないだろうか。

本論集の完成に際し、特に次のお二人に感謝したい。小松（武部）愛子さんは、今回の調査・研究、さらには論集刊行などの全過程で司令塔兼事務局の役割を担い、逸身家文書の現状記録調査段階から、逸身家文書研究会としての共同研究、また論集刊行までの事業進行を一貫して管理された。他方で新たな史料群をいくつも発見、これをメンバーに提供し、さらには逸身喜一郎氏の評伝執筆にあたっては、史料解読や分析などで多大な貢献をされた。唯一人、逸身氏と「古い大坂」の心性を世代を超えて共有する八木滋氏は、逸身家文書の大阪歴史博物館への寄託に尽力され、また新たな史料群へのアプローチや共同研究の推進力となり、さらには現在、本論集の校正段階で、大阪歴史博物館の特集展示「両替商　銭屋佐兵衛」企画を精力的に担当されている。

こうした、多分にわがままで特異な企画を実現することができたのは、ひとえに東大出版会・山本徹氏のご厚意とご尽力によるものである。記して謝意を申し述べる次第である。

本書を、誰よりもまず逸身娩子さんに捧げさせていただきたい。喜一郎氏のご母堂である娩子さんは、史料調査の早い段階から私たちの作業を見守り続け、また貴重なお話を聞かせてくださるなど、大きな励ましを与えてくださった。ついで、かつて銭屋佐兵衛家に生まれ、暮らし、働き、あるいは類縁関係を結び、またこの家と店に奉公し、出入りし、そうすることで逸身家文書にその名を刻むことになった、今は亡き全ての人々に本書を捧げる。

吉田伸之

目次

第III部　商いの実相

凡　例

一　本書『両替商　銭屋佐兵衛』は全二巻からなる。第1巻「四代佐兵衛　評伝」は四代銭屋佐兵衛の評伝を軸とする銭屋佐兵衛家の全体史である。これに巻頭口絵、一〇本の史料解題と付録を添えた。また第2巻「逸身家文書　研究」には、逸身家文書を素材とする一〇本の研究論文を収録し、巻末に全2巻の総索引を付した。

二　本書で逸身家文書（逸身喜一郎氏所蔵、大阪歴史博物館寄託）を引用する場合は、〔　〕内に史料番号を記した。また、本書で『報告書』と略記した場合は、『大坂両替商逸身家文書現状記録調査報告書』（二〇一〇年）を指す。

三　第1巻・巻頭口絵における記号は、それぞれ以下の内容を示す。
［　］　第1巻「四代佐兵衛　評伝」の節番号。
［解題〇］　第1巻所収の史料解題の番号。
［第〇章］　第2巻所収・研究論文の章番号。
〔　〕　逸身家文書（逸身喜一郎氏所蔵、大阪歴史博物館寄託）の史料番号。

四　第1巻の付録は、以下のように構成される。
・系図（Ⅰ 逸身家、Ⅱ 逸見源兵衛家、Ⅲ 奥野治兵衛家、Ⅳ 野々口市郎右衛門家ならびに岩佐孫兵衛家、Ⅴ 溝口丈助家、Ⅵ 高木嘉兵衛家、Ⅶ 笹部専助家、Ⅷ 桑原清兵衛家）
・関係地図（1大坂近郊、2大坂三郷、3島之内、4墓域図）
・年表
・人名索引

五　第1巻付録の人名索引は、「四代佐兵衛　評伝」研究の過程で明らかとなった、銭佐家族、別家、別家家内、手代らについて、明らかとなった出来事を中心に、それぞれ年代順に記すものである。詳細は、人名索引・凡例を参照されたい。なお、人名索引で取り上げた人名は、原則として、第2巻所収・総索引ではとりあげなかった。

第Ⅰ部　イエと社会

第一章　都市大坂における銭佐の社会的位相

吉田伸之

はじめに

本章のテーマは、近世後期から幕末期を中心に、大坂の石灰町《いしばいまち》に本拠を持つ両替商・銭屋佐兵衛家（銭佐）が、巨大都市・大坂の中でいかなる社会的位相にあったかをスケッチすることである。ここでいう社会的位相とは、大店としての銭佐が、経営の本拠とし居宅を置く町（石灰町）、その隣接地域、家や同族団などとの関係、店舗・居宅への出入関係、所持する家屋敷や諸物権との関わりなど、都市社会における位置関係の全体構造を念頭に置いている。この内、家や同族団については、本シリーズ第1巻の『四代銭屋佐兵衛評伝』や、本書第二章竹ノ内論文・第三章杉森論文・第四章小松論文などを参照されたい。ここでは、第一節で銭佐の店舗と居宅とが存在した石灰町を、また第二節で銭佐が大坂市中に所持した掛屋敷の経営を、さらに第三節で銭佐に出入りする諸集団の中核にいる普請方の特質をそれぞれ検討することで、右の課題に取り組んでみたい。

こうした論点を検討しようとすると、逸身家文書に含まれる関連史料素材はそれほど豊富でないことに気づく。本章に関連する素材としては、婚礼関係史料や「家徳扣」、また一部の石灰町関係史料を除くと、断片的な史料しか得ることができない。そこで、銭佐の掛屋敷や普請方関係の記事が比較的豊富な大阪商業大学商業史博物館・佐古慶三教授収集文書の「銭佐日記」を併せて素材として用いることとしたい(1)。

第一節　石灰町

まず、近世後期の銭屋（逸身）佐兵衛家が本拠とした大坂島之内の石灰町についてみておきたい(2)〔2-51〕。『大阪府の地名』（平凡社）によると、近世の石灰町は大坂三郷南組に属し、一七〇〇（元禄一三）年において、町屋敷数が二三、役数は二五とある。また、一八四九（嘉永二）年段階で、町域は二一四〇坪とされている。そして、一八七二（明治五）年には南側に隣接する道仁町《どうにんまち》・高津《こうづ》町《まち》の二町と合併し、三町で南綿屋町となっており、現在は大阪市南区島之内二丁目域内にあたる。以下第一節では、前提として石灰町の空間構造を概観し、次いで石灰町の社会構造の一端を、限られた史料からではあるが検討してみたい。

1　石灰町の空間構造と人別構成

大阪商業大学商業史博物館・佐古慶三教授収集文書の中に「石灰町水帳絵図」(3)が含まれている。同図は一八五六（安政三）年五月の作成で、当時の石灰町年寄は大和屋源次郎、また月行司は石灰屋佶次郎とある。この時、家数は二三軒、役数は二五（内一役は「年寄無役」）であり、元禄年間のそれと全く変わっていない。また絵図から同町の総間口軒数を計算してみると、東西五三間半ずつ、両側合わせて一〇七間となる。また、奥行は東西共に二〇間である。

一八八六年地理局図籍課作成の「大阪五千分一地図」（図1）を参照しながら、この「水帳絵図」を基礎に作成した石灰町絵図（図2）を見てみよう。これによると、石灰町は南北の通り「綿屋町筋」（道幅三間半四寸）を挟む両側町であることがわかる。町の北端は九之助町に直接接しており、南端は道仁町と接している。また町の東側は卜半町に、西側は関町と鍛冶町一丁目に接する。町の中央部、北よりの部分には、幅三間一尺七寸の「清水町筋」の通りが東西に貫通している。この通りによって町は、北半（間口二一間）と南半（間口三三間半）に分断されており、町域の空間は四つのブロックに区分されている。

「水帳絵図」によると、東西の町境にはそれぞれ幅四—五尺余の下水と思われる水路が走っていることがわかる。表1は八木滋氏の作成によるもので、水帳絵図の記述によって、安政三年五月段階における石灰町の地主構成がここに示されている。

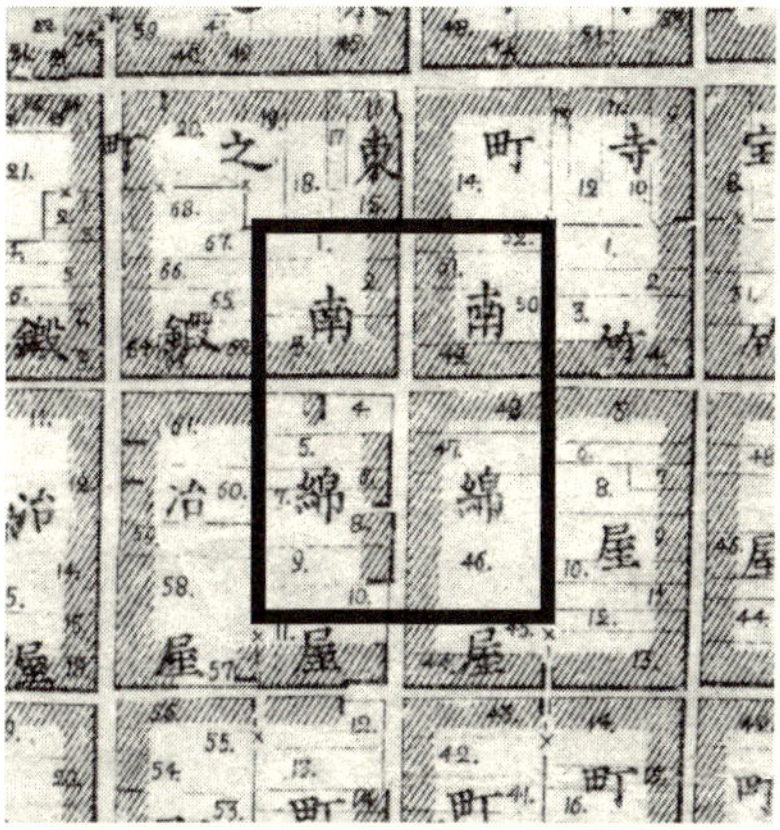

図１　1886年，旧石灰町の範囲（太線の内側）

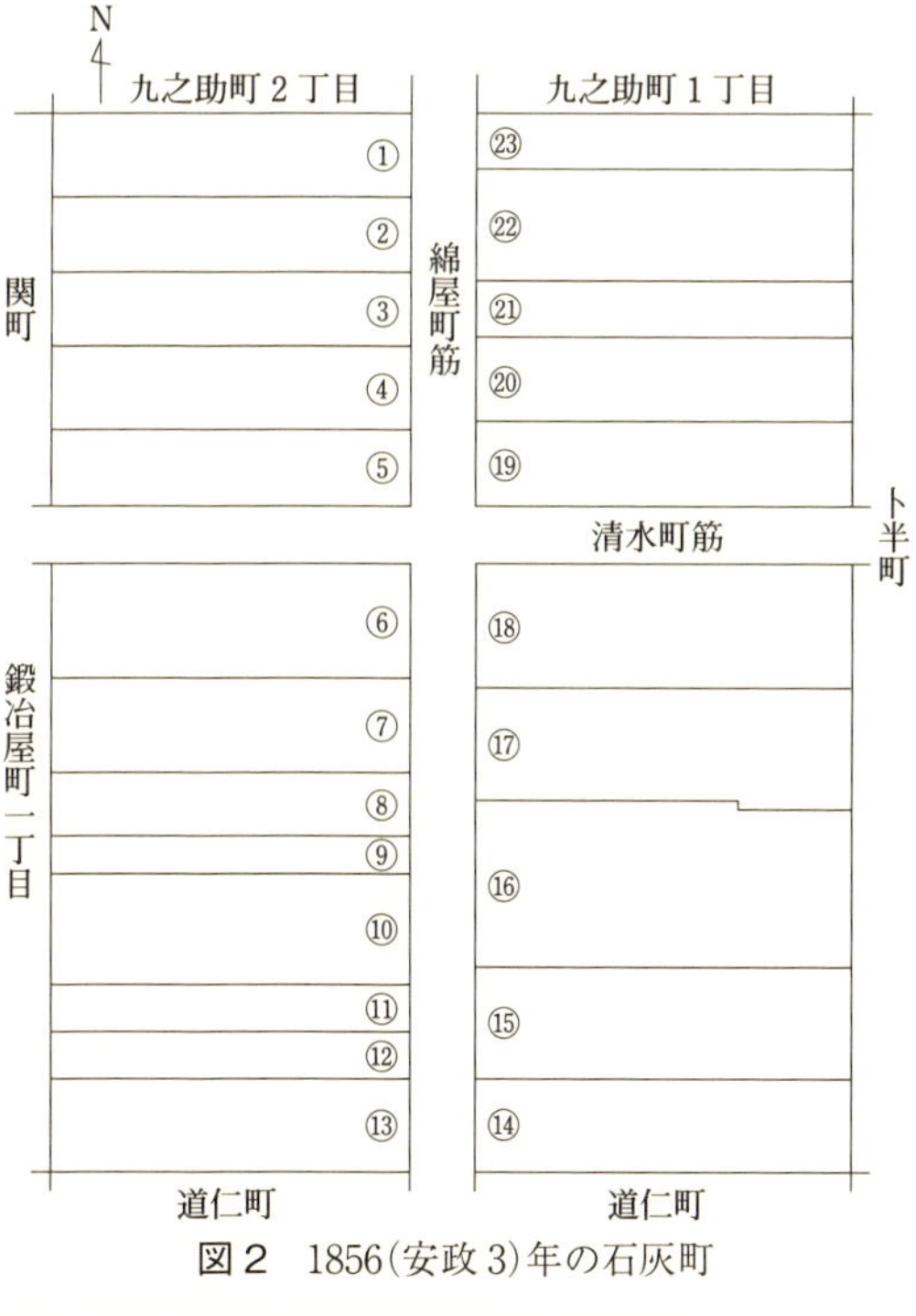

図２　1856（安政３）年の石灰町

表1　石灰町の構成（1856年）

	表口	裏行	役数	名前人
①	4.5	20	1	塩屋庄作
②	4	20	1	石灰屋佶次郎
③	4	20	1	石灰屋佶次郎
④	4.5	20	0.6	石灰屋佶次郎
⑤	4	20	0.4	石灰屋佶次郎
⑥	6	20	2	銭屋佐兵衛
⑦	5	20	1	三宅屋文三郎
⑧	3.5	20	1	信濃屋可助
⑨	2	20	0.5	信濃屋可助
⑩	6	20	1.5	大和屋源次郎
⑪	2.5	20	0.5	大和屋源次郎
⑫	2.5	20	0.5	大和屋源次郎
⑬	5	20	1	銭屋市兵衛代判亦兵衛
⑭	5	20	2	三宅屋文三郎
⑮	6	20	1	銭屋佐兵衛
⑯	9	20	1.5	銭屋佐兵衛
⑰	6	20	1.5	塩屋庄右衛門
⑱	6.5	20	1	塩屋庄助
⑲	4.5	20	1	大坂屋七兵衛
⑳	4.5	20	1	銭屋佐兵衛
㉑	3	20	1	銭屋佐兵衛
㉒	6	20	2	銭屋佐兵衛
㉓	3	20	1	石灰屋佶次郎
計	107		25	

以下、一九世紀前半から幕末期にかけての石灰町の住民構成を人別帳から見ておきたい。石灰町関係の人別帳には「家持借家人別帳」と題された竪帳が三冊現存する。一八〇六(文化三)年と一八二九(文政一二)年のものは、古書店から逸身家文書研究会が購入したものだが、その出所は未詳である。また一八五〇(嘉永三)年の分は、逸身家文書の中に含まれるものであるが、後述のように、過半を欠損している形跡がある。

表2は一八〇六年一〇月の人別帳の記載を一覧にしたものである。また、表3は、後述の一八二九年、一八五〇年の人別帳データを併せてまとめたものである。一八〇六年において、石灰町の家持は銭屋佐兵衛を含めて一一軒、他町持は四軒である。家持の居住人数は一二〇人、その内当人と家族が三九、下人五四、下男二、下女二五人である。また他町持と町内家持・榎並屋五郎兵衛にはそれぞれ家守がいるが、人数は三名で、居所不明の絵具屋を除く両名は丁内居住者である。家守三軒の居住者は計一六人で、ほぼ当人と家族である。借家を持つ地主は一一、家持の八軒と他町持の三軒が借家を有す。借家は全部で七三軒、居住人数は二二八人に及ぶ。また表借家・裏借家の別や、家屋敷ぐるみを借家とするものかどうか人別帳からはわからない。ただし後述の一八三四(天保五)年「町中格式帳」には「町内借屋江引越来り候節」の祝儀として、「表・裏」を区分しており、借家に表借家・裏借家の区別が存在したことは確実である。借家を持つ屋敷の多くは一―四軒程度の借家戸数であるが、他町持と銭佐の四軒は九―一七軒もの借

表2　1806年　家持借屋人別帳の記載内容

	家守	所持（管理）する借屋（戸数）	戸主	家族 本人含む	下人	下男	下女
家持		④2	住吉屋新右衛門	4	3		2
		①3・⑬1	松屋重兵衛	1	1		1
		③2	三宅文昌	1	1		3
		—	大和屋源次郎	3	7		2
		⑤1・⑫3	石灰屋吉右衛門		1		1
		⑦4	綿屋善七	9	3		1
		—	京屋甚兵衛	6			
		⑧1	榎並屋五郎兵衛	4	8		5
		⑨1	大坂屋七兵衛	4	9	1	3
		—	塩屋庄右衛門	4	3		1
		⑪14	銭屋佐兵衛	3	18	1	6
他町持		⑥15	倉橋屋さと				
		⑩17	吉野屋きん				
		②9	信濃屋嘉介				
		—	絵具屋宗兵衛				
家守	α	⑥	播磨屋勘兵衛	3			
	β	②⑧⑩	木屋喜右衛門	4			
	γ	—	絵具屋喜兵衛	7	1		1
		借屋の仮番号	家守・戸主				
借屋		①	松屋十兵衛借屋				
			大和屋庄兵衛	6	3		
			河内屋三郎兵衛	2			
			泉屋伝吉	2			
	β	②	信濃屋嘉介家守木屋喜右衛門支配借屋				
			上田屋安蔵	1	1		1
			阿波屋六兵衛	4			
			銭屋富松	2			
			河内屋藤吉	2			
			富田屋佐兵衛	1			
			京屋岩次郎	3			
			大和屋武兵衛	3			
			綿屋藤吉	2			
			綿屋新兵衛	1			
		③	三宅文昌借屋				

表2つづき

	家守	所持（管理）する借屋（戸数）	戸主	家族			
				本人含む	下人	下男	下女
			三木屋元良	4			
			山中屋担齋	2			1
		④	住吉屋新右衛門借屋				
			（木屋政次郎）	3			
			河内屋安次郎	2			1
			丹波屋平兵衛	5	2		
	α	⑥	倉橋屋さと家守播磨屋勘兵衛支配借屋				
			川本屋三左衛門	4			
			紐屋佐介	2			
			西村屋小兵衛	3			1
			大和屋安次郎	2			
			森田屋源次郎	1			
			奈良屋利兵衛	3			
			倉橋屋平吉	3			
			沢屋次郎兵衛	4			
			石川屋久兵衛	4			
借屋			塩屋宗吉	3			
			綿屋武兵衛	3			
			京屋仁兵衛	1			
			綿屋三郎兵衛	4			
			京屋喜兵衛	2			
			近江屋吉兵衛	4			
		⑦	綿屋善七借屋				
			播磨屋喜兵衛	6			
			新屋弥兵衛	3			
			衣屋佐兵衛	2			
			中村屋庄兵衛	6			
	β	⑧	榎並屋五郎兵衛家守木屋喜右衛門支配借屋				
			戎屋市郎兵衛	3			
		⑨	大坂屋七兵衛借屋				
			吉野屋源兵衛	6			
	β	⑩	吉野屋きん家守木屋木右衛門支配借屋				
			大津屋平兵衛	3			
			播磨屋嘉兵衛	2			

表２つづき（借屋）

		大坂屋勘七	4			
		泉屋太介	1			
		山城屋義策	3			
		小野屋源七	3			
		河内屋徳次郎	3			
		佃屋弥七	2			
		高砂屋喜市	3			1
		阿波屋藤兵衛	3			
		大和屋伊兵衛	3			
		大和屋伊兵衛	3			
		備中屋七之介	1			
		大和屋新次郎	2			
		堺屋弥三郎	3			
		備中屋弁蔵	1			
		鉄屋源兵衛	1			
	⑪	銭屋佐兵衛借屋				
		奈良屋伊兵衛	4	4		1
借屋		京屋太蔵	3			1
		穂積屋伊兵衛	7	1		
		大和屋清兵衛	3			
		泉屋善右衛門	1			
		泉屋久兵衛	3			
		茨木屋弥太郎	3			
		奈良屋安次郎	2			
		大和屋巳之介	4			
		泉屋七兵衛	1			
		播磨屋元介	5			
		伊勢屋銀介	2			
		布屋吉兵衛	3	1		
		小泉屋万蔵	2			
	⑫	石灰屋吉右衛門借屋				
		（播磨屋嘉兵衛）	2			
		（木屋源右衛門）	2			
		（大津屋重右衛門）	4			
	⑬	松屋十兵衛借屋				
		（大和屋新兵衛）	1	3		

注）（　）は年次途中から石灰町に転入した者.

表３　石灰町人別帳の構成

(1806年)	軒	家族	下人	下男	下女	同居など	小計
家持	11	39	54	2	25		120
(内, 銭佐)		3	18	1	6		
家守	3	14	1		1		16
借家	73	206	15		7		228
小計	87	259	70	2	33		364

※　この他に他町持４軒

(1829年)	軒	家族	下人	下男	下女	同居など	小計
家持	11	40	52	3	26	3	
(内, 銭佐)		7	20	3	8	3	
家守	2	4					
借家	59	156	21		16		
小計	72	200	73	3	42	3	321

※　この他に他町持４軒

(1850年)	軒	家族	下人	下男	下女	同居など	小計
家持	8	36	34	3	24	5	
(内, 銭佐)		4	12	3	9		
家守	—	—	—	—	—	—	
借家	9	17	3		1	1	
小計	19	53	37	3	25	6	143

※　この他に他町持３軒

家を抱える。

三六四人に及ぶ町の居住者の構成を見ると、町内家持とその家族は全体の一一％弱、家守・借家とその家族は六一％弱、残り二九％弱を奉公人層（下人・下男・下女）が占める。奉公人層の内、下人＝手代層は七〇人であるがその八割近くは家持の家に属している。一方、借家の抱える下人は全部で一五人であり、家持層との格差が歴然としている。

次に、一八二九年の人別帳を見ると、ここから窺える町の構成は、家持を見る限り、一八〇六年と大きく異なるところはない。一八〇六年と比べると、家持では同一の家と見られるのが一一軒中一〇軒に達し、安定的に推移したことが窺える。また他町持四軒のうち半分が一八〇六年と同じで、家守は全て入れ替わっている。借家を見ると、軒数が三分二となり、居住者数も一九三人へと大きく減少している。その理由は未詳であり、人別帳に一部欠損の存在する可能性もあるが、借家で人別帳上の記載が空白なままの部分が一二ヶ所見受けられるのが気になるところである。また、一八〇六年と比較して、借家で同一と見られる者はほとんど確認できず、家持の場合と対蹠的である。

次に一八五〇年のものを見ると、同年一〇月現在の町内家持は八軒で、内六軒は一八二九年から継続、また一軒（丸屋佐兵衛）が他町持から町内の家持に変わっている。他町持は三軒で全て継続しており、以上は一八二九年に比べそれほど大きな変化とはいえない。ただし、家持の抱える奉公人層が下人の数で大きく減少しているのが気になる。特に奇異なのは、他町持を記載する位置が、一八〇六年・一八二九年のものに比べると異様であり、また家守の記載を欠く。一方、借家の記載が九軒しかみられないことである。その人数も下人・下女を含めてわずか二二人にすぎない。これは、この間に町の構成が激変したことによるものではなく、一八五〇年の人別帳が特にその後半の借家に関する部分の大半を、家守を記載した箇所とともに欠損したことによるものと推定される。

2　家持・家守の動向

以上の人別帳記載から、借家層の動向を追うのは困難であるが、ごく一部を除き頻々とした移動が想定できる。[4] ここでは、前述の三冊の人別帳やその他の石灰町関係史料によって、とりあえず家持・家守の動向に限定して、当該期の町の様相を見るにとどめたい。

人別帳以外のもので石灰町の構成を窺わせる史料（群）として、逸身家文書中に以下のものが確認できる。

＊一八三三（天保四）年―一八三九年（天保一〇）「年寄一件要用扣」〔2-50〕

「年寄一件要用扣」は、その冒頭に、一八三三年三月八日に物会所で安井・井岡の両惣年寄から石灰町年寄に任じられ、町奉行や役人らから町中への目見えにいたる概略が記され、その後に年々の収支が詳細に記録される。表4は、この内、一八三四年の部分を参考として示すものである。記載の内容は、家持の相続や家屋敷の売買、また貸家の移

表 4　年寄一件要用扣（1834 年）（逸身〔2-50〕より）

月／日	銀高（匁）など	収入項目	銀高（匁）など	支出項目
1/22	A　収入		B　支出 2	奉賀
	酒切手 2 枚	三宅文昌		
1 月～	2	平佐借屋寺島屋儀助		
	1.85	俵屋為吉		
	4.3	塩屋正右衛門		
	3	檜皮屋吉助		
	2	亀屋栄次郎		
	1.25	京屋甚三郎		
	2	京屋甚三郎		
	4.3	吉野屋きん		
	3.1	松屋重次郎		
	2	嶋屋五三郎		
	3	丹波屋平兵衛		
4/10	2	俵屋為吉		
	2	河内屋鶴松		
4/21	3	関町ゟ三宅かしや参る　いせや喜助		
	3	錦町二丁目ゟ［　］支配かしや清水や意朔		
2/13	亀酒印紙 7 枚	塩屋庄右衛門　同家母河内へ引取		
	43	丁内町人中より中元		
7/6	4.3	塩屋庄右衛門		
七夕	素麵 100 把	塩屋庄右衛門		
	4.3	塩屋吉兵衛		
			3	銭仕かへ
			100 文	塩庄為
	4.3	内ゟ		
7/6	2	石灰屋吉次郎借家之分和泉屋清兵衛		
	4.3	信濃屋加助		
七夕	素麵 50 把	信濃屋加助		
7/7	素麵	平利		
			50 文	平利為
	干瓢 200 目	髪結伊三郎	200 文	髪結伊三郎為
	酒印紙	三宅文昌		
	3	三宅文昌		
	2	三宅文昌		
	86	町人中御袴摺		
	2.5	大坂屋七兵衛		
	素麵 30 把	大坂屋七兵衛		
7/7	2.9	石灰屋吉次郎		
	8.6	榎置（ママ）屋五郎兵衛		
	味醂酒一升	下役喜八	200 文	下役喜八へ為
	さば魚 3 差	会所常七	3	会所常七為

			5.4	大七・石吉弐口 銭仕かへ
	587文	両替　5.4匁代		
7/8	金1朱	大和屋源次郎　中元		
	4.3	丸屋佐兵衛		
	3	丸屋佐兵衛		
	金1朱	平野屋佐吉		
	2	平野屋佐吉		
7/11	4.3	吉野屋きん		
	するめ1束	吉野屋きん	30文	吉きん為
7/13			4.3	下役喜八え心付 内之分之銀遣し
7/13			2朱	丁代勘蔵へ心付 大源1朱，平佐1朱之内
			2朱	丁代常七へ心付
			7.3	金仕かへ 丸さ分2口
			69文	金しかへ　顔々？
	2朱	銀銭仕替　右2口7.3　79文		
	西瓜1つ	平野屋佐吉	48文	平野屋佐吉へ為
29日（ママ）	2	田嚢屋甚四郎		
	1.5	田嚢屋甚四郎		
	3	菱屋善兵衛		
	12.9	大七殿婚礼祝儀		
	3	松屋定次郎		
	1.3	京屋甚三郎　中元祝儀		
	2	京屋甚三郎		
9/22	金1歩	大和屋源次郎　帳切に付進物		
	8.6	大和屋源次郎　帳切に付進物		
	20.3	大和屋源次郎　帳切に付進物		
	2	玉通り6平佐かしや　二里屋嘉兵衛		
	2	玉通り6平利かしや　備前屋善介		
	2	伊丹屋庄右衛門養子貰受		
	3	塩町1丁目6平佐かしやへ　河内や定蔵		
	3	塩町1丁目6丸さかしやへ　砂糖屋喜助		
	2	高間町6丸さかしやへ　泉屋藤吉		
	金100疋	町内中6巻納祝儀		
	2	はりまや半兵衛		
	3	北平野町8丁目6大吉かしやへ神崎や栄太郎		
	3	三左衛門町6鉞佐かしやへ，はりまや孫兵衛		
12/13	大塩鯛2尾	会所常七	3	会所常七為
	3	石灰屋吉次郎		
	塩鯛1尾	平の屋利兵衛	100文	平の屋利兵衛へ為
12/15	こんぽ2把	丁内喜八	1.5	喜八へ為

表4つづき

12/23	2	丸屋佐吉		
	4.3	丸屋佐吉　年暮		
12/27	3	吉野（カ）借屋大和屋権助		
	金1朱	平の屋佐吉		
	2	平の屋佐吉　干物料		
	21.5	丸屋佐吉　名前替		
	4.3	丸屋佐吉　代判付		
	8.6	丸屋佐吉　［　］料		
	4.3	塩屋吉兵衛		
	4.3	塩屋庄右衛門		
	8.6	榎並屋五郎兵衛		
	4.3	吉野屋きん		
	4.3	信濃屋可助		
	1.5	京屋甚三郎		
	2	京屋甚三郎		
	2	松屋重次郎		
	2	大和屋源次郎		
	3.5	大和屋源次郎		
	2.5	大坂屋七兵衛		
	2	三宅文昌		
	2枚	町内絵摺代		
	1枚	町内寒気見舞		
	3	三宅文昌	1.5	三宅文昌　銭仕替
	162文	右銭代		
			金100疋	勘蔵常七心付
			4.3	下役喜八心付
	19.84	金1歩1朱代		
			金1歩1朱	銀出替
			212文	諸々為入用　少々違
			16文	銀出替
	0.16	銭16文代		
	4.3	内々分		

注）収入・支出欄の数値は匁．それ以外は単位を記す．

入などに伴う祝儀、「巻納」時の町中からの祝儀、年頭・歳暮の音信などを中心とする、年寄を勤めることに伴う金品の収入（表のA欄）や支出（表のB欄）である。これは町の公式記録や帳簿なのではなく、銭屋佐兵衛が町の年寄を勤めた直後に作成された、私文書ということになる。時期は一八三九（天保一〇）年に及んでいる。これによって、当該期の町中構成員や、借家層、町抱の者の動向を窺うことが可能となる。

＊一八三四（天保五）年九月「町中格式帳」写（2–

これは竪帳で、本来はかつて存在した「石灰町町有文書」の一部であろうが、銭屋佐兵衛が石灰町の年寄であったことから写本が作られ、これが逸身家文書の中に含まれることになったのであろう。銭屋佐兵衛が年寄となった翌年に作成された石灰町の町掟で、末尾に年寄・家持・家守の連判部分がある。

また右とは別に、東京大学法学部法制史資料室所蔵の史料群として「大坂石灰町人諸届書」七八通がある(5)。これらには主に天保期のものを中心に、幕末にかけての、家屋敷売買、譲渡、人別送りなどの証文類が含まれている。宛所の大半は、銭屋佐兵衛を含む石灰町年寄であり、これらも「石灰町町有文書」の一部であることを示唆している。

表5は、人別帳や右の諸史料を用いて、天保期から幕末期における石灰町の家持・家守の動向を見るために作成したものである。これから、地主について注目される点を摘記しておこう。まず地主は、一八五六(安政三)年において九名であるが、所有する町屋敷を見ると、表6のように一部の町人によって集積されていることがわかる。特に銭佐は、町内に六ヶ所(八軒半役)・間口合計三四間半を持ち、軒数の二六％(役数の四四％)、間口の四三％弱を占め、大店としての要件の一つを備えるといえよう。これに次ぐのは石灰屋佶次郎であり、この両家だけで、実に同町の半分前後を占めている。一七〇〇(元禄一三)年の町年寄は石灰屋吉右衛門であり、石灰屋と町名との関係が注目される。あるいは、同町の草創町人かもしれない。この石灰屋は「難波丸綱目」(6)によると、一七四七(延享四)年に「石灰問屋」、一七七七(安永六)年に「石灰問屋幷薬灰釜持分」とある。

また塩屋吉右衛門については、一八四六(弘化三)年「銘家集」に「古帳反古売買所」とある(7)。後掲の「銭佐日記」一八五五(安政二)年一一月二四日の項に「紙屑塩庄売渡、皆掛五貫三百匁風袋引、正ミ四貫三百五十匁、二四がへ代銀八匁七分七十、此金弐朱請取」と、銭佐の反古を塩庄へ売ったという記事があるが、同族であろうか。この他の家持や他町持の職分については、今のところ未詳である。

1850年10月 人別帳	1856年5月 水帳絵図	1859年11月 法制2　三宅五人組	1865年9月 法制71 連判
○			
養子五郎兵衛 1840.2 丁内三箇所			
○	○		
父庄作	○		○代判
佐助（他町持）			
○	○	○	○
文三郎	○	○	○
	○		
○			
○	○ 銭屋市兵衛	○ ○代判	○ 銭屋丈助
○	○		
○	○	○家守木屋木右衛門	
○	○		
			三木屋東助
		塩屋庄吉代判	○

表5　石灰町の家持と家守

	1806年10月 人別帳	1829年10月 人別帳	1834年9月 「町中格式帳」	1834年9月 法制73宛所	1836年8月 法制75　宛所
家持	京屋甚兵衛	京屋甚三良	京屋甚三郎	○代判	○
	榎並屋五郎兵衛	榎並屋五郎兵衛	榎並屋五郎兵衛		○代判 1839.12 病死弟を養子
	大坂屋七兵衛	大坂屋七兵衛	大坂屋七兵衛	○	○
	塩屋庄右衛門	塩屋庄右衛門	塩屋庄右衛門 W6	○	○ 1840.5 病死→父
			平野屋佐吉	○	○
	松屋重兵衛	松屋重兵衛	松屋重治郎	法制39　2箇所に割屋敷南に住居す. 北半分　1835.8 →大和屋源治郎 5,800匁	
	大和屋源次郎	大和屋源次郎	大和屋源治郎		○
	三宅文昌	三宅又（ママ）昌	三宅文昌	○ 1835.7 病死養子相続	○文三郎（養子）
	石灰屋吉右衛門	石灰屋吉次郎	石灰屋吉次郎	○代判	○木四郎代判 1836.5　二箇所所持
		（他町持）	丸屋佐兵衛 W4	○ 1834.10 病死. 倅へ.	○佐吉代判
	銭屋佐兵衛	銭屋佐兵衛	銭屋佐兵衛		
	綿屋善七	大和屋庄兵衛			
	住吉屋新右衛門	住吉屋新右衛門			
他町持	吉野屋きん	吉野屋きん	吉野屋きん（高間町）		1836.3 女名前願
	信濃屋嘉助	信濃屋可助	信濃屋可助		
			榎並屋五郎兵衛	○代判	
		丸屋佐兵衛			
		平野屋佐吉			
	倉橋屋さと				
	絵具屋宗兵衛				
家守		平野屋利兵衛	平野屋利兵衛	○	○
			塩屋吉兵衛	○	塩屋清兵衛
			銭屋七兵衛	○	○
		榎並屋良助			
	播磨屋勘兵衛				
	木屋喜右衛門				
	絵具屋喜兵衛				

注）Wは表間口間数. 史料の出典で「法制」とあるのは, 東京大学法学部法制史資料室蔵「大阪石灰町人諸届表」
○は左の人物と同一であることを示す.

表6　石灰町における家屋敷集積　1856年

	家屋敷数（ヶ所）	軒役	総間口（間）
銭屋佐兵衛	6	8½	34½
石灰屋佶次郎	5	4	19½
三宅屋文三郎	2	3	10
大和屋源次郎	3	2½	11
信濃屋可助	2	1½	5½

表7　年寄への祝儀・振舞

祝儀・振舞の事由	年寄収取分（銀）	
家屋敷売買		
町内	35匁	水肴見合料2両
他町より買い受け	60匁	
他町持，町内へ引越住宅	2両	
家守付出銀	1両	
代判付出銀	1両	
家督譲出銀	5両	水肴見合料2両
養子弘め	3両	
名前替・元服弘め	1両	
婚礼振舞	3両	
男女出生		
町内へ借屋引越来り・表	3匁	顔見せ銀
裏	2匁	顔見せ銀
借屋人，外から死跡引取	金2朱	

注）逸身〔2-51〕1834年9月「町中格式帳」より．

家守は、先に見たようにこの間二—三名であり、ほぼ全ての家屋敷に家守が置かれる江戸との差異が注目される。また、銭佐には、町内掛屋敷を含めて家守が存在していない点にも注意しておきたい。

3　石灰町と銭屋佐兵衛家

つぎに「町中格式帳」や「年寄一件要用扣」によって、天保期における石灰町町中の様子を垣間見ておこう。まず「町中格式帳」によると、一七九一（寛政三）年一二月に「町中相談」で定めた「目録」として、①家屋敷売買に際しての二十分一銀の規定、②他町持が町内へ引っ越してきたときの出銀、③家守付けに際しての出銀、④家督譲り、⑤養子の弘め、⑥名前替えや元服の弘め、⑦婚礼振舞、⑧男女出生出銀、⑨勧進能畳桟敷の札銭負担、⑩町内借家へ引越て来た時の出銀、の一〇項目が列記される。これらは主として祝儀における出銀などに関する規定である。

この内、年寄が収取する祝儀・振舞をまとめると表7のようになる。この他、これらの事由に際し、「会所入」（町の会所への繰り入れ銀）、町の家持への振舞料、町年寄とその女房、また町代とその家族、髪結、夜番とその家族など、町抱の者らへの祝儀が記される。

続いて、一八三四（天保五）年九月に新たに定めた規定として、以下の六項目が追記される。⑪家持や町内借家人が他所から親族などの遺族などを自家に引き取るときの出銀、⑫町内で禁じられる商売（豆腐・蒟蒻・硝子・荒物道具・麩・飴・火や水を多く用いる商売）、⑬家屋敷売買時の手付銀一札への町内年寄の奥印規定、⑭出火・手負・変死などにおける諸入用負担、⑮捨子、⑯往来人や非人の行き倒れ、変死に関する入用負担、などである。

銭佐が石灰町にいつどのように登場したのか、不明な点が多いが、その中で一八世紀中頃の様子を窺わせるものとして、宝暦期の家質証文（[2-37]）をあげておく。

家質証文之事

一、石灰町東側銭屋左兵衛家屋鋪、表口六間半・裏行弐拾間、但壱軒役、土蔵一ヶ所、南隣者綿屋吉右衛門、北隣ハ綿屋吉兵衛、此家屋鋪当午ノ十二月ゟ来ル未正月迄銀拾九貫目之家質ニ差入、右之銀子慥ニ請取申所実正也、然ル上者家質利銀一ヶ月ニ八拾五匁五分宛毎月無滞相渡、公役丁役此方ゟ相勤可申候、万一相滞義候得者、右家屋鋪致帳切無異義相渡し可申候、為後日連判証文仍如件

宝暦十二年午十二月

家質置主　銭屋佐兵衛
五人組　布屋忠太良
同　綿屋吉兵衛
同　綿屋吉右衛門
同　榎並屋半治郎
同　松屋金右衛門
年寄　石灰屋甚三良

平野屋仁兵衛殿

（作成者の印判部分切除）

表8　石灰町における銭佐抱屋敷（「家徳扣」などより）

	番号	表口	役数		買得年	売り主	価格（銀）	売却年	買い主	価格（銀）
西側	6	6	2					1873		33貫
	7	5	1		1859	三宅文三郎	9貫			
	13	5	1		1860	銭市				
東側	15	6	1	南家						
	16	9	1.5	南家						
	18	6.5	1			1762家質				
	20	4.5	1	北の家	1845		15貫			
	21	3	1	北の家	1845		20と一緒			
	22	6	2		1848	榎並屋五郎兵衛	10貫	1873	銭丈	
	14？	5		南家	1834		12貫	1841		15貫
	？	5	2		1872	三田伊	55貫			

右で銭屋佐兵衛は、平野屋仁兵衛から銀一九貫を年利五・四％で一年間借用し、担保として石灰町の家屋敷を差し出している。この家質とされた町屋敷は、石灰町東側の間口六間半・奥行二〇間のもので、役数は一役とある。また、南は綿屋吉右衛門、北は綿屋吉兵衛にそれぞれ隣接している。この家屋敷が、図2でどこに相当するのかを見てみよう。銭屋佐兵衛所持屋敷のもので、間口や役数がそのまま一致するものはない。図2の中では、⑱が唯一間口・役数ともに一致する。しかし宝暦期に隣家であった二つの綿屋は、少なくとも天保期には見られず、綿屋のその後がどうなったかが未詳なので、現状では手がかりとならない。可能性としては次の二つが考えられる。

i　右の史料で家質とされたのは、この一八番の家屋敷であり、その後天保期までのどこかの時点で、銭屋以外の所有に移った。

ii　⑯・家屋敷（間口九間・一役半）の三分二余が宝暦期の担保部分に相当し、後に銭屋が隣家を買得するなどして、間口を広げた。

しかし、iiはやや無理があり、iの方が蓋然性が高いのではないか。この場合、⑱の家屋敷が、宝暦期における銭屋の居所＝店舗であったのか、町内に別の家屋敷を有し、あるいは借家として賃貸して、そこを居所＝店舗としていたことが考えられる。

表8は、「家徳扣」に記述される銭佐抱屋敷の全体像であり、一九世紀第二四半期以降の土地集積の過程が窺い知れる。「家徳扣」の記載が始まる一八二

五(文政八)年段階では、図2の番号⑥・⑮・⑯の三ヶ所であったのが、一八三四(天保五)年に㉒・一八四五(弘化二)年⑳—㉑・一八四八(嘉永元)年㉒と、いずれも東側で土地集積が進められ、また幕末期に西側の⑦・⑬を獲得している。一八五六(安政三)年水帳絵図は、当時町内に六ヶ所あった銭佐の所持する家屋敷がどこにあるかを示す。水帳絵図ではどこが居所＝店舗かは確定できないが、大阪五千分一地図(図1)で最大の間口を持つ四六番地に相当する地面、すなわち図2の⑮・⑯(間口合計一五間)がこれに相当する。

また、石灰町の人別構成における銭佐の位置を確認しておきたい。先に検討した三冊の人別帳における銭佐の家に関する記載は表9のようである。当主佐兵衛と家族は三—七人で、他の家持や借家に比して目立った特徴はないが、特に下人・下女・下男の数において、町内でもずば抜けた位置にあることが注目できる。これを前掲表3と比較すると、家内人数の合計で、一八〇六(文化三)年には二八名で町全体の七・七%、一八二九(文政一二)年で同じく四一名で一二・八%を占める。下人・下女・下男の総計に限定すると、一八〇六年の銭佐は二五名で町内下人・下女数の二四・三%、一八二九年で同じく三四名・二八・八%にも達する。一八五〇年の場合にも、銭佐の家内人数はほぼ一八〇六年と同規模であり、町内における構成的な比重も同様に高いレベルにあったことが推測できるのである。

表9　石灰町人別帳における銭佐

	1806年10月	1829年10月	1850年10月
当主	銭屋佐兵衛*	銭屋佐兵衛	銭屋佐兵衛*
家族	女房とみ 娘とせ	悴越次郎 嫁ゆき 娘ゑみ しか らく たい	女房とよ 父佐治兵衛 母りう
奉公人	下人18 下女6 下男1	下人20 下女8 乳母3 下男3	下人12 下女9 下男3
小計	28	41	28

注）　*病身ニ付代判南瓦屋町銭屋勘兵衛

第二節　掛屋敷経営

1　家徳扣

銭佐は石灰町の居宅・店舗用地を初め、同町内や大坂市中に何軒かの掛屋敷を所持した。近世後期から幕末維新期における銭佐の掛屋敷の全容を知るには、逸身家文書中の「家徳扣」〔8-4〕と題される一冊の横半丁が基礎史料となる。この史料をめぐり、銭佐の掛屋敷経営の概要については、第1巻の「評伝」を初め、本書第五章中川論文や第六章小林論文でも触れている。

はじめに、小林論文でも取り上げている「家徳扣」冒頭の記述をここでも検討しておきたい。

文政八酉年正月吉日

一、銀三百四十貫六百目

此銀子は元年々卅貫目除置、都合三百六拾貫目相成申候処、小判大下落ニ而拾九貫四百目損銀相立、其後帳面計除銀相成有之候故、此度改、家屋敷元銀定、尤除銀は外ニ過ル卯年ゟ別家共備銀相定、穴蔵へ入レ鍵別家年番へ預ケ有之事

右は非常に難解である。とりあえず現代語訳を試みると、

「銭佐が本業である両替店経営で得た利益のうち、年々銀三十貫目を「除銀」として現銀を積み立て、これが銀三百六十貫目に達した。ところが、金相場の暴落（小判大下落。一八一九（文政二）年の小判改鋳、あるいは一八二四（文政七）年の南鐐二朱銀改鋳によるものか）により、一九貫四百匁（五・四％）目減りし「損銀」となった。その後、帳簿上で除銀として扱ってきたが、今回これを改めて、除銀残高三百四十貫六百目を「家屋敷元銀」と定める。ただし、除銀という費目は、これとは別に卯年（文政二年）以来、別家中の備銀としており、こちらは穴蔵に貯蔵して、その管理は別家中の年番に委ねている」。

ということであろうか。特に「其後帳面計除銀相成有之候故」とあるところの内容が未詳である。

とりあえず従来の「除銀」ストック分の現在高三四〇貫六〇〇匁を、銭佐の所持する家屋敷（掛屋敷）全体の評価額（沽券金高。以下、仮に「原資」と呼ぶ）と再定義し、貨幣相場の変動からの影響をなるべく回避し、併せて掛屋敷売

買や、その経営・維持の推移による掛屋敷経営の状況、すなわち除銀ストックの増減を把握する基準としたのではなかろうか。「家徳扣」の記載を見ると、掛屋敷経営について、毎年の収支勘定を記し、赤字の場合は「出」、黒字は「入」とし、一八二五（文政八）年の三四〇・六貫目から年々の収支残高を加除している。一八二五年から一八三九（天保一〇）年までは一貫して「出」が続き、原資は徐々に減少してゆき、ついに一八三三（天保四）年には、原資がマイナス額になっている。以降一八六五（慶応元）年まで、原資は常にマイナス額で推移している（本書第6章小林論文・表7参照）。こうした中で、掛屋敷経営の年間収支が「入」となるのは、一八四〇（天保一一）年が初めてとなる。

「家徳扣」の年ごとの記載を、例えば一八三五（天保六）年の項にみると、次のようになっている。

天保六未年

一三拾貫五百目　戎町　表口十一間一尺五寸
　　裏行廿間
　　浜地表口拾間四尺五寸
　　裏行三間半弐尺四寸
　　土蔵弐ヶ所

一弐貫八百廿四匁三分八厘
　　右帳切歩一諸祝儀

一百五匁七分六厘　石灰町徳
一弐貫五百拾四匁七分八厘　塩町徳
一三貫四百九拾七匁弐分三厘　北久宝寺町徳
一三貫六百卅五匁五厘　京町堀徳

一壱貫九百八拾一匁三分弐厘　南久宝寺町徳
一壱貫九百十一匁三分八厘　北堀江徳
一壱貫五百丗四匁四分六厘　靫徳
一三貫八百六拾七匁六分　塗師屋町徳
(改丁)
未ノ年
一三貫拾九匁弐分三厘　戎町徳
一弐百五拾七匁壱分三厘　今宮入用
一拾貫丗八匁　弐百丗九貫目自京半店へ利払
右ノ残弐拾一貫五百五拾弐匁七分　出
〆弐百四拾九貫百三拾目八分七厘

右では、冒頭に見える戎町の家屋敷購入とそれに伴う諸経費が、この年の大きな支出となっていることが示される。これらの支出合計から、戎町を含む八町における掛屋敷「徳」の合計を差引くと、二一貫余りの支出超過(「出」)となっている。そして最後の「〆」は、冒頭に記される除銀高三四〇・六貫、すなわち一八二五年における掛屋敷原資分から、年々の収支を加除した前年の「残額」から、この年の「出」分を差し引いた数値、ということになる。

見られるように、銭佐の居宅・店舗の存在する石灰町を初めとして、掛屋敷の売買、家賃、丁入用、普請など、年々の収支を決算し、その差引額を計上している。

ここに記される家屋敷毎の主要な収支項目は、ほぼ次のようである。

収入　「徳」、家代（家屋敷の売却代金）、付物代
支出　（丁）入用、普請入用、家屋敷の買得経費、付物代、帳切・歩一・振舞

これら掛屋敷経営に関わる収支の意味を考えるために、三井大坂両替店の掛屋敷関係史料を参照してみよう。三井文庫所蔵史料からは、大坂市中にもつ二十余の掛屋敷に関するデータを得ることができるが、ここでは銭佐の掛屋敷も存在する奈良屋町と新平野町の事例について、参考までにデータの一部を掲げておきたい(8)。

奈良屋町（二軒役、沽券高五一貫五〇〇匁）の三井抱屋敷の場合、一七八五（天明五）年秋から一八七〇年秋まで半季毎のデータを連続して得ることができる。この中から一八四三（天保一四）年と一八五二（嘉永五）年のそれぞれ春秋二季の例を表10にまとめた。一八四三年について見ると、まず収入は、半季毎の上り高が一貫匁余と安定しており、また秋季には汚代（下尿代）が一二五匁計上されている。支出は、丁入用（町儀入用出銀）の負担が二九〇匁前後、垣外番賃、年寄・丁代らへの祝儀、家守給、そして川浚・水道浚いなどの役負担が主たる項目となっている。また掛屋敷経営に関わる借家の繕普請入用が大きな割合を占める。これら収支の差引額が、地主である三井両替店の収益部分となり、銭佐「家徳扣」で

表10　奈良屋町三井抱屋敷　　単位：匁

	1843年春	1843年秋	1852年春	1852年秋
上り高	1055.82	1079.15	874.77	675
汚代		125		125
小計（a）	1055.82	1204.15	874.77	800
半季中町儀入用出銀	297.74	288.13	292.53	279.49
自身番垣外番賃	63.66	51.9	68.82	52.79
年寄丁代下役祝儀	40.5	40.5	46.4	46.4
家守給	86	86	86	86
地蔵会	10			
川浚冥加銀	54.45	24.33	47.86	23.52
水道浚入用	3.75		7.15	
橋普請			122.31	
人足賃	5.45	1.61	1.7	1.55
繕普請入用	174.44	192.99	11.31	1039.97
小計（b）	735.99	685.46	706.67	1529.72
差引（a－b）	319.83	518.69	168.1	－729.72

出典）三井文庫所蔵史料による．

表11　新平野町三井抱屋敷

	1843年春	1843年秋	1852年春	1852年秋
上り高	1,169.87	1,143.58	1,227.66	939.24
汚代（下尿代）		84		94.75
売家廿分一銀	65.3			
小計（a）	1,235.17	1,227.58	1,227.66	1,033.99
半季中町儀入用出銀	253.23	253.1	313.62	340.28
自身番垣外番賃	39.5	38.2	24.1	54.74
年寄丁代下役祝儀	16.9	16.9	16.9	16.9
家守給	64.5	64.5	64.5	64.5
丁代難渋ニ付合力割		64.4		
川浚冥加銀	37.22	18.96	37.08	18.4
人足賃	1.57	7.18	8.25	8.72
家守娘死去香奠		4.21		
繕普請入用	14.07	55.96	144.21	687.47
小計（b）	426.99	523.41	608.66	1,191.01
差引（a－b）	808.18	704.17	619	－117.02

いう「徳」に相当するのである。また一八五二年の場合で見ると、この時期上り高が大幅に減少しており、これに比して特に秋季における繕普請経費が多額に及び、このために同年の収支は大幅な赤字となっている。銭佐「家徳扣」では、こうした収支上のマイナスが生じた場合に「入用」と記している。

新平野町（一軒役、沽券高一五貫目）の三井抱屋敷について、表11を見ると、収入のほとんどを占める地代店賃上り高は、一八四三年で一一〇〇匁代である。これに秋季の下尿代と分一銀が収入に見える。支出を見ると、奈良屋町の場合と大差はないが、ここでは特に一八五二年秋の修繕費用が嵩んでおり、同期の赤字の原因となっている。

2　掛屋敷の家守

安政期における銭佐掛屋敷の分布・概要については、第六章小林論文の表7を参照されたい。こうした銭佐の掛屋敷経営に伴う収支の具体的な内容を第3項でみるため、「銭佐日記」の記載を参照してゆくが（以下、日記からの引用は、年号表記のままとし、安政年間の分は「○（安政○年）—月日」で示す。例えば一八五六(安政三)年正月二二日は、③—○一二二と表記）、ここでは前提として、掛屋敷経営に深く関わる家守の様相をまず見ておきたい。

表12は、この時期、石灰町を除いて一五ヶ所に存在した銭佐の掛屋敷について家守名を確認することができる一一

ヶ所を示すものである。以下、表12から比較的に記事の多い七人の家守について見てみよう。

＊新戎丁・阿波武

一八五七(安政四)年九月、それまで銭佐の家守を勤めた播久が亡くなり、その後任として阿波武が一四日に「家守頼」に銭佐を訪れている。二八日の記事に、「孫介、新戎丁御年寄へ家守阿わ武と定、丁内触相願ニ参ル事」とあり、また一〇月二六日に「新戎丁御年寄家守阿わ武会所へ参り、家守代り諸祝儀調ニ参り候」とあって、その後も一八六六(慶応二)年一二月にかけて新戎丁の家守であることを確認できる。

＊靭町・岡治

一八五六(安政三)年二月以降一八六六年まで確認できる。銭佐へ掛屋敷の家賃を持参(③―〇二〇七、③―〇二二二)、また④―一二二六では「靭丁岡治午年分下尿代幷ニ家賃銀持参」とある。また、⑤―〇三一二には「うつぼ丁岡次殿参られ、永代浜神こし惣修覆ニ付寄進頼来ル」とあって、魚市場の神輿修復に関する寄進要求を取り次いでいる。⑥―〇三〇四では「靭丁岡治殿被参、二月分丁入用渡」と、靭丁の町入用を銭佐まで請取に来ている。

表12　掛屋敷家守

	安政期	慶応期
新戎町	播久→阿波武	阿波武
靭町	岡治	岡治
塗師屋町	亀重	亀重
新平野町	金喜	
塩町	倉新	倉新
今橋	境屋新兵衛	紙藤
北堀江	中市→平庄	平庄
石灰町		
北久宝寺町	綿喜→丸善	丸善
備後町		―
京町堀		
御池通		
ト半町	銭嘉・銭専？	
戎島町	金利	金利
奈良屋町	綿久	銭久
油町		山長

注）日記データより.

＊塗師屋町・亀重（亀屋重兵衛）

一八五五(安政二)年段階から確認しうる。②―一一二四「塗師屋町五番備中屋専助一件ニ付、亀重呼付立ニ付、臨時入用弐朱ト三貫三百四十四文、預番賃十月廿八日ゟ十一月廿日迄四貫四百文、丁内下役へ渡」。これは、借家人・備中屋の争論に関し家守が奉行所に召喚され、また備中屋を丁内に拘束(預け)した際の諸経費を示すものか。また、②―一二二七「ぬしや町亀重、下尿家賃式持参」、③―〇二二六「亀重、借家借人御座候而申参る」などとあり、借家の経営・管理を担う。また、④―閏〇五二二「塗師屋町亀重殿被参、丁内会所屋敷建替ニ付普請之儀申来る、入用は丁内溜り銀在之、其外不足之処、惣丁割と申被参候」とあり、塗師屋町の町会所普請に関して、その経費負担について銭佐に報告するなど、町と銭佐を媒介する機能を果たす。この亀重は一八五九(安政六)年五月に死去し、跡役を「子息重助」が重兵衛となって継承してゆく。

＊戎島丁・金利

一八五二(嘉永五)年末から一八六六(慶応二)年一〇月まで確認される。「戎島金利家賃持参」(③―〇二二一)など家賃を銭佐に持参し納入する記事が頻出する。また、③―〇五一六に「金利様御越し、家賃銀持参ニて候間、金高四両三朱と銭百拾八文トての高丈ケの請取致候、金利殿被申候ハ、丁子幸一件こと五番と六番貸候こと、丁子幸ノ願、役所行之入用銭之こと」とあり、持参した家賃銀から、銭佐貸家人と見られる丁子幸の訴訟一件(内容は未詳)の経費を家守が控除した様子が記される。その外、③―一二〇四「戎島丁金利参り、借家表〆り戸弐枚買ニ行事、但し孫介道々」などと、借家の付物に関する管理についての記事も見える。

＊塩町・倉新

一八五五(安政二)年一二月から一八六六年一一月まで塩町家守であることが確認される。④―〇一〇四「倉新、下ごゑ代并ニ蔵しき持来る」、④―閏〇五一四「勝兵衛、塩丁柳町え家賃銀滞精落ニ、倉新道々ニ而参ル事」など、銭佐掛屋敷の借家や土蔵の経営に当たっている。また、④―一一〇三「塩丁家守倉新参り、借家北南之大道直し申参り、壱坪ニ付八百文、但し吹灰ヲ入、右借家之表十三坪ニ相成、代拾貫四百文之処、借家人ゟ半分致し候間、跡半分御家主ゟ致し呉候様申参り候得共、此迄例御座なく候故相断、懸り勝兵衛」とあるように、借家人との間で借家が接する表通りの修繕費負担をめぐる交渉を媒介している。さらに、⑥―〇五一〇「倉新参り、稲荷之社砂持ニ付、塩丁弐丁目も罷出候間、先年太鼓入用之節之半分丈入用之割御頼申候由申来り候故、承知は致候へ共、右世話方寄合場抱屋鋪弐番之家明家在之候間、借用致度由申参り候へ共、火用心悪しく候間、一段断申帰ス」などと、塩町が参加する稲荷社砂持神事祭礼への経費負担を丁の代理として銭佐に求めたり、掛屋敷内の空き家を祭礼時の丁内世話方の詰め所として借用したいという要望を取り次いだりしている。

＊今橋二丁目・境新（境（堺）屋新兵衛）

一八五六（安政三）年二月から一八五八年二月にかけて確認できる。③―一二一八「今橋弐丁目家守境屋新兵衛殿来ル、玄関ニ而当旦那様御逢、丁内へ家守付証文印形在之候」とあり、今橋二丁目の家守交替に伴う家主銭佐の印形を求めに来たり、④―〇六二四「今橋弐丁目家守境新殿被参、常七玄関ニ而咄合、丁内振舞銀封ニ而出し候様被申候」では、他町持としての銭佐が何らかの理由で振舞銀を支払うことを媒介している。また④―〇九一〇「又吉、今橋弐丁目丁入用銀手形三枚、七月八月九月分、家守境新へ持参」とあって、ここでは銭佐の手代が、今橋二丁目の丁入用三ヶ月分を境新に持参していることがわかる。

＊北堀江・中市

一八五六年一月以降、五八年九月まで「日記」に現れる。中市に関する記述には次のようなものがある。③―〇三一八「堀江中市参り、明早朝ゟ水帳しらへ当旦那様印形持参願参り」、④―〇二〇九「北堀江中市下尿代巳年分持来ル、幷辰十一十二分丁入用渡」、④―〇四二四「北堀江家守中市借家二番之家・九番之家床下之土、三十はい代三百七十弐文、田中屋土方ゟ請取持来ル」、④―〇九一一「孫介、北堀江中市へ丁入用持参、幷借家雪隠之引合」、⑤―〇一〇八「北堀江中市へ丁入用銀手形幷ニ大道普請四貫二百文渡、家賃受取」。銭佐の家守として、北堀江における掛屋敷の経営を、家賃や下尿代の上納、借家や道路の普請・管理、丁入用や水帳への印形などで町中との関係を媒介する、等の役割を担っていることが明らかであろう。

表13　1858年「日記」の家賃関係記事抜粋

月日	記　事
1/22	勝兵衛，北堀江・御池通家ちん取に参
1/25	勝兵衛，久宝寺丁家賃催促に参り候
1/26	常七，……北堀江葭菊（よしや菊松）家賃催促に被参候
2/9	京丁堀富士清へ家賃銀取に行
4/4	戎嶋丁金利（家守）三月分家賃銀持参之事
4/9	又吉，新平町え家賃銭取拾貫文取に参り候
4/10	又吉，京町堀え家賃取に行用
5/8	新平野町家賃銀，銭嘉より持参り
5/12	又吉，北堀江中市（家守）へ藤定家賃取に参り
5/21	又吉，銭嘉え家賃銭請取に参り候
7/29	孫介高台橋・塗師屋丁家賃精落に参り候

3　掛屋敷経営

こうして銭佐がそれぞれの家守を介して行う掛屋敷経営について、収入面をみておきたい。

＊家賃・蔵敷

家賃の収取に関する記述を、例えば一八五八（安政五）年の記事から一部拾うと、表13のようになる。手代らが手分けして掛屋敷に家賃の集金に回り、また催促（「精落」）に出かける。借家人と思われる者が、銭佐に直接家賃を持参してくる場合もある。家賃の収取は、借家人から直接受け取る場合と、家守を介する場合に分かれるようであるが、その差異の意味については未詳である。

これら家賃や蔵敷は、家賃帳・蔵敷通によって収取が管理されたようである。家賃帳については、日記記事に「戎嶋丁家守宅へ貸家帳類弐冊・書付壱持参」（②―一二〇六）「今橋家守、家賃帳持参り」（④―〇八二〇）などとある。また蔵敷については「恒七、平仁家賃返済請取ニ行、并又吉同道、新戎丁蔵貸主河佐ゟ蔵鋪通取ニ参り候得共、懸り物留主中故、重而参り候由申帰る」（④―一一〇三）、「孫介、新戎丁阿わ武方へ蔵敷通四冊持参致ス」（④―一一〇四）などとある。このうち阿波武は、新戎丁の銭佐掛屋敷家守である。こうして掛屋敷経営は、土蔵の蔵敷とともに、家守が管理する家賃帳・蔵敷通など通帳によってチェックされたのである。[9]

また銭佐においては、三井の町屋敷経営に見られる「家方」のような専業のセクションがなく、手代が分担して掛屋敷管理に携わっていることが注目される。手代たちにとって、家賃の収取・督促の業務は相当の作業量となり、かなりの負担だったのではないか。

＊歩一銀

掛屋敷が所在する町内の家屋敷売買に伴い発生する歩一銀は、掛屋敷所有者としての銭佐にとって一定の収入源となった。日記からは次のような記事を拾うことができる。

a　④―〇五一一　孫介、新戎丁和泉房殿・阿波喜殿家買被受候ニ付、昨日年寄油長宅ニ而歩一銀・振舞銀弐口受取、則家守播休へ遣、振舞料銀手形弐枚年寄油長殿へ持参ル用ニ行事

b　④―〇六二三　塗師屋町亀重殿被参、三つ寺筋西北角、間口五間・奥行廿間、橘屋伊八、支配宮崎屋吉右衛門家屋敷、天王寺屋幸兵衛殿へ銀十弐貫匁ニ売渡ニ相成候、帳切歩一銀之割五貫百九十文持来ル、店孫介請取

c　⑤―一二〇七　北堀江三丁目大塚屋又兵衛殿家屋敷、丁内丸屋喜一郎代判重助殿へ銀廿五貫匁ニ買被求候ニ付、廿分一銀之割四十四匁六分四り、内当炭屋弥吉預り手形一枚、丁内ゟ持来ル

d　⑥―〇三一七　塗師屋丁三つ寺筋南西角伊丹屋幸助抱屋敷、此度丁内油屋喜八郎殿へ十七貫匁ニ買被受候ニ付、歩一銀之割亀重殿持参被致候而、七貫百九十文之処両替、壱両一朱受取、四十五匁つり渡

aは、新戎丁の二ヶ所の家屋敷が売買されたことによる歩一銀の配分である。銭佐手代の孫介が町年寄（油長）宅で振舞銀とともに受け取り、これを銭佐の家守を勤める播休（久）に与えたものであろうか。bは、塗師屋町の宮崎屋の角屋敷が天王寺屋へ売られた事例である。ここでは銭佐家守の亀重が石灰町まで歩一銀を持参し、孫介が受け取っている。cは、北堀江三丁目の大塚屋抱屋敷が同町内の丸屋に売られた事例である。価格が二五貫匁でその二十分の一が丁内の家持・他町持に配分され、銭佐には四四・六四匁が配分されたわけである。dもbと同じ塗師屋町の例である。伊丹屋抱屋敷が油屋に売られ、歩一を家守亀重が銭佐まで持参している。

以上から、丁内での家屋敷売買が生ずる都度、一定額の歩一銀・振舞銀が配分され、その受け取りに銭佐の家守が

介在し、また有力な手代が配分銀の受領に当たった。こうした歩一銀の収取権は、銭佐が居所の石灰町においてのみでなく、掛屋敷を所有するそれぞれの町で、土地所有者、すなわち町中＝共同体の本来の構成主体であったことから生ずる、町における土地所有に付属するものなのである。

＊下尿

日記には、下尿代に関する記事として以下のようなものがある。

a　②―一二一二　戎町はり久参り候、但し下尿代金三歩弐朱持参り、丁内え取替手形と銭ヲ渡し候
b　②―一二二四　卜半丁下尿代、下嶋村惣助殿ゟ金子銀六十七匁五分・人数廿七人分請取
　④―〇五〇八　下村百姓卜半丁下尿代引合ニ来ル、店ニ而常七懸合、人数卅壱人ニ而代七拾七匁五分ニ而行届申候間、明後十日金子持参之約束
　⑥―一二二五　卜半丁下尿代払ニ来る
　④―閏〇五一二　下島村彦右衛門殿ゟ卜半丁巳年分下尿代不足持参り
c　③―一二二一　新平野町下役下尿代持来ル、并丁入用渡
d　③―一二二五　蒲田村太郎兵衛今橋弐丁目下尿代金三分請取、但巳年分
　⑥―一二二四　今橋下尿代払ニ来る、蒲田村太郎兵衛ゟ
e　③―一二二七　今福村五郎右衛門ゟ小便代金壱両請取
f　③―一二二七　塗師屋町下尿代四十六人分・百十五匁、此金壱両弐分弐朱、つり三十七文渡、亀重持参ル
g　④―〇二〇九　北堀江中市下尿代巳年分持来ル、并辰十一・十二分丁入用渡
h　④―一一二六　靫丁岡治、午年分下尿代并に家賃銀持参被致
i　⑥―〇二二八　一番村孫兵衛殿へ下尿取申遣し候、但隠居様分

⑥—一二一六　石灰丁下尿代、壱番村孫兵衛持参

右では、a戎町・b卜半丁・c新平野町・d今橋二丁目・f塗師屋町、g北堀江・h靭丁・i石灰町の掛屋敷から下尿代の収入が得られていることが明らかとなる。この外にも下尿に関する断片的な記事がいくつか見られるが、銭佐は石灰町や掛屋敷のほぼ全てから下尿代を得ていたことがうかがえる。これら下尿の汲み取りは、それぞれ近隣村々からの百姓が、掛屋敷毎に年単位で地主と契約して実施したことが記事からも窺える。ここには下嶋村・蒲田村などの百姓の名が見え、下島村惣助・下村某―卜半丁、蒲田村太郎兵衛―今橋、今福村五郎右衛門―未詳、一番村孫兵衛―石灰町など、汲み取りをめぐる契約関係が存在することがわかる。また下尿代金は、掛屋敷の規模（居住者人数）に応じ、年間の代金を前年一一―一二月に支払い、不足分が生ずるとあとで決済するようである。こうした下尿の収取権や売買の過程で、掃除場や下掃除の株化が見られたかは日記の記事からは分からないが、これらの下尿代が地主により収取されるという点で、これが家守の重要な収入源＝下掃除場所有権となっている江戸の場合との差異を見ることができる[10]。

第三節　普請方

銭佐の掛屋敷経営における収支の全体像については、第六章小林論文を参照されたい。特に経営を左右する支出内容の精緻な検討は今後の課題である。先に三井大坂両替店の掛屋敷経営データから、主要な支払い項目として町入用の外に貸家や土蔵などの普請・修繕費があることを見たが、銭佐においても支出の多くを占める掛屋敷の普請・修復関係について、ここでは日記の記事から、これらに深く関わる普請方と呼ばれる出入層の一群について、その概要を追ってみたい。

表14　家徳扣に見る大規模普請

年	町名	金額（匁）	普請内容
天保1	南久宝寺丁	20,665.27	
天保7	靫	22,228.46	
天保9	備後町	54,114.20	
天保10	京町堀	21,941.72	新建
嘉永2	塩町	33,615.64	皆造借家裏蔵
嘉永5	御池通	18,823.76	土蔵借家普請
嘉永7	北久宝寺町	22,140	類焼新建
	同	17,500	土蔵4ヶ所
	同	22,140	再類焼新建
安政2	戎島町	17,876.54	皆造，祝儀とも
安政4	新戎町	64,156.97	土蔵4棟皆造
	同	22,235.83	借家皆造
慶応2	北久宝寺町	44,546.39	類焼新建，諸入用とも

注）10貫匁以上，1825–1872年.

1　安政三―四年、新戎丁土蔵・借家普請一件

まず、一八五六―五七（安政三―四）年の新戎丁における大規模普請についてみてみたい。「家徳扣」一八五七年の支出の部分に、

新戎町　土蔵四棟皆造　一、六十四貫百五拾六匁九分七厘
新戎町　借家皆造　　　一、弐拾弐貫弐百三拾五匁八分三厘

とある。この普請は、「家徳扣」が記す文政八年以降の掛屋敷普請の中で、最大規模のものである（表14参照）。やや繁雑となるが、「日記」から、一八五六年一〇月から一年余りに及ぶこの普請の関連記事を摘記しておきたい[11]。

一八五六（安政三）年

③―一〇〇一　手代伊助え新戎町普請銭百弐拾貫文渡
③―一〇一六　当旦那様・若旦那様、丈助、供九助、新戎丁蔵東西棟上ニ付御越之事
③―一〇二八　新戎丁、普請方大工弥七・嘉兵衛、左官弥兵衛、金子渡
③―一一二三　新戎丁普請瓦屋金弐拾両渡
③―一二〇四　新戎丁蔵普請祢包ニ付、棟梁え金壱朱ツ、弐人え遣ス、并近隣え挨拶として蒲鉾弐枚ツ、五軒遣ス

③—一二二七　大工弥七・嘉兵衛へ金百両渡、左官弥へ拾両渡、手伝伊助へ銭弐百貫文渡(12)

一八五七(安政四)年

④—〇四二二　当旦那様・丈助、供三助、新戎丁蔵普請囲取ニ付御見分に御越被成候

④—〇五一三　孫介、新戎丁借家へ普請ニ付家付物之一件、家賃之直段取極ニ参ル事

④—〇五一八　新戎丁家普請掛り初ニ付、早朝大工弥七・嘉兵衛・伊右衛門、暮ニ来る

④—〇五一九　普請方家根清・大工弥七・大工嘉兵衛・左官弥兵衛・手伝伊助、〆五人え、新戎丁蔵普請ニ付、骨折出精為褒美、一、黒家具廿人分五箱、四つ椀揃飯器弁台四組、杓子四本、丸盆十枚、湯桶弐つ、脇取二枚、朱縁金引盆廿人前壱箱、家根清へ遣ス、一、蠟色夜食膳廿人前弐箱、朱縁金菓子椀廿人前弐箱、黒刷毛目吸物椀廿人前弐箱、大工弥七へ遣ス、一、青漆夜食膳廿人前弐箱、溜塗菓子椀廿人前弐箱、黒刷毛目吸物椀廿人前二箱、大工嘉兵衛へ遣ス、一、黒蒔絵八寸重箱壱箱、左官弥兵衛へ遣ス、一、青漆蒔絵硯蓋壱箱、黄漆無地吸弁廿人前壱箱、朱蒔絵大平壱箱、手伝伊助へ遣ス、右之通池の間ニおいて当旦那様幷丈介御挨拶在之、玄関ニ而丈介ゟ渡ス

④—閏〇五〇九　普請請負一札調印致し候間、証文東の間ニ而常七旦那様え直ニ御渡し申事

④—閏〇五一八　家根清、戎丁普請之事ニ付来ル

④—閏〇五一九　新戎丁囲ひ仕候ニ付手伝伊右衛門申来ル

孫介、新戎丁普請ニ付、借家中へ引合、亦は家守へ囲ひ願ひ申付ニ参ル事

④—〇七一八　家根清親仁参り、新戎丁家棟上ニ付人足書付持参之事

④—〇七一九　新戎丁家棟上之事、但し祝儀銭廿四貫九百文渡、銀壱、六つ渡

④—〇七二八　伊右衛門え新戎丁普請作料銭三拾貫文渡

④―〇八〇五　新戎丁新建借家　槌源借受度約束ニ来ル　店ニ而孫介引合
④―〇八一一　新戎丁蔵家共普請ニ付、座頭中ゟ祝儀之書付持参り
④―〇八一三　新戎丁家棟上ニ付、祝儀之札持参り、但し道ノ覚兵衛・丁ノ善兵衛
④―一〇一八　当旦那様孫助、新戎丁家囲取ニ付御越
④―一〇二九　大工弥七へ金十両、左官弥兵衛へ金九両、手伝伊右衛門銭八貫文、伊助へ銭八貫文渡
④―一一〇三　新戎丁・今橋両所普請作料渡、但金廿一両弐朱ト銭百十四文大工弥七え相渡ス、金弐両三歩壱朱銭七十文左官弥え相渡ス、金弐両弐朱銭弐百四十六文家根清え相渡、銭拾弐貫百六拾六文手伝伊助え相渡ス
④―一一〇四　普請方大工弥七事、新戎丁請負普請木材張込念入出来候ニ付、請負高ニ而は損在之候故、金三十疋遣ス、此分例ニ不相成此度限りニ候、同人普請出来早速調候ニ付、為褒美金千五百疋を遣ス、家根清右普請取締方故、為褒美金壱両孔寅牡丹画懸物壱幅箱入遣、家根屋徳兵衛同請負普請之処、強風ニ而少々損在之候ニ付、金弐百疋遣ス、左官弥兵衛事右普請出精早速出来ニ付、為褒美金弐百疋遣ス、手伝伊右衛門前文同断ニ付、花月台三つ盆箱入遣ス

右から、まずこの普請の進行過程を見ておこう。記事初出は、冒頭にある一八五六年一〇月一日のものであるが、この月に蔵が棟上げとなっていることから、新戎丁の蔵普請はそれ以前から開始されていることがうかがえる。一方、同年五月以前には関連する記事が見あたらないことから、「日記」を欠く同年六―九月の間に施工が始まったものと推定される。

こうして、まず蔵普請が先行する。蔵の棟上げから、それに伴う祝儀に関する記事が見え（垣外の項を参照）、翌一八五七年四月二二日に「蔵普請囲取」とあって、これが蔵の完成を意味すると思われる。こうして五月一九日に、普請方の各棟梁へ完成に伴う褒美が与えられる。

一方「家」普請、すなわち借家の普請は、蔵の竣工をみて、一八五七年五月以降に開始されたと見られる。七―八月に棟上げが行われ、一〇月一八日に「家囲取」すなわち貸家が竣工している。

ここで注目されるのは、第一に、これら普請を担う職人の諸層が、この時は「普請方家根清・大工弥七・大工嘉兵衛・左官弥兵衛・手伝伊助」など、「普請方」として一括されていることである。この時の工事は、こうして銭佐の普請方が全面的に請け負っていることになる。そして、一八五七年閏五月九日に請負一札が調印されて契約が結ばれ、幾度かにわたり作料が支払われている。この作料を見ると、大工が突出して高額である。

第二に、これら普請方への褒美が非常に手厚い点である。蔵普請が完成したあと、その労苦をねぎらい、銭佐四代当主が普請方の棟梁を居宅に呼んで、様々な褒美の品々を与えている。また全ての普請が完了した後と見られる翌年一一月四日にも、同様の褒美が与えられている。このような厚遇からは、銭佐にとっての普請方の占める位置がいかに重要であったかを明示している。

第三は、普請特に棟上げ時における祝儀である。町中や家守への祝儀が想定されるが、これらとは別に、例えば「座頭中」（一八五七年八月一一日）や、後で検討する垣外からの祝儀要求などが見られる点が興味深い。

2　普請方の諸相

次に、右に見た普請方の性格を、日記の記事からいくつかの局面に区分しながら垣間見ておきたい。

＊家見、普請見廻り

家根清・大工弥を初めとする普請方は、銭佐掛屋敷の貸家を常時点検し（家見）また普請の進行を管理していたと見られる。これらに関する記事は、④―〇四二九「家根清来ル、大工嘉・又介・清兵衛、伊助、戎嶋丁家見ニ行用」、④―〇五〇一「丈助、家根清・大工弥七・手伝伊右衛門、戎嶋丁家普請見廻りニ行用」などのような内容で頻出する。(13)

＊付物代評価

④―〇一二一に次のような記事がある。

家根清・弥七、塗師屋町壱番家付物之事ニ付来ル、孫介懸合、三人同道ニ而家守亀重へ行、家借請人道仁町布屋藤兵衛借屋大和屋平兵衛、付物金持参ニ而来ル、付物代七両三分ニ而応対行届、則家守宅ニ而孫介金子請取帰、即刻若旦那様へ渡、合数改、恒七

右では、家根清と大工弥が、銭佐手代の孫介とともに、塗師屋町の家守亀重の処へ出かけ、掛屋敷借屋（一番家）の付物（建造物の付属物としての建具など）について、その買取価格を、新たな借受人である大和屋平兵衛と相談し、七両三分と決着してその代金を孫介が受け取り、銭佐四代当主に渡した、とある。借屋人となる大和屋は、建具など付物については新たな所有者となり、普請方両名は、銭佐の手代とともに付物売却のためその評価に立ち会っているのである(14)。

＊家根清

日記の時期、銭佐普請方の中核は大工棟梁ではなく、②―一二一二「普請方名代家根清、戎町蔵之事頼ニ来ル、丈助直談」などとあるように、家根清であると見られる。これは、後述するように一八五六年五月二六日の日記に、大工弥七が「出入目見」とあって、大工弥がまだ若年であり、このため家根清が普請方の代表的な位置にあったのかもしれない。

家根清については次のような記事がある。

④―〇八〇五　家根清、備店益吉親元泉大津河合女房病死ニ付、伯父壱人ニ相成甚タ難渋仕候ニ付、跡女房向イ取候迄、爰半季程之処御暇貰ニ来ル、并ニ代人材木屋之悴を御奉公ニ差上申候様申願ニ参り候、早速当旦那様へ申上候処、御承知之趣ニ御座候、孫介承ル、代り人之外ニ最壱人心当り候故、是又跡ゟ申上候ト申帰ル、孫介備

店へ右之由申参ル事

これによると、家根清の実家は泉大津と見られ、記事にあるように、備店奉公人益吉の親元が「伯父」だとすると、家根清の従兄弟は銭佐の奉公人ということになる。この伯父が後添えを得るまで半年ほど暇を乞い、代わりに材木屋悴を「代人」として奉公させ、もう一人も補充するとしている。銭佐と家根清との間が、別家にも準ずるような深い関係にあることが想定できよう。なお家根清伯父の奈良太は八月末に亡くなっており、家根清は八月晦日に復帰している。

＊手伝

普請方に属す手伝の伊右衛門・伊助は、前述の新戎丁の普請の例のように、銭佐居宅や掛屋敷の普請・修復関係の記事に頻繁に登場する。また、銭佐の婚儀などにおける荷物運び（後述）、誂えた石塔籠の運送に関わる（⑤―〇七二六）など、多様な雑用を担っている。また「昼八つ時ゟ京大火ニ付丑寅之方ニ火ミへ、夜ハ雲ニうつり候而大騒動いたし候、火役不残出ル」（⑤―〇六〇四）などとあって、京都方面の大火による騒ぎに際し、家根清とともに「伊助組菊松、伊右衛門組善助」が「火役」として銭佐宅に泊番となっている。普請方が出入先へ役として「火役」を勤めるということだと思われるが、手伝が、伊助・伊右衛門を頭とする二つの組に編成され、こうした防火・防災、そしておそらくは不穏な社会情勢に備え、銭佐を防衛する中心部隊として組下の者が派遣されるのであろう。このように見ると「手伝」とは、主として地形など土方仕事を職分としつつ、多用な日雇労働を担い、あるいは組下の日雇を調達し、また防災や世情不穏などに際しては、出入先に駆けつけるという、江戸の鳶にほぼ相当する存在ではないかと考える。

＊「普請方」としての結合

こうした普請方は、銭佐出入方として強い結合を有したことが窺える。一つは、目見えに関する事例からである。

③―〇五二六　大工市松・大工弥七相合出入目見へ、市松後見石川屋吉兵衛、手伝伊右衛門・同伊助、左官弥兵衛、家根屋清兵衛親子来ル、当旦那様池の間ニ而丈助取次ニ而目見へ相済、老人清兵衛・市松・弥七・吉兵衛

記事が簡単で意味が取りにくいが、大工の市松・弥七が新たに銭佐の出入＝普請方に参入するにあたり、銭佐当主へお目見えとなり、そこに当人の後見とともに、普請方各棟梁が挨拶に立ち会っている。

また、「大工伝助葬式ニ付、普請方一統願出候次第ニ付、香料外々被下金丈助ゟ相渡、幷ニ申渡之事」一八六七（慶応三）年三月一三日とあって、普請方大工の葬送に際して、香奠の下付を「普請方一統」として出願している。

さらに、一八六七年の日記には次のようにある。

＊慶応三―二月三日　一、普請方五人ゟ願書差出申候事

―二月五日　先日普請方棟梁分五軒ゟ願書差出候ニ付、今朝聞届ケ申渡候事

―二月七日　大工弥・家根清・伊助・伊右衛門〆四人棟梁分へ黒米五斗宛、米相庭五百目ニ相成候迄貸遣し候事、尤阿州米ニ而

諸色高騰に伴い、銭佐による救済措置を要求しているものと見られる。家根清らは「棟梁分」と称され、彼らが代表となって、普請方としての共同性が困窮時の救済要求に際して発揮されていることが注目されよう。

３　垣　外

普請方とは異なる位相で、銭佐の出入関係に深く関わる存在の一つとして、垣外について見ておかねばならない。垣外に関する「日記」の記事は、銭佐の居所である石灰町と、それ以外の掛屋敷が所在する町々の二つに区分できる。石灰町と垣外に関する記事を列挙すると、次のようである。

③―一〇〇七　町内源六、塗師屋町垣外長兵衛、綱貫奉加相渡し、源六壱貫七百文、長兵衛四百文〆

④―〇二二三　丁内垣外源六え、御安産ニ付札代銭五百文渡
④―〇五〇八　丁内垣外親方ふせ未年分借用ニ来ル
④―〇五一六　垣外親方来ル、常七・孫助応対ス、当月番給拾弐貫文先借り願ニ来ル
④―〇五二五　鳶田弥兵衛、銭弐貫文番賃先借
④―一一〇二　明日滋娶様御髪置ニ付、札代五百文、丁内源六へ遣ス
⑤―〇九二四　丁内源六之かわり自身ニ来る
一八六六(慶応二)年―五月一日　丁内垣外親方弥兵衛、来卯ゟ未迄布施札丸五ケ年先貸、尤内銭丈とも弐枚代遣し候事
同―六月一九日　鳶田弥兵衛難渋ニ付、当暮節季候、来卯大黒舞両様米先借歎願ニ参り候事
同―六月二四日　丁内垣外源六、当暮節季候、来春大黒舞米先貸致遣し候事、尤先達て親方弥兵衛分も同様取計

これらからは、親方である鳶田弥兵衛と町内の源六の両名が、石灰町や銭佐との関わりで登場している。塚田孝による研究を参照すると[15]、弥兵衛は、大坂四ヶ所垣外の内、鳶田垣外に属す「若き者」で石灰町を勧進権＝垣外番株の対象とする主体であり、その弟子・源六を町に派遣するという関係が想定できる。そこでの勧進権の内容として、親方弥兵衛は町内から布施、番給(垣外番賃)、節季候・大黒舞の祝儀、綱貫奉加などを得ており、また先借りしている。一方弟子の源六は、節季候・大黒舞の祝儀、綱貫奉加を親方と同様に得ている。また源六は、外に銭佐の家から出産や髪置の祝儀を「札代」として与えられているが、これらは塚田が紹介する、天王寺垣外における一七九二(寛政四)年一一月の覚書(悪ねだりの規制に関する誓約書)に見られる「普請棟上・家移り・店出し幷看板出し、同断(祝儀申請候)」や「結納・婚礼」「磐肌帯幷平産」「初節句・髪置・袴着・かつき初め・宮参り等」における祝儀に照応する[16]。

次に、銭佐掛屋敷の所在する町々における垣外の記事は、戎島町(②―一〇二三、②―一二〇五)、卜半町(②―一二

二四、③—〇一二九)、油町(③—一一二七)、新平野町(③—〇一二一、③—一二二六)、京町堀二丁目(③—〇一二七)、戎町(⑥—一二〇七)などに見られるが、その中で新戎丁に関する記述を取り上げておきたい。

③—一〇二八　新戎丁垣外来ル

③—一一一四　新戎丁角兵衛若者壱人、蔵普請ニ付祝儀之事ニ来ル

③—一一二三　新戎町角兵衛・善兵衛右両人参り、蔵普請ニ付祝儀弐貫五百文渡

④—〇八一三　新戎丁家棟上ニ付、祝儀之札持参り、但し道ノ覚兵衛・丁ノ善兵衛

④—〇八二三　新戎丁垣外、棟上祝儀取ニ参り、六貫文呉候様申ニ付、壱貫文遣ス様孫介申、引合ニ而帰ル、親方ニ尋申候と申

④—〇八二六　新戎丁普請家棟上ニ付、道ノ覚兵衛・丁ノ善兵衛〆両人并ニ四ヶ所節季候祝儀共、銭弐貫文遣ス

右は、先に触れた新戎丁における銭佐掛屋敷の大規模な普請に際してのものである。一八五六(安政三)年一〇—一一月は蔵の普請、一八五七年八月のものは家普請におけるもので、いずれも棟上げなどに際して、銭佐に祝儀を要求している。ここには「新戎丁垣外」とあるが、「道ノ覚兵衛・丁ノ善兵衛」とある点が重要である。覚兵衛(角兵衛)の名に冠して「道ノ」とは四ヶ所垣外の内、道頓堀垣外を示すものではないか。とすれば、覚兵衛は道頓堀垣外の若き者となる。そして善兵衛は親方覚兵衛から新戎丁へ派遣された弟子となり、先に見た石灰町と同様の構成をみることが可能となる。また「四ヶ所節季候祝儀」とあるのは、高原会所宛てかと推測させる。

4　婚儀と普請方

一八四一(天保一二)年九月、三代佐兵衛娘らくは、京都室町通り三条の丹後屋(野々口)市郎右衛門家に嫁いだ。婚礼を直前にした九月一九日夜五つ時から、石灰町の銭佐の家から嫁入り道具が運び出された[17]。この時、荷物を運ぶ行

列は、先頭の箱桃燈二名を先頭に、琴一面、屏風一双、衣桁一架、小簞笥二棹、簞笥五棹、塗長持三棹、木地長持二棹、釣台という長大なもので、最後を悲田院小頭二名（悲田院垣外＝天王寺垣外の小頭か）が従った。総勢五四名からなる。表15はその内訳である。

行列を先導する位置にいる宰領・新七は銭佐の手代である。また近佐については、婚儀の後に作成された「京都諸事覚」（〔1-3-3-3〕）が参考となる。これによると、近佐とは近江屋佐七と見られ、婚礼に際してさまざまな品目を購入し立替えているようすがうかがえる（表16）。この立替分には「家賃」が含まれているが、これをらくが京都で婚礼の直前に宿とする場所の経費とみると、近江屋は銭佐に出入りする商人(18)で、銭佐の依頼を受けて、京都での婚礼に際して銭佐側のさまざまな所用を代行・請け負い、京都での出費九両余りを立て替えたのではないか。そして嫁入り道具を京都へ搬送するに当たって、一二名もの人足を提供しつつ、陣頭指揮をとったものと推定する。これ以外の人足た

表15　1841年9月19日夜，らく婚礼荷物運搬行列

近佐		
新七（宰領）		
常助		出入方
かも和		出入方
半助		出入方
太吉		
尼伊（道宰領）		出入方
熊平		
花吉	花吉弟	出入・花屋吉蔵
古斎男		
大工忠（道宰領）	大工忠悴（兵次郎）	普請方
左官弥	左官弥悴	普請方
屋根屋	屋根せ悴	普請方
手伝伊右衛門	手伝伊悴	普請方
手伝伊助		普請方
音助		下男
六助		下男
百助		下男
嘉助		下男
十助		下男
京・喜太郎		
近佐より	人足12人	
江戸宗より	人足4人	
飛脚天吉より	人足2人	
かしものや・道具や		
建具や・木や・米や		
	〆10人	
合計	52人（近佐・新七除く）	

注）上記の他に非伝院（ママ）小頭2人　鳶田弥兵衛・（丁内）源六（〔1-3-2-19〕による）

表16　1841年婚儀における近江屋佐七諸算用

		金（両）	銀（匁）	銭（文）
近佐取かへ分		1.11	4.3	1,658
津の小八	手間大工紙いろいろ代			2,974
津の国や八郎兵衛	米1石代		92	
丹後屋勇助	木柴炭代			3,500
畳や兵介	畳37帖代		81.4	
津の国や小八	襖戸障子いろいろ		103.9	
銭や平兵衛	ふとん代	1.12		350
家賃			75.85	
白米2斗2升？			19.24	
	9月28日受取の総計	9.11		404

注）「京都諸事覚」〔1-3-3-3〕による．

ちを見ると、銭佐の出入方、普請方、及び銭佐の下男たちが大半を占めることがわかる。

この婚儀にみられるように、普請方は大店としての銭佐にとって、家・店舗・掛屋敷維持のいずれにとっても重要・不可欠な存在であることがうかがい知れる。これらを出入関係の中核に「内なる他者」として包摂するところに、大店としての特質がよく示されているといえよう。

おわりに

以上、本章では都市大坂における銭佐の社会的位相について、居所としての石灰町、掛屋敷経営、普請方の性格の三点から不十分ながらも検討を試みた。石灰町については、住民諸相それぞれの職分に見られる特質をほとんど検討できず、その地域特性については未解明のままである。また、掛屋敷を所持する町々の具体的な構造分析も未着手であり、例えば新戎丁における掛屋敷経営が同地域のどのような人々と関係を取り結んだのかも未詳である。さらに銭佐の普請方のみでなく、店表や台所関係の出入層の全体像もまだ十分見えていない。これらは史料の博捜を含めて、今後の課題とせざるを得ない。

以上を念頭において、とりあえず本章のまとめと展望を試みると下記のようになろう。一つは、大店としての銭佐の一般的な特性についてである。居所である石灰町において、広い間口規模の店舗・居宅を有し、それらを含む町内における所持屋敷の量、下人・下女層を多く抱えることからくる人別の上での比重、などで突出した位置にいることが確認された。また、一〇ヶ所前後の掛屋敷を有し、それぞれ家守を置いて、その経営を展開する点も明らかになった。そして、普請方の問題に限定されたが、出入層の中核の構造を垣間見ることができた。以上は、大坂における銭佐が、かつて江戸町方を素材として提示した大店の範疇に適合的な存在であることを明示している[19]。

二つめは、こうした大店としての銭佐が、都市大坂固有の特性をどのように帯びるかという点である。この論点は、第1巻の評伝や、本巻の各論考で解明された諸事実との関わりで検討しなければならない。本章の内容から取りあえず指摘できそうなのは、①居所である石灰町に銭佐の家守が不在であること、②掛屋敷経営に伴う社会的拘束が、掛屋敷が属するそれぞれの地域特性に規定されて、個性溢れる内容を持つと予測されること、③普請方の強い結合や、手伝の存在形態という点で、江戸とは異なる特質を見出せそうなこと、などである。これらはいずれも、伝統都市・大坂により、前期的資本としての大店が如何なる被拘束性の下に置かれたか、という論点に繋がる。町共同体やイエなどの網の目からなる伝統社会の社会的諸結合、さらにはこうした社会的諸結合形態と表裏の関係にある「人格的特質を帯びる家屋敷」という土地、これら諸々からの拘束を、銭佐は維新期以降どのように振り払い、「自由」な資本へと飛躍しえたのか（しえなかったのか）。かかる歴史過程の検討も今後の大きな課題となろう。

（1）「銭佐日記」については第1巻史料解題を参照。
（2）第一節の石灰町に関する記述は、吉田「銭屋佐兵衛と石灰町」『大坂両替商逸身家文書現状記録調査報告書』二〇一〇年（以下、『報告書』と略称）を前提としている。
（3）史料番号E-六-一四。なお同図の所在や内容については、八木滋氏のご教示を得た。
（4）「年寄一件要用扣」を参照。ただし同史料には流入時の記載しか見られず、またどの屋敷地に居住する者か等も不明である。
（5）この史料群は武部愛子氏により見いだされたものである。『報告書』付録「東京大学法学部法制史資料室所蔵「大阪石灰町人諸届書」史料細胞現状記録」を参照。
(6) 志田垣與助編「難波丸綱目」早稲田大学図書館蔵。
(7)『大阪経済史料集成』一一巻収録。中川すがね氏のご教示による。
(8) 三井文庫所蔵史料。なお三井の大坂抱屋敷については、今井典子「大元方『家有帳』」(『三井文庫論叢』八、一九七四年)を参照。
(9) この蔵敷通については、逸身家文書の中に「蔵敷通」の正本が含まれており、具体的事例として参考となる〔2-45-1〜15〕。これらの大半は、一八五四(嘉永七)年から一八六二(文久二)年にかけて、木綿屋源兵衛代判・上博労丁新家屋儀助(新儀)が銭佐宛てに発行した蔵敷代の請取である。土蔵の所在ははたして上博労丁でよいのか、また銭佐はここを何に使ったのかなど不詳である。請取には「十四番蔵敷」とあり、月二六匁の蔵敷代が銭佐から新儀にあてて二月分ずつ支払われていることがわかる。
(10) 江戸の下肥については、吉田伸之編著『「髪結新三」の歴史世界』朝日百科「日本の歴史」別冊「歴史をよみなおす」一九巻、一九九四年、を参照。
(11) ただしこの間、一八五六(安政三)年六―九月の「日記」を欠く。
(12) この記事が新戎丁に関するものか未詳であるが、とりあえず引いておく。
(13) 大坂の手伝については、武谷嘉之による下記の一連の論考を参照。氏もそれらの中で、江戸の鳶との比較について若干言及している。「近世大坂における家作「手伝」職の仲間形成」『社会経済史学』六五巻一号、一九九八年。「近世大坂における下級建築職人「手伝」の仲間組織――組・得意・「助方」」『経済学雑誌』一〇二巻二号、二〇〇一年。「明治・大正期における手伝の集団と労働」奈良産業大学『産業と経済』一七巻二号、二〇〇二年。
(14)「家徳扣」によると、掛屋敷などの売買に伴い、屋敷地とは別に付物(「家屋敷付物」とも)が売買対象とされる事例を見ることができる。
(15) 塚田孝『近世大坂の非人と身分的周縁』部落問題研究所、二〇〇七年を参照。
(16) 同右著、一六五頁以下。
(17) これら道具類がどのようなルートで京都まで搬送されるのか未検討である。
(18) 近江屋は大坂商人と想定するが、京都の者である可能性も否定できない。

（19）大店の概念規定については、吉田伸之「巨大城下町―江戸」『岩波講座日本通史』一五巻、一九九五年（吉田『巨大城下町江戸の分節構造』山川出版社、二〇〇〇年、収録）を参照。

第二章 「ええじゃないか」と銭佐

竹ノ内雅人

はじめに

本章では逸身家文書に残された「ええじゃないか」の史料である「天照皇大神宮御降臨諸事扣」(以下「諸事扣」と省略)の内容について紹介しつつ、当時の銭佐がどのような内部構成と対外関係を持っていたかを見ていきたい。

まずこの「諸事扣」について説明すると、形態は横帳で、「御降臨一件諸事扣」と題名の付けられた袋の中に納められていた。この袋の中にはもう一点、「ええじゃないか」の一件で発生した諸費支払いの代金受取状などをまとめた綴りも含まれている。さらに「諸事扣」に記載された内容の構成についてみると、冒頭では銭佐における「ええじゃないか」の発生と祭事に関する経緯の概略が述べられ、以下、銭佐へ贈られた各種奉納物とその送り主をまとめた「奉納物他家ヨリ至来之控」、祭事での支出をまとめた「買物方」、関係者への返礼および祝儀として配られた「手拭送り先」、この一件のために誂えた浴衣・手拭と出入り作事方の法被を彩色で描いた絵、最後に浴衣と法被を誂えた人名を書き上げたものとなっている。祭事に関する具体的な描写は後述するがさほど多くはない。むしろこの祭事によってどのような支出入が発生し、当時の銭佐がどのような社会的関係を築き上げていたのかを詳細にうかがえることに、この史料の特色がある。

したがってこの史料からは二つの論点があげられる。ひとつは「ええじゃないか」の流行に対し、大坂の大店のひとつである銭佐がいかに対応したかという点である。これまでの研究でも触れられているとおり[1]、大坂では一八六七（慶応三）年六月から豊年踊りとよばれる群衆の踊りが現れ始め、一〇月ごろに「ええじゃないか」が流行していった。ただこれまでの研究史では、民衆運動史として畿内をはじめとする各地の流行の様相を、中間層や知識人の記録をもとにその分析を行うことに中心をおいており、都市民衆の熱鬧《ねっとう》を受け入れる側であった大店の史料を用い、彼らが具体的にどう対処したかを分析したものは、僅かにとどまる。まずは第一節で銭佐における「ええじゃないか」への対応の様子についてうかがってみたい。

もうひとつは先に指摘したとおり、銭佐における社会的関係の様相である。銭佐は大坂の有力な両替商として存立しており、この史料が作成された最幕末には多くの大名諸家の御用達を務めているが、一商家として店内の奉公人、同族縁者、店の置かれた石灰町の町人、さらに出入りの商工業者などとの関係とのなかで、銭佐における「ええじゃないか」への対応は進められた。吉田伸之は大店を中核とする社会構造（大店社会）を、市場を中核とする社会構造とともに、社会変容のなかで形成された町人地の分節構造類型（単位社会構造）として提起し、自己の店舗を磁極として、奉公人や屋敷経営、出入り関係などを通じて、広域に及ぶ独自の社会構造を形成したとしている[2]。第二節では「諸事扣」に記録された奉納者や返礼者、諸買物の支出先を分析することにより、当時の銭佐がどのような社会的関係を構築していたのか、その様相を明らかにしていきたい。

第一節　「御降臨」による銭佐の動き

1　当時の状況と祭事の経緯

まずは当時の銭佐における「ええじゃないか」の祭事の経緯についてうかがってみたい。先述の通り「諸事扣」のうち、当時の状況について記録されたものは冒頭の一葉目だけである。次にあげる史料はその冒頭部分で、前半部で大坂市中におけるええじゃないかの騒乱の様子を描き、後半部で銭佐における札の「降臨」と、その「降臨」に対してどのように対応したかが書かれている。

> 慶応三丁卯年初冬十月之頃ゟ、大神宮様市中へ四、五ヶ所程御降有之、夫ゟ十月・十一月・十二月、追々神社仏閣金銀之幣、剱御はらひ数百枚、或ハ金之玉、古金銀、当時通用之金銭、酒之菰樽、其外又善き物、悪き物、不浄之物あトなくあまくたりたまふ、家ニハ表へ、何日何之刻何々様御降臨与大きう成紙、又ふくりん之のほり抔へ書出し、直様往来之ものへ礼拝致候様祭り、エイシヤナイカ〳〵ヱイシヤナイカ踊り、家内乱心之如く、不浄之物なと降り隠し置ハ忽たゝり有之、丁々両家へ笹を立、市中藪之如く、丁によりてハ踊り之そろへ、家形抔ニ而ねりもの致、又大家之向は家毎に浴衣・はつび（ママ）・はやし方そろへにて、知辺先き或ハ備物致候方へおとり行き、畳の上へ土足ニ而あかり、家毎に酒飯抔出し候、冬三ヶ月市中乱心之如く、十二月朔日寅の刻、東之間庭に染付之鉢ニ南天之鉢植有之、右鉢之縁へ壱寸位之箱御札天降り、直様玄関へ南向に一七日之間祭り、両方へ備物之棚を組、ぐるりへ幕をはり、中庭ニ大きう成竹を立しめ縄はり、参詣之人にこも樽之祝鏡をとり御酒をしんじ、向店与東手ニ而御供水之砂糖水出し、表座敷畳裏かへし、おとり場且備物場に致、普請場より参詣道両方へ杉を植、割木・炭・酒樽・積もの、且ハ炭之鳥居・手水鉢拵置、入口正面へ龍図水・高張火事灯燈積、横へ四ヶ所番為致、普請場ハ出入方屯所、朔日ゟ七日祭り、四日ゟ七日迄三日踊り行候事

これをみると、一八六七（慶応三）年一〇月ごろから大坂市中の家に伊勢大神宮の札が「降り」はじめ、それから一二月まで各神社仏閣の金銀の御幣、「剱御はらひ」と呼ばれる伊勢大神宮の札、そのほか古い金銀、当時通用中の貨

幣、酒樽の菰《まこも》などが断続的に降ったとされる。こうした札などが家の中に「降る」と、すぐに表へ「何日何之刻何々様御降臨」と「降臨」した日時および札の種類を書き付けた紙または「ふくりん」、つまりゴロフクリンという舶来の梳毛織物で作られた幟を出し、往来の人びとが参拝できるように祀って、家内で「エイシヤナイカ」と「乱心の如く」踊り、さらに町の両側へ藪のように笹を立てたと、当時の大坂における流行の様相を描写している。また「降臨」のあった町によっては町ぐるみで踊り連を組み、「家形」とあるが屋台などで練り物を調えた。さらに大店では家ごとに揃いの浴衣や法被、手拭いを誂え、知り合い・縁者や供え物を送った家へ土足で畳の上にあがり込んで踊った。そうした家では酒飯などの饗応もあったとされる。このあたりの描写は先行研究で指摘されているとおりであるが、やはりこれらの行動のなかには一般の祭礼で行われる出し物や饗応と大差ないものが多く、臨時の祭礼として対応していたことが確認される。さらに不浄の物を隠した家では「たゝり」があるという点から、富裕な家に対する民衆騒擾を潜在的に孕んだ性格もみられる。ただ、それはどんな「善き物、悪き物、不浄の物」でも降った物を祀って祝うというルールを犯した物に対する制裁としての面も否定できず、この地の「ええじゃないか」についていて、大方は祝祭としての色合いが強かったといえる。

そうした最中、銭佐で札の「降臨」があったのは、流行の発生からやや時間がたった一二月一日のことであった。銭佐は東の庭にある南天の鉢植えそばに札が「降臨」していたことを確認すると、すぐさまその祭祀に取りかかった。ちなみに、この「降臨」があった銭佐の場所は、「諸事扣」の中に石灰町年寄大和屋源次郎から奉納物があったこと、一八七一(明治四)年の石灰町年寄であった石灰屋吉治郎がこの「降臨」に際し銭佐へ鮓券一〇枚を奉納するとともに、「銭屋の御本宅江大神宮の天降り玉ふを祝して　天てるの神の光に黄金ニもたまにもましてたふとかりけり　種樹」という狂歌を寄せたことが「諸事扣」のうち「奉納物他家ヨリ至来之控」に記載されていること、さらには備後町関係者の奉納物や引き出物についてはその旨注記を入れ、「丁内」とはしていないことから、石灰町の本店であったといえる。

見つけた「降臨」の札は玄関へ南向きに祀って周囲に奉納物の棚と幔幕をしつらえ、中庭に竹でしめ縄を張った。そのうえで参詣人へ祝い酒を振る舞うとともに、向い店と店の東側にお供えの砂糖水を出した(3)。さらに座敷の畳を返して踊り場とするほか、「普請場」から参詣する道に杉を植え、割り木・炭・酒樽などの積み物、炭の鳥居や手水鉢を設置していた。ここで「普請場」とあることから、銭佐でなんらかの工事を行っていたようである。さらに火事に用心して龍吐水など火事場道具のほか、番も四ヶ所に置いている。この祭祀は一日から七日間行われ、このうち四日から七日までのあいだに三日間踊りに出たようである。先述した浴衣と鶴に日の出のかぶり物は、この出踊りのために用いられたものとみられる。

ここで注意しておきたいのは、銭佐で「ええじゃないか」を執り行ったのは、大坂市中で「ええじゃないか」が始まってすでに二ヶ月を経過した時期である点である。これだけ長い期間を置いて「降臨」があったことは、大坂の町内および大店などで「降臨」があった際、どのような準備をしたらよいか、銭佐の関係者が祭事に関する情報をかなり収集したことをうかがわせる。そのうえで銭佐にとってふさわしい規模の祭事はどの程度のものなのかを周到に確認した上で、満を持して「降臨」の祭事を行ったのではないかと考えられる。

2　祭事による買い物

この「諸事扣」には祭事による支出の内訳とその金額も記されており、それをまとめたものが表1である。大きく分類すると(a)提灯・竹・杉など祭壇の設営に関わる支出、(b)酒・砂糖など不特定多数への振る舞いに関わる支出、(c)人足・起番などの雇い賃、(d)手拭や心付けなどの祝儀、(e)囃子方雇い賃や浴衣など出踊りに関する支出、(f)神社への祈禱料など、になる。

表1　祭事による支出

支出の内訳	支払先	金両	分	朱	銀貫	匁	分	銭貫	文
(a) 祭壇設営に関する支出									
檜・御社料		2	3						
屋台紅塗り長提灯 10 張など提灯代		3	3					10	
割木・掛けあんと								1	722
太鼓 1 つ		2	2						
長釣り提灯 4，ほか丸提灯代〔12 月 12 日支払い〕	山長（山城屋長兵衛）	2	1	3					536
神前紅提灯 2，掛け提灯 7 つ，蠟燭方高張 1〔12 月 17 日支払い〕	大宗	3	1						515
普請方江戸張提灯 7 つ，さかむ（左官）使いの高張 2 つ	大宗	3		3					
釣り行灯・屋台用小前など〔12 月 1 日・6 日納品〕	堺作		2						111
玄関手摺り・左官使いの提灯・同蠟燭方の竹〔12 月 1 日納品，12 月 15 日支払い〕	中弥（中嶋屋弥三兵衛）			3					75
御神酒徳利・土器代									800
紙のしき									100
ほうらく（焙烙）2 枚									88
杉 20 本代								10	
炭の鳥居にした額炭のとうし代									180
竹 30 本代(本家・新宅・町内へ立てる笹代)								10	100
お供え物送りの回し布 10 本									240
(釘代)〔12 月 1 日・4 日・6 日納品，12 月 15 日支払い〕	釘又								778
(釘代)	釘又							1	406
蠟燭 12 本代〔12 月 4 日・7 日納品，12 月 15 日支払い〕	銭喜							17	900
屋台の竹代〔10 本 12 月 6 日納品，12 月 15 日支払い〕	灰杢							2	
屋台用しうろ（棕櫚？）代〔12 月 19 日支払い〕	中安								300
榊代	花万（花屋）								650
蠟燭 14 斤代						280			
薪・打ち掛け代						230			

支出の内訳	支払先	金両	分	朱	銀貫	匁	分	銭貫	文
(b) 振る舞いに関する支出									
茶飲み茶碗50　1つ45文								2	250
杓15本　1本75文								1	124
魚櫛1,500本									748
お酒いただく人へ差し出す梅干し2升代								1	
同上昆布代								4	250
同上こぶ代									300
砂糖水用白砂糖12斤								13	800
青物代	八尾清							43	300
青物代	佐吉							1	700
青物代	八尾伊							3	548
米1石2斗1升代（庭瀬よりの1俵分差し引く，1石につき800匁）〔12月4日・7日納品，12月12日支払い〕	（橘屋喜兵衛）					968			
（使用記載なし）	豊藤							1	650
酒印物8挺代〔12月1日・3日・4日・6日・7日・8日納品，12月16日支払い〕	今喜（清水町板屋橋筋北エ入西側）				4	417			
(c) 人足・起番などの雇い賃									
人足14人雇い賃　2貫文ずつ〔12月5日4人分，6日5人分，7日5人分，12月13日支払い〕	尼長							28	
人足11人雇い賃〔12月5日3人分，12月6日4人分，12月7日4人分〕	大忠							22	
手伝1人	伊助							1	
部家物合力・報謝とも								1	500
100疋祝儀・300疋雇い賃	鳶田　弥兵衛	1							
	源六		1						
7日雇い賃	源六							3	
(d) 祝儀に関する支出									
手拭い430筋〔12月9日支払い〕	武蔵屋定七	26	3	2				8	944
	東堀（東横堀）仲仕		3						
心付け	八尾伊		1						
心付け	下役　喜八		2						
心付け	丁代　為吉		1						
心付け	割木屋播新		3						

表1 つづき

支出の内訳	支払先	金両	分	朱	銀貫	匁	分	銭貫	文
心付け	割木屋播新　若		1						
心付け	仲忠（大和屋忠兵衛・出入方）		3						
心付け	尼長		3						
心付け	大工弥	1							
心付け	大工徳兵衛	1	1						
心付け	家根清	1							
心付け	手伝　伊助		3						
心付け	手伝　伊右衛門倅市兵衛		3						
心付け	伊右衛門		1						
心付け	左官		1						
心付け	黒鍬		1						
心付け	源助（本家起番）		3						
心付け	利兵衛（本家起番）		3						
心付け	家根清　若2人		1						
心付け	境与（堺屋与兵衛・出入方）		1	2					
心付け	河藤（河内屋藤次郎）		1	2					
心付け	三木東（三木屋東助・出入方）		1	2					
心付け	木挽			2					
心付け	土安			2					
心付け	境吉（堺屋吉兵衛・魚屋・囃子方手配人）	1	1						
心付け	八尾清		1						
心付け	杉本　八右衛門（出入方）		1						
心付け	堺吉の佐吉			3					
心付け	堺吉の作兵衛			2					
供え物致すにつき遣わす	銭丈のおむめ（銭屋丈助下女）			1					
	備後町起番　市助			2					
手拭い30		1	3	2					624

これらの情報から、祭壇などの設営に調達された品物を具体的に知ることができるほか、出入り関係にあった人々との関係もうかがうことができる。まず(a)では先述史料の通り本店内の飾り付けに用いられた笹や杉、鳥居の材料となった炭のほか、左官方で使われる提灯や、土器や焙烙、提灯、榊、蠟燭など祭壇設営のために購入されたものがでてくる。とくに提灯は山城屋長兵衛と大宗、そして別表などで出入りと確認

支出の内訳	支払先	金両	分	朱	銀貫	匁	分	銭貫	文
(e) 出踊りに関する支出									
冠物（日の出に鶴・大江作） 惣絹張30　1つ3朱 下の分日絹・鶴紙45　一つ1朱と450文		8	1	3				20	250
普請方法被11枚　1つ3分1朱200文		8	3	3				2	200
苧・冠のひも代	銭四郎							2	180
囃子方礼（5人2日・6人2日，のべ22人，1人1分2朱）	堺吉	8	1						
（浴衣・法被代）	三ツ井（源三郎）				13	216	9		
法被の代わり木綿4反						300			
(f) 神社への祈禱料									
大神宮へ御湯料	高津社		1						
神楽料	高津社		1						
惣社へ御膳料	高津社			3					
茶料	高津社茶店2ヶ所			2					
【収入として差し引き分】									
蒔田よりお酒料		−1	−1						
ト半町町人中		−1							
総計		87	3	2	19	411	9	220	869
史料上の記載総計		87	3	2	19	411	9	220	909

注） 史料に掲載されていた情報に基づき筆者により分類している．各括弧内の記載は「諸事扣」の受取証などの史料により確認したもの．

される堺作の三軒から購入されている。これは、多数の提灯を短期間で調達するためにとった方策とみられる。(b)は店の前を往来する不特定多数の人々へ振る舞われた物資に関する支出で、酒や砂糖水の材料のほか、使用された茶碗や、酒の付け合わせで出された梅干しと昆布もみられる。酒については一二月二日を除く全期間、断続的に今喜という酒屋から仕入れられているが、こちらが銭佐本店の出入りかは今のところ確認は取れない。そのほか米が一石二斗一升、青物が四八貫五四八文分とかなりの量を購入しているところからみて、こちらは後述する奉納物を納めた訪問客に対しての振る舞いに用いられたとみられる。なお青物についても出入りである八尾清・八尾伊の二軒だけで無く、佐吉という人物からも補助的に仕入れられている点は提灯の購入形式と共通する。魚櫛は一五〇〇本の数に上るが、おそらくこの振る舞いのために使用されたものであろう。(c)では手伝いに雇われた人足として尼長・大忠（大和屋忠兵衛）の雇い人足のべ一二五人が計上されている。尼長・大忠は後述表2などでも確認できる出入りの町人で、かれらはいずれも一二月五日から七日までの三日間に人足を派遣している。この三日間については第1巻の四代佐兵衛評伝で紹介された日記の記述で「五日ゟ七日迄三日之間夕出祭礼」とあることから、(e)で指摘する出踊りがこの期間で行われた可能性が高い。その手伝いや警護として雇われたのではないかとみられる。さらにこの表では「鳶田　弥兵衛」という人名もみられる。この鳶田は大坂四ヶ所垣外のひとつ鳶田垣外のこととみられ、鳶田垣外の非人が本店を旦那場としていたことがわかる。[4] そのほかの人足に関する銭佐との社会関係については後段に譲りたい。(d)での祝儀物については、手拭いが総計四六〇本も作成されており、店の関係者だけでなく銭佐と取引・出入り関係にあった人々などをこれだけ想定していたことを物語るといえる。心付けに出された金品の受け取り先について表1をみると、大工徳兵衛と囃子方を編成した堺屋吉兵衛が最も多い一両一分を銭佐から贈られているのを筆頭に、大工弥・屋根清が一両と次に続き、東横堀川仲仕、割木屋播新、仲忠、尼長、本家起番の源助・利兵衛、手伝伊助と伊右衛門悴市兵衛が三分贈られている。これらは祭壇などの設え、人足調達、本店の警護に当たって特に祭事へ積極的に奉仕した人物たちであるために多めの祝儀を贈られたといえる。

(e)の出踊りについてみると、浴衣や法被の調達費が祝儀物の手拭いにつぐ支出となっている。浴衣や法被の数は後段表4・表5で確認すると、浴衣が六四着作られ、法被が普請方の一一着も含め六〇着以上が用意されている。[5] これらの染め物だけでなく、冠り物も惣絹張りのものが三〇個、鶴や日の出をあしらったものが四五個と、多数にのぼる注文を行っている。これだけの注文を一二月一日に行ったとして、出踊りが行われたとみられる五日に間に合うことができたかはわからない。ともかく、これらの浴衣やかぶり物を身に付けて出踊りを行うに際し、囃子方を編成したのは堺吉（堺屋吉兵衛）という人物が中心にあった。彼は銭佐に出入りする商人で、魚や料理などを調達する役目を負っていたのではないかとみられる[6]。こうした料理屋としての役割から、一日に五、六人を雇用して囃子方を編成できたものとみられる。このほか店の構成員が踊り手となり、専門的な芸能者も擁して本店などで出踊ったことも興味深い事実として指摘できる。最後の(f)では高津社へ「御湯料」とある湯花神事料と神楽料が奉納されている。この高津社は石灰町南西にある現在の高津宮のこととみられる[7]。井上〔一九二二年〕によれば、第二次大戦前の南綿屋町は高津宮の氏子にあげられており、銭佐は高津宮の氏子として関係を結んでいたため、今回の「降臨」した札の祭祀・祈禱をまかせたものといえるだろう。ただし、この境内茶屋にまで祝儀が贈られていることについて理由は不明である。

第二節 銭佐の社会的関係

次に奉納物や手拭いの配布先などから、当時銭佐が構築していた社会的関係について考えたい。このとき、銭佐へ奉納を行った所と奉納物については表2にまとめた。奉納物は鏡餅が最も多く、鰹節や昆布などの乾物、季節物の蜜柑のほか、蒲焼券や鯡券といった食品・料理の金券が続く。珍しいところでは伊勢にちなんだ氷砂糖（割木屋播新奉納）と黒砂糖（丸善・平利奉納）、および昆布細工（丁代松次郎・下役喜八・髪結喜助奉納）の二見浦、岩おこしの「おはらい」（広助奉納）など、趣向を凝らした細工物も散見され、合わせて一〇〇点を超えていたことがわかる。これらの奉納物は個人単独で寄せられるだけで無く、二人、三人と連名で贈られる物もあれば、仲間として出されたものもある。これらの奉納物を寄贈した人物や集団を銭佐の史料群をもとに特定して分類すると、①銭佐の同族団および奉公人、②銭佐に出入りする諸商人と作事方、③石灰町内の者、④銭佐の取引先・関係者、⑤銭佐が関わる藩の関係者、といった人々から奉納を受けていたことがわかる[8]。

表2　奉納物および奉納者名，支払先，心付け贈り先

奉納物		奉納者名	支払内容	心付け贈り金	備考
鏡餅一重（3升）	●	河内屋藤次郎			
鏡餅一重（三つ組5升）	★	逸身源兵衛（本町一丁目・親類）			1-2-11-25より
蜜柑2籠	●※	三木東（三木屋東助・出入）		1分2朱	1-2-11-14より
	●	仲忠（大和屋忠兵衛か）		300疋	1-2-11-14より
	●	尼長	人足賃14人分	300疋	
	●※	境与（堺屋与兵衛・出入）		1分2朱	1-2-11-14より
	●※	河藤（上記河内屋藤次郎か）		1分2朱	
	●	花吉（花屋吉蔵・出入）			1-2-11-36より
鏡餅一重（2升）		蒲島屋治郎吉			報告書グラビア1では東前頭29枚目　2-18-4-2-21蒲島屋治郎兵衛は関係者か
鏡餅一重（3升）	▲	種屋小平次（高知藩開成館に関与する在地商人）			報告書36ページ
鏡餅一重（5升）		鍵屋卯兵衛			
鏡餅一重（2升）	★	銭屋丈助			
鏡餅一重（1升）	■	町内　井筒屋槌五郎			
蜜柑1箱	●	出入り畳屋　姫音（姫路屋音右衛門）			1-2-11-24より
松風3巻	■	大和屋源次郎（石灰町年寄）			1-6-2-10-1
小芋2升	●	境吉の佐吉（魚屋堺吉の奉公人か）		3朱	
にんじん5本括り7把	☆	銭屋丈助下女　むめ			
蒲鉾券（100文）25枚	●	酒屋　播平			1-2-11-36より
鯡券10枚	■	石灰屋吉次郎（明治4年石灰町年寄）			4-10-1より
昆布細工　二見浦	■	丁代　松次郎			
	■※	下役　喜八		2分	
	■※	髪結　喜助			
池田炭1俵		道仁町　大清			
鏡餅一重（3升）	■●	町内酒屋　今喜（清水町板屋橋筋北エ入西側）	酒印物など		

鏡餅一重（3升）	★	奈良屋伊兵衛（道仁町池田伊兵衛・親類）			1-2-11-25より
昆布5枚1把	■	三宅屋文三郎			
真綿にて赤白鏡餅　黄真綿にて蠟	●※	大定（大和屋定七）			1-2-11-36より
鏡餅一重（3升）	☆	店中			
鏡餅一重（3升）	☆	台所中			
蜜柑1箱	■	大和屋七兵衛			4-10-1より
炭1車（30俵）	▲	宿毛役所（高知藩関係）			
鏡餅一重（3升）	●	山城屋長兵衛	長釣提灯・丸提灯代		
大巻せんべい1包み		西口屋市太郎			
鏡餅一重（5升）	★	銭屋喜助			
鏡餅一重（3升）	●※	八尾伊	青物代	1分	
		花先生　長一尾			
鏡餅一重（2升）	★	ト半丁家守　銭嘉（銭屋嘉兵衛）			4-10-1より
蜜柑2箱	▲	津　坂井弥兵衛			1-2-10-6
蜜柑60個入り1籠	★	銭市　加津（銭屋市兵衛関係者）			
鯡券11枚（福本御幣として）	★	おみよ（福本元之助母か）			
鏡餅一重（5升）	●♯	普請方　大工弥		1両	
	●♯	同　徳（徳兵衛）		1両1分	
	●♯	家根清		1両	
	●♯	左官		100疋	
	●♯	伊右衛門（手伝）		1分（忰へ3分）	
	●♯	伊　助（手伝）		1分	
蜜柑1箱	●※	境作（出入り提灯屋）	釣り行灯など代		
蜜柑1籠（60個入り）	●※	八尾清（出入り青物商）	青物代	100疋	
	●※	境吉（堺屋吉兵衛・囃子方手配人）		500疋	1-2-4など，魚屋
蒲鉾券3枚	●	丁ちん屋　大宗	置き提灯代		
昆布1抱	□	備起番（備後町起番）　市助		2朱	
蜜柑1籠	▲	中西			7-31-5，肥後明礬会所中西喜一郎か
鏡餅一重（1升）		近江屋喜八			

表2つづき

煎餅七つ（大巻）	●♯	木挽　弥三郎	2朱	
鏡餅一重（5升）	★	奥野治兵衛（堂島北町堺屋・親類）		1-1-1-27など
蒲鉾券3枚		堂島北町　延七		
岩おこし1箱	♯	本家起番　利兵衛		
	♯	本家起番　源助		
鏡餅一重		但馬屋平蔵		
真綿大鏡一重	□※	ト半丁借家中9名　明徳・大喜・松弥・久栄・三木東（三木屋東助）・菊桑・櫛和・銭常（銭屋常七）・駒半		
大饅頭30個	□	塩町家守　倉新		
蜜柑1籠（50個入り）		広卯		
鏡餅一重	☆	井筒屋万助（下女うの宿）		
鏡餅一重		西重		
蒲鉾券10枚		樽弥		
昆布5枚1束	■	塩　庄吉（石灰町町人塩屋庄吉）		1-2-11-36より
蒲鉾券15枚	■	塩　庄作（石灰町町人塩屋庄作）		
金1両	□※	ト半丁町人中		
氷砂糖にて二見浦	●※	はり新（播新・割木屋）	300疋（若へ100疋）	
蜜柑1籠（50個入り）		土安	2朱	
すし券5枚		明佐		
鏡餅一重	★	堂島　境善（堂島北町堺屋奥野善兵衛）		1-2-11-25より
鏡餅一重		河庄		
鰹節1連		古手屋　大又		
蜜柑1箱		東堀　仲士		
鰹節1連		京　近市		
蜜柑1箱		高惣		
昆布4枚1包み	●♯	黒鍬　新助	100疋	
鏡餅一重（1升）		但馬小		
		土佐吉		
		岡常		
雪降の笹（木綿綿にて）	●	花万　榊代		
すし券10枚		田葉粉屋　かゞ善		
鏡餅一重	○	住友吉左衛門		

鏡餅一重（7升）	▲	土州仲士　金甚		
	▲	淡治		
昆布5枚1抱え		河弥		
蜜柑一重		木津　八尾屋源公		
蜜柑1籠（5，60個）	☆※	内　下男中		
鏡餅一重（5升）	★	岩佐孫太郎（京都新町上立売平野屋・親類）		1-1-4-2，1-4-3-5，1-6-3-11
笹に蜜柑8つ・鯡切手3枚	※	清水谷　今中（手代篤輔義弟）		
蜜柑1箱		布由		
大根1荷（40本）・大竹1本		杉本村おいし親元		
蒲鉾券7枚	☆	蛇草屋（下女たみ宿）		1-2-11-35より
小鯛2尾	●※	山幸		
鏡餅一重（5升）		嶋　富市		
松魚1連（台とも）		三ツ井　源三郎	浴衣・法被代	
蜜柑1籠（50個入り）	●	左官　万兵衛		
松魚1連	★	桑名屋源次郎（堂島船大工町神吉源次郎・親類）		1-2-11-25「親類書」より
黒砂糖にて二見浦		丸善		
		平利		
鏡餅三つ重ね1組（1.5升）		豊藤		
鏡餅一重（1升）		田中主水		
蜜柑一重		竹崎屋慶助		
蜜柑1箱	☆	塩嘉（亀三郎宿）		
蒲鉾券10枚	●	竹屋　灰杢	屋台の竹代	
蜜柑7箱・酒1挺（2升）	▲	高鍋屋敷		
蒲鏡3枚（極上三色にて）		境筋　塩利		
岩おこしにて「おはらひ（伊勢内宮の札）」		広助（喜六）		
蜜柑一重	☆	巳之助宿		
鯡切手50枚など	▲	高鍋蔵　中間		
鏡餅一重（5升）	★	境屋治郎兵衛（堂島親類）		
塩煎餅15枚		塩田屋宗七		
鯡券（御幣にて21枚）		大矢		
		尾池		
鏡餅一重（1升）	▲	肥後　蔵		
鏡餅一重（1升）	★	内より		
鏡餅一重（5升）	★	上より		

表2つづき

酒1挺（2升）・小鯛2尾		大和田屋孫七	
蜜柑1籠（5，60）	●	八尾留（八右衛門弟）	
鮓券5枚	▲	肥後　淀清（淀屋清之助）	4-10-1より
緋白縮緬鏡餅一重		塩屋佐兵衛（おつき内）	
ぎおん柿1箱		いつくら	
大根45本・蕪50・大竹1本	●※	杉本　八右衛門（杉本村・出入）	1-2-11-14より
金500疋（酒1樽料）	▲	蒔田屋敷	

記号の意味．★同族団，☆奉公人，●店の出入り関係，○商取引関係，■町の関係者，□町屋敷経営に伴う関係者，▲藩の出入り関係，※法被を誂えた者，＃作事方法被を誂えた者．

この表2と、手拭いの配布先をまとめた表3、浴衣と法被を誂えた人物をまとめた表4と表5をもとにして、当時の銭佐の社会的関係の一端を垣間見たい。まず①の銭佐同族団については表3・表4にみられる通り、「若旦那」とされる五代佐兵衛や「孝旦那」とされる二代佐一郎を中心に、銭屋の屋号を持つ一〇軒にまとめられる。しかしこうした別家がすべて奉納物を出しているとは限らず、銭屋常七など本人の名前が見られない家がある[9]。また親類は、大坂町内および京都の岩佐家からは奉納物があるが、野々口家などほかの町や村にいる家からは確認できない（「親類書」〔1-2-11-25〕）。これは表3の手拭い配布先も同様で、全体的に奉納物を寄せた個人や集団は、京都といった遠隔地もあるものの、大坂市中とそのごく近郊で収斂されている。

おなじく表3と表5を中心に奉公人をみると、本店手代（徳永）永助・（松倉）皆助・篤助をはじめとして、本店子供（丁稚）七名、本店下男三名、さらに備後町店手代六名、子供七名、備後町下男二名、このほか本店・備後町店双方をあわせたとみられる下女が五名あげられる[10]。銭佐の内部からは「店中」「台所中」「下男中」が奉納物を寄せているところから考えると、手代・子供による「店中」、下女による「台所中」、そして「下男中」というまとまりがあったとみられる。また、奉公人の親元や親類とみられるところからも奉納物が三、四件寄せられているところから、奉公人の中には一定の収入を持つ家から銭佐へ奉公に出ていたものもいたといえる。また誂えた衣装についても、銭佐家

表3 手拭い配布先

配布先名	詳細	本数
《家族・親類・別家・奉公人関係》		
若旦那	卯一郎（五代銭屋佐兵衛）	1
若旦那	卯一郎（五代銭屋佐兵衛）	1
本町	四代銭屋源兵衛	1
本町	四代銭屋源兵衛	1
慶治郎		1
孝旦那	二代佐一郎	1
銭宗	銭屋宗兵衛	1
銭宗	銭屋宗兵衛	1
銭宗	銭屋宗兵衛	4
銭宗　供	銭屋宗兵衛家子供	1
銭宗　下男	銭屋宗兵衛家下男	1
銭定	銭屋別家か	1
銭嘉	ト半町家守　銭屋嘉兵衛	1
銭嘉	銭屋嘉兵衛	2
銭嘉	銭屋嘉兵衛	2
銭嘉　たけ	銭屋嘉兵衛妻たけ	1
銭清	銭屋清兵衛	1
銭市　かつ	銭屋市兵衛家関係者か	1
銭丈	銭屋丈助	4
銭丈　おむめ	銭屋丈助下女　おむめ	1
銭専　小児とも	銭屋専助	2
銭喜	銭屋喜助	1
銭常　お仲・おけん	銭屋常七妻なか	2
堂島　堺屋	堂島北町奥野・親類	5
境治郎	堂島北町堺屋治郎兵衛・親類	1
堺善	堂島北町親類奥野善之助か	2
桑名屋	堂島舟大工町神吉源次郎・親類	1
なら伊	道仁町奈良屋池田伊兵衛・親類	1
岩佐・野々口	京都岩佐孫兵衛と野々口・親類	2
岩佐　下男	岩佐孫兵衛家	1
店　永助	本家店　徳永永助	1
備　大助	備後町店	1
平助	備後町手代	1
常七	銭屋常七（ト半町）	1
皆助	本店手代	1
熊吉	本店子供	1
巳之助	本店子供	1
清吉	本店子供	1
店　弥十郎	本店子供	1
店　文助・鍵助	備後町手代	2
店　藤七・万助	備後町手代	2
篤助・熊吉・勝之助・亀三郎・真吉	篤助は本店手代　ほかは本店子供	5
台所		10
台所		10
下男3人	三助・岩助・九助	3
備後町　子供6人・下男2人		8
杉本村　おいし親		1
おみよ	福本母親か	1
おたみ宿		1
巳之助宿		1
亀三郎宿		1
清水谷　今中	手代篤助義弟	1
《石灰町関係》		
丁内　石吉		1
丁内　大七	大和屋七兵衛	1
丁内　大源	石灰町年寄　大和屋源次郎	1
丁内　三宅屋	三宅屋文三郎	1
丁内　井筒屋	井筒屋槌五郎	1
下役・同伜	喜八	2
丁内　塩庄	塩屋庄吉	1
丁内　塩作	塩屋庄作	1
丁内　髪結	喜助	1
丁内　借家人		15
丁内　裏借家人		22
《他町関係》		
ト半丁　町人中		15
ト半丁　髪結		2
ト半丁　借家人		7
裏町　きく・たけ	ト半町	2
倉新	塩町家守	1
備起番　市助	備後町起番	1
道仁町　垣外		1
《出入り関係》		
普請方		10
左官　作		1
左官　万兵衛		1
家根清　若		2
木挽弥		1
手伝　伊右衛門		1
黒新	黒鍬新助	1
出入方		6
酒屋　今喜		1

表３つづき

配布先名	詳細	本数
《家族・親類・別家・奉公人関係》		
三木東の仙吉	三木屋東助奉公人か	1
はり新	播新・割木屋・出入り	1
大定	大和屋定七・出入り	1
山長	山城屋長兵衛	1
播新	割木屋・出入り	1
割木屋　播新		3
播平	出入り酒屋	1
河藤	河内屋藤次郎	1
山幸		1
大忠　人足		3
堺吉	魚屋・出入り・囃子方手配人	1
八右衛門弟　八尾留	出入り八右衛門弟	1
八尾清	青物商・出入り	1
八尾伊　東円斎	出入り青物商の関係者か	2
八尾伊　婆	出入り青物商の関係者か	1
鳶田　弥兵衛		1
垣外		1
姫音	出入り畳屋	1
《その他》		
道仁町　大清		1
蒲治郎	蒲島屋治郎吉	1
種小	種屋小平次	1
広卯		1
西十		1
はやし方		5
はやし方		1
三ツ井	源三郎，浴衣など調達先	1
灰杢	竹屋	1
花万	花屋	1
かゞ善	多葉粉屋	1
提灯持人足		2
明佐		1
土安		1
河庄		1
大又		1
東堀　仲士	東横堀川付近の仲仕集団か	9
近市	京都町人	1
高惣		1
住友	住友吉左衛門	1
河弥		1
木津　八尾や源公		1
布由		4
提灯持人足		5
丸善・平利		2
豊藤		1
田中主人		1
安宅木		1
竹崎屋慶助		1
塩利　使	堺筋町人	1
四つ橋　みりん屋		2
しほた屋	表２　塩田屋宗七か	1
おつぎ内	塩屋佐兵衛	2
大宗	提灯屋	1
佐吉		1
境作	提灯屋	1
中西		1
近　喜八	近江屋喜八	1
但平	但馬屋平蔵	1
広卯		1
樽弥		1
紫田　使		3
いつ萬		1
伊ツ蔵	表２「いつくら」か	1
喜六こと広助		1
およね		1
尾池		1
文治郎		1
《武家立入り関係》		
宿毛　仲間		9
津　使		1
肥後屋敷		1
肥後屋敷		7
土州　仲士		9
土州　仲士		25
金甚・淡治　使	土州仲士	1
土州　廻章の使		1
庭瀬　使		2
高鍋屋敷　仲士		15
高鍋屋敷		1
伯太　代官１人・御部屋１人・ほか２人		4
蒔田　使		2
庭瀬　使		2
		224

注１）表は手拭いを渡した順に書いたと見られる題目ごとに抽出したため，人名や団体の重複が見られるがそのまま書き出している．

注２）項目の分類は表１や逸身家文書で確認出来るものをもとに割り振った．

表4　浴衣を誂えた者一覧

人名	着数	詳細	確認出来る史料
若旦那様	1	卯一郎（五代佐兵衛）	
孝旦那様	1	二代佐一郎	
御寮人様	1	卯一郎妻はた	
娑様	1	四代佐兵衛娘いつ	
銭源	2	銭屋源兵衛，本町一丁目親類	2-18-4-2-3，2-18-4-2-10，2-18-4-2-20，7-44-14-1など
銭宗	4	銭屋宗兵衛，西高津新地2丁目	2-49-26-8～9
銭定	2	銭屋（三木屋）定助　備後町別家	
銭嘉	2	銭屋（高木）嘉兵衛　卜半町家守	7-19-2
銭専	2	銭屋（笹部）専助　備後町店	3-16，3-39-1-9など
銭清	1	銭屋（桑原）清兵衛	3-43-4-21など
銭市	1	銭屋（中西）市兵衛	2-18-4-2-2，2-42-4-1など
銭丈	4	銭屋（溝口）丈助，大坂島之内南綿屋町	1-6-3-18-1-0など
銭喜	1	銭屋喜兵衛	7-27-1，2-49-7-2
銭常	2	銭屋（藤本）常七（卜半町）	2-49-6
永助	1	本店手代　徳永永助	3-41-2-12-1，3-42-51など
皆助	1	本店手代　和州添上郡楢村　銭屋（松倉）皆助	3-41-3-6，3-41-3-24，3-41-3-26，3-42-3など
篤助	1	本店手代	
弥十郎	1	本店子供	
熊吉	1	本店子供	
勝之助	1	本店子供	
真吉	1	本店子供	
清吉	1	本店子供	
亀三郎	1	本店子供	
巳之助	1	本店子供	
藤七	1	備後町手代	
鍵助	1	備後町手代	
文助	1	備後町手代	
万助	1	備後町手代	
平助	1	備後町手代	
大助	1	備後町手代	
慶次郎	1	備後町手代	
由松	1	備後町子供	
辰次郎	1	備後町子供	
千造	1	備後町子供	
平三郎	1	備後町子供	
清五郎	1	備後町子供	
福蔵	1	備後町子供	
下女5人	5		
お八重	1		

表5　法被を誂えた者一覧

人名	詳細	確認出来る史料
（Ⅰ）店の奉公人		
下男　三助		
下男　岩助		
下男　九助		
備後町下男　2人		
たみ▲	下女	
りく▲	下女	
かの▲		
（Ⅱ）町の関係者		
会所		
下役　2人		
丁内髪結		
丁内裏表借家　14		
ト半町　長屋7軒		
（Ⅲ）出入り関係者		
河藤	河内屋藤次郎	
伊勢長	伊勢屋長兵衛	1-2-11-36
大忠	大和屋忠兵衛・人宿？	1-2-11-36
堺与	堺屋与兵衛	1-2-11-36
堺吉	魚屋堺屋吉兵衛・囃子方手配人	1-2-11-24．1-2-11-36
八尾清	青物商	
八尾伊	青物商	
播新	播磨屋新右衛門・割木屋	1-2-7．1-2-11-36
播新　若		
山幸		
大定	大和屋定七	1-2-11-36
境作	提灯屋	
杉本村　八右衛門	青物商か	1-2-11-36
三木東▲	三木屋東助	1-2-11-36
三木東　仙吉		
（Ⅳ）作事方		
大工弥		
大工徳兵衛		
伊右衛門	手伝	
伊助	手伝	
市兵衛	手伝伊右衛門倅	
左官	左官万兵衛	
家根清	屋根屋清兵衛	1-2-7
黒鍬新	黒鍬新助	
木挽弥	木挽弥	
利兵衛	本家起番	諸事扣
源助	本家起番	諸事扣
（Ⅴ）囃子方		
はやし方　6人		

注1）▲は「そろへの代り」とあり．表1で「法被の代わり木綿四反」とした支出に関係するか
注2）網掛けは1870(明治3)年の二代佐一郎婚姻の際に「出入方」と特記された人物

内・同族団と手代・子供は浴衣、下男・下女は表5（Ⅰ）にあげている通り法被のみと違いが見られる。この点については出踊りを行う「店中」と、接待に従事しなければならない「台所中」「下男中」の役割分担による差違といえよう。

②の銭佐に出入りする諸商人や作事方については、表5の法被を誂えた人々が参考となる。まず作事方は、褐色に

白で作事方の文字を染め抜いた別デザインの法被をつくらせていることが「諸事扣」の彩色絵から確認できる。この作事方法被を誂えた人物は、大工弥・徳兵衛の大工二人、手伝伊右衛門と伊助および伊右衛門倅市兵衛の三人、左官万兵衛、屋根清（屋根屋清兵衛）、黒鍬新（新助）、木挽弥（名称不詳）があげられ、いずれも工事・建築に関わる人物であることがわかる。ただし、作事方法被を誂えた者のなかには起番の利兵衛・源助も含まれているが、その理由についてはよくわからない。また出入りする商人などについては、すでに表1で見える提灯屋の大宗や釘屋の釘又、人足調達の尼長などが今回の祭事で必要な物資を調達する先としてみられる。しかし、表5の（Ⅲ）では青物商の八尾清や酒屋播新、大忠（大和屋忠兵衛）などがとくに法被を誂えていることから、日常的に取引関係を持ち、つながりの深い出入り方と銭佐で認識していた商家ではないかと考えられる。さらに一八六九（明治二）年から一八七〇（明治三）年にかけて執り行われた二代佐一郎の婚姻に関する史料では、特に「出入方」として三木屋東助・花屋吉蔵・堺屋与兵衛・大和屋忠兵衛・伊勢屋長兵衛・杉本村八右衛門の六名があげられている。花屋吉蔵以外の5人は表5の（Ⅲ）でも確認できるが、当時この六人は、一般的に日用品などを供給する商人とは違う別格のものとして銭佐に把握されていたことになる（「出入」〔1-2-11-14〕）。ただし、表6では蜜柑二箱を奉納する出入り関係者として、三木屋東助と共に花屋吉蔵も確認できることから、当時銭佐と花屋に関係がなかったわけではない。つまり、銭佐に出入りする商人の集合体には一定の序列化がなされていたのである。ただしこの「出入方」は変動が有り、一八七五（明治八）年の史料では出入りとして東助（三木屋）・三助（三木屋東助倅）・忠兵衛（大和屋）・長兵衛（伊勢屋）・八右衛門（杉本村）のほか、源助と定七の名前が新たに加えられ、堺屋与兵衛と花屋吉蔵の名前は消えている（「佐一郎婚礼諸祝儀控」〔1-4-2-1〕）。なぜこのような変動が起こるのか、また彼ら「出入方」は銭佐においてどのような働きを期待された存在なのかについては未だはっきりとしない[11]。

③では石灰町の借家人だけでなく、町の会所・下役・髪結までも法被を誂えていたことがわかる。これは大坂のう

ち大店を抱え、なおかつ店に札が降って祭事を行ったという町に共通した事例なのかは確認できないが、髪結も含まれるところをみると、一種出入りに近似した関係として見られていたのではないかと推察される。また卜半町の借家七軒へも法被が渡されているようであるが、彼らも踊り手として期待され動員されたのか、または手伝いにでたのか、詳しいところは不明である。

このほか、⑤にみられるような当時立入関係にあった武家やその関係者からの奉納があることも特徴的だが、土佐・肥後・高鍋・津の関係者のみに止まっている。土佐高知藩は一八六六(慶応二)年の開成所設置、肥後熊本藩は明礬会所の事業で特に関与を深めていた時期であることが影響しているとみられる。また手拭いの配布先は右記の三藩に加えて、庭瀬(備中板倉家二万石)・蒔田(備中浅尾・蒔田家一万石)・伯太(和泉渡辺家・一万三〇〇〇石)が入っている。ほかにも関係を持つ武家はあるにもかかわらず、なぜこれだけしか関与が確認できないのかは不明である[12]。

以上、この「諸事扣」からみえる当時の銭佐における社会的関係について、雑駁に検討してみた。今後はこうした銭佐の「ええじゃないか」に対する対応が、ほかの大坂における大店と比べて普遍的なものであったのかを確認しなければならない。また当時の銭佐の経営の実態が、どのくらいこうした奉納物や祝儀物のやりとりに反映されていたのかも確認すべきところであるが、今後の課題としたい。

(1)「ええじゃないか」に関しては、民衆の自己解放の機会ととらえる藤谷俊雄『「おかげまいり」と「ええじゃないか」』岩波書店、一九六八年をはじめ、伊藤忠士『「ええじゃないか」と近世社会』校倉書房、一九九五年などのものがある。大坂の「ええじゃないか」については『大阪府史』七(大阪府史編集専門委員会編、一九八九年)、田村貞雄(「「ええじゃないか」のクライマックス(大坂周辺・北陸)大政奉還・王政復古と民衆の動向」『国際関係研究』二五(四)、二〇〇五年)が詳しい。

(2) 吉田伸之「巨大城下町──江戸」『岩波講座日本通史』一五、一九九五年(のちに『巨大城下町江戸の分節構造』山川出版社、二〇〇〇年に収録)。

（3）　吉田伸之（「銭屋佐兵衛と石灰町」『大坂両替商逸身家文書現状記録調査報告書』二〇一〇年）によると、一八八七（明治二〇）年の逸身佐兵衛居所を道仁町よりの東側合計間口一五間の地所を指摘している。一方逸身家文書「宝備家督一件諸事扣」〔4–10–2〕をみると、表口九間・軒役一役半の地所を居宅家屋敷としており、吉田伸之の指摘した地所と一致することから、こちらが本店であったといえるだろう。しかし、向かい店の位置については未詳である。

（4）　大坂の非人垣外については、塚田孝『都市大坂と非人』山川出版社、二〇〇一年を参照した。

（5）　うち表5では三木屋東助と下女三人分は間に合わなかったとみられ、「法被の代わり」として木綿四反が計上されている。

（6）　「御祝通」〔1–1–3–2〕では料理関係の通い帳を「嶋之内清水町堺筋東へ入　さか吉」が作成しており、さらに「巻線十ヲ杉本村八右衛門殿……」（祝儀品書上）〔1–2–11–24〕には「魚　堺屋吉兵衛」として祝儀品の魚・蛤を銭佐に届けている。

（7）　大阪市中央区高津一丁目に鎮座し、祭神は仁徳天皇など。「高津の富」など上方落語との縁が深い神社として知られる。当時の祭礼日や氏子町の範囲については、井上正雄『大阪府全志』二、一九二二年を参照。

（8）　ただし、④の銭佐取引先・関係者について、住友吉左衛門のようにすぐ峻別出来る者もいるが、ほとんどが略称である。そのため管見のところ確認できる人名については情報を追加しているが、判別できなかった者は史料表記のままで情報を整理している。関係史料を当たりながら確定する必要があり、今後の課題である。

（9）　銭佐の親類・別家については武部愛子・小林延人（「逸身家文書・解題」『大坂両替商逸身家文書現状記録調査報告書』二〇一〇年）を参照。

（10）　この手代・子供に関する同定は逸身喜一郎氏による指摘をもとに行った。

（11）　ただし三木屋東助については石灰町の家守を勤めており、銭佐にとって関係の深い人物であったことが第1巻「四代佐兵衛評伝」四一節において指摘されている。

（12）　「宝備家督一件諸事扣」〔4–10–2〕をみると、一八六九（明治二）年卯一郎（五代佐兵衛）への家督相続で銭佐が関与していた諸藩へ届け出を行った書類の控えを見ると、熊本藩・鳥取藩・庭瀬藩・小田原藩・土浦藩・蒔田藩・伯太藩・徳山藩・高知藩・津藩・徳島藩・五島藩・岸和田藩の一三家へ届け出ていることがわかる。

第三章　逸身家文書のなかの「野々口家文書」

杉森哲也

はじめに

逸身家文書のなかには、宛所を「丹後屋市郎右衛門」または「野々口市郎右衛門」などとする文書が五四点、「野々口家家譜」などその他の文書を合わせると、五九点のまとまった史料が存在する。史料目録の史料番号もほぼ連続しており、現状としても一定のまとまりを有していることがわかる[1]。これらの史料は、現在は逸身家文書のなかに含まれているものの、逸身家の経営や家の運営の過程で蓄積された史料とは明らかに異なるものである。

結論を先に述べると、これらの史料は京都の丹後縮緬問屋である丹後屋市郎右衛門家こと野々口家の家文書であり、本来は「野々口家文書」と呼ぶべき史料である。それではなぜ、この「野々口家文書」が逸身家文書のなかに含まれているのだろうか。そして野々口家とはどのような家であり、かつその史料である「野々口家文書」とはどのような特徴を有する史料なのだろうか。本章では、これらの疑問点を明らかにすることを基本的な課題とする。さらにこうした課題の検討を通して、逸身家文書のなかの「野々口家文書」が有する内在的な意味を読み解くことを試みたい。

第一節　逸身家と野々口家

野々口家は、京都・下京の中心部に位置する室町通り三条上ル役行者町《えんのぎょうじゃちょう》を本拠とする丹後縮緬問屋である。屋号は丹後屋、当主は代々市郎右衛門を名乗っている。この野々口家は、逸身家と親戚関係にある家である。

逸身家と野々口家の関係は、一八四一(天保一二)年に、三代佐兵衛の娘らく(後にはやと改名)が野々口家に嫁入りしたことに始まる。そして一八五九(安政六)年には、らくの夫である野々口市郎右衛門の実妹しんの娘しげが、五代佐兵衛に嫁しているのである。図1は、この基本的な姻戚関係を略系図として示したものである。逸身家と野々口家については、逸身喜一郎『四代佐兵衛評伝』に詳細な記述がある。[2] ここではその成果に依拠しながら、まず基本的な事実確認を行いたい。

三代佐兵衛の娘らくは、一八二六(文政九)年一一月二三日生まれ。三代佐兵衛の子供で成人したのは男二人・女四人の合計六人であり、らくは四人目で三女にあたる。天保一二年九月に、一六歳で一一代野々口市郎右衛門に嫁している。当時父はすでに隠居しており、異母兄の四代佐兵衛が当主として婚礼を取り仕切っている。ただしどのような経緯でこの婚姻が成立したのか、詳細は不明である。

市郎右衛門の父は一〇代市郎右衛門、母はりくである。りくは、一一代市郎右衛門とらくが結婚する三年前の一八三八(天保九)年に、死去している。また父の一〇代市郎右衛門は、一八五九(安政六)年に死去する。

市郎右衛門とらく夫妻には子供がなく、結婚七年後の一八四八(嘉永元)年に、市郎右衛門の姪らんを養子に迎えている。当時らくは二三歳であった。これは京都の平野屋孫兵衛家こと岩佐家[3]に嫁いでいた市郎右衛門の妹しんが、実家である野々口家に戻って女児を出産したのを契機に、そのまま養子として貰い受けたのである。らんが成人した後は、婿を取ることを予定していたものと考えられる。なお、らんの姉のしげ（結婚に際して、はたと改名）は、一八五九（安政六）年正月に逸身卯一郎（後の五代佐兵衛）と結婚している。(4)

一八六二（文久二）年二月六日、市郎右衛門が死去し、らくは三七歳で後家となっている。その三年前の安政六年には義父の一〇代市郎右衛門が死去しており、丹後屋の経営は、らく一人の肩に掛かって来ることになったのである。さらに夫の死去から二年後の一八六四（元治元）年には、大きな災難と不幸に見舞われることになる。同年七月の禁門の変に伴う大火（元治大火）による被災、そしてその直後の一一月一二日にらんが一七歳の若さで死去するのである。養子とはいっても、出生時からずっと育てて来たらくにとって、らんの死去は大変なショックであったと考えられる。

相次ぐ身内の死去と元治大火という大規模災害によって、商家としての丹後屋の経営はもとより、野々口家の家の存続自体が危機に瀕することになる。らくは、当面の経営は手代の吉兵衛に頼りながら、養子を迎えることを考えたようである。しかし、結局養子はうまくいかず、家の存続は断念することになるのである。これに伴って家業も廃業

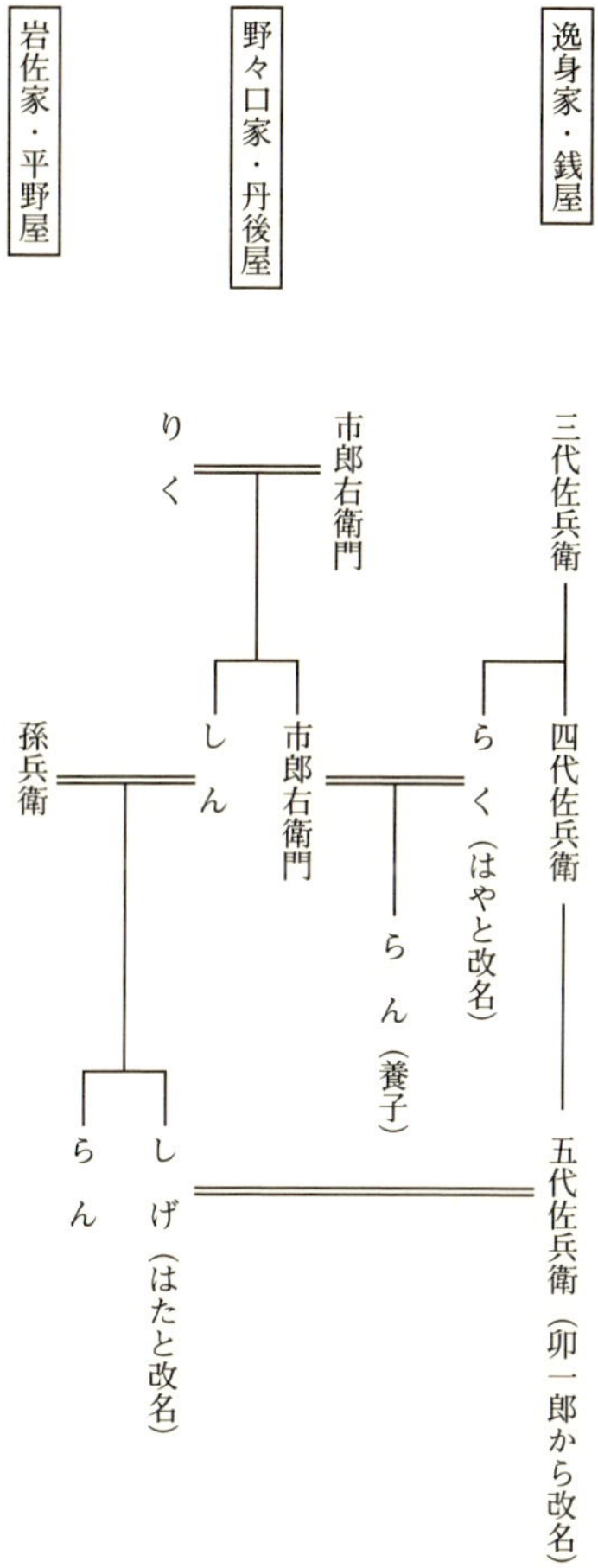

図1　逸身家・野々口家・岩佐家略系図

することを決断し、一八六八（慶応四）年八月頃からは経営の精算を始めている[5]。自宅と店舗を兼ねる役行者町の町屋敷はもちろん、商品や債権などがどのように精算されたのか、また暖簾の一部が手代の吉兵衛に引き継がれたのかなど、詳細は不明である。丹後屋市郎右衛門家こと野々口家は、遅くとも一七世紀中期以来およそ二〇〇年間にわたり継続してきた経営を終えるとともに、当主不在により家も断絶することになったのである。

一八七三（明治六）年七月、身寄りを失ったらくは、京都を引き払って実家の逸身家に戻っている。四八歳であった。現在、逸身家文書のなかに含まれている「野々口家文書」は、その際にらくが持ち帰ったものであると考えられる。ただしここで考慮すべきは、①らくはなぜ「野々口家文書」を持ち帰ったのか、②持ち帰る際にはどのような文書を選択したのか、③それらの文書の選択の理由は何か、という点である。これらの点については、本章の最後で改めて検討することにしたい。大阪に戻ったらくは、当初は竹屋町、後に南平野町の逸身家の屋敷に住み、一八八〇（明治一三）年五月一四日に五五歳で亡くなっている。

第二節　「野々口家文書」の特徴

一般に上層の商家では、家業の経営そして家の活動の過程で、日々文書を作成するとともに他所から文書を受領していた。そしてそれらは長い歴史のなかで蓄積され続け、相当な分量の史料群を形成することになる。逸身家文書は、まさにそうした事例の一つである。こうした事例から推定すると、野々口家には元来、相当な分量の家業および家に関する史料が存在していたものと考えられる。それが本来の野々口家文書であり、逸身家文書のなかの「野々口家文書」は、そのごく一部に過ぎないことが明らかである。ただし現状では、逸身家文書のなかの「野々口家文書」以外に、野々口家文書の存在は確認できず、その全貌を窺うことはできない。

その一方で、逸身家文書には、「野々口家文書」以外にも、野々口家に関する史料が存在することに注意する必要がある。それは、①逸身家が作成した野々口家に関する記載のある文書、②野々口家が作成した逸身家宛の文書、である。①はらくの婚礼に際して作成された文書〔1-3-2-9-3〕などであり、②は野々口家からの書状〔1-6-2-8-1〕などである。これらは逸身家の活動の過程で蓄積された文書であるため、「野々口家文書」ではなく逸身家文書である。そして前節で述べた逸身家と野々口家の関係については、基本的にこれらの逸身家文書によって明らかにされたものである。

こうした点を前提として、逸身家文書のなかの「野々口家文書」とはどのような史料なのかについて検討する。まず最初に、全体の特徴として、以下の諸点を指摘することができる。

（1）文書の形態は、全四丁の綴り一点以外は全て状であること。このため文書全体の嵩は、大きなものではないこと。

（2）文書の年代は、一七世紀後期の二点、一八世紀前期の二点以外は、全て一九世紀のものであること。最も古いのは一六七三（寛文一三）年三月、最も新しいのは一八七一（明治四）年一〇月のものであること。

（3）文書の内容は、①金銀貸付証文・覚など（三七点）、②代金請取覚など（一一点）、③書状（六点）、④野々口家家譜・由緒書（五点）であること。

これらの特徴を押さえた上で、次にそれらの史料のなかから数点を取り上げ、具体的に検討していくことにする。（3）にあるように、文書の内容で最も数が多いのは、①金銀貸付証文・覚などである。次に挙げる史料は、越前国福井藩への大名貸に関するもので、「野々口家文書」のなかで最も古いものである。

［史料1］〔2-14-2-2〕

請取申銀子之事

（割印）合銀五貫目者　□□掛也
右者松平越前守（福井藩主・松平光通）様へ御借シ加へ銀也、利足ハ月壱歩、御元銀ハ当極月切ニ相定リ申候、何時ニ而も御返
弁次第ニ元利相渡シ可申候、則御家老中御連判御借状幷大津蔵本矢嶋藤五郎・小野伊之助・木戸九右衛門・松本
忠兵衛請状共、我等方請取置候ニ付如此候、仍如件
寛文十三年丑三月晦日　　両替善五郎（印）
但丑三月かし　　丹後屋市郎右衛門殿
（裏書省略）

史料1は、一六七三（寛文一三）年三月三〇日に、両替善五郎から丹後屋市郎右衛門宛に出された「請取申銀子之事」という表題の正文である。差出人の両替善五郎は、一七二六—三三（享保一一—一八）年成立の三井高房著『町人考見録』で取り上げられている人物である。これには「五十年以前、京・大坂にて一番の大両替屋にて、諸大名方の仕送り金銀の取引手びろく、京中の町人金銀を肝煎致し、大名借の本紙元にて、方々より銀子請込、いづれも彼もの丶枝手形にて差出申事、畢竟大名借の問屋と云者也」[6]と記載されており、これから史料1の性格がよく理解できる。丹後屋市郎右衛門は出資者の一人であり、両替善五郎を通して福井藩に貸付を行っていたことがわかる。

この史料1に次いで古い史料が、一六七七（延宝五）年正月一二日「枝手形之事」〔2-14-2-3〕である。史料1とは差出人や貸付条件などの細部は異なるが、史料としての基本的な性格は同様である。これら二点の史料は、いずれも福井藩への大名貸に関するものである[7]。この時期の丹後屋市郎右衛門は、大名貸を行う金融業を営んでいたことがわかる。次の史料2は、時期は大幅に下るが、同じく福井藩に対する大名貸の史料である。

［史料2］〔2-14-2-1〕

年賦証文之事

（割印）合金百両也
右者越　州（福井藩主・松平斉善）殿就要用、年賦返済相対を以、当未年致借用候処実正也、然ル上者、来申年ゟ来ル子年迄五ヶ年之間、八朱之利足相加、毎年三月九月両度仕法帳割合之通可致返済候、尤右金子之儀ハ、段々及御頼談格別之訳合を以預御調達候事ニ候得ハ、仮令年限中如何様之指支有之候共、聊無相違可致返済候、為後日仍如件

天保六未年十月

松村善八郎（印）
能勢角太夫（印）
喜多嶋孫太夫（印）
福田二右衛門（印）

丹後屋
市郎右衛門殿

（裏書）
市村久太郎（印）

史料2は、一八三五（天保六）年一〇月に、丹後屋市郎右衛門が福井藩に対し金一〇〇両を貸し付けたことを示す正文である。差出人の松村善八郎ほか三名と裏書をしている市村久太郎は、いずれも福井藩士である。先の史料1とあわせると、丹後屋市郎右衛門家は、一七世紀後期から一九世紀前期に至るまで、福井藩との出入関係を継続していたものと考えられる。ただし、その出入関係の詳細については、今後の課題となろう。

また、①金銀貸付証文・覚などのうち、大名貸以外では、ほとんどが丹後縮緬問屋の経営に直接関わるものであり、丹後の「糸絹仲間行事」などに対して貸付を行っていることがわかる。丹後屋市郎右衛門家は、丹後縮緬問屋としてのみならず金融資本としても、営業活動を行っていたのである。

次に、④野々口家家譜・由緒書について見ておきたい。これらの史料では、室町時代に丹波国船井郡の野口庄埴《ののくちのしょうは》

生《ぶ》村（現在の京都府南丹市園部町埴生）付近を支配する武士であった野々口左衛門尉親永を野々口家の家祖であるとし、その事蹟や系図などを記している。しかし、近世以降の家系や、京都で丹後屋市郎右衛門という商人として家業を発展させた経緯などについては、全く記載されていない。このためこれらの史料からは、近世における野々口家の歴史を明らかにすることはほとんどできないのである。

第三節　近世における野々口家の歴史

本節では、近世における野々口家の歴史について、逸身家文書および「野々口家文書」以外の史料も用いながら、検討してみることにしたい。管見では、丹後屋市郎右衛門の名前を見出すことができる最も古い史料は、先に見た史料1など「野々口家文書」の二点以外では、一六八九（元禄二）年刊の地誌である『京羽二重織留』[8]の「諸国絹問屋幷布綿蚊帳地」という項目のなかの記載である。その基本的な記載形式は、居住町・商人名・取り扱う商品の産出国名という簡単なもので、全部で四九軒の商人が書き上げられている。

丹後屋市郎右衛門は、「丹後」という記載がある六軒のうちの一軒で、「六角室町西へ入町　丹後屋市郎右衛門　丹後」と記載されている。屋号の丹後屋は、こうした丹後とのつながりを示していると理解することができる。

ここで注目されるのは、これら六軒の商人たちの居住町である。丹後屋市郎右衛門は、「六角室町西へ入町」（正確な表記は、六角通り室町西入ル玉蔵町《たまくらちょう》）とあり、その居住町が明らかとなる。またこれら六軒の居住町は、いずれも下京中心部のごく狭い範囲に近接しており、同業者が集住していることがわかる。そしてこれら六軒の丹後の絹問屋は、仲間を形成していたものと推定される。

このように丹後屋市郎右衛門は、元禄二年の時点で丹後の絹問屋を営んでおり、下京の六角通り室町西入ル玉蔵町に居住していることがわかるのである。この居住町に関しては、逸身家文書の次の史料の記載が注目される。

［史料3］〔1-3-2-9-3〕

京六角室町西入所ゟ、当時三条室町上ル町西ガハ役行者町へ家買得、明和元申年、当（天保一二）丑年迄七十八年ニ成、
野々口氏丹後屋市郎右衛門殿、丹後縮面（ママ）七軒問屋之内、間口七間余（以下略）

史料3は、一八四一（天保一二）年にらくが結婚する際に、逸身家において野々口家の概要をまとめて記したものである。この史料によると、野々口家は一七六四（明和元）年に、「六角室町西入所」（正確な表記は、六角通り室町西入ル玉蔵町）から、「三条室町上ル町西ガハ役行者町」（正確な表記は、室町通り三条上ル役行者町西側）に間口七間余の町屋敷を買得して転居したことがわかる。なお、この両町は直線距離で百数十メートル程度の位置にあり、ごく近接していることが確認できる。

この史料が注目されるのは、①転居前の住所である「六角室町西入所」は、『京羽二重織留』記載の住所と一致していること、②役行者町への転居時期が明和元年と確定できること、③役行者町の町屋敷のおおよその位置と規模がわかること、④表間口七間余の町屋敷はかなりの規模であり、経営が順調であることを示していること、⑤丹後縮緬問屋が七軒あること、などの諸点が明らかになるからである。野々口家は明和元年に役行者町に転居して以降、明治初年に至るまで、この地を本拠地として活動を継続することになる。

それでは次に、野々口家が営む丹後縮緬問屋とは、どのような存在なのであろうか。丹後地方は古代以来の絹織物の産地であり、一八世紀前期以降は縮緬の産地として発展する。丹後機業については、足立政男の先駆的な研究(9)がある。これには丹後縮緬問屋についてのまとまった記述は見られないが、おおよそ次のようなものとして捉えることができる。丹後縮緬問屋は京都在住の仲買商人であり、丹後の織屋仲間から縮緬を買い受け、それを京都で販売するのである。丹後の地元では、「京都絹問屋」などと呼ばれていた。丹後国の宮津藩・峰山藩では、縮緬の生産と販売の

統制を行っており、丹後縮緬問屋は独占的な取り扱いが認められていたのである。このためこれらの藩政史料のなかに、丹後縮緬問屋の活動の一端を窺うことができる。次の史料は、一八五一（嘉永四）年の株仲間再興令を受け、宮津藩から京都町奉行所に対し、京都絹問屋の再興を願い出た際の文書の写である。

［史料4］(10)

覚

享保五子年より買次問屋いたし候者
　室町通り姉小路下ル町　丹後屋市郎右衛門
　室町通り竹屋町上ル所　越後屋喜右衛門
　御池通り東洞院西へ入所　美濃屋忠右衛門
　間之町押小路上ル処　日野屋吉右衛門
同十三年より同断
　御池通東洞院西へ入ル処　丸岡屋長右衛門
安永五申年より同断
　堺町姉小路上ル処　丹後屋松蔵
右六人之者、当時通相続之者ニ御座候
（中略二十一名）
　御池柳馬場東入ル処　藤屋亀太郎
　四条通室町西入ル処　丹後屋国三郎
右両人国産売捌相願有之候得共、未ダ開店不致者ニ御座候

右之通ニ御座候、以上
子潤《ママ》二月
松平伯耆守留守居（宮津藩主・松平宗秀）
増戸藤次兵衛

この史料4には、一八五二（嘉永五）年閏二月の時点で宮津藩が取り扱いを認めている京都絹問屋が、宮津藩との取引を開始した年代順に記載されている。ここで注目されるのは、その筆頭に丹後屋市郎右衛門が記載されており[11]、最も古い一七二〇（享保五）年以来継続している旨が記されていることである。しかし、先に見た元禄二年刊『京羽二重織留』にはすでに丹後絹問屋として記載されていることから、享保五年以前から丹後の絹織物を取り扱っていたことは明らかである。次の史料は、一八〇八（文化五）年五月に、京都絹問屋が取引年数について宮津藩からの問い合わせに回答したものである。丹後屋市郎右衛門は、次のように述べている。

［史料5[12]］

一御国方御荷物取捌いたし候義、凡百七十年計り以前より相続致来り候義に御座候、其余は年久敷相成候事故、確と難相知候、以上
文化五年辰五月
丹後屋市郎右衛門

この史料では、丹後屋市郎右衛門は、丹後絹をおよそ一七〇年ほど前から扱っていると述べている。文化五年の一七〇年前は寛永一五（一六三八）年にあたるが、これは確認することができない。しかし、先の史料1で見たように、すでに一七世紀後期には、大名貸を行う金融資本としても活動しているのである。

第四節　役行者町と野々口家

野々口家は、一七六四(明和元)年に、六角通り室町西入ル玉蔵町から室町通り三条上ル役行者町西側に間口七間余の町屋敷を買得して転居して以後、近世を通してこの地を本拠地とした。本節では、役行者町とはどのような町であるのか、そして野々口家をこの町に町屋敷を所有する町人という側面から捉えて、検討を行いたい。

役行者町は、下京の中心部に位置し、中世から富裕な商工業者が数多く居住する町である。その町名が示すように、祇園会の際に役行者山《えんのぎようじややま》を出す山鉾町でもある。この役行者町には町有文書が残されており(13)、そのなかに居住者としての野々口家を見出すことができる。ここでは町有文書から、重要な史料を一点だけ取り上げることとする。

次の史料は、一八六四(元治元)年九月「宗門人別改帳」の野々口家の記載部分である。これは同町に残されている唯一の「宗門人別改帳」であり、後述する元治大火直後に作成されたものである。

[史料6](14)

一代々浄土宗　　元日蓮宗妙顕寺末
生国摂津　　大坂上寺町妙徳寺、当時
知恩院末六角大宮
西入善物寺旦那　　丹後屋らく(印)
三十九才

一同宗
生国山城　　右善物寺旦那　　娘　らん
十七才

一同宗
生国近江　　知恩院末大津
松本村
西方寺旦那　　手代　吉兵衛
二十四才

一浄土宗　知恩院末
　生国山城　東川端今出川下ル
　　　　　　遍照寺旦那　　　同　　金兵衛
　　　　　　　　　　　　　　　　　廿一才
　外ニ小者三人・下女弐人有之、宗号違ニ付、別帳ニ書出ス

史料6からは、野々口家に関する様々な情報を得ることができる。まず世帯構成、そして各人については、宗旨と生国、旦那寺とその所在地、世帯主との関係、名前と年齢が記載されている。野々口家の世帯構成は、世帯主・丹後屋らく、娘（養女）・らん、手代・吉兵衛と金兵衛、小者三人と下女二人の合計九名であること、野々口家の宗派は浄土宗で六角通り大宮西入ル善惣（想）寺の旦那であること、がわかる。またらくについては、生国が摂津であり、元は日蓮宗妙顕寺末で大坂上寺町の妙徳寺の旦那であったと記されている。これは正確な記載であり、逸身家から野々口家に嫁いだらくは、日蓮宗から浄土宗に宗旨替えしたことがわかる。このように役行者町の町有文書からは、居住者としての野々口家の姿を知ることができるのである。

次に、その役行者町の歴史について見てみよう。ここで注目したいのは、役行者町は近世において三度の大火に見舞われているという事実である。三度の大火とは、一七〇八（宝永五）年三月八日の大火（宝永大火）、一七八八（天明八）年正月三〇日の大火（天明大火）、一八六四（元治元）年七月一九日の禁門の変に伴う大火（元治大火。「鉄砲焼け」「どんど焼け」などとも呼ばれる）である。なお役行者町の近くに位置する玉蔵町も、この三度の大火の被災範囲に含まれている。よって野々口家は、宝永大火は玉蔵町で、天明大火と元治大火は役行者町で、合わせて三度も被災していることになる。

宝永大火は、宝永五年三月八日から翌日にかけて燃え続け、内裏を含む洛中中心部が被災している。焼失町数は四一五町、焼失家数は一万一三〇軒余とされている。[15] 続く天明大火は、近世京都で発生した最大規模の火災である。天明八年正月三〇日から丸二日間にわたって燃え続け、内裏や二条城など朝廷および幕府の中枢施設を含む市街地の大

部分が焼失した。焼失町数は一四二四町、焼失家数は三万六七九七軒とされている[16]。そして元治大火は、元治元年七月一九日の禁門の変の戦乱に伴う出火により丸二日間にわたって燃え続け、上京の南部と下京のほぼ全域を焼失した。焼失町数は八一一町、焼失家数は二万七五一七軒とされている[17]。

このように野々口家は三度の大火を経験しており、「野々口家文書」はこれらの大火による焼失を免れて現存しているのである。特に、先に見た史料1は寛文一三年の正文であり、三度の大火を逃れていることになる。これは決して偶然に残されたのではなく、所蔵者の保存に対する強い意志と努力の結果であると捉えるべきであろう。

らくは元治大火に遭遇しており、自宅兼店舗の焼失、命がけの避難という過酷な経験をしたことになる。土蔵は焼け残った可能性があるが、そうでなければ避難の際に持ち出したわずかな品を除いて、家財道具と商品のほとんどを失ったことになる。二年前に夫・市郎右衛門を亡くしたばかりのらくにとって、生活および営業の再建は、極めて大きな困難を伴ったことであろう。さらに追い打ちをかけるように、大火直後の一一月一二日には養女のらんが亡くなっている。らんは一七歳であり、らくの失意の大きさは、察するに余りあるといえよう。

野々口家は遅くとも一七世紀後期以来、二〇〇年間も京都で経営を継続している商家である。そこには町屋敷などの不動産、家財などとともに、多くの文書が蓄積されていたはずである。三度の大火によって、その都度どの程度の文書が失われたのかは不明である。しかし、逸身家文書のなかの「野々口家文書」の存在は、全ての文書が焼失してしまったわけではないことを示している。さらにこれらは、焼失を免れた全ての文書なのではなく、選択の結果であると考えられる。それではその選択は、どのような意図に基づいたものだったのだろうか。次節では、最後にこの点について検討し、むすびとしたい。

おわりに――「野々口家文書」の存在が意味するもの

本章では、逸身家文書のなかの「野々口家文書」の存在に着目し、なぜ逸身家文書のなかに「野々口家文書」が含まれているのか、「野々口家文書」とはどのような文書なのか、さらにその前提となる野々口家とはどのような家なのかについて、検討を行ってきた。その結果についてはここでは繰り返さないが、三代佐兵衛の娘らくがキーパーソンであることが確認できたといえよう。そして本節では、それらの成果を前提として、逸身家文書のなかの「野々口家文書」が有する内在的な意味を読み解くことを試みたい。

近世に生きる人々にとって、自らの属する家の存続と繁栄は、最も切実な願いであった。町人とりわけ多くの資産を有する上層の商人にとって、家業である商売の発展とそれに伴う富の蓄積、それを子々孫々に伝えることの願望は、より一層強かったものと考えられる。大坂の上層商人である逸身家に生まれ、同じく京都の上層商人である野々口家に嫁いだらくは、当然のことながらこうした価値観を有していたことであろう。

しかし、らくは夫との間に子供ができず、代わりに育てた養女も婿を取る前に亡くなってしまう。そして野々口家は、夫の死後に跡取りを立てることができず、絶家になってしまうのである。さらに家業についても、先代である義父と夫が相次いで亡くなり、らくには経営を切り盛りすることは困難であったと推定される。さらに一八六四(元治元)年七月の禁門の変に伴う大火により、自宅兼店舗の町屋敷を焼失するという大きな困難に見舞われる。そして結局、らくは家業である商売の継続も断念することになるのである。夫も跡取りも後見人もいないなかで、らくにとってはほかに選択の余地はなかったものと考えられる。

近世の上層商人の価値観からすれば、らくは大変な失意のまま、一八七三(明治六)年七月に実家の逸身家に戻ったことになる。現存する「野々口家文書」は、その際にらくが京都から大阪に持ち帰ったものであり、そこにはらくの何らかの意向や心情が反映されていると見るべきであろう。この点を踏まえた上で、①らくはなぜ「野々口家文書」を持ち帰ったのか、②持ち帰る際にはどのような文書を選択したのか、③それらの文書の選択の理由は何か、という点について検討してみたい。

「野々口家文書」の特徴については、第二節で述べたとおりである。ここではらくがこれらの文書を選択したと考えて、その特徴を見直してみることにしたい。これらは次のように理解することができる。

（1）最も数が多いのは、比較的新しい時期の金銀貸付証文・覚である。これらは未回収の債権を示すものであり、当然の合理的な選択であるといえよう。

（2）野々口家家譜・由緒書は、絶家となった野々口家の存在と誇りを表すものである。らくにとっては、最も尊重すべき文書であると考えられる[18]。

（3）一八世紀前期以前の古い文書が四点存在している。一六七三（寛文一三）年と一六七七（延宝五）年の福井藩への貸付証文、一七〇三（元禄一六）年と一七一二（正徳二）年の野々口家家譜である。このうち三点は宝永大火から三度、一点は天明大火から二度、大火の難を逃れていることになる。こうした事実は、野々口家ではこれらの文書を重要なものと認識していたことを示していると考えられる。一七世紀後期の福井藩への貸付証文は、古い時期の家業の隆盛を示しており、家譜などと同様に野々口家の由緒と輝かしい歴史を示す史料として、捉えられていたのではないだろうか。

（4）文書の形態は一点を除くほぼ全点が状であり、全体をまとめた際の嵩は、決して大きなものではない。一般に商家では大福帳や金銀出入帳などの経営帳簿が多く蓄積されるが、「野々口家文書」にはそれらが全く含まれていない。これらは嵩張ること、また廃業した野々口家にとってはもはや不要なものと判断され、大阪に持ち帰るものとしては選択されなかったと考えられる。

このように逸身家文書のなかの「野々口家文書」は、単にらくが野々口家から逸身家に持ち帰ったものと捉えるだけでは不十分である。その背景には、家の存続と家業の繁栄を願う近世の商家の価値観が存在していることを、まず想起する必要がある。そしてそれが果たせなかったらくという人物の意向や心情が、「野々口家文書」の選択と持ち帰りという行動に反映されていると捉えるべきであろう。このことが逸身家文書のなかの「野々口家文書」が有する内在的な意味であると考えられるのである。

（1）　史料番号〔2-3〜2-15, 2-26, 2-28, 2-30〕。

（2）　一六節「ラクの嫁入り、ならびに姉妹たち」、一七節「嫁入りの荷物」、一八節「野々口家」、一九節「ラクの婚礼のときの親類」、三二節「(仮称)「文久の親類書」」、六九節「野々口ラクの帰坂」を参照。

（3）　岩佐家については、第1巻逸身喜一郎『四代佐兵衛評伝』二九節「卯一郎と岩佐ハタの婚礼」、三〇節「結納から婚礼まで」を参照。

（4）　この結婚について、らくの立場から見直してみると、卯一郎は甥（異母兄である四代佐兵衛の息子）、妻のはた（しげから改名）は義理の姪（夫・市郎右衛門の妹しんの娘）ということになる。すなわちらくは、この結婚のキーパーソンであることがわかる。後述する家の継続・繁栄という観点からすると、①逸身家当主になる人物の結婚を実現したこと、②逸身家と岩佐家との間に新たな親戚関係を築いたこと、③逸身家と野々口家との親戚関係もより深まったこと、と評価することができる。後年、大阪の実家に戻り失意の余生を過ごすことになったらくにとって、五代佐兵衛・はた夫妻の仲を取り持ったことは誇りであり、またそれを見守ることが生き甲斐でもあったのではないだろうか。

（5）　〔2-30-1〜4〕。これらは取引先が作成した金請取覚であり、野々口家が仕入れた商品の未払代金を精算したことを示していると考えられる。廃業にあたり、まず債務の整理から始めていることがわかる。

（6）　『日本思想大系59　近世町人思想』岩波書店、一九七五年、一九五頁。

（7）　この時期の福井藩は、一六六九(寛文九)年に福井城と城下を焼失する大火があり、藩財政が窮乏していたことが明らかにされている。『福井県史　通史編3近世1』福井県、一九九四年。
(8)『新修京都叢書2』臨川書店、一九六九年。
(9)足立政男『丹後機業史』雄渾社、一九六三年。
(10)前掲・足立政男『丹後機業史』二〇七―二〇九頁。
(11)丹後屋市郎右衛門の住所は「室町通り姉小路下ル町」と記載されているが、これは先に見た「室町通り三条上ル町」と同じ意味であり、ともに役行者町を表している。
(12)前掲・足立政男『丹後機業史』二〇五―二〇六頁。
(13)『役行者町文書』(京都市歴史資料館所蔵写真版)。京都市編『史料京都の歴史9　中京区』(平凡社、一九八五年)には、『役行者町文書』の文書目録が掲載されている。
(14)『役行者町文書』史料番号J2。
(15)京都市編『京都の歴史6　伝統の定着』学芸書林、一九七三年、六〇―六一頁。
(16)前掲・京都市編『京都の歴史6　伝統の定着』六二―六五頁。
(17)京都市編『京都の歴史7　維新の激動』学芸書林、一九七四年、二三三―二三六頁。
(18)らくはこれらの史料と合わせて、野々口家の位牌や過去帳を大阪に持ち帰ったものと考えられるが、所在は不明である。また、旦那寺である善想寺との関係、墓の維持・管理などの詳細についても不明である。なお、善想寺の野々口家の墓は、逸身喜一郎氏が二〇一四年六月に現地調査を行っている。その成果については、逸身喜一郎『四代佐兵衛評伝』一八節「野々口家」を参照。

第四章　逸身家の婚礼

小松愛子

はじめに

本章では、逸身家文書に含まれる婚礼関係史料から、一八五九（安政六）年以降一八八九（明治二二）年までに執り行われた婚礼六件について検討する。逸身家の婚礼に関しては、第1巻の逸身喜一郎による四代佐兵衛評伝において、諸儀式の進行や役割、当事者の心性を含めて詳細にふれられている。また、本書第三章杉森哲也論文においても、逸身家が初めて京都町人と姻戚関係を築いた野々口市郎右衛門家について扱われているので、合わせて参照されたい。

逸身家文書は総点数二五〇〇点弱のうち、婚礼関係史料が四四〇点（約一八％）をしめ、家業である両替商・逸身銀行の経営の諸帳簿・証文類とならんで重要な位置を占める(1)。人生儀礼のうち婚礼は、イエ（商家同族団）存続の根本であり、その取り組みにはイエの個性が色濃くあらわれた。その一方で、婚礼では居町・職種の異なる商家同士が結びつくことも多くあることから、その内容には都市社会一般として共通する部分も多く存在する(2)。そこで、まず逸身家の婚礼そのものを具体的に明らかにし、逸身家の婚礼への対応についてみていく。そして婚礼という側面から、逸身家（銭佐）の位相を捉えるという課題に迫りたい。

第一節　婚礼の概要

1　「婚礼諸事控」にみる婚礼の流れ

逸身家文書では、婚礼関係史料は婚礼ごとに袋詰めに整理されて保管されている。その全体像・内容は、第1巻所収の史料解題10で示した。逸身家では、結婚相手の選定から婚礼にかかる諸儀式の一切を、婚礼総元締（以下、総元締と表記）に任命された一、二名の「別家手代」が専従した。婚礼は本人やイエにおける一大行事であり、入念に行われる必要があったため、総元締となった別家手代は、婚礼の一連の流れ、儀式・贈答の諸作法・格式、先例との差異を「婚礼諸事控」に細かく記録し、今後の備えとした。

ではこの「婚礼諸事控」をもとに、婚礼に至る流れ――(1)縁組先の選定、(2)見合い、(3)結納、(4)婚礼――をごく簡単にみておきたい。

(1)　縁組先の選定

婚礼関係史料の中には縁組先候補の身元調査に関する史料も含まれる。具体的には後述（第二節1）することとし、ここではその方法にだけふれておきたい。縁談は親類、別家、手代、出入（普請方）、婚礼関係で商取引のある商家などから寄せられた。総元締は、寄せられたそれぞれの家の家系、家族構成、経営状況などを調べている。調査先へは、同じ地域に居住する逸身家の親類から聞き取るほか、総元締本人や別の手代・女中が先方の関係者に接触して問い合わせた。先方の関係者は、女中や手代などその家の内情を把握している人が選ばれ、宿元に依頼して彼らを外に呼び出した上で聞きとるといった形がとられた。この調査内容は、逸身家当主が縁談を決断するためのほぼ唯一の判断材料となった。

(2) 見合い

当主が縁組先を決断すると、双方の総元締によって見合いから婚礼の日程、内容が具体的に取り決められた。見合いは、嫁となる女性（以下嫁、聟となる男性については以下聟と表記）の居宅近くの貸座敷で行われた。見合いの席には当人、双方の両親、立会人が同席した。立会人は総元締のほか、別に仲人がたてられる場合もあった。対面が終了すると、聟側から受諾の意を示す扇子納めが行われた。見合いで縁談が成立すると、当主から親類に対し縁談成立見込みの報告と支障の有無を尋ねる書状が出された。また、別家中へも本家店（石灰町）から縁談の報告とお祝いの出頭を求める廻章が出された。報告が無事に済むと、双方の総元締は結納の準備にとりかかった。

(3) 結納

結納はまず聟から嫁へ結納品と、聟の親類書・別家書・家内書（当主家族、住みこみの奉公人である下人（手代・子供）・下女・下男、出入）が送られた。[3] 結納品の持参は仲人（媒人）が行うが、これを総元締がつとめ、行列の先頭にたって嫁宅へ届けた。総元締以外が仲人をつとめた場合には、仲人が先頭にたち、総元締は宰領としてしんがりをつとめた。結納品を受ける嫁宅では当主家族と嫁本人が出迎え、その後は饗応となった。この結納や婚礼当日などの料理は仕出しで、逸身家の場合には近隣の島之内清水町・堺屋吉兵衛が担った。縁組先が大坂以外の場合には、結納や婚礼を行うために現地に借宅して行われた（旅宿、御里とよばれる。以下、旅宿と表記）。饗応が済むと、嫁側当主より結納荷物を持参した総元締へ結納品の受領証、嫁側の親類・別家・家内書が渡され、さらに聟側の総元締以下に対する祝儀金などが贈られて終了した。結納の席で交わされた親類・別家・家内書は、その後の祝儀・贈答先リストとしても活用された。逸身家では結納品を親類・別家に披露するために、宴席を設けることを通例としていた。結納が無事終了すると、嫁宅では鉄漿《かねつ》付けの儀式を行うなど、[4] 婚礼のための準備にとりかかった。

(4) 婚礼

婚礼は荷物（荷物送り）、婚礼、里開き、聟入式花帰りの順で執り行われた。

荷物は、嫁の婚礼荷物を聟宅に運びこむもので、日没後に嫁宅から聟宅へ行列を組んで運ばれた。結納と同様に仲人が先頭を歩き、その後ろを婚礼荷物が列をなす。一八七五（明治八）年の婚礼では、仲人・使者、荷物を運ぶ人足（三〇名）、仲人・使者の供人足（二名）、提灯持ち（一五名）の計四九名の行列であった（「佐一郎婚礼諸祝儀控」〔1-4-2-1〕）。迎え入れる聟宅では、薄暮時から先方の様子を気にかけて遠見役を出して行列の様子を確認し、近くまで到着したら荷物請取役が行列に出向いて出迎えの挨拶をするというように、万全の準備をして待ち構えた。荷物が聟宅に届けられると、嫁側から婚礼道具目録が差し出され、荷物が大座敷へ運ばれた。そして双方の挨拶が済んだあとは饗応となり、聟側から荷物の請取書と祝儀が渡されて終了した。婚礼荷物が運び込まれた翌日は「部屋錺《かざ》り」といい、嫁側の別家妻らが聟宅へ出向き、嫁の控えの間の飾り付けを行う。聟側は彼女らに食事を提供し祝儀を渡した。

婚礼当日は、まず午前中に嫁側から聟側へ土産物が届けられた。婚礼自体は夕刻になってからで、嫁が居宅（旅宿）を駕籠で出発し行列をなして入輿した。聟宅に到着して準備が整うと、式三献、御膳、後席、挨拶の順に進行した。式三献は、初式においては聟と嫁と仲人の三者で夫婦の盃を交わし、二式は舅・姑と嫁と仲人の四者で親子の盃を交わし、三式は双方の家族が加わり親類の盃を交わした。一式・二式・三式の間は無言で、咳払いや目礼が式の進行を促す合図となっていた。御膳は上・中・下の三種類が用意され、上の御膳は婚礼で式盃を交わした両当主一家のみが食べた。親類についてはごく一部しか列席しておらず、婚礼の諸儀式の中で必要条件とされていなかった。婚礼行列で供をつとめた嫁側の別家や手代・下女、駕籠人足などは別室で中・下の御膳を食べた。聟側の別家・手代以下の奉公人・出入などは配膳・給仕などに従事しており、式には携わるものの嫁とは正式に対面していない形をとった。彼らと嫁との対面は、後日、里開き前などを利用して行われた。婚礼当日の深夜から夜更けにかけて、嫁側家族が帰ったあとの聟宅では、残された上・中の料理を送り箱に詰めて、嫁側の居宅（旅宿）へ届けた。嫁側も明け方に鉄漿壺を嫁に届けるために再び聟宅を訪れることになっていた。

婚礼の翌日は「部屋見舞」といい、嫁側の別家妻が使者として聟宅を訪れて嫁を見舞った。その際に、部屋見舞品として嵯峨饅頭を大量に持参した。この別家妻を出迎えるのは聟側の別家妻で、彼女の取次ぎ・案内によって、嫁側別家妻は聟の母（姑）、聟そして嫁と挨拶を交わし、饗応を受けた。部屋見舞では聟以外はみな女性であり、前日の婚礼が男性主体に対して、使者という形をとるもののこちらは女性が主体の形をとった。この部屋見舞は嫁側のみが一方的に行うのではなく、嫁が実家に一時帰宅する里開きの翌日に聟側からも同様の形式で行われた。部屋見舞で贈られる菓子の数は事前に相談されており、双方同数になるように配慮された。なお、婚礼相手が大坂以外の場合、菓子や後述する内祝の赤飯などは現地で調達したり、相当額の金銭で代用することもあった。部屋見舞が届けられると、前もって作成していた配賦先リストに従って手代が配分し、出入や下男によって親類・別家・奉公人・出入などの関係先へ配られた。逸身家の配賦先は多く（例、明治八年(B)八五〇個、一一年(D)八七六個）、相手側当主から贈られた分だけでは足りない分は自家で買い調えている[5]。

嫁が実家に帰る里開き以降の日程は、双方宅の距離の遠近で対応が異なる。距離が近い場合には、里開き・聟入式・花帰りまで時間をおかずに行われた。聟入式は婚礼当日と一対をなしており、嫁の実家に聟が聟の家族と共に訪れて式盃を交わすなど婚礼当日の内容を踏襲した。距離が遠い場合には、聟側が嫁の実家近くに旅宿をとるなどの手間が生じるため、嫁が聟の家に戻る花帰りのあと、時間をおいて行われた。

花帰りで婚礼の一連の儀式が終了したあとには、婚礼に関わった別家・出入方・普請方らと、親類や贈答を受けた家などに対して内祝の赤飯が届けられた（表5）。婚礼は、「荷物」から「花帰り」まで約一週間を費やして一区切りをむかえる。「婚礼諸事控」は、婚礼のあった年の年末に年暮祝儀として縁組先に鏡餅・鯛などを贈るまでを記して、その記録をとじている。その後、総元締は婚礼にかかった諸費用を精算し、贈答品の到来リストなどを作成し、これまでの一連の流れを「婚礼諸事控」に清書しまとめることで、その任を全うした。

2　各婚礼の具体相

「婚礼諸事控」などから判明する各婚礼の内容を表1にまとめた。ここでは縁組先の居所・職種や前項で整理した婚礼の流れと異なる点などを中心に個別・具体的にみていきたい。

(A)　一八五九(安政六)年、京都・安楽小路町・岩佐孫兵衛家との縁組——聟五代佐兵衛・嫁はた

五代佐兵衛は安政六年正月に京都・新町通上立売上ル安楽小路町（現、京都市上京区安楽小路町）の岩佐孫兵衛（平野屋）の長女しげ（後に「はた」と改名）と婚礼を行った。この婚礼では「婚礼諸事控」が現存していないため、残念ながら詳細を知ることはできないが、断片的に残る書状などから注目される点を紹介したい。

まず、この婚礼では、五代佐兵衛の伯母らく（後に「はや」と改名するが、本章では「らく」と表記）とその夫・野々口市郎右衛門（京都・三条室町役行者町、現、京都市中京区役行者町）が仲人をつとめるなど重要な役割を担った。嫁はたの母しんは、らくの夫の実妹であり、とても近い姻戚関係にある。野々口家は逸身家の京都滞在中の世話や婚礼関係の買物なども引き受けた。特に結納や婚礼の格式は、天保一二年に婚礼をあげたらくと同様と定められたため、熟知している野々口家に全てを任せる形がとられた（「卯一郎婚礼諸入用控」〔1-6-1〕）。この婚礼では、縁談の申し込みから婚礼が一通り終了するまでに一年半近くもかかったが、それはこの間にあったらくの母である三代佐兵衛後妻りょうの死去と服喪が影響したとみられる。

この婚礼では、逸身家の居町・石灰町に対する振舞銀などの領収証が存在する（「御婚礼出銀覚」〔1-6-3-9〕）。この振舞銀は婚礼費用には含まれず、別の会計処理であった（「縁付諸入用帳簿」〔1-6-1〕）。日付は婚礼直後の正月晦日となっ

ており、婚礼とほぼ同時期に町に対する披露目も行われたようだ。ただし、はたが石灰町に人別を移したのは婚礼から半年たった七月のことであり（「人別請取一札」〔1-6-2-10〕）、町内への披露目と人別の移動自体が同時に行われたわけではなかった。婚礼後のはたについて、大坂の逸身家での生活に馴染めるかを心配した両家の配慮から、岩佐家から女中なかが付けられた。しかし、そのことによって母しん・野々口家と、逸身家との間に疑心が生じてしまったようで、総元締の丈助とその妻ひでがうまくおさめて、なかを岩佐家へ返させることで事態の収束をはかったことがわかる（「書状」〔1-6-3-4, 14〕）。

(B)　一八七〇(明治三)年、京都・鏡屋町・戸倉嘉兵衛家との縁組——聟二代佐一郎・嫁たい

二代佐一郎は明治三年二月に京都・室町夷川上ル鏡屋町（現、京都市中京区鏡屋町）の戸倉嘉兵衛（升屋）の妹さと（後に「たい」に改名）と婚礼を行った。この縁談も、佐一郎の伯母にあたる野々口らくが戸倉嘉兵衛の妻いをと知人であったことから生じたもので、野々口らくはここでも重要な役割を担った。戸倉家の親類は、中山道の宿場町である美濃河渡宿（現、岐阜市河渡）の勝村治郎兵衛家以外は全て京都在住であり、この婚礼によってはじめて大阪商人と姻戚関係をもつこととなった。そのため、大阪に身寄りのない戸倉家の旅宿の世話などまで逸身家側総元締の丈助が万端世話をしている。両家では諸物価が高騰している時節柄を考慮して、人目に触れる婚礼荷物の行列は質素に行うこととした。婚礼荷物の行列の当日には、当主である兄・戸倉嘉兵衛が大阪に到着しないというハプニングがあり、本来荷物を先導するはずの戸倉家側総元締の升屋久兵衛が、当主のかわりをつとめ、久兵衛がつとめるはずの行列の先頭を丈助が代行した。そして久兵衛はしんがりをつとめることで行列に加わり、総元締の役割も果たすという臨機応変の対応をした。さらに荷物運びの人足二五人についても、戸倉家側は一人しか用意できず、逸身家が一六人、旅宿が四人、なお足りない分は逸身家側が入れ替わりで勤めることで補った。その後の婚礼当日には戸倉嘉兵衛も間に合って、滞りなく行われている。

D　明治11(1878)年 聟：平池昇一　嫁：いつ	E　明治21(1888)年 聟：2代佐一郎　嫁：ます	聟：福本元之助　嫁：りき
堺県茨田郡平池村	奈良県吉野郡下市	
平池昇一	永田藤平	
当主	長女・ます	次女・りき
地主	山林地主	
5家・19人	別家2家・山林支配人5人・同世話掛20人，奉公人18人	
平田忠治・中野鍵造（別家）	梶市郎平	
高木嘉兵衛 きく	山田東助 (不明)	高木嘉兵衛・山田東助 きく
普請出入・泉亀（木村亀蔵）	河崎氏	梶市郎平
池村省三（医師）	真部忍	
明治11年2月20日 生玉寺町・旧近久別荘	玉藤（不明）	明治21年4月30日
明治11年3月9日 品数：15品，結納金100円	明治20年12月 品数：11品	明治21年6月12日 品数：11品
婚礼会場：平池昇一家 逸身家旅宿：萱島新田・新田守宅 荷物：明治11年5月11日 婚礼：明治11年5月11日 里開：明治11年5月15日 聟入：明治11年5月19日 花帰：明治11年5月19日	婚礼会場：逸身家本宅 先方旅宿：住吉・木下清兵衛家 荷物：明治21年1月25日 婚礼：明治21年1月27日 里開：(不明) 聟入：明治22年4月20日 花帰：明治22年5月9日	婚礼会場：逸身家本宅 先方旅宿：住吉・木下清兵衛家 荷物：明治21年11月1日 婚礼：明治21年11月3日 里開：明治21年11月4日 聟入：明治22年4月20日 花帰：明治22年5月9日
1623円60銭 (記載なし)	525円80銭4厘 (記載なし)	461円39銭9厘 (記載なし)
「慈姿縁付諸祝儀控」〔1-1-2-4〕	(なし)	「元之助婚礼諸祝儀扣」〔1-5-1〕
〔1-1-2-1〕	〔1-8-14〕	〔1-5-2〕
〔1-1-3-3〕		
〔1-1-7〕	〔1-8-13〕	〔1-5-3〕
〔1-1-4-27〕		〔1-5-1〕

表 1　逸身家の婚礼（安政 6 年–明治 22 年）

		A　安政 6(1859)年 聟：5 代佐兵衛　嫁：はた	B　明治 3(1870)年 聟：2 代佐一郎　嫁：たい	C　明治 8(1875)年 聟：2 代佐一郎　嫁：みや
相手	居所	京都・安楽小路町	京都・鏡屋町	大阪・末吉橋通 4 丁目
	当主名前（屋号）	岩佐孫兵衛（平野屋）	戸倉嘉兵衛（升屋）	荘保弥兵衛（伊丹屋）
	続縁	長女・しげ	妹・さと	長女・みや
	職業			藍商
	別家・奉公人数		2 家・9 人	11 家・9 人
	婚礼総元締	平野屋仁助（別家手代）	升屋久兵衛（別家）	小泉恒七（別家／出入方）
逸身家	婚礼総元締（表） 台所事務総裁（奥）	銭屋丈助 (記載なし)	溝口丈助 (記載なし)	高木嘉兵衛 (記載なし)
縁談口添人		野々口らく (5 代佐兵衛伯母)	野々口らく (2 代佐一郎伯母)	仏師・田中主水
仲人		野々口市郎右衛門		
見合い		安政 4 年 11 月 6–8 日 京東洞院・野々口隠宅	明治 2 年 12 月 13 日 京都麩屋町・肴屋八百新	明治 8 年 5 月 30 日 生玉寺町・元近久別荘
結納		安政 4 年 12 月 16 日頃	明治 3 年 1 月 9 日 品数：11 品	明治 8 年 6 月 23 日 品数：11 品
婚礼		婚礼会場：逸身家本宅 先方旅宿：(銭屋丈助宅ヵ) 荷物：安政 6 年正月 21 日 婚礼：安政 6 年正月 24 日 里開：安政 6 年正月 26 日 花帰：安政 6 年正月 28 日 聟入：安政 6 年 4 月 逸身家旅宿：東洞院	婚礼会場：逸身家本宅 先方旅宿：竹屋町大溝 荷物：明治 3 年 2 月 24 日 婚礼：明治 3 年 2 月 26 日 里開：明治 3 年 2 月 28 日 花帰：明治 3 年 2 月 30 日 聟入：明治 3 年 4 月 21 日	婚礼会場：逸身家本宅 荷物：明治 8 年 11 月 25 日 婚礼：明治 8 年 11 月 29 日 里開：明治 8 年 12 月 3 日 聟入：明治 8 年 12 月 7 日 花帰：明治 8 年 12 月 7 日
婚礼費用	上段：婚礼書類 下段：銀控帳	銀 15 貫 623 匁 7 分 4 厘 銀 15 貫 641 匁 9 分〔8–5〕	(不明) 銀 91 貫 562 匁 9 分 6 厘 〔8–7〕	353 円 97 銭 8 厘 9 毛 (記載なし)
婚礼諸事控		(なし)	「婚礼諸事控」〔1–2–5〕	「佐一郎婚礼諸祝儀控」 〔1–4–2–1〕
縁付諸入用帳簿		〔1–6–1〕		〔1–4–2–4〕
領収証綴		〔1–6–2〕	〔1–2–10–1〕	〔1–4–3–4〕
祝儀到来物控				〔1–4–2–2〕
役割定		〔1–6–3–17〕	〔1–2–13〕	〔1–4–3–1〕

注）各婚礼の「婚礼諸事控」による．婚礼諸事控以下の番号は逸身家文書の史料番号を示す．

(C)　一八七五(明治八)年、大阪・末吉橋通四丁目・荘保弥兵衛家との縁組――聟二代佐一郎・嫁みやたいが明治六年に没した後、佐一郎は明治八年に大阪・末吉橋通四丁目（現、大阪市中央区南船場三丁目ほか）の荘保弥兵衛（伊丹屋）の長女みやと再婚する。荘保家との縁談は仏師田中主水の仲介によった。田中主水は住吉に住み、四天王寺の仏師として知られる(6)。この婚礼記録には、縁組先候補として荘保家以外の商家に対する調査記録も合わせて残されており、京都で並合質商を営む亀田利兵衛（赤井筒）家が候補にあがっていたことがわかる（「赤井筒事亀田利兵衛殿聞合書」〔1-4-3-2-2〕）。前妻同様に京都在住の商家も志向されていたことがうかがえる。

荘保家は、みやの祖父にあたる初代・勝蔵が阿波国河州上郡半田村（現、徳島県美馬郡つるぎ町半田）より大坂に出て、藍玉仲買などを営んだ大坂商人であった。荘保勝蔵の生家である半田村大庄屋・大久保太兵衛家（敷地屋）に伝来する文書が、現在、徳島県立文書館に所蔵されている。先行研究など(7)によれば、初代・勝蔵は一八歳の時に大坂・北堀江二丁目（現・大阪市西区北堀江一―二丁目ほか）の藍玉渡世・阿波屋吉左衛門方に奉公した。しかし阿波吉はその後大坂市中からの追放処分を受けたため、勝蔵は阿波吉の妻いしを引取り、いしの養子となった。一七九六(寛政八)年、勝蔵はいしから得た金三歩・銭五貫文を元手として、伊丹屋勝蔵名前にて北堀江二丁目借屋にて藍玉商売を開始する。勝蔵の経営は順調で、一八四三(天保一四)年の幕府御用金の上納額は四千両と、在大坂の阿波出身商人の中でも最高額という経営規模で、藍仲買商、帯地店経営、地主・借屋経営を行うに至っている。また生家である大久保家は、半田村における石門心学の中心であり、初代・勝蔵も一八二九(文政一二)年に御池通四丁目（現、大阪市西区北堀江二―三丁目）にて協泰舎という心学講舎（手嶋道話所）を設けるなど、熱心な心学者であった。

逸身家側の記録（「荘保家系図」〔1-4-3-6〕）では、みやの父・荘保弥兵衛は荘保勝蔵家の分家と記されている。二代・勝蔵は初代勝蔵の長男が継ぎ、長女（みやの母）は婿養子をとって、分家弥兵衛家が創出された。荘保家の業態は、勝蔵家が貸付商業（手代二人、子供五人、下女五―七人、別家一五―六軒）、弥兵衛家が藍屋商業（手代三人、子供三―

四人、下女四人）、初代勝蔵の次女（みやの叔母）が聟養子をとり帯店を営んだ。初代及び二代勝蔵は大久保家から嫁にもらうなど初代勝蔵の生家とのつながりも深かった。荘保家のその他の親類については、大坂在住の砂糖屋（三家）、木綿屋、本屋の五家となっている。逸身家が収集した縁組先選定のための調査記録には、家系図、親類・別家の居所・名前・業種、経営規模を示す手代・家内の人数の他に、みや本人について「器量頗美形、気質宜敷方賢才人、芸能十人並」と記されており、当人の容貌や性格なども縁談を決める条件の一つにあったことがわかる。荘保家は同じ大阪在住の商人でありながら本拠地阿波と深い関係をもっており、逸身家は大阪を中心として親類関係を地理的にさらに広げた形となった。

(D)　一八七八(明治一一)年、堺県茨田郡平池村・平池昇一家との縁組――聟昇一・嫁慈《いつ》

四代佐兵衛の娘慈は、明治一一年五月に堺県茨田郡平池村（現、大阪府寝屋川市平池町）の平池昇一に嫁いだ。平池家との縁談は、平池家側の出入とみられる泉亀（木村亀蔵）よりもたらされた。逸身家は当初、平池村が遠方にあること、昇一の兄弟が多くいることなどを理由に断ったが、平池家側から再度申し込みを受けたのを機会に、手代筆頭の徹造と賄女のきくを先方へ派遣して平池家に関する調査を行った。

この時の調査記録や先行研究(8)によれば、平池家は近世初頭から平池村の庄屋役を代々つとめ、一八五三(嘉永六)年生まれの昇一で二六代を数えた。平池家は一八一六(文化一三)年には平池村とその周辺に計七〇六石余りの所有地宛米があり、貸付金で得た収入で土地を買い増していき、幕末期には所有田畑百余町歩に達したという。昇一の代にあたる一八八二(明治一五)年段階の所有地は九一町余り、一八九〇(同二三)年の第一回貴族院多額議員互選では大阪府多額納税者一五名中二位に位置する大地主で、明治三〇年頃には河内銀行頭取をつとめた。平池家の親類は私部《きさべ》村（現、大阪府交野市私部）、巣本村（現、大阪府門真市巣本）、野口村（現、同市野口）、北条村（現、大阪府大東市北条）に所在し、昇一の母の生家である私部村北田藤蔵家は旗本畠山氏の在地代官をつとめるなど、在地の豪農層にあたる。「親類書」

を見る限り、平池家は大阪・京都の商家との間に親類関係を築いていないが、昇一本人が七、八歳から一〇年余り京都・中立売通りの呉服所・瀬野弥兵衛方に養子に入っており、瀬野家が逼塞したために実家に戻るといった経歴をもつ（「平池与治兵衛家系」〔1‒1‒4‒17〕）。平池家ではこれまでは親類などの「続合」による縁組みを行っていたが、この婚礼では昇一自身が主導し、縁故のない都市大阪の両替商・逸身家と取り組む形をとった。

徹造・きくによる平池家への調査内容が良かったことを受けて、逸身家は平池家に対し、平池家別家の平田忠治を逸身家別家の高木嘉兵衛宅へよこすように伝えた。忠治と嘉兵衛はこの婚礼で共に総元締をつとめている。逸身家の連絡を受けて、平池家側は約束の前日に忠治・泉亀、そして昇一本人までもが嘉兵衛宅を訪れた。約束当日（二月四日）には忠治と泉亀のみで嘉兵衛と対談したようで、忠治は嘉兵衛に対し縁談が調うように「ヒタスラ」依頼するなど、平池家側の積極的な様子がうかがえる。この場では平池家の家族構成や婚礼の進め方について具体的に話された。史料1は（「日記」〔1‒1‒8〕）に記される二月四・五日の対談の様子を嘉兵衛が書き留めたものである。

［史料1］

扨御調談之上者、御家法ニ而双方別家手代共ニて夫々談決取扱候趣承知仕候得共、在方之事ゆへ別段仲頼申度、則名前者堀溝村医者池村省三様、是ハ縁家ニ而ハ無之、懇意致シ、随分人望之宜敷御方ゆへ馴(ママ)共、其御家御家法も被為在候事故、強而とは不申候、此義差含置被下度、是亦依頼御座候、右之次第嘉兵衛ら旦様方へ委細被申上候ハヽ、夫々御承知ニ候得共、何分在方者ケ様之振合抔と申被立候而者、行々付合六ヶ敷御評議ニ付、則左ニ、

一、五日午前十時頃ニいつ亀方へ平田氏在宿被致候ハヽ、罷出候哉尋ニ遣候処、乍自(ママ)里御越被下度趣、午後罷出左ニ、

御懇情ニ縁談之義、泉亀ヲ以再々御申越被下候所、一応申談事候処、御聞込も御座候哉、本人少々ヨハク、且者壱人娘、若在方へ差出候而者如何、是迄西京抔者取組候得共、御在方之処初、併在方之御振合者如何之

事ニ、婚礼之節石打、駕之タレ揚ケ候様之事有之候而者、婦人之事此儀案事候、先方答ニ者旧幕府之頃ニ者右辺之事なきニしもあらす、御一新後ニ至り決而左様之事無之、乍併矢張旧習ニ而村役之者へハ祝儀・不祝儀・普請、聊祝儀差出候ハ、其外何事も無御座候、併中分ゟ以上ニ相成家者旧例ニ随ひ夫々仕向ケ候ニ付、村初メゟ村ハヅレ迄村役の者無別条候様守護致シ、次村ゟ同様役之者待受取計候、尤其処ハ赤飯・祝義之外ニ、内御宅ニ而婚礼前ニ酒肴振舞致候得共、是等之入費双方半方ツ、ニ致し候事も有之、此義ハ御調談之上御談申上候、尤御承知ニ相成候節者村々通行不相成候様、カヤシマ新田迄御船ニ而御越ニ相成、新田守宅ヲ御旅宿ニ明ケ渡御貸申上候、左候ハ、新田ゟ当村迄廿丁計り御座候間、外村御通行無之、我等所有地計り故、妨ケ候者無御座候間、御安心被下候而御縁調談可相成様ひたすら頼候との事、

史料1からは、婚礼の進め方について逸身家、平池家それぞれに家法があること、農村部に位置する平池家には逸身家と異なる在方の振合があることがわかる。在方との初めての縁組となる逸身家にとってこのことは不安材料でもあった。逸身家の縁組はこれまで商家同士であり、当主が縁組を決断した後は双方の別家手代が総元締をつとめ仲人役もこなしてきた。これが逸身家の「家法」であったが、在方の平池家からは懇意にしている名望家の医師・池村省三に仲人を依頼したいという希望が出された。在方の婚礼では第三者の関与を必要とし、全てを双方の別家手代が主導する商家同士の作法とは異なっていた。そして逸身家側では今後もこのように在方の振合を口実に、平池家側の家法に押し通されてしまうことを警戒している。

また、四代佐兵衛にとって慈は、成長した唯一の娘であったことから、婚礼行列中に駕籠をめがけて石を投げうつなどの乱暴がおきることを懸念した。この点について平池家側は、明治維新以降はそのような心配はなく、事前に祝儀や振舞をしておけば、村内通行のさいに問題がおきないように「村役の者」が警備してくれること、祝儀等の費用は両家で折半する場合もあると伝えている。さらに、寝屋川舟運を利用すれば、大阪から平池家が地主の萱島新田

（現、寝屋川市萱島）までは川船で来られ、萱島新田から平池までの二キロメートル強は、他村を通行することなく平池家の所有地のみを通って来られるため妨害はおきないと返答している。

嘉兵衛は忠治の返答を四代佐兵衛と五代佐兵衛に報告し、逸身家は平池家の返答に納得し縁組を決断した。翌々七日に縁談成立が平池家側へ伝えられると、その場で見合いについても話し合われた。平池家側は、昇一本人がお互いの写真の交換のみで見合いは行わなくても良いと話したが、逸身家側は一生のことであるからと従来の段取りで見合いを行うことを希望した。見合いの席はこれまでも嫁側が差配していたことから、この前日の六日にすでに四代佐兵衛・五代佐兵衛と嘉兵衛で天満・北野辺を訪れ、会場の下見をしている。その後、見合いについては逸身家側の希望が通り、佐一郎・みやの時と同じ旧・近久別荘にて二月二〇日にとりおこなわれた。

平池家との縁組では初めて第三者が仲人をつとめたが、この仲人への礼金や縁談を持参した泉亀への礼金などについては、平池家と逸身家が六対四で負担しており折半ではなかった。平池家側が自身の知人・池村を仲人にたてたいという、逸身家の先例にないことを要求したことも考慮されたとみられる。なお、この婚礼における買物関係先・贈答先については後述する（表3・5）。

(E)　一八八八（明治二一）年、奈良県下市・永田《えいだ》藤平家との縁組――聟二代佐一郎・嫁ます、聟福本元之助・嫁りき

明治二一年に、四代佐兵衛の子である佐一郎と福本元之助は、奈良県吉野郡下市（現、奈良県吉野郡下市町下市）の山林地主である永田藤平の長女ますと次女りきをそれぞれ嫁にもらい、逸身家は永田藤平家と強固な関係を結んだ。[9]佐一郎と元之助の縁組先の選定はほぼ同時進行で行われ、その内容をまとめた（「縁談聞込先記名」〔1-8-7〕）には、二人の縁組先候補計四九家が記されている。同史料については後述する（表2）。佐一郎・元之助は最終的に永田家から嫁を迎えたが、佐一郎の縁談については、（「長田《おさだ》縁談申込順序」〔1-8-8〕）から、永田家と取り組む前に伏見町三丁目（現、大阪市中央区伏見町三丁目）の長田《おさだ》健吉家と交渉していたことがわかる。そこで、「長田縁談申込順序」から長田

家との交渉過程と、その後永田家と取り組むようになった経緯をみていきたい。

「長田縁談申込順序」には、医師・亀山を通して逸身家が長田家に縁談を申し込んだ一八八七（明治二〇）年五月一〇日から、逸身家側より縁談の取消しを行った一一月一八日にかけての交渉が日記形式で記されている。縁組相手は長田健吉の姉で、同家には、「灘山村姉様」、「姉様鴻池へ被嫁候時分」と山村・鴻池両家へ嫁に行った姉がいることから、加嶋屋作兵衛家の分家作次郎家とみられ、以前から逸身家と取引・交流のある同業者であった(10)。この縁談の発端は、医師の多川、出入の小間物商・尼伊からの紹介であった。この縁組で総元締をつとめた山田東助が長田健吉家を調べたところ、経営状況が悪化しており、当主健吉は藤田伝三郎家へ通勤しているという状況がわかったため、縁談は一旦見合わせとなった。しかし、その後、医師の亀山を通して再度紹介があり、その時の調査内容は良かったため、五月一〇日に縁談を正式に申し込んだ。逸身家の賄女・きくから縁談申込みの依頼を受けた亀山は、翌日長田家を訪れ、父（二代作次郎・政均）と姉に会い、逸身家からの縁談申込みを伝えた。長田家側は、父が近々京都に行く予定があるため月末まで回答を待ってほしいと返事し、月末に至ると姉の義母（灘・山村家の母）が大病であるため、回答を延期してほしいとさらに返答を留保した。

一方の逸身家では、この間に永田家との縁談が寄せられ、五月三一日に手代の昇太郎、七月一〇日に東助が吉野へ出向き、縁組先として永田家が良い相手であることを確認した。東助は全く返事の得られない長田家との縁談を断り、永田家と取り組みたい意向を亀山に伝えるが、亀山は長田家とはまずそのままにしておき、永田家との縁談を進めればよいと回答した。東助は、長田家の縁談が切れないうちに永田家へ申し入れるわけにはいかないと答え、亀山とは別ルートで、長田家の賄女・かのと面会し長田家の内情を聞き、一度永田家は断った上で、長田家の返答をさらに待つことにした。その後、長田家では姉の義母が亡くなり、中陰が明けた一〇月末に至ってようやく連絡があり、逸身家に嫁いだあとの帰省や住居に関する質問、依頼が寄せられた。

［史料2］「長田縁談申込順序」〔1-8-8〕

同日（著者注、一〇月二九日）五時頃長田方出入ナル畠山久七と申人被参、其重タル趣意ハ、姉様鴻池へ被嫁候時分、同家之規則ニテハ御新造被参候ハヽ、盆正二季藪入之外何用アリトモ里方へ被帰事出来不申由、其後家則も変り、当今ニ而ハ右様之事無之由承り候、然ル処逸身様ハ右様之御家則ハ無之候哉、何分父御老人之義故、右辺之義被案居候ニ付、内々御伺旁ニ参り候由、

（略）

十一月五日、亀山氏ゟ使有之東助参候処、先刻長田子息被参、昨日灘姉より呼ニ被参、過日一寸承り候ハヽ、調談之上ハ御本家へ入込候由、且ハ備後町御宅来春御普請之様子ニ承り、サスレハ夫迄之処御本宅ニテ御一緒ト承り、姉事も真事ニ案シ被居、何分母親ナシニ成長イタシ候事ニテ、大勢様之中へ出シタル事無之ニ付、御なじみの付候迄之処、誠ニ案し居候事ニ付、入込之上婚礼相済、五日帰り之節より備之御宅へ帰り候様之都合ニ願度様申被居候由、

史料2によれば、長田家側から、姉の嫁ぎ先である鴻池家のかつての家法（帰省は盆と正月の二季藪入りのみ）を引合いに出して、逸身家では結婚後の帰省の回数に関する家法はないかという質問と、婚礼後の居所について、当人は母親なしで成長してきたために、大勢の中に出したことがなく心配であるから、五日帰り（花帰り）後は住みこみの奉公人が多数同居する本宅ではなく、備後町宅に住めるようにしてほしいという依頼が寄せられた。前者については盆と正月の二季藪入りの他に、姉たちの帰省や法事など、本人が言うまでもなく帰省できるように取りはからうと回答し、後者についても現況の備後町宅は住居には不都合だが、来春に建増しの普請を予定していること、落成までは本宅のほかにも新宅があるのでそこに住むことができると、亀山の助言を受けて長田家側の要望通りの返答をした。しかし、長田家側からさらに「何分本人ノ志願タルハ、来秋ノ事ニシテモラヒ度様子ニ被申居候」という要望がよせ

られた。婚礼の時期については、佐一郎の年回りに絡んで来春節分までに行わなければならないという逸身家側の都合があり、当の本人が延期を希望している状況では今後もとても見込みはないと判断し、一一月一八日に亀山に取消しを申し入れ、ここで長田家との縁組は破談となった。

佐一郎の年回りと婚礼までの日数を考慮すると、一一月中旬という時期は永田氏との縁談を進める最終期限であったと考えられる。佐一郎・ますの縁組については「婚礼諸事控」が現存しておらず、婚礼に至るまでを詳細に知ることはできない。残された記録から、一二月に結納を行い、翌明治二一年正月二七日に婚礼を行ったことがわかり、逸身家側の都合に永田家側が応じて、節分までに婚礼を済ませることができた。

ますは三月二五日に里開きをするが、その供として東助ときくが同行した。そのさい永田家側の総元締の梶市郎平から、元之助とりきの縁談話があり、四月三〇日に「御面会」、五月二六日に縁組を受諾する「扇子納め」、六月一二日に結納、一一月三日に婚礼と順調に行われた。この元之助とりくの婚礼については、佐一郎・ますの前例を基本的に踏襲し、家内・親類・別家書の交換を省略、仲人へ支払う謝礼を半分とするなど、一部に簡略化がみられる。また、聟入式は佐一郎と元之助は合同で明治二二年四月二〇日に行われた。

吉野下市に住まう永田家は遠方であったため、永田家は結納や婚礼にあたり親類の住吉郡上住吉村（現、大阪市住吉区住吉）・木下清兵衛（綿屋）宅を旅宿とした。木下清兵衛家は、住吉村・木下新兵衛家から分家し、現当主（七二、三歳位）で四代であった。この四代の養子に永田藤平の弟篤治郎が入っている。なお、木下新兵衛の妹は木原忠兵衛に嫁ぎ、長男は木原別荘名前人となるなど、木原家との関係も深い（「縁談聞込先血縁書上」〔1-8-10〕）。元之助の婚礼荷物行列では、道中の都合もあり、天王寺白蠟製造所（干場）に休足所が設けられた。また、「道筋看護」のため南警察署詰の巡査一名が付き添っていることが確認できる（「元之助婚礼諸祝儀控」〔1-5-1〕）。

第二節　婚礼への対応

ここでは、逸身家が婚礼をどのように取り組んだか、その対応を⑴縁組先の選定、⑵婚礼の関係先、⑶婚礼総元締の役割という三つに分けて考察する。

1　縁組先の選定

婚礼は本人にとっても一世一代のことであるが、イエにとっても将来にかかわる重大な決断を必要とした。婚礼総元締は縁組先の選定から関わり、慎重に相手を見定める必要があった。明治二一年の佐一郎・元之助の婚礼では、嫁候補となる家の調査記録（「縁談聞込先記名」（1-8-7））がのこされ、四九家の当主氏名、居所、職業、紹介者・調査先の氏名などが書き上げられている。これらを一覧にした表2から以下の点を指摘したい。

a　居所・業種

逸身家は一八七八（明治一一）年までに、大阪市内（奥野家、神吉家、荘保家）・大阪市外（西岡家、平池家）・京都（野々口家、矢代家、岩佐家、戸倉家）・兵庫県内（藤田家、粂田家）に姻戚関係を築いてきた。今回の永田家との婚礼で吉野下市、永田家を通してさらに堺・貝塚の商家とも姻戚関係を広げることになった。改めて「縁談聞込先記名」をみると、大阪や京都の商人の他に、かつて破談となってしまった灘[11]、新たな関係構築を狙った滋賀県内、大阪市外が注目される。とりわけ灘・伊丹の酒造業の多さが注目される。業種については、酒造業のほか、薬種商、呉服商、木綿商、道具商が複数人確認できる。また、文化人ネットワークの存在を推測させる業種として、粟田焼窯元や浪華画学校主、茶人などが見られる。

b　縁談で重視された点

リストにあげられた四九家のうち、逸身家側が実際に縁談の申込みを行ったのは、長田家と永田家のみで、残りについては親類や相手方出入・下女を介して聞き合わせた結果、逸身家・相手側で見合わせとなった。見合わせ理由についても部分的に知ることができる。相手側が断った理由としては、すでに先約がある場合、嫁には出さず分家とする場合、京都の商家の場合には大阪へ出さないという理由などがみられた。一方、逸身家は経営規模、血統、宗旨、本人の健康状態、年齢差などを重視し、とりわけ別家は避けていた。逸身家は天保期に本家・織田弥助家と本家・別家関係を解消し、以後兄弟とするという契約を結んでいる[12]。本家であることを自負しその釣り合いを考えたか、あるいは別家は必ず本家の規定を受けるため、逸身家が相手先の本家の影響を受ける可能性を避けたと考えられる。

2　婚礼の関係先——買物・贈答を中心に

買物・贈答先など、婚礼がとりもつ諸関係を具体的にみていく。まず、婚礼に関する会計書類から、婚礼にかかる費用とその内訳についてみてみたい。当主に嫁を迎える事例（婚礼A）と娘を嫁がせる事例（婚礼D）について、それぞれ表3にまとめた。表では便宜的に婚礼にかかる費用を①結納品・婚礼道具、②饗応、③祝儀・贈答、④雇賃・礼金・心付、⑤旅費、⑥その他に分類した。①は結納・婚礼で授受される進上目録に記される分、②は饗応での食事代の他、会場、装飾、食器代なども含む。③は祝儀及びその返礼、引出物・土産物・内祝の費用、④は仲人や縁談聞合せ先への礼金の他、衣類仕立てや婚礼準備の手伝いへ対する日雇給金も含む。⑤は交通費・滞在費である。どちらも大坂市中以外との縁組であったため、駕籠・人力車・船賃がかかっている。駕籠・人力車の人足日雇賃は④に計上される性格のものだが、滞在費とセットで会計処理されているものもあり、日雇給金だけを明確に区別できなかったので⑤とした。

27	園松半三郎	京都	道具商	佐一郎
28	太田平三郎	京都	万商	
29	熊谷佐兵衛	京都	呉服商	佐一郎
30	伊藤良蔵 三河屋	京都	呉服商	佐一郎
31	瀧井市兵衛	兵庫・兵庫津		
32	錦光山	京都	（粟田焼窯元）	
33	藤原忠兵衛 鍵屋	京都	木綿商	
34	中西宗治	大阪・河内		
35	伊塚吉右衛門 樽屋	兵庫・伊丹	酒造商	
36	平田勘七 桶屋	大阪		
37	神田兵右衛門 岩間屋	兵庫・兵庫津	（兵庫商法会議所頭取など）	
38	井上浅治郎	大阪	コウモリ傘商	
39	永田藤平	奈良・吉野	山林持	
40	塚本助右衛門 島屋	滋賀・石馬寺	（麻商）	
41	樋口三郎兵衛	大阪	（浪華画学校主）	
42	岡田小八郎	京都	醤油商	
43	吉田亀之助	兵庫・御影		
44	阪江吉右衛門 大黒屋	滋賀・高島	（木綿商）	（大矢尚賢） ※東京・京都支店あり
45	鷲尾政五郎	兵庫・高砂		
46	泉万助	兵庫・西宮		
47	山口吉左衛門 梶屋	兵庫・神戸		親類・藤田善左衛門
48	伊藤市郎 道具屋市郎左衛門	大阪・堺	地主	
49	松阪与兵衛	京都		

出典）逸身家文書「縁談聞込先記名」〔1-8-7〕・（別紙聞合書）〔1-8-10〕
備考）1～49までの記載順は「縁談聞込先記名」の順序と同じである．
括弧で表記した分は，下記にあげる文献などによった．
①「日本全国商工人名録（1898年）」（渋谷隆一編『明治期日本全国資産家地主資料集成Ⅰ』柏書房，1984年），②平瀬光慶『近江商人』近江尚商会，1911年，③「時事新報社第3回調査全国50万円以上資産家」1916年（神戸大学附属図書館新聞記事文庫による），④『日本人名大辞典』講談社，2001年，⑤「朝日新聞1884年7月9日大阪朝刊」（朝日新聞記事データベースから）．

表２　1888(明治21)年婚礼における縁組先候補

	当主名前	居所	業態	相手	紹介者（調査先）など
1	野村利兵衛	大阪	木綿商	元之助	田中専助
2	斎藤嘉兵衛	大阪	漆問屋	元之助	小間物商・尼伊
3	鹿島清右衛門	大阪	元酒造，当時質商	元之助	（道具商能勢）
4	白井忠三郎 小大丸	大阪	呉服商	元之助	
5	山村太左衛門	兵庫・灘	酒造商	佐一郎	呉服商・武庄
6	若林与左衛門	兵庫・灘	酒造商	元之助	小間物商・尼伊
7	長田健吉・加島作	大阪	（元両替商）	佐一郎	小間物商・尼伊
8	西村菊次郎	滋賀・高宮	薬種商	佐一郎	宗三郎知己人 （前川善三郎）
9	和田半兵衛	大阪	乾物商	佐一郎	川崎喜平太
10	山澤増治郎	大阪・小阪			はり新
11	井上勘兵衛 岸田屋	大阪	酒造商	佐一郎	亀吉在所の高井田村藤本房麿
12	吉阪邦三	兵庫・灘	酒造商	元之助	東助一（灘新在家松岡宗七） ※実父は親類藤田善左衛門
13	長部文次郎	兵庫・灘	酒造商	佐一郎	東助―山本吉助
14	岩崎清平	大阪・三野郷	（大地主）	佐一郎	丹岩の知己人
15	小野三郎右衛門	大阪	乾物商	元之助	左官・清兵衛
16	澤野伝兵衛	大阪	薬種商	佐一郎	左官・清兵衛 ※備店取引先
17	上原治郎兵衛	京都	両替商	佐一郎	（親類・岩佐孫）
18	掛見喜兵衛	京都	薬種商	佐一郎	
19	西尾与左衛門	大阪・吹田	（大地主）	佐一郎	
20	岡田 正造・鹿島屋	兵庫・伊丹	（酒造商）	佐一郎	
21	岡田伊右衛門	大阪・松原			
22	竹田忠作・糸屋	大阪	（大阪鉄道株式会社取締役）		
23	藤原玖兵衛 但馬屋	大阪	小間物商		
24	市田理八 近江屋	京都	呉服商	元之助	（八軒家松井小兵衛）
25	野々口重太郎 丹重	京都	（関東呉服卸商）	佐一郎	（京都森下武平） ※親類野々口家別家
26	湯浅ひさ	京都		佐一郎	（京都森下武平）

表3　婚礼の諸費用（安政6年・明治11年）

	費目	金額　（匁）	%	主な内訳と全体に占める割合
A 安政六年	結納品	2077.14	13%	呉服・太物類8.9%〔下村大丸・近忠（京都）〕，台・水引など〔播磨屋藤兵衛，升弥（平野町堺筋）〕，扇子〔十松屋藤左衛門（京都）〕
	饗応	2860.891	18%	料理14.8%〔堺吉（島之内清水町）〕，酒〔播平〕，菓子〔荒木堂（順慶町）〕
	祝儀・贈答	6980.05	45%	祝儀金（20.3%），土産物8.5%〔呉服：三井，帯：伊丹屋勝蔵（親類）ほか〕，引出物7.5%〔呉服：近市，近佐，三井ほか〕，内祝5.3%〔赤飯：豊藤，堺茂・福安（京都），饅頭：駿河屋・菊衣・虎屋〕
	雇金・礼金・心付	1539.203	10%	縁談調え礼金4.5%〔仲人：野々口市郎右衛門，媒加人：岩佐別家仁助，聞合せ：升為ほか〕，伝馬四ヶ所納家心付2.6%，髪結雇賃〔三木屋東助（出入方）〕，手伝人足雇賃〔三木半・中忠〕，画料礼金〔藪長水〕
	旅費	2053.072	13%	京都滞在費7%〔野々口市郎右衛門（東洞院隠宅）〕，駕籠賃，舟賃
	その他	118.24	1%	
	小計	15628.596	100%	

出典）〔1-6-1〕
注）ここに計上されていないものとして石灰町への婚礼出金がある．
安政6年のレート：金1両＝72.48匁，銭1000文＝11.19匁．ただし変動するため合計値に誤差がある．

	費目	金額　（円）	%	主な内訳と全体に占める割合
D 明治一一年	婚礼道具	1222.7868	75%	呉服・太物類52%〔丹岩，三井越後屋，森八（大坂本町），塚本武右衛門ほか〕，箪笥・長持・箱13.8%〔指物師阿波常，尼伊，関重兵衛（島之内），塗師亀〕
	饗応	134.1347	8%	料理6.9%〔堺吉（島之内清水町）ほか〕，菓子〔荒木堂（順慶町）〕
	祝儀・贈答	153.3435	9%	祝儀金5.2%，土産物2%〔帯：久津和，扇子：御影堂（京都），紙：岩崎〕，内祝〔赤飯：豊藤〕
	雇賃・礼金・心付	57.554	4%	衣類仕立雇賃〔おこま・おてる・佐久間久兵衛〕，手伝雇賃〔伊右衛門（普請方手伝），おこさ，三木屋三助・大和屋忠兵衛（出入方）〕，縁談調え礼金〔仲人：池村省三，口次人：泉亀・小野田久蔵，聞合せ：賄きく〕，旅宿世話礼金〔銭惣〕，衣類仕立世話礼金〔おまん〕
	旅費	44.569	3%	萱島新田滞在費〔茨木清太郎（新田守）〕，人力車賃，舟賃
	その他	11.212	1%	いつ手元金，税金〔大阪府駕税・鑑札料など〕，守札〔水難除・金毘羅宮〕
	小計	1623.6	100%	

出典）〔1-1-2-1〕
注）銀から円へは明治7年末に切り替えられた．その時のレート：1円＝銀220匁．

次に表4は、逸身家の決算帳簿「本店銀控帳」〔8-5, 8-7〕にみる婚礼費用の割合を示した表である。明治三年の婚礼までは、婚礼費用が「本店銀控帳」に支出として計上されているが、明治八年以降は計上されておらず、支出項目に何らかの変化が生じたことが指摘できる。

では、この二つの表から、婚礼費用の支出について考えたい。まず、婚礼費用は聟よりも、嫁の方が婚礼道具を用意するために多くかかることがわかる。婚礼道具代は婚礼費用全体の七五%に及び、とりわけ呉服・太物類だけで全体の半分以上を占める。明治一一年の婚礼費用総額は、その年の世帯（生活費）に匹敵する規模である。婚礼に必要となる諸買物についてみていくと、呉服や扇子などは京都在住の親類（野々口、岩佐家）を通して誂えている。一方で饗応の料理・酒・菓子などは近隣で日常的に取引のある商家から継続して調達していたことがわかる。これら大口の購入先及び日常的に取引のある商家からは、婚礼にさいして祝儀が贈られた。なお、参考までに明治一一年の婚礼における贈答の範囲を表5に示す。ここから、婚礼における贈答の範囲は、婚礼に直接関わる逸身家同族団がまずあげられる。このうち太字で示した分は、「役割定」に名前がある。婚礼は別家・手代・子供・下女・下男・出入方・普請方という逸身家同族団によってとり行われた。彼らのうち当日不都合のあった一部の者を除いて、婚礼終了後に逸身家から祝儀が贈られた。このほかの贈答先として、縁組の承認をとった親類、居町住民、奉公人

表4　逸身家の年間収支（安政6年，明治11年）

		費目	金額
安政六年	収入	利銀	161019.51
		金の利	2756.07
		銭の利	631
		収入小計	164406.58
	支出	世帯	43497.15
		月銀給料	13452.75
		卯一郎婚礼入用	15641.91
		寺勧化入用	107.4
		仏事葬式入用	6914.28
		支出小計	79613.49
明治一一年	収入	利金	3394.8239
		割済寅年引残入	50.234
		収入小計	3445.0579
	支出	世帯	1696.8116
		月金給料	371.3855
		寺勧化入用	8.975
		家徳帳寅年中引残不足	4.3428
		支出小計	2081.5149

出典）「本店銀控帳」〔8-5, 8-7〕．
単位は安政：匁，明治：円である．

逸身家関係先	普請方	大工弥七		◎	9	○
		大工徳松		◎	9	○
		家根清兵衛		◎	9	○
		左官清兵衛		◎	9	○
		伊右衛門		◎	9	○
		伊助		◎	9	○
	親類	奥野治兵衛・おてい	奥野治兵衛＝要助	贈	13	○
		岩佐孫兵衛		贈	13	○
		荘保勝蔵，弥太郎・いく		贈	13	○
		神吉源治郎		贈	13	○
		今村長兵衛		贈	13	
	居町	大和屋源兵衛	石灰町家持		11	○
		尼崎屋庄三郎	備後町		11	
		浅吉	起番	祝	2	
	婚礼関係買物先	堺屋吉兵衛，料理人８名	島之内清水町・仕出料理店	祝		
		尼崎屋伊三郎	指物類	贈		○
		おこま	衣類仕立	贈	9	○
		丹岩	京都・呉服店	贈	9	○
		塗師亀	塗師	贈	9	○
		三井越後屋久七	大坂・呉服店	贈		○
		浅田屋喜右衛門	八軒家・平池家旅宿		11	○
		らく	女髪結	祝	9	○
		姫路屋柏原音右衛門	畳・ござ	贈	9	○
		荘保帯店	大坂・帯店　※逸身親類	贈		○
	掛屋敷関係先	田中新右衛門	ト半町年寄	贈		
	その他	銭屋源兵衛	（実質，銭佐の別家扱い）		13	
		平尾寿照	親類平尾勘四郎家関連ヵ	贈		○
		てる	婚礼役付	祝		○
		みつ・こさ・手伝福之助			各2	
		内山さく	芳造宿元	贈	9	○
		柴谷善三郎（みつ内）	婚礼役付の関係者	贈	7	
		吉田藤治郎（てる内）	婚礼役付の関係者	贈		
		芦田喜助	銭屋源兵衛の別家	贈		
		銭嘉惣助	（惣元締嘉兵衛の奉公人）	祝	9	○
仲人など		池村省三	仲人	◎	7	○
		小野田久蔵		◎	9	○
		和泉亀（木村亀蔵）	縁談持参人	◎	11	○
詳細不明		河内屋庄五郎			13	
		大矢尚賢	医師	贈	11	○
		松谷りき・林嘉吉		贈	各11	○

表5　明治11年婚礼における祝儀贈答・内祝配布先

				名前	肩書きなど	祝儀	饅頭	赤飯
逸身家関係先	逸身家同族団	本家		御寮人＝とよ	4代佐兵衛妻	贈		
				御新造＝はた	5代佐兵衛妻			
				悦治郎	6代佐兵衛	贈		
				銚	5代佐兵衛娘	贈		
				丹奥＝野々口はや（らく）	3代佐兵衛娘	贈		
				元之助	4代佐兵衛悴・婚礼方見習	贈		
		別家		**辻宗兵衛**		◎	11	○
				中西市兵衛・母ゆう		◎	11	○
				高木嘉兵衛	婚礼惣元締	◎	11	○
				笹部専助（**専之助**）・**祖母たか・姉まん**		◎	11	○
				溝口彦助・養母ひで		◎	11	○
				桑原清兵衛・妻やう		◎	11	○
				藤本常七	中年別家	◎	11	○
				加藤大助		◎	11	○
				銭屋喜助		祝	11	○
		別家娘ヵ		こう・たつ	本酌人こう，加酌人たつ	祝		
		下人	手代（9名）	**徹造**・*敬造*・**増造・栄造・芳造・達造・粂造・修造・千代造**	徹造・増造：婚礼方副締	◎	各2	
			子供（15名）	**直之助・勝吉**・助吉・**徳松**・市太郎・**卯之助**・*雅之助*・**松之助・和三郎**・種造・亀吉・福造・**寅吉**・亀太郎・亀治郎		祝	各2	
		下女	賄女中	**きく**	婚礼方台所事務総裁	◎	2	
				たみ		◎	2	
			女中	*たつ*	乳母	◎	2	
				りく	女中筆頭	◎	2	
				てい	女中2番目	◎	2	
				とき・とも・ふみ・つる・*みを*・さく・**ふさ・いし**・*はる*・まつ・*かじ*	女中3番目以下	祝	各2	
		下男（男衆）		**岩助・七助**		祝	各2	
		出入方		三木屋三助		◎	9	○
				大和屋忠兵衛（仲仕忠兵衛）		◎	9	○
				伊勢屋長兵衛		贈	9	○
				干場定七		◎	9	○
				八右衛門				
				多田平吉			9	

表5つづき

今井喜助・高田よね・辻本庄之良		贈	11	○
万由			11	○
亀井			11	
岩瀬かつ／泉善かつ		◎	9	○
播新			9	
八百佐		贈	9	○
米田ます／あんまます		贈	9	○
宮内常七		贈	9	○
松本みよ／あんまみよ			9	○
徳兵衛・亀七			各2	
大津・吉田為助		◎		○
三金		祝		○
橋新				○
黒川宗助		贈		
安田源治郎		贈		
林金兵衛		贈		
山本らく		贈		

注1）逸身家文書〔1-1-7〕〔1-1-2-4〕による．別家・手代・子供・下女・出入の名前は「婚礼諸事控」所収の別家書・出入書・家内書の記載順である．祝儀用の「贈」は各人が逸身家へ祝儀を贈ったことを，「祝」は逸身家が各人へ祝儀金を贈ったことを，「◎」はその両方を示す．なお，本表では平池家からの贈答については割愛した．

注2）名前の太字は「役割定」〔1-1-4-27〕において役付の者．斜字は「家内書」を先方に提出後，病気，暇を出された者．下線の分は「家内書」提出後に雇入れられた者を指す．子供については「外子供中」と略記されており，太字でない分も婚礼に関わった可能性がある．上記表の他に荷物人足・供などで大工市松，手伝市兵衛，備店出入水辰・藤助・大嘉，髪結寅吉，備店髪結由松，裏町大喜，仲士善太，詳細不明の丑松・米吉・綛吉・三助が加わる．彼らに対し，逸身家は祝儀を与えていないが，平池家より祝儀を受けた．

注3）3代佐兵衛娘のらく（はや）と4代佐兵衛悴の元之助は本婚礼では「親類書」に記され，平池家に対して親類扱いである．逸身家「親類書」には上記表の他に戸倉嘉兵衛・藤田善兵衛・藤田善右衛門・西岡吉平・西岡長五郎・矢代庄兵衛・粂田伊兵衛が掲載されるが，贈答関係は確認できないため表から割愛した．


の宿元・親元、婚礼関係品の購入先などがあげられる。婚礼道具の購入など大口の買物先からは、結納に合わせて祝儀が届けられており、彼らへは部屋見舞品の嵯峨饅頭や内祝の赤飯が返礼を兼ねて届けられている。この他、仕出料理屋や御髪直しの女髪結など、婚礼当日に家に出向いた者に対してはその場で祝儀金が渡された。表5では、詳細不明の者も多いが、先の明治八年の佐一郎の婚礼でも贈答関係が確認できる者がいることから、逸身家とある程度恒常的な関係のある者たちと考えられる。また名前などから類推すると、日常的に逸身家に出入している者（按摩、医師など）や、退職した奉公人が含まれている可能性がある。一方で、逸身家の商売上の取引先・同業関係先などは目立って含まれていないことが指摘できる。

娘が嫁いだこの事例では、地域への披露目は相手の方で主に行われたとみられる（史料1）。逆に逸身家が嫁を迎える場合には、逸身家は石灰町町中に対し振舞銀を出銀しており（「御婚礼出銀覚」〔1-6-3-9〕）、さらに相応の披露目・贈答などの場もあったとみられるが婚礼記録には記されず不詳である。

3　婚礼総元締の役割

逸身家の婚礼では、「別家手代」（住みこみである「店手代」との対比で使用ヵ。いわゆる通勤別家を指し、逸身家では「出勤別家」と称される）から一、二名が、婚礼総元締に任命され、縁組先の選定からはじまる婚礼の全てに専従した。安政六・明治三年の婚礼では溝口丈助、明治八・一一・二二年では高木嘉兵衛（二代）、明治二一年は山田東助がこれをつとめている。このうち丈助は、嘉永六年に清兵衛・嘉兵衛（初代）と共に逸身家の手代・子供・下男をとりまとめ、重役として逸身家の経営の実務をつとめた（「誓言之事」〔2-49-4-1〕本史料では彼らの役職名について具体的に示されていないがいわゆる支配人に相当するとみられる）。丈助は明治九年に亡くなるが、その後を引き継いだのが嘉兵衛であった。

ここでは、総元締をつとめた丈助・嘉兵衛の位相をみるために、やや論点がずれるが、逸身家の別家制度、奉公人の職階について、「家法定則覚」[13]を手がかりに考えたい。「家法定則覚」は一八七五（明治八）年一月九日に作成されたもので、現在のところ逸身家に唯一のこる明文化された家法である。全二〇条で構成される「家法定則覚」から次の点が指摘できる。

①　「家法定則覚」は、本家に同居する店手代が別宅を構えるさいの資金（「家法金」）、開業資金（「元手金」）、祝儀・不祝儀など、本家が彼らに対して給付する金について定めたものである。序文に「永久本家を護し、別宅を保しむるの柱礎とす」ること、この内容を「私しなく子孫に相伝へ」とあることから、別宅を構える別家を想定して記さ

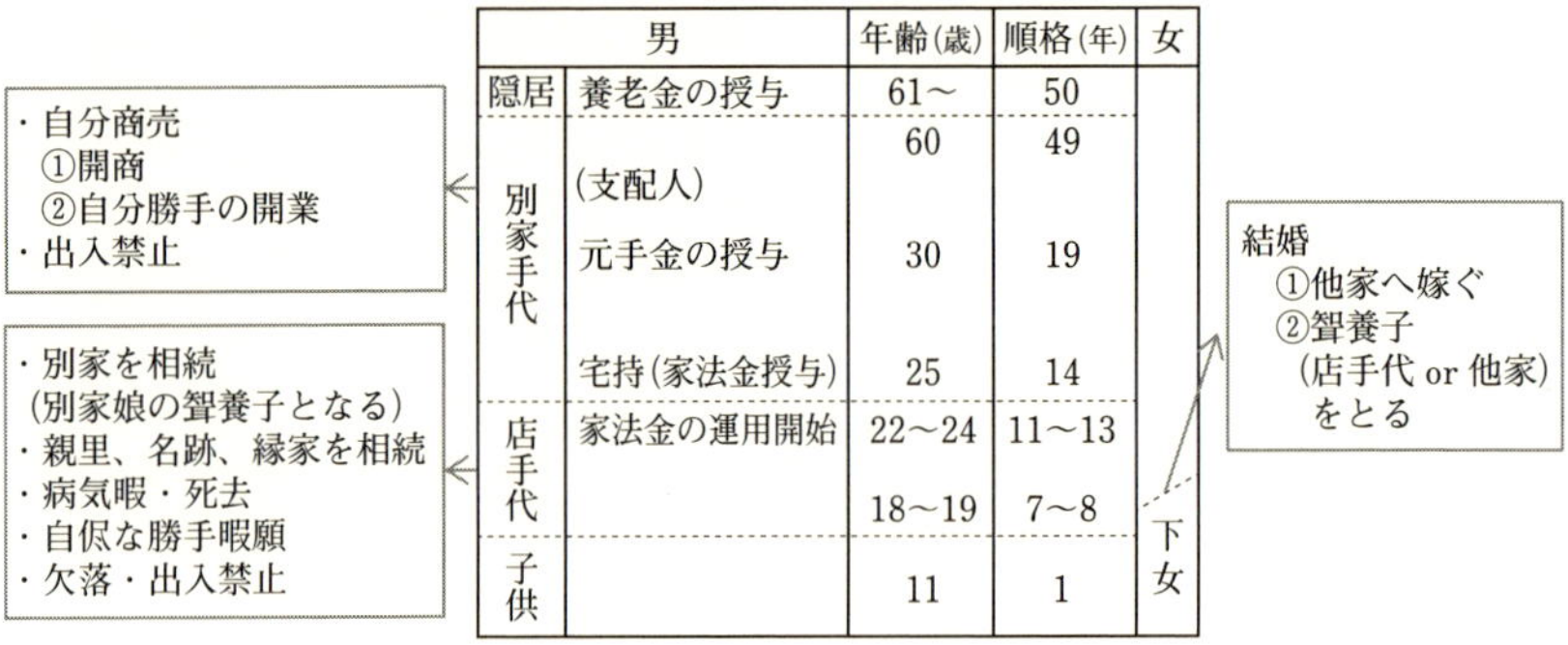

図1　「家法定則覚」にみる逸身家奉公人のライフコース

れている。

②　別家は「本別家」と「中年別家」の二種に分けられる（五条）。「中年別家」は、他家の事例にあるように、成年後に中途採用された者を指す[14]。中年別家に対しては、祝儀・不祝儀の額を本別家の半分とするように定められている（一五条）。結納で相手方に差し出す「別家書」（「佐一郎婚礼諸祝儀控」〔1-4-2-1〕ほか）では、本別家と中年別家の行間を少しあけて書くように指示が出されるなど、本別家と中年別家の間には明確な格式差があった。

③　「家法定則覚」に記される奉公人のライフコースを示したものが図1である。別家は、小児が出生したら本家に届け出て、初社参のときに本家当主と対面し、その日から一〇歳の年末まで本家から半人扶持が給付された。そして一一歳になると他家を相続する約束がある者以外は皆、男女共に本家へ奉公に出た。一一歳未満で他家を相続することが決まった者には、その時点で半人扶持の給付が取り消されたことから、一〇歳までの扶持給付は一一歳から本家で奉公勤めをすることが前提の給付であった（三条）。逸身家の経営にかかわる男性奉公人は、子供・店手代・別家手代に区分され、別家手代の中からさらに重役（支配人）が任命された。一一歳で見習として奉公入りした後は、本店などでの住みこみ勤務がはじまる。怠りなく勤務を続ければ、一一年目（史料では「一一順格年」と表記）から、家法金（一〇〇円）の運用が開始され、一四年目より「宅持格」となり、別宅を構える権利を得て、家法

金の利子の一部を受け取った。さらに一九年目には、元手金（二〇〇円）が授与され、自分商売の途がひらかれた（一・六条）。自分商売には、本家当主や別家らとの合議の上で商売を始める「開商」と、自分勝手に商売を始めるものと二種あり、受け取れる開業資金の額に違いがあった。自分商売をはじめると本家への出勤は免除されるため、本家からの月給・扶持も支払われなくなった（一六・一七条）。一方、元手金を授与される勤続年数を過ぎても、自分商売を行わず、本家に引き続きつとめる別家手代も存在する。逸身家の場合、別家手代は自宅での自分商売を禁じており、本家の経営に専念する（一三条）。そして六〇歳をこえて隠居が許可されると、月給・家法金利子の支給はなくなるが、扶持と年間四〇円の養老金が亡くなるまで支払われた（九条）。これが逸身家奉公人の理想的なライフコースとみられるが、天保期以降、逸身家の別家の数は八、九家とほぼ横ばいである為、実際には多くの店手代は「宅持格」となる以前に、他家を相続するなど逸身家を離れていったものとみられる。また、店手代を別家娘の聟にとる例もあったことから、有望な店手代が新規に別家を興すというよりも、既存の別家を継がせて再生産させるという形がとられた。女性奉公人については、一一歳より結婚するまでの約七、八年の間、下女奉公をつとめた。待遇は別家以外の出自の下女と同様で、結婚し下女奉公を辞める時には祝いとして勤続年数に応じた手当が支給された（五条）。

婚礼では、逸身家の別家・手代・子供・下女・下男・出入方・普請方が一体となって取り組んだため、総元締は彼らを指揮、差配できる人物であることが求められた。さらに、逸身家当主家族はもちろん、逸身家同族団の生活全般と経営動向を熟知した、才覚のある者があたる必要があった。そのため、総元締は家格によって選ばれるのではなく[15]、たたき上げで重役となった別家手代である丈助・嘉兵衛・東助が、実力をもって選ばれたと考えられる。

おわりに

逸身家文書にのこされる婚礼関係史料から、安政六年から明治二二年までの婚礼六件について具体的に検討してきた。安政以前の婚礼も含めて判明している逸身家の親類を表6にまとめた。逸身家の親類は、姻戚関係に基づくもの以外に、本家・別家契約の解消に伴うものなど契約によって形成される親類関係もあった。親類は、同族関係である別家と異なり、ひとしい家格、対等的な関係にあり[16]、逸身家自体も経営を成功させて、かつての本家と親類となり、同等の地位を手にいれた。「親類書」には続縁が明らかではない親類（例、池田、今村家など）が含まれ、彼らも何らかの理由で親類契約を結んだ可能性が考えられる。

続いて本章で検討した姻戚関係についてみていくと、逸身家は三代佐兵衛の妻とみが兵庫・江川町藤田家から嫁いだことが大坂以外の商家との縁組の発端で、その後三代佐兵衛の娘はそれまで縁故のなかった京都の商家と続けて縁組を行った。姻戚関係の地理的な拡がりは、逸身家の在住する大阪市中の他、大阪郊外、京都、兵庫、奈良に及ぶ。さらに、徳島を本拠とする大阪商人も含むので、大阪を中心として放射状に拡大させていったことがわかる。次に職種については、判明する限りでは丹後縮緬問屋（野々口家）、呉服商（矢代家）、藍商・帯商（荘保家）、地主経営・銀行業（平池・永田家）で、近世段階においては逸身家とは異業種の織物・呉服などの商品流通に直接かかわる者たちで、逸身家の得意先でもなかった[17]。逸身家も掲載されている一八七八（明治一一）年発行の「大日本持丸鏡」には荘保・矢代家も掲載されており、共に三井・住友・鴻池家などの超大店とは異なる位相の大店クラス同士といえる。

婚礼総元締が残した「婚礼諸事控」から、婚礼の一連の流れを復元してみると、総元締をつとめた別家手代が縁組先の調査から婚礼の遂行までの全てを担い、逸身家当主・当人が相手側に対して直接交渉する局面はみられなかった。

表6　逸身家親類一覧

居住地	商売	家名	備考
備後町	両替商	逸身佐一郎（銭屋）	・親類書：天保12年のみ
備後町／中舟場町／本町1丁目	両替商	逸見源兵衛（銭屋）	・親類書：天保12—明治8年 ・同族団
塩町2丁目	両替商	織田弥助（銭屋）	・親類書：天保12—明治8年（明治3年除く） ・元本家／佐一郎得意先
三木加佐村	（不明）	粂田伊兵衛	・親類書：文久3年— ・初代富寿室の実家ヵ
八尾	木綿問屋	西岡吉兵衛（綿屋） 西岡長右衛門（綿屋）	・親類書：天保12年— ・天保5年：3代佐兵衛後妻りゃうの実家という契約／佐一郎得意先
堂島北町	（不明）	奥野治兵衛（堺屋）	・親類書：天保12年— ・天保年間：4代佐兵衛妻とよの実家
尼崎町1丁目	両替商	平尾勘四郎（河内屋）	・親類書：天保12年のみ ・佐一郎得意先
堂島舟大工町	（大名家御館入）	神吉源治郎（桑名屋）	・親類書：天保12年— ・文化8年：3代佐兵衛妻の実家 ・天保年間：3代佐兵衛娘たいの嫁ぎ先
道仁町	江戸積問屋 （打物錠砥石問屋）*1	池田伊兵衛（奈良屋）	・親類書：天保12—明治3年 ・文化3年には石灰町逸身家借屋人／佐一郎得意先
宇和島町	梅花・水油諸国諸油積下シ所	今村長兵衛（今村屋）	・親類書：天保12年— ・佐一郎得意先
京都・役行者町	縮緬問屋	野々口市郎右衛門（丹後屋）	・親類書：文久3年— ・天保12年：3代佐兵衛娘らくの嫁ぎ先
兵庫・江川町	岡方名主 酒造，江戸積	藤田善兵衛（京屋） 藤田善右衛門（京屋）	・親類書：文久3年— ・文化3年以前：3代佐兵衛妻とみの実家／とみの50回忌を機に交際復活
京都・安楽小路町	（不明）	岩佐孫兵衛（平野屋）	・親類書：文久3年— ・安政6年：5代佐兵衛妻はたの実家
京都・冷泉町	織物卸	矢代庄兵衛（誉田屋）	・親類書：文久3年— ・天保年間：3代佐兵衛娘しかの嫁ぎ先
京都・鏡屋町	（不明）	戸倉嘉兵衛（升屋）	・親類書：明治8年— ・明治3年：2代佐一郎妻さとの実家
末吉橋通4丁目	藍仲買・帯	荘保勝蔵・弥太郎（伊丹屋）	・親類書：明治11年— ・明治8年：2代佐一郎妻みやの実家
堺県茨田郡平池村	地主	平池昇一	・明治11年：4代佐一郎妻いつの嫁ぎ先
奈良県吉野郡下市	山林地主	永田藤平	・明治21年：2代佐一郎後妻ます・福本元之助妻りきの実家

出典）各婚礼の「親類書」などから作成．親類書は明治3・8・11年（婚礼B～D）の他，1841（天保12）年・文久3年のものが残される．網掛けの分は逸身家との姻戚関係があるもの．佐一郎得意先は三井文庫所蔵「判鑑帳」（D654-32），その他の商売・備考については評伝4・16・19・44節や表2文献①，日本海事史学会編『続海事史料叢書』成山堂書店，1981年（＊1）によった．

・1888（明治21）年の6代佐兵衛家督相続の内祝の席に招請した親類は，上記の他に福田六治郎・塩野義三郎・塩野吉兵衛家があった（「宝護家督一件諸事扣」〔4-11〕）．詳細は評伝72節参照．

これは逸身家だけの作法ではなく、業種を超えて同クラスの京都・大阪の商家の婚礼で共通してみられた形といえよう。婚礼総元締の果たした役割の大きさが実感できるが、このことは総元締をつとめた別家手代が、当主家族と非常に密接な関係にあり、家政と経営の両方を把握でき、同族団全体を差配できるレベルの経営規模であったとも評価できるだろう。

ところで、各婚礼の「婚礼諸事控」を比較してみると、近世近代移行期の政治・経済・社会の変化を経ても、逸身家の婚礼の取り組み方自体に大きな変化は生じていないことが指摘できる。しかし、明治一一年以降に縁組した平池・永田家は、共に逸身家が設立した貯蓄銀行（株式会社貯金銀行）の取締役となるなど、これまで同族団のみで担われてきた逸身家の経営に変化をもたらした。平池・永田家との婚礼を取り組んだのは婚礼総元締をつとめた別家手代自身であったが、その取り組みが結果として旧来の同族団による経営からゆるやかに脱皮していく方向へとつながったと評価できるだろうか。

本章では、婚礼がどのように取り組まれるか、婚礼を主導し、記録をのこした総元締の働きを中心に論じたため、イエ内部の問題に収斂したきらいがある。しかし、婚礼を含む人生儀礼・贈答儀礼などの生活文化を具体的に明らかにしていくことは、単にイエ自体の解明にとどまらず、生活の基盤とする地域社会さらには都市社会全体の理解へと接続していく。その点を見据えた上で、他の商家の事例、あるいは武家・公家などの事例の蓄積を重ね、比較検討を行いながら理解をさらに深めていきたい。

（1）　逸身家文書には、人生儀礼のうち婚礼・家督相続についてはまとめてのこされているが葬祭関係については少ない。大阪商業大学商業史博物館所蔵の佐古慶三氏収蔵文書（佐古文書）に含まれる銭屋文書には、日記などと共に三代佐兵衛の後妻りょうの形見分けリスト（「成證庵智栄日良遺物控」Ｆ-一〇-四七）が江戸時代の葬祭に関する史料として唯一残される。

（2）本章が対象とする大坂・京都の商家の冠婚葬祭を扱った研究として、例えば以下のものがある。婚礼の諸儀礼そのものの理解、逸身家との共通点と相違点などを知る上で参考とした。〈大坂・雑喉場魚問屋・神崎屋鷺池家〉森本幾子「近世大坂商家の婚礼」『なにわ・大阪文化遺産学センター二〇〇七』、二〇〇八年。〈大坂・靭干鰯商・助松屋奥野家〉近江晴子『助松屋文書』、一九七八年。〈京都・呉服商・大丸下村家〉東郷富規子「江戸後期における京都商家の生活文化」『園田学園女子大学論文集』二六、一九九二年。〈京都・薬種問屋・近江屋岡田家〉森田登代子『近世商家の儀礼と贈答』岩田書院、二〇〇一年。〈京都・呉服商・大黒屋杉浦家〉平田雅子「商家同族団における婚姻の特質」『日本歴史』六九七、二〇〇六年。

このうち、助松屋奥野家は銭佐との間で商売上の取引関係があったことが、『助松屋文書』（史料55・92・93・96〜100・123・124）から確認できる。しかし、双方の冠婚葬祭の贈答リストにはあらわれず、商売上の取引関係と冠婚葬祭の関係は別であることが傍証される。

（3）出入については家内書に含まれたり、別に記されたりするなど婚礼毎に扱いが異なる。なお、出入についての詳細は、第一章吉田伸之論文を参照。

（4）お歯黒をつけることが女子成年の儀式の一つであった。慈の時は四月一六日に行っている〔1-1-4-1〕。

（5）部屋見舞の配布先については、本章表5のほか、第1巻六二節を参照。

（6）三善貞司編『大阪人名辞典』清文堂出版、二〇〇〇年。

（7）『郷土研究発表会紀要』三八、総合学術調査報告　半田町』阿波学会、一九九二年。真貝宣光執筆分。このほか、徳島県立文書館所蔵・大久保家文書七六六「乍憚口上」。

（8）寝屋川市役所編集『寝屋川市誌』、一九六六年、七八八―七九一頁。

（9）永田藤平家に伝来した古文書は、現在奈良県立図書情報館に寄託され、同館による調査整理作業を経て公開されている（『奈良県立図書情報館うんてい』五号、二〇一三年）。本章では永田家文書の内容を反映させることができなかったが同文書には、逸身家・逸身銀行関連の文書が含まれており、とりわけ逸身銀行倒産後の逸身家の動向を知ることができる。逸身家の研究に欠かせない史料群の一つである。

（10）『史料館所蔵史料目録一四』（摂津国大阪加嶋屋長田家文書目録）、史料館（現、国文学研究資料館）、一九六八年、一三〇頁の加嶋屋作次郎家（尼崎店）系図による。佐古文書の慶応三年二月晦日の「銭佐日記」（F―一〇―一〇）によれば、同日の加嶋屋作次郎家の開店に伴い、備店は開店祝いとして松魚を贈っている。

(11) 詳細は第1巻逸身喜一郎評伝四七節を参照。

(12) 「一札（下書）」〔2-34〕。詳細は第1巻一〇節を参照。

(13) 大阪商業大学商業史博物館所蔵、佐古文書F-一〇-二二。

(14) 西坂靖『三井越後屋奉公人の研究』東京大学出版会、二〇〇六年。安岡重明『近世商家の経営理念・制度・雇用』晃洋書房、一九九八年。

(15) 別家も本家との関係や勤功などにより家格に順位がつけられていた。近世末の段階では、古くからの別家が経営破綻しながらもかろうじて残り、上位をしめていたため、総元締をつとめた丈助、嘉兵衛の家格は必ずしも高くはない。なお、白分商売（本両替など）を行っていた古くからの別家の経営については中川すがねが明らかにしており、彼らと別家手代である丈助や嘉兵衛とは性格が異なることを本書第五章で指摘している。

(16) 中野卓『商家同族団の研究　第二版』上、未来社、一九七八年、一〇二頁以降。

(17) 三代佐兵衛の後室りょうが便宜的に実家とした八尾の西岡家についてのみ、佐一郎の得意先であることが確認される（三井文庫所蔵「判鑑帳」D654-32）。りょうが西岡家を実家とした経緯については第1巻四節参照。

第Ⅱ部　経営の展開

第五章　銭屋佐兵衛の本両替経営

中川すがね

はじめに

本章では、銭屋逸身佐兵衛の経営分析により近世後期の大坂の本両替のありかたについて検討する。銭屋佐兵衛は、一八世紀半ばに本両替の別家として小資本で出発し、町の両替商として成功を収め、有力な本両替へと成長した。大名貸などの領主金融にも進出したが、その原点は商業金融にある。

大坂は一七世紀後半の航路開発以降、北国・西国と東国を結ぶ大湊・商品流通の要として発展したが、それとともに本両替仲間とその得意先である大坂商人は手形による商業金融システムを構築した。地方の経済成長が著しかった近世後期において、そのシステムこそ大坂の商品集荷力を支え、「天下の台所」を作り上げたのである。こうした商業金融に関わり深い銭屋佐兵衛の経営動向を明らかにすることは、近世後期の大坂社会を理解することである。

逸身家文書に含まれる銭屋佐兵衛の経営史料は豊かであるが、限定的でもある。日常的な経営史料はほとんどなく、残っているのは回収できなかった債権が存在する証文や通の類と、最も重要なものとして意図的に残されたとみられる決算帳簿、「大算用」「銀控帳」「諸家徳」「家徳控」などである。しかしこれらをあわせれば、本両替の経営を長期にわたり復元しうる希有な史料である。

銭屋佐兵衛とその分家佐一郎は、同家が明治に設立した逸身銀行との関係で有名であるが、その前身については、宮本又次が「逸身家はもと播州飾磨の城主別所小三郎長治の旗本で、家老をつとめたが、のち町人となり、長州・薩州・土佐三藩の為替方をつとめ、武士時代の姓逸見を逸身とあらため、蠟屋から両替屋となる」[1]と記したのが、長らく一般的な理解であった。確かに、銭屋佐兵衛は薩摩・土佐藩などと取引関係があり（本書第六章小林延人論文参照）、蠟を担保とした貸付を島原藩や蠟仲買を相手として行い、明治期にも蠟商仲間の内で製造業の同業者仲間に所属していたことが確認できる[2]。ただこの記述やそのソースには真偽不明なところが多い。

私はかつて大坂本両替仲間について研究するなかで、三井文庫所蔵の銭屋源兵衛・佐一郎の「判鑑帳」と「得意先通札控」を知り、その分析により、銭屋佐一郎両替店は一八三七（天保八）年に銭屋佐兵衛の弟が暖簾内の銭屋源兵衛の「判鑑帳」と店を受け継ぎ、本家からも得意先を分与されて開店したこと、開業直後の天保九年段階で得意先はおよそ二〇〇人ほどで、薬種中買や油町組木綿屋、靭の干鰯仲買など同一の同業者仲間に所属する者を含むことなどを指摘した[3]。鴻池や三井などとは性格の異なるいわゆる「町の両替屋」ではないかと思っていたが、史料的限界から佐兵衛・佐一郎・源兵衛の関係さえ推測にとどまり、経営規模も不明で、残念に思っていた。その後、逸身家に伝来した逸身家文書の存在が明らかになり、今度旧の記述を補足・修正する機会を与えられたのは幸せである。

本章では、銭屋佐兵衛家が開業してから、町の両替商としての商売を分家銭屋佐一郎に譲り、貸付業に専念した天保八年頃までの経営を取り扱う。経営の推移を明らかにするため、便宜的に当主ごとに時代をわけて分析した。銭屋佐兵衛の暖簾内といわれる同族集団については別稿に譲るが[4]、本家佐兵衛の経営と関わる部分については適宜引用し、本論を補うこととする。

第一節　初代佐兵衛郡方の経営

銭屋佐兵衛の本両替としての決算帳簿は「銀控帳」である。逸身家文書の内には、佐兵衛と分家の佐一郎、そして別家の市兵衛のものが残存する。形式はいずれもよく似ており、本家佐兵衛のものを分別家とも踏襲したのだろう。以下に銭屋佐兵衛の「銀控帳」〔8-5〕の一八二六(文政九)年部分の記載を、前年末の有銀資本銀の集計部分も含めて載せる。

［史料1］

(文政八年末)
合二千百五拾四〆百九匁三分八り
(改頁)
文政九戌ノ年
一　百五拾四〆四百卅弐匁弐分六り　利銀
一　三拾七〆七百拾匁三分五り　入替
一　弐拾一〆五拾四匁七分八り　小判
一　拾一〆四百拾七匁弐り　銭ノ利
一　弐〆七百八十三匁八分六り　切賃
　一　四拾弐貫三百四拾三匁弐分弐り　世帯
一　壱〆七百九十五匁四り　方々損

一　弐拾九貫弐百四十四匁九分　　家格

一　三拾〆目　　延銀也

右引残　百弐拾四〆拾八匁壱分壱り

合三千弐百七拾八〆百廿七匁四分九り

これは一八二六(文政九)年度の決算である。まず最初に収入、次に行頭を下げて支出が書き上げられ、これを差引して延銀(純益)を計算し、前年文政八年末の有銀(資本)にそれを加えて、文政九年末・翌一〇年初の有銀を算出している。近世大坂では典型的な損益計算のための出入帳である。こうした出入帳では、行頭が高いのが収入または借りで、行頭を低くして支出または貸しを記載する。すべて銀目で計算されているのも、銀目を基準とする大坂商人の帳簿として一般的である。

銭屋佐兵衛の「銀控帳」では、大抵の年は収入が支出を上回り、有銀が伸びている(図1参照)。収入内容は時期により変化があるが、文政九年には利息収入である利銀・入替、貨幣両替に関わる小判・銭ノ利・切賃が計上されている。支出も年により変化があり、普請費用や冠婚葬祭関係の臨時支出のある年も多いが、文政九年にはなく、通常の店や家の費用である世帯、損失である方々損、奉公人関係の家格が計上されている。一般の奉公人費用は世帯に含まれるが、支配人の役料や別家の際の元手銀は別建ての支出として記載される。注意しておきたいのは、文政九年のみならずいずれの年でも、大名貸関連の収入や費用は記載されていないことである。

またこの年は「方々損」が支出されて有銀から除かれているが、これが損失の全額というわけではない。たとえば得意先相手の両替取引の滞りは借銀証文に直され、やがて年賦銀化されて「年賦帳」に移されるが、この段階ではまだ「銀控帳」の有銀のなかに含まれている。それが当面回収不能と判断されると、「銀控帳」から支出されて「永代

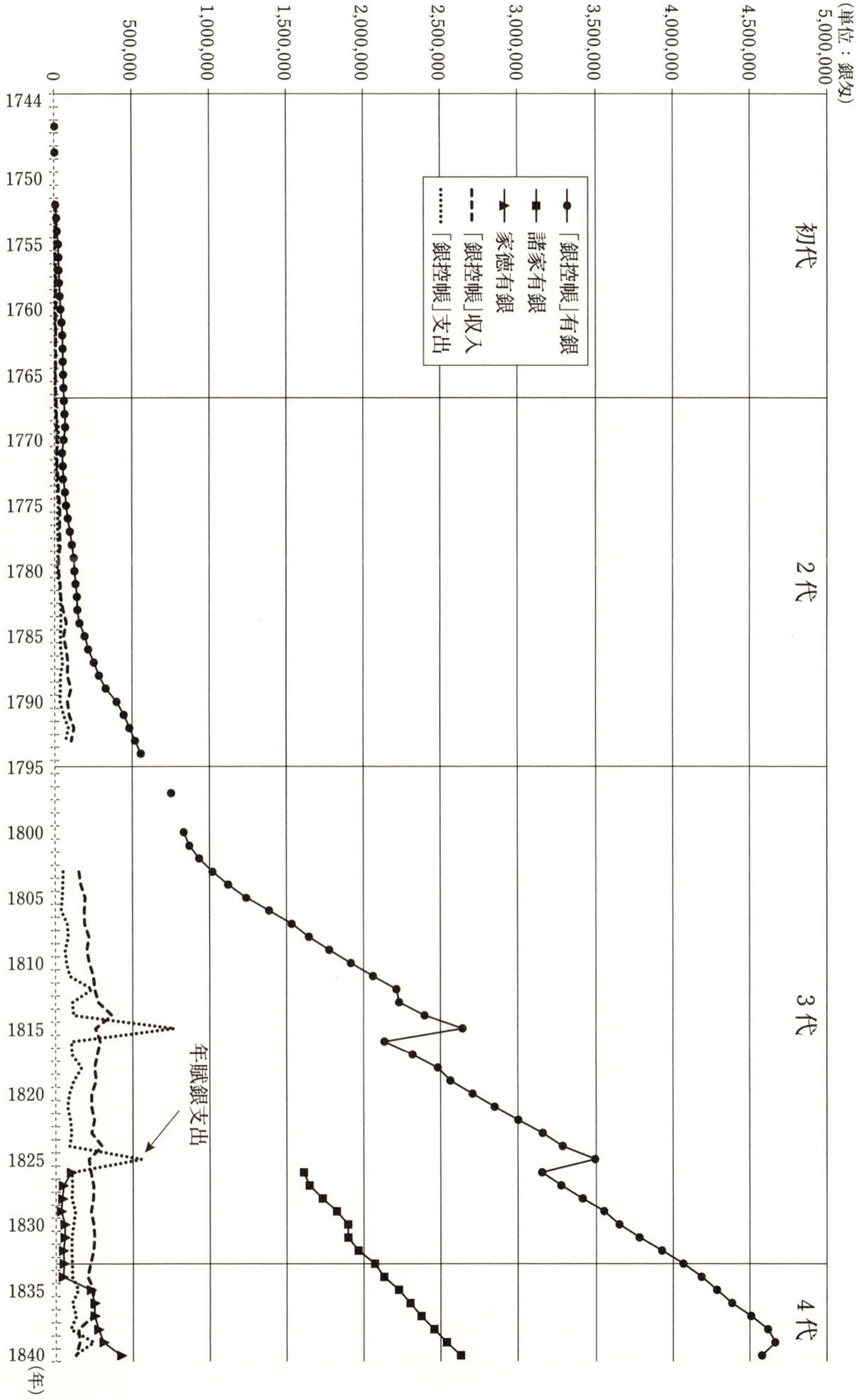

図1　銭屋佐兵衛「銀控帳」の収支と有銀の推移（付　諸家有銀・家徳有銀）

帳」に移動される。ただ帳簿間の移動のタイミングは事情により変わるようで、「銀控帳」の有銀のなかには不良債権が存在していた。

本章で扱う銭屋佐兵衛の「銀控帳」の一冊目は、一部に千社札や新聞記事が貼付されていて、読めない部分がある。現状ではその下の字を読む手段はなく残念であるが、虫食い算で補えるだけは補って図1—図3を作成した。図1は「銀控帳」の有銀と収支、図2は主な収入、図3は主な支出の推移をあらわしている。

さて、銭屋佐兵衛の両替店の創業はどのようなものであったのだろうか。銭屋佐兵衛の「銀控帳」一冊目の冒頭には、「甲子（延享元年）七月廿三日店出シ　銀四〆八百匁本家ゟ元手ニ受取」と、初代佐兵衛郡方が一七四五（延享二）年に本家から元手銀四貫八〇〇匁を受け取り開店したことが記されている。初代佐兵衛郡方は一七一一（正徳元）年生まれなので、三〇歳代半ばでの本両替としての独立である。損益の記載が始まるのは二年半後の延享四年の正月からで、(5)この時有銀は四貫二四三匁五分九厘となっている。当初は借屋人であったらしく、「銀控帳」の一七六二（宝暦一二）年の項に石灰町の家屋敷購入の記事がある。購入と同時に家屋敷を家質に入れて一七六九（明和六）年まで「元入」（元銀支払）しているので、年賦での家屋敷取得である。

本家は塩町二丁目の本両替銭屋（織田）弥右衛門である。同家は一七六一（宝暦一一）年に幕府が大坂町人に買米のための御用金を命じた際には銭屋弥左（右）衛門として三〇〇〇両を割り付けられた富裕な町人であった。天保（一八三〇—四四年）末頃まで銭屋弥助ないし弥兵衛という名前で、島之内組の本両替として南船場の塩町二丁目で開業していた。銭屋佐兵衛は本家と姓が異なり、元手銀を分与されて屋号を受け継いでいることから、奉公人として勤め上げて別家となったと考えるのが自然である。

大坂本両替仲間は、元文改鋳後貨幣売買の活発化により拡大し、判明する限りでは宝暦九年に五三三名と最大規模に達した。(6)初代佐兵衛もこうした好況にのって両替店を開業したのではないだろうか。当初銭両替であった可能性もあるが、本両替仲間に入るための費用をあとで支出した形跡がなく、おそらく本両替仲間の規定通り本家の世話により仲間に入って両替店を開店したと思われる。

初代佐兵衛郡方がいつまで当主として経営に携わったかは不明である。ただ「銀控帳」の一七七〇(明和七年)の項で「佐治兵衛」への貸付の損失が支出されている。佐治兵衛は銭屋佐兵衛家の隠居名であるので、隠居した郡方への貸付の滞りを破棄したものと考えられるので、それ以前には二代への代替わりがなされていることになる。現在のところ、「銀控帳」の記載の変化から、一七六七(明和四)年前後に代替わりがあった可能性が強いと考えている。二代佐兵衛となる信長は「逸身氏略系譜」(第1巻参照)によれば一七四七(延享四)年生まれなので、明和四年には二〇歳ほどである。郡方は息子の成長を待ってあとを譲ったのだろう。初代佐兵衛はその後一七七八(安永七)年正月一二日に没した。

初代佐兵衛郡方の経営を図1から検討しよう。いずれの年も収入が支出を上回り、有銀は延享四年初の四貫二四三匁余から明和四年初の六二貫九六五匁余と、二一ヶ年で一五倍に伸長した。資本規模は小さいが、順調な経営にみえる。

図2から、収益源として初期には銭売買の収益がめだつことが注目される。元文改鋳後には貨幣量の増加があり、特に銭相場が高下して投機的売買も盛行した(7)。店先での銭小売だけでなく、得意先との両替取引上での貨幣売買の利益があったと思われる。

「銀控帳」には一七四六・四七(延享三・四)年の正月一二日から年末までの金銭売上高が記されている。延享三年の金の売上高は五六五両二分、その収益は銀七四匁四分二厘、銭の売上高は二万五一三五貫二一八文、その収益は銀一貫一九八匁七分四厘である。翌年は、金の売上高一三六三両三分、収益一四三匁六分一厘、銭の売上高二万八五五九貫一九三文、その収益一五九六匁七分四厘である。仮に金一両につき銀六一・五七匁、銭五二八七文として計算する

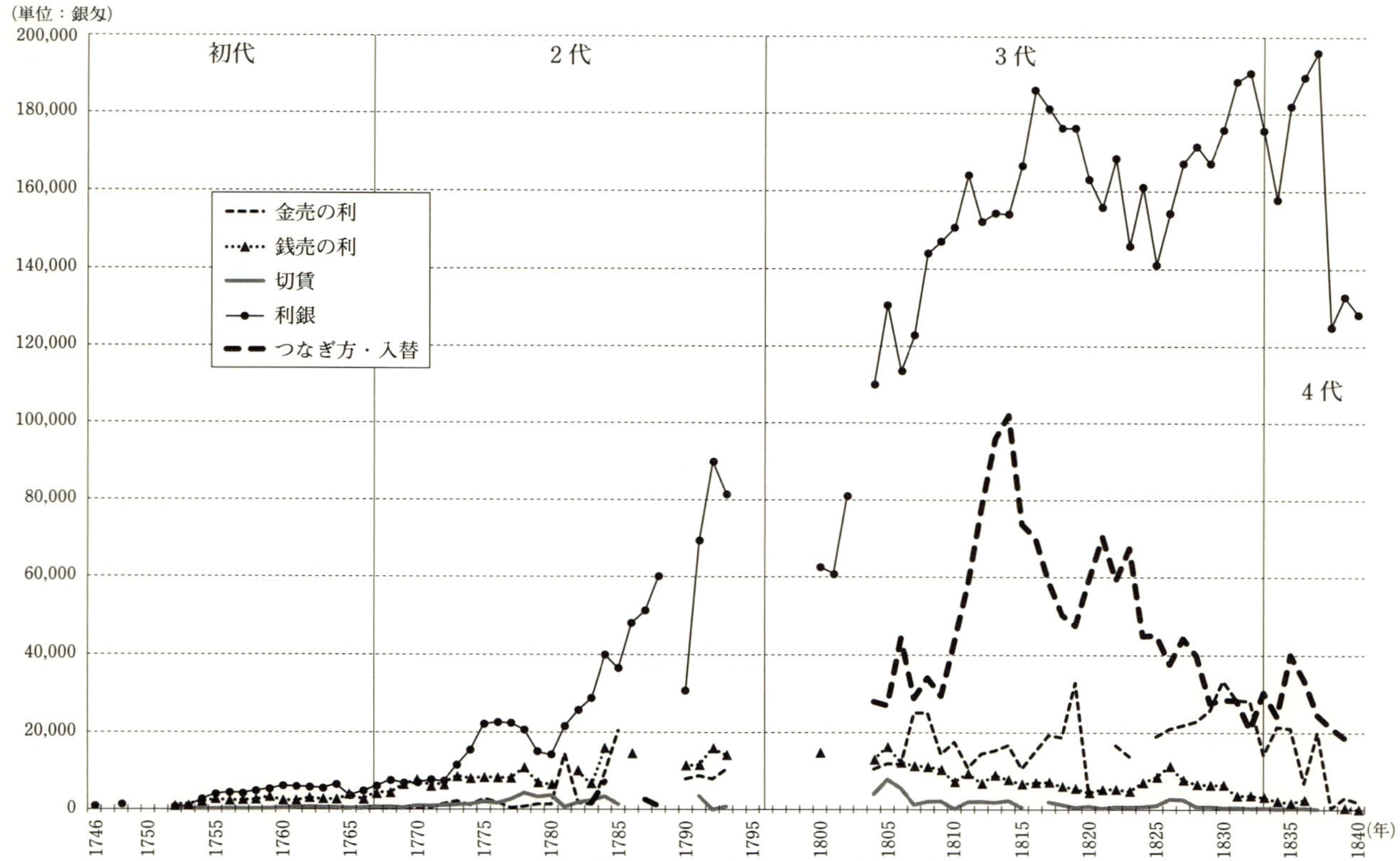

図２　銭屋佐兵衛「銀控帳」の主要な収入の推移

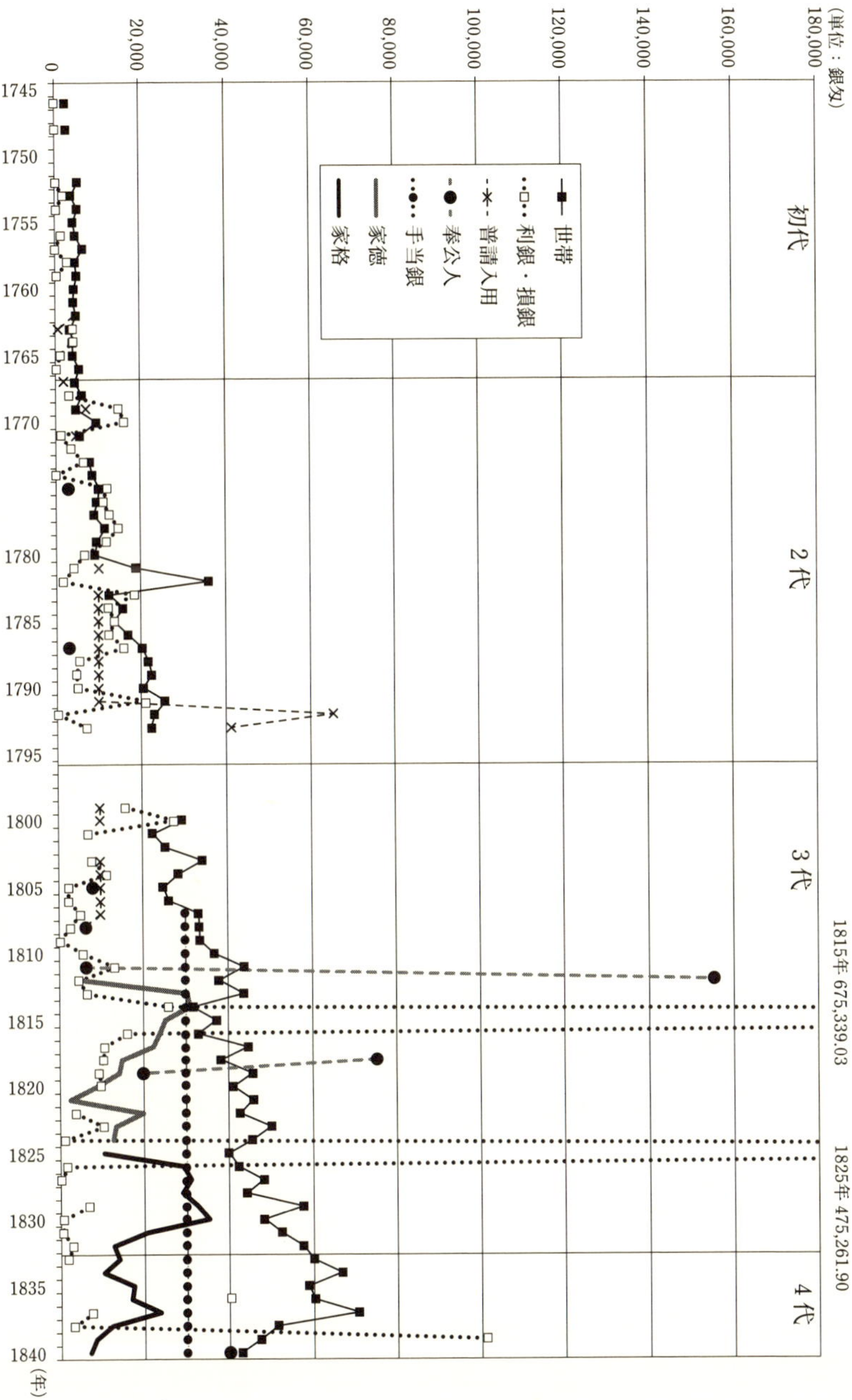

図3 銭屋佐兵衛「銀控帳」の主要な支出の推移

と、延享三年は銭が金の八・五倍、同四年は三・九倍と、開業直後は金より銭の方が取り扱いが多かったことがわかる。収益率は金が売上高の〇・二％前後、銭が〇・四―〇・五％前後で、銭が金を上回っていたことも影響していただろう。

図2の利銀は得意先との通取引による日歩を中心として、証文貸や家質の利息も含んでいたと考えられる。ただ「銀控帳」によると、宝暦四年の支出として「河安かし引」があるように当初から滞りが生じ、毎年のように支出されている。このことは本両替経営のリスクを考える上で重要であり、有銀に不良債権を含んでいたことは確実である。

図1からわかるように、「銀控帳」支出の額は銀四―六貫目でほぼ横ばいであるが、その最大の費目は世帯の費用である（図3）。宝暦初年までは他への利銀の支払があり、開業当初は何らかの借入をしていたことがわかる。またすでに述べたように両替取引において年数貫目の損銀を生じている。石灰町の家屋敷を購入してからは普請入用も支出された。

第二節　二代佐兵衛信長の経営

二代佐兵衛信長は前に述べたように一七六七（明和四）年頃に相続し、一七九六（寛政八）年五月に数え年五〇歳で没するまで当主として経営に携わった。彼の時代は、明和期（一七六四―七二年）から天明期（一七八一―八九年）にかけて本両替仲間が縮小していく時期にほぼあたっている。本両替の不振には、一七六一（宝暦一一）年以降富裕な町人に課せられるようになった幕府御用金、同年の本両替仲間内での金の先物取引である「印金」の禁止、明和元年の延屋仲間への貨幣先物取引の分離、一七八一（天明元）年から始まった両替役銀問題など、田沼政権前後の幕府政策が影響していた(8)。また本両替の一部が関係していた領主金融も、利率低下や大名の返済断りの増加などにより曲がり角を迎えている。

二代佐兵衛の代の有銀は、明和四年初に銀六二貫九六五匁余であったが、寛政八年初には六四二貫余と二九ヶ年でほぼ一〇倍となった。図1からわかるように収支とも増加しているが、ほとんどの年で収入が支出を上回ったことから順調に有銀が伸びたのである。収入の内容としては利銀が増加し、安永期に銭売買の収益を上回った。これは得意先を多数獲得して両替取引が増えた結果と考えられる。

貨幣売買では銭から金へと中心が移った。これには一八世紀後半以降銭の増鋳により銭相場が下がり、両替の利ざやが縮小したことが影響しているだろう。また金の利の増加は、二代佐兵衛が多量の金を必要とするような遠隔地との決済がある商人を得意先として獲得したことを示唆する。

また一八二六(安永九)年に米の損と銭のつなぎ(繋)方利という収入があることが注目される。繋売買とは本両替仲間内で不足する金銭を融通しあうもので、事実上の張合取引をさす。幕府が貨幣の帳合取引を延屋仲間に限定した後も、安永三年頃まで本両替仲間内の帳合取引は続いたといわれ、その後も仲間の手に帳合取引を取り戻そうとする試みがなされている[9]。そう考えると、安永九年の銭のつなぎ方利も銭の帳合取引である可能性が高い。

さらに、「銀控帳」の天明三―寛政四年の項には、収入として「つなぎ方利」の記載があることに注意したい。これが安永九年同様の貨幣の帳合取引であるか、商品取引への融資からの収益かは判断が難しい。また寛政五―一一年は「銀控帳」上に貼付物があるため、「つなぎ方利」がいつまで継続したかもわからない。ただ安永九年とは違って銭とのつなぎとは書かれていないこと、天明七年に「蠟並合」すなわち蠟を担保とした貸付からの収入があるなど二代佐兵衛が商品取引に関連する貸付に関与していることから、商品取引への融資と考えておきたい。二代佐兵衛は両替取引に加えて、得意先に商品や商品切手を担保とする貸付を行い始めたのである。ちょうど大坂では米切手をはじめとする切手による商品取引が盛行しており、二代もそれに関与することで新たな得意先の獲得や利銀の増加を実現できたのではないだろうか。銭屋佐兵衛のみならず、多くの本両替がこうした商品取引を金融面から支えたと思われる。

そのように考えると、安永九年に支出されている「米の損」もそれ以上のことは全くわからないものの、米切手の取引への貸付、すなわち入替に関係する損失と推定される。同年五月の大坂町触では、米切手の内借財担保として発行する調達切手について「毎々及出入、不取締ニ付」、通常の出切手と厳密に区別し、六〇日以内の弁済が命じられている(10)。この町触の前提となった「出入」がどういうものかわからないが、調達切手として発行された米切手が蔵屋敷から弁済されなかったものと考えられるので、銭屋佐兵衛の米切手の入替に損失が生じたのではないだろうか。

図3から、二代佐兵衛の代には、支出が次第に増し、当初の銀六貫目程度から寛政期には七〇貫目以上と一〇倍にも拡大していることがわかる。世帯入用も銀二〇貫目を超えるほど増えているが、安永から天明にかけて両替取引の損銀が一〇貫目を超える年も多く、一例を挙げると、一七七九(安永八)年には世帯入用が九貫七七三匁余、わた八などの損銀が一一貫九六九匁余と損銀が世帯入用を上回っている。先の米の損などから考えても、商品取引への関与もまた危険がないわけではなかったのである。また天明期から毎年普請手当として銀一〇貫目が支出されて積み立てられている。寛政五年には本家のある塩町に屋敷地を取得して普請を行っており、掛屋敷経営に関わり始めたのではないかと思われる（第一章吉田伸之論文参照）。

最後に、二代佐兵衛の店で働く奉公人について述べておく。「銀控帳」によれば、二代は相続して間もない安永期に、父の時代から働いていたとみられる奉公人に元手銀を与えて別家させた。その後少し間があって、天明七年に清兵衛に店出元手銀三貫目を与えている。その後は「銀控帳」の頁に添付物があってほぼ読めないが、他の文書や両替関係の摺物などからこの間少なくとも武兵衛・市兵衛・勘兵衛・宗兵衛（惣兵衛）が別家したことが判明する(11)。

彼らは本家同様島之内組の本両替として、大坂南部の島之内や上町の繁華街で両替店を営業した。大坂南部は従来本両替が少なく、銭両替が多い地域だった。これは本両替仲間が従来船場北部から発生したこともあるが(12)、大坂南部の土地柄にもよった。「元商い」といわれて多量の商品と膨大な金銀を取り扱い、荷主・仲買に対して金融サービスも提供した問屋と違って、小売や芸能・風俗関係の店が多く、そうした店ではどちらかといえば、銭で売買されるいわゆる銭目の商品を扱うことが多かったからである。ただ近世後期には庶民の生活水準の上昇によりこうした消費経済の発展も著しく、本両替が参入する余地があったと考えられる。また本両替の数が少ない分、新規に本両替仲間に加入・営業できる可能性は高くなる。本両替仲間に加入するには仲間の地域組織である小組の成員の同意が必要で、両替店が多い小組では新規仲間入りが拒否されることもあったからである。もちろん本両替の仲間入りに本家の協力は必須であるので[13]、二代佐兵衛に本両替の暖簾内を形成する意図があったことは確実である。

第三節　三代佐兵衛熙房の経営

「逸身氏略系譜」によれば、三代佐兵衛熙房は天明三年三月に生まれている。相続時期はわからないが、父二代佐兵衛信長が死去した寛政八年五月には熙房はまだ一三歳くらいなので、それより前に相続したとは思われない。また相続後すぐに自分で経営にあたったのではなく、誰か補佐する者がいたと考えるべきだろう。寛政一二年の両替騒動の際に作られた「一札」では、三代佐兵衛は「病身ニ付代判銭屋勘兵衛」(「一札」〔2-18-4-2-1〕)とあり、別家の銭屋勘兵衛が代判人である。また別家市兵衛も佐兵衛代として受取書を出している〔2-18-4-2-9〕。銭屋源兵衛を後見人とする説(第1巻「四代佐兵衛評伝」九節参照)もある。いずれにせよ、経験の浅い三代目を二代の取り立てた別家たちが支えたと思われる。三代佐兵衛が成長して本両替の経営者として自立したのは、一八〇六(文化三)年頃と考えられている(第1巻第二節)。そして息子に家督を譲って隠居したのが一八三三(天保四)年正月で、その後は佐治兵衛と名乗った。

寛政期から化政期にかけては、両替役銀問題も一段落ついて、本両替・銭屋などの手形流通が本格化していった時期である。「両替手形便覧」などの手形取扱者の一枚摺も寛政末以降作られるようになり、それには本両替だけでなく銭両替や大名貸商人の一部も記されるようになった(14)。大坂やその商業圏に属する地域では、本両替や銭屋に預金をして手形を振り出し、現金替わりに使う行為が中小の町人にまで一般化していく。

文政改鋳以降は、インフレと幕府財政支出の膨張により景気が上昇し、経世家の海保青陵が喝破したように貨幣を商品として利貸により商品を集荷する大坂にとっては好機が訪れた。本両替のありかたも多様化し、本両替と銭両替と素人の商人との境界が曖昧になってきている。山本屋谷村伊右衛門・鴻池屋与三吉は、この時期に銭両替から本両替へ転身した例であるが、転身しなくても銭両替は本両替の得意先になることにより手形決済システムに組み込まれることになった(15)。また一般の町人でも当座の貸越金のある場合に手形を振り出して流通させることが素人手形といって可能であった。これにより手形の流通・決済のシステムは巨大なものとなり、世界でもまれな信用社会が成立した。このシステムに参入し利用することにより、小資本の者でも手形を取り扱うことができたのである。

三代銭屋佐兵衛の代は三七ヶ年と長かったこともあり、両替屋として発展を遂げ、名実ともに大坂の有力町人と目されるようになった。たとえば文化三―四年の幕府買米令に際しては、大坂の富商三一八軒に買米が指定されたが、銭屋佐兵衛はその中で本家銭屋弥助と同額の二〇〇〇石を割り付けられている。この頃から発行されるようになった両替系番付や長者番付でも

当座預金の内容　単位：件

銀	金	銭	金銀	金銭	銀銭	金銀銭
8	3		10			
20	2		12			
5	5		18			1
20		3	2	3	6	5
13	4		12		2	1
17	1		8		1	1
15			11			
14	3		14			
7		1	2	1	2	3
119	18	4	89	4	11	11

出シ覚」〔2-18〕から作成.

表1　文政11年の銭屋佐兵衛の得意先と両替取引

	得意先の件数	借り 金 両	分	朱	銀 匁	銭 文	貸し 金 両	分	朱	銭 匁
鶴印	21	1,686	3	3	85,393					1,170
亀印	34	866	2	1	192,673					
松印	29	2,732	3	3	216,307	100,000	131			1,650
竹印	39	196	1		72,033	1,957,616				650
梅印	32	2,049	3	1	137,010	360,000				1,163
桜印	28	252		2	125,801	1,130,000				
桃印	26	917		3	178,032		70	1	3	
楠印	31	730	1		64,198		5		1	570
樫印	16	148	2	1	49,191	698,600				4,137
計	256	9,580	2	2	1,120,639	4,246,216	206	1	4	9,340
金・銀当座帳借り		198	3	2	72,384					
借り合計		9,573			1,183,682					
銀換算計					1,803,056	※1両＝64匁7分替				

注）「戊文政十一年閏五月十九日汐町本家銭屋弥助様方店方差支之節当家店取引向書

上位に位置した。

三代銭屋佐兵衛の代、「銀控帳」の有銀は寛政八年の銀六四二貫余（貫以下が添付物で読めない）から天保四年の四〇六七貫八六〇匁余まで、六・三倍に伸びた。図1からわかるように、この間文化一二年と一八二五（文政八）年は単年度収支が赤字になったが、それ以外の年は収入が支出を上回って有銀が伸びている。また三代佐兵衛は「銀控帳」の有銀以外に、諸家という領主金融に関する帳簿と家徳という掛屋敷経営に関する帳簿に独自の有銀を付けている（表1・図1参照）。この有銀をあわせると天保四年の有銀総額は六二四六貫五六一匁余になる。これを寛政八年の有銀と比較すると、九・七倍と伸び率はさらに大きくなる。

しかし経営に問題がなかったわけではない。特に寛政期以降、本両替による金融システムの拡大とともにその弱い部分があらわになった。信用不安による両替屋への預銀取り付けや連鎖的な休店、場合によっては倒産なども起こり始めたのである。初期の預金取り付けによる連鎖的休店としては、寛政一二年六—七月の両替騒動が有名である。[16]この時銭屋佐兵衛の店でも奈良屋善兵衛などに家質証文を差し入れて資金調達に奔走している（「一札」〔2-18-4-2-1〕他、「一札」「預り申銀子之事」〔2-18-4〕他）。

また文化期には幕府が米価引き上げのため大坂の富商に買米を繰り返し命じた。とりわけ文化七年に命じられ数年に渡り大坂町人との攻防があった買米令では、米切手を買って蔵屋敷に囲い置く以外に銀納をも幕府が認めたことから、買米を命じられた町人のほとんどが銀納を選び、大坂市中で銀の需要が増え「銀詰まり」となって金融梗塞に陥った。草間伊助によれば、両替屋が米切手の入替を停止したことにより米価はかえって下落し、薬種並合も停止され、大名貸も阻害される事態となり、両替屋に対する得意先の預銀の取り付けもあった。[17]銭屋佐兵衛の別家林兵衛が文政九年正月前後に休店したのは、この影響かもしれない。[18]

また一八二八（文政一一）年閏五月に本家銭屋弥助の店方が差し支えて一時的に休店した。理由はわからない。これが別家の佐兵衛にも影響して、同月一八―二二日には連日得意先からの預銀の引き出しが続いた（「戊文政十一年閏五月十九日汐町本家銭屋弥助様方店方差支之節当家店取引向書出シ覚」〔2-18〕）。佐兵衛自身の経営に問題があったわけではなく、風評による信用不安を原因とする預銀取り付けである。京都の得意先からの書簡によると、銭屋の一統とみられる同地の銭屋覚兵衛の両替取引が停止し、銭屋佐兵衛も弥助と「同家」ということで「遠慮」などという噂など、様々な風説があったようである（「書状」〔2-18-2〕）。三代佐兵衛はこうした書簡とともに、この折の取引と取り付けの有無に関する詳細な記録「戊文政十一年閏五月十九日汐町本家銭屋弥助様方店方差支之節当家店取引向書出シ覚」（これ以降「書出シ覚」と略）を残した〔2-18〕。詳しくは後述するが、こうした行為にも強い危機感がうかがわれる。三代佐兵衛の経営はこうした両替取引の危うさとともにあったのである。

さらに両替商としての経営の限界についても考えなくてはならない。「書出シ覚」によれば、文政一一年の取り付け当時の銭屋佐兵衛の得意先の数は二五六である。本両替は得意先との両替取引において、預金の自由な引き出しはもちろん、手形の「振過」などによる貸し越しを認めたが、それは節季決済や御用金賦課などの折には多額に及ぶこともあっただろう。[19] 本両替として無事にやっていくには、優良な得意先を確保する必要もさりながら、おそらく適正規模というものがあるのである。

また三代佐兵衛は文化三年頃に銭屋の当主として独立して間もなく、大名貸や家屋敷経営などに乗り出した。町の両替屋としてのありかたに一定の軌道修正がなされ始めたのである。これが本両替経営のリスクや限界によるものかどうかは残された史料からはわからないが、何らかの影響があったのは間違いないだろう。以下、三代佐兵衛の代の本両替経営と彼が開始したその他の商売について検討する。

1　両替店の得意先と両替取引

まず先に述べた文政一一年の取り付けの際の「書出シ覚」から、当時の両替取引について検討する。この史料には、文政一一年閏五月当時の得意先と各々からの当座預りの預銀額、五月一九—二一日に各々に渡した額が記載され、最後に取り付けの全体的な勘定が記されている。得意先は、鶴印・亀印・松印・竹印・梅印・桜印・桃印・楠印・樫印の九組に分類されて書き上げられている。以下に鶴印の得意先、扇利の部分を抄出する。

［史料2］

一　金百四十三両　　扇利殿

一　銀三拾〆六百十三匁四分八り　　同人殿

　　内　十九日　三拾〆匁　渡

　　　　廿日　　百両　　　渡

この扇利は扇屋利兵衛、本町四丁目に店を構える古手問屋で、長者番付にも登場する裕福な商人である。扇利は銭屋佐兵衛の得意先として金一四三両と銀三〇貫六一三匁余を預けていた。これは無利子の当座預金である。佐兵衛からすると借りであるが、その後に佐兵衛の貸しが記される場合もある。

また両替取引は本来銀目で行われるが、金銭を銀目に値付けせずそのまま預かる場合もあり[20]、扇利の場合も金と銀の預かりは別々に計上されている。両替取引の通《かよい》といわれる帳簿上でも金銀別立てで記載されていたのであろう。大坂の古手問屋は北国にまで顧客を持ち、商品代の決済で金勘定があったことが、こうした金銀別立ての預かりの理由と考えられる。ただ金一四三両を当時の金銀相場一両＝六四匁七分で換算すると銀九貫二五二匁一分となるので、銀目で計算された預かりの方が多い。

最後に、一九日と二〇日に銭屋佐兵衛が扇利に銀三〇貫目と金一〇〇両を渡したこと、つまり取り付けにあって払い戻しをしたことが記されている。その総額は預金の九割を超えている。

表1に「書出シ覚」の内容を整理した。これからわかるように、一番多い当座預かりの形式は銀目によるものだが、金銀別立てがそれに次ぎ、銭での預かりもあるというように、多様である。特に竹印には銭をそのまま預け入れる得意先が多く、銭を扱うことの多い商人が多く含まれていたと推測される。

得意先の分け方は不明である。得意先の屋号と名前が「扇利」などと省略され居所も記されていないので、どこのどういう商人か確定するのが難しいのである。ただかなりの得意先が後年の銭屋佐一郎の「判鑑帳」「得意先通札控」に記載された得意先と共通しており、銭屋佐兵衛の得意先が佐一郎の両替店に受け継がれたことがわかる。文政一一年に預金を引き出していても佐一郎店まで引き継がれた得意先もおり、預金の取り付けが一時的な現象だったことが推察できる。また別家銭屋市兵衛の得意先に比べると、有力・有名な問屋・仲買や小売商でも名のある者が多く[21]、「買物独案内」などから職種や居所がわかる場合もあるので、現時点で得意先についてわかることを述べておこう。

鶴印には、船場の本町通などの古手問屋今宮屋伊兵衛・扇屋利兵衛・扇屋勘兵衛・柏屋治兵衛・柏屋彦兵衛・藤屋佐兵衛、木綿問屋の扇屋与兵衛など、布や着物関係の問屋が多数存在するのが特徴である。亀印には、塩物干魚問屋の神崎屋源右衛門、干鰯問屋の辻屋源兵衛、干鰯仲買の八尾屋久兵衛・万屋伊太郎など、西船場の靭や新靭の干鰯関係者が多い。また北堀江の本両替加賀屋林兵衛、新町東口南側の帯地屋井筒屋四郎兵衛なども含まれる。三代銭屋佐兵衛の代には、両替店のある島之内石灰町からかなり離れた大坂西部の西船場や堀江にも得意先がいて、古手問屋や干鰯問屋・仲買など同一職種の者が得意先となっており、その一部は佐一郎店に引き継がれたことがわかる。

松印・梅印・桜印・楠印・樫印の得意先の分け方は不明であるが、瓦町の本両替鉄屋庄右衛門、農人橋二丁目の山本屋伊右衛門、本家銭屋弥助、別家銭屋林兵衛などの関係の深い本両替の他、船場・上町・島之内・堀江など広範囲に及ぶ合薬屋、油仲買、蠟燭屋、砂糖問屋、木綿問屋など多種多様の商人が含まれている。桃印には大坂以外の京都・兵庫の町人も含まれている。

「書出シ覚」の最後の計算では、文政一一年段階の銭屋佐兵衛が得意先から預かっていた当座預銀に、おそらく手形流通分に関する帳簿とみられる銀当座帳・金当座帳の借りを足して、銭屋佐兵衛の当座預かり総額は銀換算で一八〇三貫六八二匁四分と集計されている。これは同年の「銀控帳」有銀の半分ほどにあたり、巨額の当座預銀を集めていたことがわかる。問題は当時店の有物や両替帳にある現銀は八八〇貫匁ほどで、「内」の二七貫目や「入替方」の四五貫目、先納方とあるおそらく大名貸関連で用意できた二〇〇〇両分をあわせても銀一〇七三貫目ほどにしかならなかったことである。得意先からの預銀の六割ほどしか準備できていない。万が一これ以上の預銀を取り付けられたら、休店して両替取引を停止せざるを得なかっただろう。

三代銭屋佐兵衛は本家の休店の直後の一九日には、京都や兵庫の得意先に書状を送って無事取引を続けていることを説明し、求められた払い戻しにも応じている（「書状」〔2-18-2〕）。これは大坂の得意先についても同じことだっただろう。それでも閏五月一九日から二一日にかけて得意先の半分強に預金を払い戻しており、その額は金五六七四両余、銀五六六貫三二六匁余に及んだ。銀換算で合計九三三貫余にもなり、取り付け当初の預銀額の半分にあたる。しかしどうにか資金をやり繰りして信用を保つことに成功し、休店することなく危機を乗り越えることができた。

2　本両替経営の収支

三代佐兵衛の本両替経営の収支について検討する。まず収入についてであるが、図2から明らかなように、貨幣売買、特に現貨幣両替の手数料である切賃が収入全体に占める割合は減少した。ただ一八一九（文政二）年には改鋳による新旧貨幣の引き替えのため、一時的に金銭売買の収益が多くなっている。

得意先からの利銀は文化期に大幅に増えて高水準に達した。ただそれと表裏一体なのであるが、両替取引の滞りによる損銀は相変わらず多い。ただ通常の年は銀一〇貫目以下で前代より顕著に増えているわけではない。ただ図2をみるとわかるように、三代佐兵衛は、一八一五（文化一二）年に年賦銀六七五貫余、一八二五（文政八）年にも年賦銀四六九貫余を支出して有銀から除いている。損銀として支出されることなく年賦銀化されて有銀の内にとどまっている不良債権を、「銀控帳」の有銀からまとめて除いたのである。そのためこの二ヶ年については支出が膨張して、単年度収支が赤字となった。

別家の銭屋市兵衛家では当主の代替わり後などに店卸しをして、不良債権を別帳に移して「銀控帳」から有銀を削減している。(22) 同家の一八三七（天保八）年の店卸しでは「諸方損銀或者年賦」銀二九〇貫九七九匁六分を支出し、ついに有銀がマイナスに転落した。銭屋佐兵衛家では初代・二代ともに不良債権の大がかりな処理は見受けられないが、三代目になって「銀控帳」の不良債権を整理したのである。不良債権は「永代帳」に移され、少しずつでも回収しようとしたのではないだろうか。

三代佐兵衛の代、文化末年からは、通常の年の支出も銀一〇〇貫目を超過するようになった。その半分は世帯の費用である。家族や奉公人の数が増えたこともあるが、当該期の物価上昇が影響していることだろう。また文化四年から年三〇貫目の手当銀を支出して積み立てが始まり、文化九年から文政八年までは掛屋敷経営関係の費用である家徳の支出も行われている。これらは経営転換をはかるための投資であった。また文政八年からは家格という奉公人関係の支出が登場している。以上から、三代佐兵衛の代の本両替経営は、有銀を伸ばすより内容を健全化し、本両替関係以外の業務に対する資本の転用が行われていることが特徴といえる。

3　入替業務

三代佐兵衛は、二代に引き続き商品や商品切手を担保とする貸付に関与し、入替業務を行った。寛政一一年に質仲間に加入したのは、そのためではないだろうか。翌年一二年から天保一〇年まで、「銀控帳」に収益として入替の利が計上され、文化一一年をピークとして大きな収益を得ている。

入替とは、両替屋が米や砂糖などの商品やその預かり証書である切手などを担保として商人に資金を貸すことである。米切手の入替が有名で、米仲買は蔵屋敷から買った米切手を入替両替に預けて貸付を受け、さらに米切手を買ってまた預けることで投資資金をふくらませた。石井寛治は本両替の越後屋善太郎が独自にまた親両替加嶋屋久右衛門に取り次ぐ形で米切手の入替をしていたことを明らかにした[23]。また高槻泰郎の紹介した加嶋屋久右衛門の「御用日記」中の記事によると、米切手の担保価値は市価より五匁安く算定され、市価が五匁以上下落すると入替両替は米切手の追加差入れを求め、市価が上昇すれば預かった米切手を差し戻すこともあり、一日の内に相場変動に応じて何度も入替が行われた[24]。米価が下がった場合、米仲買は追敷といって追加の銀を入替両替に差入れることもあった。

逸身家文書から、銭屋佐兵衛の入替業務に関する史料をいくつか紹介する。まず近江屋記（喜）兵衛が佐兵衛に宛てた天保七年一二月「一札」と同年四月「覚」〔2–19–26–1–1〕という証文がある。近江屋は道修町二丁目の薬種仲買で、銭屋佐一郎の得意先に引き継がれている。「一札」は、記兵衛が薩州黒砂糖六五〇挺分の拾挺切手六五枚を借銀の担保として佐兵衛に差し入れていたが、「御屋敷」から差し出しを命じられたので、佐兵衛からの借銀を返済するので切手を返却してほしいと願い出たものである。後者の「覚」は、記兵衛が薩州貸上銀五〇貫目の請取書一通と大島砂糖拾挺切手五〇枚を佐兵衛に差し入れた証文である。

また「一札」「覚」と一緒に残った文書に、事書も差出人・宛名もないが近江屋記兵衛から銭佐に宛てたとみられる覚書〔2–49–26–1–2〕がある。これには銀五〇貫目について、「右者文政亥年御取次貴家様ゟ御出銀被下候分、其節ゟ元利御断、当暮ゟ年々壱ヶ年ニ元銀之内江弐百匁ツヽ、御渡被成下筈ニ被仰渡候、扨々難有儀、御一笑被成下候、以上」と記されている。

以上の史料の内容を整理してみよう。近江屋記兵衛は薩摩藩蔵屋敷出入の仲買として、天保七年四月に薩摩藩蔵屋敷に五〇貫目を貸上銀として納め、砂糖切手五〇枚を受け取った。ただし「御取次貴家様ゟ御出銀被下候」とあるように、近江屋に五〇貫を出資したのは銭屋佐兵衛であったので、薩摩藩の請取書と砂糖切手五〇枚は佐兵衛に質入されている。年末にはこれが切手六五枚に増えている。近江屋記兵衛が四月以外にも銭屋佐兵衛から資金を借りて一五枚の切手を買って担保に入れた可能性はあるが、それなら覚書でそのように書かれるだろう。近江屋は佐兵衛からの借入銀の利子分を切手で差し入れたのではないだろうか[25]。覚書には「其節ゟ元利御断」とあり、薩摩藩は年末まで貸上銀を返済しなかった。近江屋は年末に薩摩藩蔵屋敷に切手を持参するよう命じられたが、これも貸上銀皆済のためではなく、一年に二〇〇匁ずつ返済というまさにお笑いぐさの二五〇年賦返済に付け替えられたためであった。このように解釈すると、銭屋佐兵衛は四月に近江屋の薩摩藩への砂糖切手を担保とした先納銀五〇貫目の貸付に投資し、年末までの利息として米切手一五枚分を稼いだことになる。その担保価値は銀一五貫目であるが、市価はそれとは異なると考えられるので、近江屋が年末に佐兵衛に返済した額がいくらかは不明である。

また文化三年一一月「先納銀出入之通」〔2-18-4-1-4〕は、入替業務の実態をよくあらわしている。薩摩藩出入の仲買と考えられる菱屋八右衛門は、一一月一四日に銭屋佐兵衛から銀二〇〇貫目を、一二月一二日を返済期限として〇・八％の利付で借りた。この通の記載によると、これで一一月二二日に大島黒砂糖の切手二三〇〇挺分を購入し蔵屋敷に代金を先納し、切手は銭屋佐兵衛に担保として預けた。この切手は三口にわけられて銭屋佐兵衛の得意先とみられる山和が二口（二三二〇の株）・大義が一口（二七八〇の株）を購入している。菱屋はその後二三一〇の株三四〇挺分を買い戻し、銀二九貫八七六匁五分を銭屋に払い、一二月八日にはさらに銀六七貫四〇〇匁を銭屋佐兵衛に払い、再び八五〇挺分の切手（二三一〇の株・二七八〇の株）を買い戻し、というように買い戻しを繰り返し、期限内に二二五〇挺分の切手が買い戻されて借銀の内一九九貫七六二匁余は銭屋佐兵衛に返済されていた。おそらく菱屋入札による砂糖切手の購入から黒砂糖の蔵出しなり薩摩藩への先納銀の返済なりまでの間を利用して、砂糖相場の変動に応じて安いときに切手を買い戻していたと考えられるが、銭屋佐兵衛も資金の供給による利息獲得だけでなく、担保に取った切手を砂糖相場が高くなった時に別の得意先に売却し、元の質置主に要求に応じて同じ株の切手を買い戻して菱屋に渡すことで投機的な利潤を得ていたのではないだろうか。

入替については次のような史料もある。天保一一年九月の「一札」〔2-49-26-12-2〕は、質置主で銭屋佐兵衛の得意先の金田屋重兵衛が佐兵衛に宛てた銀四五貫目の質物請状である。質物は薩州黒砂糖切手で、月利〇・六八％、期間は九―一一月の三ヶ月である。その文面に、砂糖は日々値が変わるので下落の際は「間銀」を差し入れると佐兵衛に約束しているが、これはいわゆる追敷である。

銭屋佐兵衛―源兵衛―佐一郎の得意先に薬種仲買・砂糖仲買・堂島米仲買など蔵屋敷が発行する蔵預切手や仲間内の手形が存在する業種の者が含まれるのは、砂糖・薬種・米・蠟などの切手の入替業務を行っていたからではないだろうか。

4　領主金融

三代佐兵衛熈房は、経営者として独立した直後から領主金融に関与し始めた。文政二年から記録され始める大名貸の損益帳簿「諸家徳」〔7-36〕によれば、文化七年にはすでに高鍋・岸和田藩などの大名貸からの収入があり、文化一〇年からは平戸藩、文化一一年からは島原・平戸藩からの収入がある。文政二年からは「諸家徳」で毎年独自の勘定を開始しており、この年から銭屋佐兵衛家の大名貸経営部門は独立したといえる。この大名貸部門を本章では諸家と呼ぶ。諸家の当初の有銀は、文化七年以降文政二年までの大名貸収益総計の銀一四三貫六〇九匁四分三厘であった。

以下に「諸家徳」の文政九年の部分を挙げる。

［史料3］「諸家徳」部分

文政九戌ノ年
一　七〆五百弐拾目壱分弐り　高鍋徳
一　四〆八百壱匁六分弐り　岡部徳
一　九百拾弐匁　嶌原徳
一　六〆八拾五匁八分五り　小田原徳
（蒔田、庭瀬、伯太、妙法院、伊東、尼崎、金谷、因州、略）
戌ノ年（※改頁）
一　弐百七拾目　小堀徳
一　九百六拾壱匁八分　加賀徳
一　三〆八匁　根来徳

一　弐百八十弐匁弐分四り　辻入用

一　八拾九匁五分五り　肥前入用

引残　三拾六〆七百八十一匁壱分四り　徳也

合　六百四拾六〆八百六拾七匁四分五り

史料3では、まず領主別の収益が何々徳という形で記入されている。これは利銀や扶持などと考えられる。続いて大名貸関連の費用が何々入用として引かれる。差引してその年の収益である徳が記されるのであるが、最後の「合」以下の合計額は有銀ではなく、文化七年に領主金融を開始して以来の収益の累積額であることに注意しておきたい。

またこの部分からもわかるが、銭屋佐兵衛の大名貸は当初高鍋藩や岸和田藩といった小藩や根来氏などの旗本、辻氏などの代官など多数を相手にするもので、収益からみて各々に対する貸付額も限定的であった。

銭屋佐兵衛の大名貸に関する帳簿としては「諸家貸」〔7–36〕もある。これは一八四八（嘉永元）年正月段階の古債を抜き出してその回収や明治期の公債化なども記録したものである。債権が残っている場合しか記されていないので、大名貸の全体像はわからない。しかしこれから嘉永段階で、平戸藩は文化一一年、尼崎藩は文政六年、佐賀藩は文政五年以降の貸付が返済されずに残っておりかなり古くから関係を有していたこと、それ以外に文政以降「永上納」すなわち棄債した債権もあったことがわかる。

史料3で「岡部徳」と記されている岸和田藩への大名貸は三代佐兵衛にとって最古のものの一つであるが、「諸家貸」によると文政四年には滞り分を永上納するかわりに永代十人扶持を与えられている。岸和田藩は一七六三（宝暦一三）年以降蔵元を大坂の鴻池屋又右衛門から領内佐野の食野家に変更したが、文化二年段階で巨額の財政赤字を出しており、その理由は食野家からの借入をはるかに上回る多数の大坂町人からの借銀や公銀・名目銀の返済が膨張したことにあった[26]。大坂の銀主のなかには「大根屋五兵衛（後出の小兵衛カ）」やその一統、またその「口入」による者がある。文政二年から文政改革を開始し家中の上米と二厘掛趣法という人頭税の導入がなされたが、同一一年には行き詰まり、同年一〇月から小兵衛の養子大根屋小右衛門による財政改革が開始された。

三代佐兵衛は岸和田藩の文政改革以前から大名貸をしており、文政改革中の文政六年一二月にも岸和田藩の趣法方といわれる改革御用掛に銀一二貫目を貸付けて滞っている。大根屋改革後にも継続的な貸付があるが、返済は滞りがちである。岸和田藩にとって銭屋佐兵衛は多数いる銀主の一人にすぎなかった。推測だが、銭屋はおそらく大根屋などの大坂町人の「口入」による岸和田藩への大名貸に参入したのではないだろうか。

文化一一年の島原藩への貸付に関しては、八月に島原藩主松平忠馮の江戸表用金六四〇両を貸付けたものであることがわかっている[27]。担保として生蠟切手三〇〇丸分が渡され、島原藩の専売品である生蠟が一一月末に大坂蔵屋敷に到着したら、売支配人の亀屋孫兵衛から切手と引き替えに返済されることになっていた。これは蔵物切手を担保とした貸付であるが、銭屋が直接島原藩に貸すというよりは生蠟専売の世話人である蠟仲買亀屋を通した間接的な貸付といえる。なお寛政九年の島原藩大坂蔵元は高麗橋三丁目の油屋彦三郎で、年五〇〇〇―七〇〇〇両の蠟代を上納していた。島原藩は文化八年に国産方役所を設置して専売制を強化しようとしたが、文政二年頃大坂で蠟価格が急落して挫折した。その後も銭屋佐兵衛は島原藩に融資しているが、回収のスピードは遅い。

以上のように、銭屋佐兵衛の大名貸は、近世後期の大坂で一般的に行われた投資型の大名貸である。すなわち大名の蔵元・掛屋として蔵米を担保に取り江戸藩邸などの賄金を仕送りするような近世前期に典型的な大名貸ではない。中心となる蔵元・掛屋の周辺に存在する多数の銀主、あるいは調達組合の一人として、仕送銀や臨時出銀に比較的少額の投資を行うものである。近世において伝統的な大名貸商人は蔵米を恒常的に確保できる優良な大名と長期的な関係を保ったが、こうした商人は少数である。多くの大名は恒常的な銀主を持たず、つてをたどって常に銀主を求める状況だったから、近世後期に余力のある商人がこうした形で大名貸に投資することはよく行われた[28]。

また近世後期の大坂には名目銀・公銀の用達や領主の調達講の肝いりをする商人が存在した。彼らは少額の資金を集めて運用することに長けており、自らの資金以上の金を動かして大名貸に関与した。三代佐兵衛も、文政元年に華頂御殿（知恩院）御用達として大根屋小兵衛・和泉屋治兵衛・亀屋孫兵衛と共同で、備中庭瀬藩板倉氏に江戸賄金を貸し付けている（「覚」〔17-1-31-1〕）。大根屋小兵衛の本業は天満市場の干物仲買で寒天問屋、亀屋孫兵衛は島原藩の蠟専売制とも関わった鰻谷心斎橋東入の曝蠟・生蠟所である。(29)和泉屋治兵衛が「書出シ覚」の佐兵衛の得意先で佐一郎の得意先でもある者なら、新町橋西詰北入助右衛門町の砥石問屋である。

「諸家貸」によれば、佐兵衛は大仏御殿（妙法院宮）にも貸付をしており、一方で同御殿の「御貸付方」として島原藩や西本願寺に貸付をして、返済が滞っている。「諸家徳」にある佐兵衛の大仏御殿を通した一八三八（天保九）年の西本願寺への貸付は、当時西本願寺の財政改革にあたっていた大根屋小右衛門との関係が気にかかるところである。こうした大名貸の新規参入者で投資ファンド的グループを結成して協力しながら、さまざまなルートで大名貸に投資していた可能性がある。

5　家屋敷経営

三代佐兵衛は家屋敷経営も本格化させた。すでに述べたように、「銀控帳」では前に述べたように文化九年以降文政六年まで毎年家徳銀として定額ではない支出があるが、これは掛屋敷経営のための費用と考えられる。また文化四年から銀三〇貫目の手当銀を毎年支出している。「家徳控」冒頭の記述によると、これが銀三六〇貫目までたまった段階で金相場が下落して銀三四〇貫六〇〇匁に目減りしたのを、文政八年正月に掛屋敷経営部門である家徳の独自の有銀とした。これ以降は「家徳控」で毎年損益を計算して、前年度の有銀と差引している。その後も「銀控帳」からの年銀三〇貫目の積立は続いたが、文政三年正月から天保三年正月までは源兵衛・勘兵衛・市兵衛などの別家も積み立てに参加するようになり、性格が異なってきている。以下は、「家徳控」の文政九年の記述である。

［史料4］

文政九戌ノ年

一　銀七百拾四匁九分六り　石灰町入用
一　同百八拾八匁五分弐り　今宮同断
一　同五拾四〆弐百目　北堀江三丁目入用銀
北堀江三丁目
表口拾一間　同十一月十七日帳切
裏行弐拾間　役壱ツ
一　同四〆三百八十四匁弐分九り　同帳切諸入用
一　同四百卅匁　南久宝寺町振舞料
一　同壱〆九百四拾五匁八分四り　塩町徳
一　同三〆九百九拾八匁壱分七り　北久宝寺町徳
一　同五百卅壱匁九分九り　油町徳
戌ノ年（※改頁）
一　銀四〆五拾九匁五分　京町堀徳
一　同八百弐匁五分八り　南久宝寺町徳
右引残　四拾八〆五百七十九匁六分九り　出
右引残五拾一〆九百七拾四匁壱り

前半の一段下がった部分が支出で、町入用や修繕費用や購入費用が記される。また後半に書かれている部分が家賃などの収入である。この年は北堀江三丁目の家屋敷を買ったこともあり、損益計算では赤字が出ている。掛屋敷経営については、詳しくは本書第1章を参照されたい。

6　大算用にみる有銀

三代佐兵衛は経営に携わるようになった直後文化四年以降、銭屋佐兵衛家の経営全体を統括する帳簿「大算用」〔2-56〕を作成した。こうした帳簿は少ない本両替の史料としても稀であり、当期の本両替の経営を知りうる貴重な史料である。

「大算用」には、「銀控帳」とその他の帳簿類との間の資本の貸借関係が記録されている。三代佐兵衛は本両替経営の傍ら、新たに大名貸や家屋敷経営をするため、このような帳簿を必要としたのだろう。ただし「大算用」は「銀控帳」のように整然としておらず下書き的で、帳綴じに錯綜がある。構成は以下の通りである。

（1）証文貸座（文化四年—同九年）、（2）弐番大勘定座（文政八年—嘉永六年）、（3）大勘定座（文化四年、文政八年）、（4）入替座、（5）三番大勘定（安政元年—明治二〇年）、（6）家質座（文化九年—一〇年）、（7）割済帳（弘化四年—嘉永二年）、（8）四番大勘定（明治二一年—三三年）

一番古いのは（1）と（3）で、三代佐兵衛が経営者として独立してすぐ、文化四年から書き始められている。（3）が最初の大勘定だろう。それから（2）の二番大勘定が文政八年以降嘉永六年まで記載される。それから（5）と（8）の大勘定へと続く。このほかに（4）入替の記録と、（6）文化九年以降の家質の記録、（7）弘化四—嘉永二年の割済帳といわれる年賦銀の返済の記録が混在する。

以下に（2）の文政一〇年の部分を抄出して、他の帳簿との関係をみよう。

［史料5］

文政十亥正月改

一　八百九〆三百廿五匁　證文
一　六拾弐〆五拾五匁七分八り　入替
一　六百卅八〆七百七十匁　家質
一　五百廿三〆六百三匁七分四り　付込
一　百五〆五百九十三匁三分八り　家格
〆弐千百卅九〆七百四拾七匁九分
出入帳かし百三拾八〆三百七拾九匁五分九り
右引残弐千弐百七十八〆百廿七匁四分九り
一　千五百五拾弐〆九百五十三匁五分　諸家
一　九十三〆九百拾三匁九分五り　同出入帳かし
一　六百四拾六〆八百六十七匁四分五り　諸家徳
引〆千〆目
一　五拾一〆九百七十四匁壱り　家徳出入帳かし
一　五拾一〆九百七十四匁壱り　家徳帳
右引残三千弐百七拾八〆百廿七匁四分九り

冒頭の字頭が下がっている部分は、「銀控帳」内の有銀の内訳を書き上げている。「銀控帳」から各帳面への貸し出しという形をとっている。最初の証文は借銀証文による貸付で、これを集めた帳簿の有銀はこの年銀八〇九貫目余である。これには両替取引などが滞り証文化された債権も含まれていたと考えられる。入替は先述した入替業務の帳簿に貸し出された有銀で六二貫余である。家質は家屋敷を担保とした貸付で、これにも両替取引の滞りにより家質証文化されたものが含まれていたのではないか。この帳簿の有銀が六三八貫七七〇匁である。次に付込であるが、これは前後の関係から証文化されていない帳面貸と思われる。一般的には仕分けをしないで順を追って記入する帳簿を付込帳というので、これもそうした性格のものではないだろうか。佐兵衛が両替店を停止した後に銀額が増えているので、両替取引関連でないことは確かである。最後の家格は、文政七—嘉永元年に銀控帳から家格銀が支出されて積み立てられており、おそらく奉公人関係の貸銀ではないだろうか。この帳簿に貸し出された有銀が一〇五貫五九三匁余である。これらは本両替の商売に関わる帳簿類で、「銀控帳」の有銀の内計二一三九貫余があてられている。

それから店出入帳に貸し出された有銀一三八貫余が書き上げられる。店出入帳も性格が不明だが、これは両替商売ではなく、世帯方や家・店の費用に関する帳簿に貸し出された有銀ではないだろうか。ここまでが本両替店関係の有銀で、合計二二七八貫余となる。

次に諸家すなわち領主金融関係の帳簿にある有銀が書き上げられる。まず銀一五五二貫余は前年度に「銀控帳」から諸家の帳簿に貸し出された有銀である。それに新たにこの年銀九三貫余が貸し増しされる。このように毎年貸し増しされ領主金融関係の有銀が増加していくのであるが、いくら貸し増しするかは以下のように決められる。前年文政九年の「諸家徳」に記載された大名貸開始以来の累積収益銀は銀六四六貫余である。諸家貸の有銀はこれより一〇〇貫目多くなるように、「銀控帳」から諸家の帳簿に差額が貸し付けられるのである。「銀控帳」のように年初有銀に当年収益を重ねる形で翌年の有銀を設定していない。これは長期的な大名貸収益をみすえて、一定の新たな投資をする方法である。大名側の要求に応じて追加融資をせざるをえないときもある蔵元・掛屋型の大名貸とは異なっている。ただこれも「大算用」の分析なしにはわからなかったことで、案外投資型の大名貸では一般的な方法だったかもしれ

帳」の有銀

（単位：銀匁）

諸家				家徳			有銀総計	
諸家出入帳有銀C	諸家出入帳へ貸増有銀額D	前年度諸家累積収益E	「銀控帳」諸家有銀C＋D＋E：②	家徳出入帳有銀F	家徳類計収益G	「銀控帳」家徳有銀F＋G：③	銀控帳年初有銀①＋②＋③	
1,442,805.41	167,280.90	(610,086.31)	1,000,000.00	100,553.70	(100,553.70)	0.00	3,154,109.38	
1,552,953.50	93,913.95	(646,867.45)	1,000,000.00	51,974.01	(51,974.01)	0.00	3,278,127.49	
1,770,112.50	(37,225.99)	(732,886.51)	1,000,000.00	42,083.09	(42,083.09)	0.00	3,412,605.52	
1,793,244.49	30,223.98	(823,468.47)	1,000,000.00	35,692.90	(35,692.90)	0.00	3,551,159.35	
1,756,413.85	141,525.49	(897,939.34)	1,000,000.00	58,536.32	(58,536.32)	0.00	3,651,820.40	
1,771,413.85	126,525.49	(897,939.34)	1,000,000.00	58,536.32	(58,536.32)	0.00	3,651,820.40	（再計算）
1,840,291.25	124,103.78	(964,395.03)	1,000,000.00	48,431.06	(48,431.06)	0.00	3,781,911.83	
1,899,436.11	172,227.47	(1,071,663.58)	1,000,000.00	3,365.33	(53,365.33)	(50,000.00)	3,927,508.42	③家質貸につき足さず
1,856,400.69	274,901.91	(1,131,302.60)	1,000,000.00	(2,601.51)	(47,398.49)	(50,000.00)	4,067,860.90	③家質貸につき足さず
1,687,453.94	540,871.48	(1,228,325.42)	1,000,000.00	227,578.17	(227,578.17)	0.00	4,186,088.03	
1,672,839.41	628,772.39	(1,301,611.80)	1,000,000.00	21,552.70	(249,130.87)	(227,578.17)	4,284,973.74	③家質貸につき足さず
1,826,435.71	546,919.48	(1,373,355.19)	1,000,000.00	249,130.87	(249,130.87)	0.00	4,383,550.73	
1,795,762.46	661,434.88	(1,457,197.34)	1,000,000.00	276,215.39	(276,215.39)	0.00	4,509,376.98	
1,795,078.87	743,800.91	(1,538,879.78)	1,000,000.00	306,845.52	(306,845.52)	0.00	4,617,583.36	
1,855,143.67	774,808.90	(1,629,952.57)	1,000,000.00	420,759.50	(420,759.50)	0.00	4,667,259.11	

ない。

最後に家徳の帳簿に対しても「銀控帳」から銀五一貫余を貸し出している。この額は家徳控の文政一〇年末の有銀で、実際にはこの年銀控帳からの貸出し部分はない。末尾にある「銀控帳」の有銀の総計は、両替店関連の二二七八貫余に諸家の一〇〇〇貫目を足した銀三二七八貫余となる。この数字は、「銀控帳」の文政九年末・一〇年年初の有銀と一致する。

このように「銀控帳」の有銀の内訳や、諸家や家徳の帳簿の有銀が「大算用」からわかるのは幸運である。一方、少なくとも三代佐兵衛の代以降は「銀控帳」だけでは経営全体を分析することはできないことが明らかである。しかも「大算用」の有銀が銭屋佐兵衛の経営全体の資本銀というわけでもない。「銀控帳」から不良債権を抜き出した「永代帳」などの別帳や、手当銀と

表２　「大算用」からみる［銀控帳］有銀内訳及び「銀控帳」「諸家出入帳」「家徳出入

	両替店							
	證文へ貸	入替へ貸	家質へ貸	付込へ貸	家格へ貸	小計A	店方出入帳へ貸B	両替店方有銀A+B：①
文政9年正月	814,900.00	251,438.25	652,770.00	478,895.84	97,600.68	2,295,604.77	(141,495.39)	2,154,109.38
文政10年正月	809,325.00	62,055.78	638,770.00	523,603.74	105,993.38	2,139,747.90	138,379.59	2,278,127.49
文政11年正月	745,550.00	375,639.47	668,900.00	552,858.69	94,229.78	2,437,177.94	(24,572.42)	2,412,605.52
文政12年正月	664,500.00	157,543.28	654,900.00	540,841.95	80,663.49	2,098,448.72	452,710.63	2,551,159.35
文政13年正月	715,490.00	89,733.68	569,900.00	632,764.28	142,176.47	2,150,064.43	501,755.97	2,651,820.40
文政13年正月	667,000.00	65,152.90	554,900.00	387,084.53	142,176.47	1,816,313.90	835,506.50	2,651,820.40
天保2年正月	831,500.00	189,666.40	520,200.00	380,934.24	139,757.93	2,062,058.57	719,853.26	2,781,911.83
天保3年正月	907,000.00	122,936.75	538,700.00	259,134.32	142,198.21	1,969,969.28	957,539.14	2,927,508.42
天保4年正月	580,652.41	316,504.20	489,700.00	452,485.69	414,678.41	2,254,020.71	813,840.19	3,067,860.90
天保5年正月	743,705.41	116,505.97	650,200.00	417,461.45	401,408.51	2,329,281.34	856,806.69	3,186,088.03
天保6年正月	746,885.41	405,534.42	698,700.00	371,629.13	332,691.03	2,555,439.99	729,533.75	3,284,973.74
天保7年正月	895,500.00	250,261.04	571,000.00	347,954.22	336,273.72	2,400,988.98	982,561.75	3,383,550.73
天保8年正月	763,560.00	209,044.04	586,000.00	397,732.61	336,865.41	2,293,202.06	1,216,174.92	3,509,376.98
天保9年正月	622,560.00	178,468.16	571,140.00	722,159.67	299,192.16	2,393,519.99	1,224,063.37	3,617,583.36
天保10年正月	784,800.00	166,228.64	568,100.00	757,377.44	431,732.82	2,708,238.90	959,020.21	3,667,259.11

いう「銀控帳」から支出され積み立てられた部分もあるからである。もちろん前にのべた得意先からの預金は当座預かりなので「銀控帳」の有銀とは別勘定である。

表2は「大算用」からわかる文政九年から天保一〇年までの「銀控帳」の有銀の分布と、諸家・家徳の独自の有銀を記したものである。これから「銀控帳」の有銀は一貫して証文・家質に多く、付込・入替がそれに次ぐことがわかる。文政から天保にかけて付込が増加していくのは、佐兵衛が貸付業に転換していくことから理解できる。またこの資本の分布からいっても、銭屋佐兵衛の天保八年末の貸付業への転換は不思議ではないように思われる。また店方出入帳の有銀は天保期に顕著に増え、特に両替店停止後数年は一〇〇万貫目を超える。おそらく銭屋の暖簾内の大変革に備えたのではないか。

収益率　（単位：銀匁）

家徳出入帳有銀年初	有銀全体の%	家屋敷経営収益	収益率	有銀合計
100,553.70	2.07%	(48,579.69)	−48.31%	4,864,749.39
51,974.01	1.04%	9,890.92	19.03%	4,976,968.95
42,083.09	0.81%	6,390.19	15.18%	5,187,575.12
35,692.90	0.66%	(22,843.42)	−64.00%	5,410,320.72
58,536.32	1.04%	10,105.26	17.26%	5,608,296.06
58,536.32	1.04%	10,105.26	17.26%	5,608,296.06
48,431.06	0.84%	(4,934.27)	−10.19%	5,794,737.92
53,365.33	0.88%	5,966.84	11.18%	6,052,537.33
47,398.49	0.76%	(180,179.68)	−380.14%	6,246,561.99
227,578.17	3.43%	(21,552.70)	−9.47%	6,641,991.62
249,130.87	3.64%	0.00	0.00%	6,835,716.41
249,130.87	3.56%	(27,084.52)	−10.87%	7,006,036.79
276,215.39	3.81%	(30,630.13)	−11.09%	7,242,789.71
306,845.52	4.11%	(113,913.98)	−37.12%	7,463,308.66
420,759.50	5.45%	(62,610.46)	−14.88%	7,717,971.18

なお文政八年から天保一〇年の間の諸家・家徳独自の有銀額の推移を図1に記入している。諸家の有銀は増えていくが、佐兵衛家全体の有銀の内にしめるパーセンテージは三三％程度とさほどかわらない。「銀控帳」の有銀の内諸家に貸し出されている分を加えて、総有銀の半分程度となる。家徳独自の有銀は数％と少ないが、家屋敷は不動産であるので、担保としての価値も含め家屋敷の資産価値をあわせて考えなくてはならないのは当然のことである。

最後に表3に、「大算用」からわかる「銀控帳」・諸家・家徳のそれぞれの有銀と収益、収益を有銀で割った収益率を記した。これからわかることは、文政から天保にかけて本両替経営であれ大名貸であれ収益率が低下していること、収益率は大名貸より本両替経営のほうがよいことである。ただし本両替経営の場合、利銀には両替取引の貸し越し分の日歩が含まれるから、本来はその分を除いて収益率を計算しなくてはならない。そうすれば証文・家質・入替・付込などの収益率は下がるが、どの程度下がるか不明である。

いずれにせよ天保期に大名貸が好調だったために佐兵衛は貸付業に専念し、本両替経営を分家佐一郎に移譲したとは言えないようである。そのことをふまえた上で、銭屋佐兵衛の幕末の大名貸について考えていく必要があるだろう。

7　別家制度

三代佐兵衛は、一八〇五（文化二）年に喜介、同八年に

表３　［大算用］にみる「銀控帳」「諸家出入帳」「家徳出入帳」の有銀と収益・

	銀控帳有銀年初	有銀全体の％	両替店収益	収益率	諸家出入帳有銀年初	有銀全体の％	領主金融収益	収益率
文政9年	3,154,109.38	64.84％	227,398.27	7.21％	1,610,086.31	33.10％	36,781.14	2.28％
文政10年	3,278,127.49	65.87％	243,841.90	7.44％	1,646,867.45	33.09％	86,019.06	5.22％
文政11年	3,412,605.52	65.78％	241,848.80	7.09％	1,732,886.51	33.40％	90,581.96	5.23％
文政12年	3,551,159.35	65.64％	227,759.89	6.41％	1,823,468.47	33.70％	74,470.87	4.08％
文政13年	3,651,820.40	65.11％	244,592.68	6.70％	1,897,939.34	33.84％	66,455.69	3.50％
文政13年再	3,651,820.40	65.11％	244,592.68	6.70％	1,897,939.34	33.84％	66,455.69	3.50％
天保2年	3,781,911.83	65.26％	249,348.16	6.59％	1,964,395.03	33.90％	107,268.55	5.46％
天保3年	3,927,508.42	64.89％	243,541.52	6.20％	2,071,663.58	34.23％	59,639.02	2.88％
天保4年	4,067,860.90	65.12％	223,997.50	5.51％	2,131,302.60	34.12％	97,022.82	4.55％
天保5年	4,186,088.03	63.02％	205,866.79	4.92％	2,228,325.42	33.55％	73,286.38	3.29％
天保6年	4,284,973.74	62.69％	245,266.42	5.72％	2,301,611.80	33.67％	71,743.39	3.12％
天保7年	4,383,550.73	62.57％	233,035.02	5.32％	2,373,355.19	33.88％	83,842.15	3.53％
天保8年	4,509,376.98	62.26％	240,814.96	5.34％	2,457,197.34	33.93％	81,682.44	3.32％
天保9年	4,617,583.36	61.87％	146,742.41	3.18％	2,538,879.78	34.02％	91,072.79	3.59％
天保10年	4,667,259.11	60.47％	154,935.39	3.32％	2,629,952.57	34.08％	52,644.69	2.00％

又兵衛、同九年に林兵衛、文政二年に七兵衛・喜兵衛と、多くの別家を創出した。それ以降の後半生においては別家を創出していない。この内又兵衛・林兵衛には、元手銀渡しに先だって三年ほど出勤料というまとまった給与を与えていることが注目される。この間、おそらくは本家住み込みを免除して別宅を許して妻帯もさせ、通勤して本家の仕事をさせるかわりに出勤料を与え、その後に独立のため元手銀を与えたものと考えられる。この「宿這入」「仮宅」といった制度は他の商家でも行われているが、銭屋佐兵衛家でも文化期には奉公人別家の制度が整えられたのである。

文政初期以降新たな別家本両替を創出せず、別家のありかたも通勤別家へと変えていったのはなぜだろうか。これについては現在のところ、文政から天保にかけて銭屋佐兵衛の別家の本両替経営が難しい局面にあったこと、さらに三代佐兵衛が文政二年頃から大名貸に本格的に乗り出したことが原因と推測している。近世後期の大名貸は低利のため、安定した利入を確保するには大資本が必要である。かつ踏み倒しなどによるリスクも高くなったことから、暖簾内の分・別家は独立してではなく、本家の領主金融に加入して投資するようになった。また大名貸業務では通常領主ごとに担当者を決めて蔵屋敷との交渉や銀主間の調整などにあたったので、支配人クラスの熟練した奉公人を多数必要とした。近世後期の鴻池屋善右衛門の例でも、近世後期には暖簾内の分・別家が本家の領主金融に加入・投資し、本家に通勤して大名貸業務に携わっており、暖簾内で資本と人が本家の領主金融に集中させられている(30)。

第四節　四代佐兵衛宝房の相続と佐一郎両替店の開店

一八三三(天保四)年正月、三代佐兵衛は引退して佐次兵衛を名乗り、一八〇八(文化五)年生まれの息子が四代佐兵衛を相続した。銭屋の幕末維新期を支えたのはこの四代目佐兵衛である。しかし三代佐兵衛も息災で一八五九(安政六)年七月まで生き、隠居後長らく四代を支えて経営に関与したとみられる。天保七年八月付の庭瀬藩板倉摂津守からの勝手向改革に関する尽力に感謝する書簡〔43-15〕は、佐兵衛と佐次兵衛連名の宛先となっている。次に述べる天保八年の銭屋の暖簾内の大改革も、相続して数年しかたっていない四代が単独で遂行しえたものとは思えないので、佐次兵衛がおそらく主導したものだろう。

銭屋佐兵衛の暖簾内では、天保後期に大きな変動があった。銭屋佐兵衛「銀控帳」の天保九年の項には、「此度備後町へ佐一郎名前ニ而致出店、酉十二月両替商売仕似相譲り、本家者銀貸付斗、因茲右勘定、尤諸屋敷貸付・家賃者別勘定也」とある。また銭屋佐一郎の「銀控帳」〔2-54〕冒頭には、「天保八丁酉九月吉日　入銀三百貫目　本家より入銀　内百五拾貫目天保十五甲辰正月元手銀ニ成　百貫目天保十五甲辰正月戻(後筆)　并商業仕似せ譲来　天保八丁酉九月より店始」とある。

つまり天保八年末に、四代佐兵衛の弟佐一郎が分家して備後町四丁目で開業した本両替店の主人となった。佐一郎はまだ幼いので名義のみで、実際は銭屋佐兵衛の商売を二つの店に分けたと理解するほうがよいと思う（第1巻第四章参照）。本家である四代佐兵衛は本両替仲間を脱退しなかったが、両替商売は止めて、領主金融や証文貸・家質・入替・付込といった貸付業に専念した。

銭屋佐一郎の両替店はもと暖簾内の銭屋源兵衛の店であったが、同家は同年の大塩の乱で類焼したこともあったのだろうが経営不振で、佐兵衛から借入をしていた。その源兵衛の店を佐兵衛が買い取り、判鑑帳などの帳簿とともに得意先をも譲り受け、佐兵衛自身の得意先も分けて、銭屋佐一郎の両替店を開業させた。源兵衛自身も佐一郎店に一〇年間出勤し、両替業務の移行をはかっている。

またこれに連動して、別家市兵衛の両替店も、天保八年一一月頃に道頓堀久左衛門町から佐兵衛の店のある石灰町の佐兵衛所持借屋に移転した。この頃道頓堀の芝居の不振もあって市兵衛の経営も順調ではなく、両替店を閉めた佐兵衛の得意先の一部を引き継ぐため石灰町に移動したと推測している[31]。

これらの暖簾内の大変動をどのように評価したらよいだろうか。銭屋佐兵衛にとってさえ文政から天保にかけては収益率が下がっており、両替取引に滞りを出して不良債権を抱えていた。ましてや小資本の別家にとって、領主調達講の取締り、凶作や大塩焼けによる不況、天保改革の経済統制など、不利な条件が続いた当該期は過酷であり、源兵衛・市兵衛・勘兵衛[32]は、それを乗り越えることが困難だった。こうした銭屋の暖簾内の危機を、三代・四代佐兵衛は両替店を整理統合し、長期的な回収が必要な貸付業は本家佐兵衛に集中することで乗り越えていこうとしたのではないだろうか。

銭屋佐一郎「銀控帳」の天保一〇年正月の有銀は四三貫目余で、有銀だけでいうと初代佐兵衛の頃の水準である。佐兵衛の「銀控帳」有銀四六六七貫余、諸家・家徳をあわせた七七一七貫余に比較すると一％以下と小さい。ただ佐一郎は本両替の最も重要な資産である優良な得意先と、銭屋佐兵衛が背後にいるという信用を持っていた。そのため天保一〇年の佐一郎の収入は、利銀九〇貫余と貨幣両替の収益をあわせて一二六貫目余と好調である。

これに対し、銭屋佐兵衛の収入は「銀控帳」の収入銀一五四貫余、諸家の収入五二貫余、家徳の収入マイナス六〇貫余で総計一四八貫余であり、佐一郎の収入とそれほど変わらない。この原因は佐兵衛の収入の大きな部分を占めてきた利銀収入が、天保八年の一九五貫余から天保九年一二四貫余、天保一〇年一三二貫余と減少したことによる。利銀はその後も減り続けており、この事実は利銀の主体が両替取引の日歩にあったことの証明になると思われる。四代佐兵衛の受け継いだ有銀は巨額であるが、大名貸にせよ証文貸などにせよ不良債権を多く含み、そこから恒常的に得ることができる収入はそれほど大きなものではなかった。ただ貸付は長期的な視野に立てば少しずつでも元利の回収が可能である。「諸家徳」によれば、天保一一年に古借徳として三二九貫目余が回収されており、不良債権も資産であることに変わりはないのである。

おわりに

近世後期に町の両替屋として出発した銭屋佐兵衛は、最初は元文改鋳後の銭の売買で利益を上げ、大坂で高度の信用社会が形成されるなかで得意先を増やして経営を拡大した。二代佐兵衛からは商品や切手を担保とした商業金融に積極的に関わり、三代佐兵衛の代には砂糖切手などの入替業務が積極的に行われている。こうして三代佐兵衛の代には新興の本両替ながら有力な両替商へと成長した。文政一一年には問屋・仲買・小売など二五六の得意先と両替取引を行っていた。また二代から三代の文政初年までは、別家を本両替として独立させ、繁華な商業地である大坂南部において本両替の暖簾内も形成した。私は銭屋一統を近世後期の大坂の商業や消費経済の伸長を支え、ともに成長した町の両替屋として評価したい。

ただ三代佐兵衛の代には、両替取引の滞りが不良債権化して累積しただけでなく、信用不安による両替屋への取り付けが起こるようになり、文政一一年には佐兵衛の店も取り付けにあって休店間際にまで追い詰められている。おそらくそうした事態への危機感が、三代佐兵衛をして大名貸への投資や家屋敷経営に向かわせたのである。化政期には町の両替屋としての銭屋佐兵衛のありかたが変化し始めている。

ただ領主金融にせよ家屋敷経営にせよ、その単年度の収益率は本両替経営のそれより非常にめざましいものとはいえなかった。そのため領主金融のありかたも、少額を他の町人や名目銀などで迂回して行う投資型のものであった。三代佐兵衛が利潤総額に連動した領主金融への投資をしているのも注目される。私には三代佐兵衛が当初領主と共生・依存的な関係を持つことをむしろ避けていたように思われる。

天保期に入ると、銭屋佐兵衛の本両替経営も領主金融も収益率が低下した。当該期の別家の本両替の経営不振はさらに深刻で、そのことが天保八年末の佐兵衛の貸付業と佐一郎の両替商の分離を中心とした暖簾内の大改革につながったと考える。

以上本章の概略を記した。銭屋佐兵衛という一両替商の事例ではあるが、ここから近世後期の大坂町人社会が直面した問題を読み取ることができるのではないだろうか。今回は主として「銀控帳」を使った両替商の経営分析にとどまったが、逸身家文書の活用により個別経営の背景にあるものを追究して、近世後期の大坂町人社会の研究へと深めていきたいと考えている。

（1）　宮本又次『大阪繁昌記』新和出版、一九七三年。

（2）「蠟商仲間規約」（大阪経済史料集成刊行委員会編『大阪経済史料集成』第九巻、大阪商工会議所、一九七六年）。

(3)　中川すがね『大坂両替商の金融と社会』（清文堂出版、二〇〇三年）第一部第四章第二節。
(4)　中川すがね「江戸後期の本両替経営について――銭屋市兵衛を例に」『愛知学院大学人間文化研究所紀要・人間文化』第二八号、二〇一三年。
(5)　開店から数年損益計算がない理由はわからないが、別家独立後しばらく本家が世帯費用などの助成を行い別会計になる場合がある。
(6)　注(3)前掲中川著書第一部第六章。
(7)　注(3)中川著書第一部第五章第二節。
(8)　注(3)中川著書第一部第三章。
(9)　注(3)中川著書第一部第三章第一節。
(10)　大阪市参事会編・発行『大阪市史』第三（一九一一年）、九三一―九三二頁。米切手の種類や統制、入替については、高槻泰郎『近世米市場の形成と展開』（名古屋大学出版会、二〇一二年）、第二章・第四章に詳しい。
(11)　注(4)中川前掲論文。
(12)　注(3)中川著書第一部第一章・第五章。
(13)　黒羽兵治郎編『大阪商業史料集成』第三輯（大阪商科大学経済研究所、一九三七年）所収「両替商沿革史」によれば、奉公人からの仲間入の場合、本家が小組に申し出て了承をとり、本家の願書と小組の添書をもって本両替仲間の寄合の席で出願し、仲間行司が吟味して許可された。
(14)　注(3)中川著書第六章。
(15)　注(3)中川著書第一部第三章第一節で、その一例として木綿問屋布屋安兵衛の例を取り上げている。
(16)　前掲中川著書第二部第八章第一節。
(17)　「草間伊助日記」巻四（大阪市参事会編・発行『大阪市史』第五、一九一一年）。
(18)　「覚（手当銀元帳）」［7-38］によれば、文政九年正月にそれまで積み立てた銀一五貫目を取り出した際に「林兵衛店休ニ付出ス渡ス」とある。この後林兵衛は両替店を再開しなかった。
(19)　銭屋佐兵衛の場合はわからないが、前掲注(3)中川著書第一部第四章第三節で、中程度の本両替河内屋又右衛門の例として、弘化元年に池田の得意先三人だけで銀三四貫目余・金二一〇〇両に及ぶ過振があったことを紹介している。

(20)　注(3)中川著書第四章第三節。
(21)　銭屋市兵衛の得意先については注(4)中川前掲論文を参照されたい。
(22)　注(4)中川前掲論文。
(23)　石井寛治『経済発展と両替商金融』(有斐閣、二〇〇七年)。
(24)　注(9)前掲高槻著書第二章。
(25)　黒砂糖の市価が下落したため近江屋が切手一五枚を追加で差入れた可能性もあるが、「大阪物価沿革表」(宮本又次責任編集『近世大阪の物価と利子』大阪大学近世物価史研究会、一九六三年)の黒砂糖の入札価格は天保七年の四月から年末にかけてむしろ値上がり傾向にある。
(26)　大根屋小右衛門は近世後期に領主財政の立て直しに尽力した改革家として知られる(注(3)前掲中川著書第三部第十一章)。岸和田藩改革については、中川すがね「岸和田藩財政――大根屋改革の前提として」(『畿内譜代大名岸和田藩の総合的研究』(平成一四―平成一七年度科学研究費補助金基盤研究(B)(1)研究成果報告書)、二〇〇六年)を参照。
(27)　国文学研究資料館所蔵故浜中栄三郎氏文書、亀屋関係一綴「添一札」。
(28)　注(3)前掲中川著書第二部第八章において、こうした投資型の大名貸の例として木綿問屋布屋安兵衛、干鰯仲買近江屋長兵衛の場合を紹介している。
(29)　弘化三年「大阪商工銘家集」(大阪経済史料集成刊行委員会編『大阪経済史料集成』第一一巻、大阪商工会議所、一九七七年)。
(30)　安岡重明『財閥形成史の研究』ミネルヴァ書房、一九七〇年。
(31)　注(4)中川前掲文。
(32)　銭屋勘兵衛は現在わかっている限りでは別家のなかで最も古く本両替となり、南瓦屋町の高津宮門前で営業した。天保一一年一一月の「大阪両替名所附」には銭屋勘兵衛として掲載されるが、天保一四年「大阪両替手形便覧」以降にはでてこないので、それ以前に本両替を廃業したと推定される。また天保七年から一三年にかけて勘兵衛家は所持地を家質において本家から借銀をしているので、なんらかの経済的問題を抱えていた可能性が高い。

第六章　幕末維新期における銭佐の経営

小林延人

はじめに

本章では、第五章による天保期（一八三〇―一八四四）までの銭屋佐兵衛家（以下、銭佐）の経営分析に続き、弘化期（一八四四―四八年）以降の同家の経営を分析することとする。銭佐の経営を個別事例として紹介するのみでなく、近世両替商研究の文脈に位置づけるため、次の四点に留意している。

まず一点目は、大名貸が両替商経営の中でどの程度の比重を占めたかという論点である。両替商研究は、鴻池・三井という最大手両替商に関する研究蓄積が厚い。鴻池本家である善右衛門家（以下、鴻善）の決算帳簿「算用帳」を用いて分析した安岡重明によると、一六七〇（寛文一〇）年における鴻善の資産構成は商人貸五九・三％、大名貸一九％であったが、一七九五（寛政七）年には商人貸ゼロ、大名貸七六・九％となり、「江戸後期には全く大名貸のみといっても誇張ではない」という状況となった[1]。一方、三井家では家法「宗竺《そうちく》遺書」によって、紀州藩と笠間藩以外に大名貸をしないと定められており、実際には京都両替店・大坂両替店を通じて直接・間接の大名貸を行ったものの、「三井にとっては大名金融は富の蓄積の手段とはならなかった」と言われている[2]。両替商の中にも、大名貸に特化するものとそうでないものとがおり、後者は両替商同士の緊密なネットワークを利用しつつ商人の手形を扱い、大坂の経済活動を金融面で支えていた(3)。この点について、銭佐の事例を検討する。

二点目は、大名貸が両替商にどの程度の利益をもたらしたか、という論点である。一八世紀以降大名貸に特化した鴻善にとって、大名貸収益こそ資本蓄積の基幹的な要素であったわけだが、領主による元利棚上げや踏み倒しによってその収益が悪化した。結果として、一七九五(寛政七)年以降、危機的な経営状況に陥ったという(4)。鴻善側も、大坂への安定的廻米が可能な優良領主を選別して貸し付ける方針を取ったものの、それでも貸付利率の逓減と元利返済の停滞は解消できなかった(5)。相対の大名貸は、幕府の債権保護の対象外であり(6)、債務者が突然の元利払い停止措置を取り得るという近世的状況が、大名貸経営のリスクを高めていたと言える。

しかしながら、これとは逆に大名貸自体は安全な貸付方法であるという説もある(7)。仮に、大名貸に「安全」な貸付と「危険」な貸付があるなら、どのような大名貸は「安全」なのか、銭佐の大名貸はどのような貸付だったのか、という検証が必要であろう。銭佐の経営に占める大名貸の割合はどの程度だったのか、という一点目の論点とも関連付けて説明したい。

三点目は、大名貸経営の自己資本比率について。鴻善は享保期(一七一六―三六年)以降、自己および経済的に従属した別家からの無利子の資本を増大させて、「退嬰的《たいえい》」な貸付を展開していったとされる(8)。そのことから、大名貸に特化したのは、別家の資本も結集できるような資産規模の大きな両替商だと考えられてきた。これに異論を唱えたのが中川すがねである。中川は鴻池栄三郎家を例に、大名貸利率より他町人からの預利率が低い場合、自己資本が乏しい両替商でも他人資本を導入しながら大名貸を展開することがあり、それもまた大坂の利貸資本の典型であると述べた(9)。また九州地域の大名貸である日田掛屋・広瀬家の事例でも、貸付金のうち自己資本の占める割合は少なく、役所公金など他人資本に大きく依存した構造であったことが指摘されている(10)。では、銭佐の大名貸経営における自己資本比率はどの程度で、それは維新後の経営にどのように左右するのであろうか。

最後に、幕末期と維新期の経営的連続性という論点である。これまでの視座は、作道洋太郎や宮本又次の研究に端的に示されるように[11]、近世近代の断絶と維新期経済の停滞性に傾斜していたように見受けられる。その論拠は、両替商の金融活動が幕末には低落傾向を見せ[12]、さらに銀目廃止に伴って多くの両替商が没落したという想定にある。

これらの研究とは対照的に、粕谷誠は明治初期の商家において旧来の制度・慣行がいかに処理され、新しい制度との接合が図られていったか、という観点から三井の事例を検討した。粕谷は、一八七五(明治八)年六月末における三井組全体の純資産が大幅な債務超過状態であった事実を追認しつつも、家産が明治前期に再編されながら近世から近代へと連続していった意義を重視した。近世期に三井が蓄積した純資産、および組織・経営者は、明治以降の発展の基礎とはならなかったものの、膨大な土地所有を前提とする掛屋敷経営(「不動産経営」)は継続し、明治初期の三井を支える基礎となったという[13]。大名貸中心の両替商分析ではなく、掛屋敷経営を含めた分析によって近代への連続性という視点が生まれたのである。また、石井寛治は、大坂とその周辺の諸商人の振り出す大量の手形や、大坂と京・江戸間を結ぶ為替手形を決済する活発なネットワークの存在を明らかにしつつ、近世両替商の蓄積基盤を重視して、彼らの近代的銀行資本への転化を強調した[14]。石井の研究は、商業金融部門(為替取組、両替、町人への貸付、など)が両替商にとって経営史的意義を持つことを表していると同時に、為替ネットワークの存在が大坂周辺の経済発展を支えるものであることを示唆している。

銭佐は両替商から銀行資本への転身を遂げた商家であるが、そうした連続性を支えた経営資産は何であったのだろうか。これまでの論点を踏まえ、大名貸以外の商業金融・掛屋敷経営を含め銭佐の経営全体について評価したい。

さて、幸いなことに銭佐の経営は両替店経営(商業金融部門)、大名貸経営(領主金融部門)、掛屋敷経営、の三つの勘定が立てられている。帳簿の基本情報についてはそれぞれの解題に譲りながら、以下では上記四つの論点に引き付ける形で、各勘定を検討する。

第一節　両替店経営

銭佐本店の両替店損益勘定を記したものが「銀控帳」〔8-5〕である。この帳簿を基に表1を作成したが、分析に入る前にいくつかの注意点に触れておく。

銭佐本店では「銀控帳」のほかに、「家格帳」「徳入帳」「年賦帳」などの帳簿が作成されていたことが判明している。現存しないため内容は不明だが、おそらく奉公人の給料（「家格帳」）や法事・寄進・講での支出（「徳入帳」）、年賦支払（「年賦帳」）の明細が記された帳簿と推測される。(15) 一八四六（弘化三）年の経費はそれら諸帳簿の経費を計上（「付替」）したものであって、この年における純利益の急激な落ち込みは両替店の経営悪化を意味しない。

また、一八四六—四七（弘化三—四）年の経費増加は、銭屋源兵衛に二〇〇貫目の「元手銀」を支払い、加えて一八三七（天保八）年—一八四六年まで一〇年間の「勤料」八〇貫目を支払ったことによる。銭屋源兵衛は逸見姓を名乗る本両替であったが、一八三七（天保八）年に佐一郎が備後町に出店した際、得意先と店舗を佐一郎に譲り渡したという経緯がある。(16) 以後、源兵衛は銭佐店に勤務し、その出勤料をこの年に精算したのであろう。出勤料のうち、四九貫三二三匁あまりは備後店から支払われることになっており、(17) 源兵衛が本店と備後店の両方に勤めていたことがうかがえる。

こうした精算によって、弘化三・四年が経営上の一区切りとなっていることがわかる。

表1の「その他」には、上記のほかに、一部建築費も含まれる。たとえば、嘉永四年には一一貫五七〇匁あまりを「居宅普請」費用として計上、翌五年には、四貫四九三匁あまりを「隠居居宅普請」費用として計上している。三代

佐兵衛は一八五九（安政六）年に死去しているので、四代佐兵衛の隠居に備えてのことである。一八七一（明治四）年には、「居宅惣普請諸入用」として五六五貫五四七匁あまりを計上した。これには、一八六四（元治元）年の「綿屋町」における出火により、居宅の再建が必要になったためという説明が付されている。元治元年から明治四年までの八年間にかかった建築費をこの年に精算したことになる。掛屋敷経営に関わる費用と収益はすべて、後述する「家徳控」に記されたが、四代佐兵衛の居宅費用については「銀控帳」から支出されていた。また、婚礼費用も「銀控帳」から支出されるのが常であった。[18]

以上を踏まえ、分析を嘉永元年から始めることとし、[19]損益の推移に則して時期区分すると次のようになる。(1)嘉永元年―文久二年は、収益・純利益ともに安定的に推移し、累積純利益も漸増した安定的成長期である。収益は、一〇〇貫―一五〇貫目程度であった。(2)文久三年―慶応三年は業績悪化期である。文久三年から収益が悪化し始め、翌元治元年からは純利益がマイナスとなる。とりわけ慶応二年は最も収益が悪化した年度であった。(3)明治初年は、収益は激増したが、費用の増減が激しく、純利益は安定しない時期であった。明治五年の収益「その他」に分類した六六〇貫目には、「天保十二丑年迄年々納銀、店江かり（借り）ニ相成候分」と説明が付されている。「納銀」とは両替店以外の勘定や分家から納められた金銭で、収支が悪化した明治五年に「納銀」を切り崩して両替店の収益に補塡した。

表1に見る累積純利益の列は、銭佐自身が記帳している額で、これを店方の期末資本と見做した。期末資本は三〇〇〇貫目から五〇〇〇貫目の間を推移し、取り立てて幕末維新期に資本蓄積を進めたとは言えない。その理由として下記の四点が考えられる。

まず一つ目は、「銀控帳」の費用項目は銭佐の家経営および奉公人（手代・子供・下女・下男）に関わるすべての経費を計上しており（「世帯」「家格」「婚礼入用」「法事入用」など）、両替店経営のみでなく、銭佐の経営全体の中でその

（単位：匁）

費用（B）				純利益（A－B）	累積純利益（期末資本金）
世帯	家格／給料	その他	小計		
43,357.96	12,359.64		55,717.60	79,950.20	4,780,002.81
43,207.25	23,801.31		67,008.56	23,470.57	4,803,473.38
36,354.11	18,941.34		55,295.45	42,282.80	4,845,756.18
46,706.33	28,222.33	1,731,973.06	1,806,901.72	△ 1,680,642.35	3,165,113.83
43,695.52	12,536.00	304,933.79	361,165.31	△ 108,585.65	3,056,528.18
45,762.54	13,718.12		59,480.66	44,059.10	3,100,587.28
44,448.99	14,938.50	6,872.11	66,259.60	76,967.81	3,177,555.09
43,551.45	19,196.97	8,580.50	71,328.92	56,083.15	3,233,638.24
41,699.75	10,963.63	11,910.80	64,574.18	40,420.52	3,274,058.76
48,090.28	17,444.54	32,165.87	97,700.69	24,908.29	3,298,967.05
39,277.71	20,781.34	7,906.48	67,965.53	38,939.44	3,337,906.49
46,854.35	12,653.28	2,550.82	62,058.45	73,863.97	3,411,770.46
46,038.66	15,519.08	1,909.20	63,466.94	83,019.24	3,494,789.70
48,101.98	12,215.54	1,432.47	61,749.99	98,968.85	3,593,758.55
46,083.35	18,351.88	2,016.17	66,451.40	97,460.21	3,691,218.76
68,094.13	14,184.28	4,691.58	86,969.99	60,178.35	3,751,397.11
43,497.15	13,452.75	22,663.59	79,613.49	84,793.09	3,836,190.20
49,833.61	12,990.45	2,513.57	65,337.63	85,482.18	3,921,672.38
43,682.76	12,779.53	1,283.27	57,745.56	75,964.07	3,997,636.45
53,401.97	13,995.50	876.52	68,273.99	77,365.09	4,075,001.54
59,409.90	15,292.52	11,111.77	85,814.19	19,770.29	4,094,771.83
69,375.51	16,135.62	42,547.24	128,058.37	△ 22,403.51	4,072,368.32
85,422.39	22,528.52	41,294.87	149,245.78	△ 19,914.55	4,052,453.77
103,739.56	21,047.99	142,849.41	267,636.96	△ 223,191.70	3,829,262.07
160,220.50	40,835.60	14,963.03	216,019.13	△ 82,970.49	3,746,291.58
221,797.56	55,377.65	550.00	277,725.21	571,420.14	4,317,711.72
283,975.29	67,017.14	69,559.69	420,552.12	316,533.05	4,634,244.77
325,953.63	89,440.23	84,801.17	500,195.03	191,317.18	4,825,561.95
378,878.90	111,002.24	614,569.85	1,104,450.99	△ 718,404.44	4,107,157.51
216,808.87	97,285.08	198,463.26	512,557.21	482,195.47	4,589,352.98
163,500.56	91,476.76	23,056.66	278,033.98	△ 8,974.07	4,580,378.91
267,434.70	95,375.27	12,692.88	375,502.85	124,268.60	4,704,647.51
306,318.12	84,465.99	714,213.19	1,104,997.30	△ 636,059.89	4,068,587.62

表 1　銭屋佐兵衛両替店損益勘定

西暦	和暦	収益（A）				
		利銀	金	銭利	その他	小計
1843	天保 14	131,476.59	3,910.20	281.01		135,667.80
1844	弘化元	89,660.08	701.24	117.81		90,479.13
1845	弘化 2	95,553.73	1,776.58	247.94		97,578.25
1846	弘化 3	124,375.07	1,632.03	252.27		126,259.37
1847	弘化 4	111,344.36	1,368.58	310.42	139,556.30	252,579.66
1848	嘉永元	102,011.03	1,085.29	443.44		103,539.76
1849	嘉永 2	139,036.63	3,500.40	690.38		143,227.41
1850	嘉永 3	123,321.42	3,758.69	331.96		127,412.07
1851	嘉永 4	101,473.14	2,819.10	702.46		104,994.70
1852	嘉永 5	119,626.00	2,554.10	428.78		122,608.88
1853	嘉永 6	109,005.67	△ 2,605.23	504.53		106,904.97
1854	安政元	133,446.01	2,267.24	209.17		135,922.42
1855	安政 2	143,444.03	2,718.45	323.70		146,486.18
1856	安政 3	158,316.96	1,991.17	410.71		160,718.84
1857	安政 4	160,303.71	3,259.27	348.63		163,911.61
1858	安政 5	144,536.12	2,361.29	250.93		147,148.34
1859	安政 6	161,019.51	2,756.07	631.00		164,406.58
1860	万延元	151,935.18	△ 1,884.57	769.20		150,819.81
1861	文久元	119,913.07	14,285.70	△ 489.14		133,709.63
1862	文久 2	135,968.86	4,152.15	5,482.10	35.97	145,639.08
1863	文久 3	107,366.26	△ 2,830.62	1,048.84		105,584.48
1864	元治元	87,998.36	10,304.50	7,352.00		105,654.86
1865	慶応元	99,565.38	30,354.44	△ 588.59		129,331.23
1866	慶応 2	73,786.83	△ 35,461.52	6,119.95		44,445.26
1867	慶応 3	61,106.11	70,918.13	1,024.40		133,048.64
1868	明治元	93,741.03	742,603.18	12,801.14		849,145.35
1869	明治 2	123,216.82	616,335.27	△ 5,216.92	2,750.00	737,085.17
1870	明治 3	161,993.15	523,090.58	6,428.48		691,512.21
1871	明治 4	258,984.70	118,391.20	8,670.65		386,046.55
1872	明治 5	338,279.14	2,182.24	△ 5,708.70	660,000.00	994,752.68
1873	明治 6	205,236.47	63,943.13	△ 119.69		269,059.91
1874	明治 7	104,751.67	395,019.78			499,771.45
1875	明治 8		468,937.41			468,937.41

出典）「銀控帳」〔8-5, 8-7〕.
備考）明治 8 年より円建て表記．1 円＝220 匁で換算.

費用が消化されるべきものだという点である。大名貸勘定・掛屋敷勘定ではそれらは計上されていない[20]。

そして二点目は、銭屋佐一郎の備後店設立に伴い、商業金融の比重が備後店に移ったためである。一八五七（安政四）年の両替商番付では、佐一郎の名が前頭三枚目に見えるが、佐兵衛の名は見えない[21]。本店（佐兵衛店）が完全に商業金融から手を引いたわけではないが、商業金融部門を備後店（佐一郎店）と分担し、代わりに大名貸の比重を強めていったと考えられる。

備後店の「銀控帳」も残されている[22]（表2）。収益から察するに、備後店の開店当初から経営規模は本店より備後店が勝っていたものの、文久三年頃までは本店の方が安定的な利益をあげていた。ところが備後店は幕末維新期に経営拡大を果たし、明治四年には単年度で二三〇八貫目もの利益をあげるに至った。期末資本金は明治七年度末に一万貫目を超え、本店の約二・三倍にのぼった。一方の本店は、有銀にかなりの不良債権が含まれていた可能性が指摘されており（本書第五章中川すがね論文）、このことをあわせて鑑みても、備後店開店以後の佐兵衛の経営方針として、本店における商業金融の消極化は指摘できるだろう。大名貸の比重を強めていったという点については、次節にて詳述する。

三点目は、御用金賦課による費用の増大である。幕末維新期に、幕府および維新政府は大坂市中へ相次いで御用金を賦課した。本章の分析時期に絞って言えば、①嘉永六年の御用金、②安政七年（万延元年）の御用金、③慶応二年の御用金、を銭佐が引き請けたことが確認できる。引き請ける際は、銭屋佐兵衛と佐一郎の連名である。嘉永六年の御用金引請高は、三年賦二五貫目、五年賦三〇貫目の計五五貫目であったが（「乍恐口上」〔2–42–1〕）、のちに三年賦三〇貫目、一〇年賦一〇〇貫目の計一三〇貫目に増額した（「覚」〔2–42–12〕、「嘉永御用金」〔2–58–1〕）。安政七年の御用金は、三七〇貫目を引き受けている（「安政御用金控」〔2–59–1〕）。開港に伴う対外関係費の増大に対処することが目的で、全体では口数九六六口、請高六万八一四七貫目であった[23]。慶応二年の御用金は、幕府が第二次長州征討の軍資金調達

表2 銭屋佐一郎両替店損益勘定

（単位：匁）

西暦	和暦	収益	費用	純利益	累積純利益（期末資本金）
1837	天保8	37,556.19	37,557.39		
1838	天保9	154,012.13	110,942.07	43,070.06	43,070.06
1839	天保10	126,638.87	124,317.13	2,321.74	45,391.80
1840	天保11	86,683.49	70,919.35	15,764.14	61,155.94
1841	天保12	128,717.22	120,464.71	8,252.51	69,408.45
1842	天保13	139,287.53	105,218.77	34,068.76	103,477.21
1843	天保14	131,843.81	162,824.89	△30,981.08	72,496.13
1844	弘化元	282,857.93	91,476.21	191,381.72	263,877.85
1845	弘化2	127,952.90	82,431.48	45,521.42	309,399.27
1846	弘化3	165,222.32	121,099.49	44,122.83	353,522.10
1847	弘化4	165,947.75	144,943.08	21,004.67	374,526.77
1848	嘉永元	158,795.90	100,212.41	58,583.49	433,110.26
1849	嘉永2	182,975.38	132,292.18	50,683.20	483,793.46
1850	嘉永3	156,027.08	107,201.97	48,825.11	532,618.57
1851	嘉永4	170,875.79	116,918.55	53,957.24	586,575.81
1852	嘉永5	162,372.05	133,241.78	29,130.27	615,706.08
1853	嘉永6	162,770.35	154,668.38	8,101.97	623,808.05
1854	安政元	129,376.92	135,885.31	△6,508.39	617,299.66
1855	安政2	172,615.59	166,947.13	5,668.46	622,968.12
1856	安政3	182,934.99	120,678.05	62,256.94	685,225.06
1857	安政4	198,139.75	195,221.40	2,918.35	688,143.41
1858	安政5	210,903.93	125,853.61	85,050.32	773,193.73
1859	安政6	237,664.36	210,261.24	27,403.12	800,596.85
1860	万延元	212,437.00	121,948.91	90,488.09	891,084.94
1861	文久元	203,001.49	191,763.76	11,237.73	902,322.67
1862	文久2	156,587.31	155,860.50	726.81	903,049.48
1863	文久3	180,432.60	108,878.40	71,554.20	974,603.68
1864	元治元	291,131.48	135,808.84	155,322.64	1,129,926.32
1865	慶応元	500,707.87	321,757.67	178,950.20	1,308,876.52
1866	慶応2	497,965.18	486,644.96	11,320.22	1,320,196.74
1867	慶応3	1,088,370.53	342,305.14	746,065.39	2,066,262.13
1868	明治元	1,398,978.52	467,675.29	931,303.23	2,997,565.36
1869	明治2	1,776,071.83	563,707.36	1,212,364.47	4,209,929.83
1870	明治3	2,478,320.00	744,685.44	1,733,634.56	5,943,564.39
1871	明治4	3,325,813.53	1,016,820.68	2,308,992.85	8,252,557.24
1872	明治5	1,293,690.88	925,500.75	368,190.13	8,620,747.37
1873	明治6	1,409,061.69	465,777.18	943,284.51	9,564,031.88
1874	明治7	1,919,214.70	547,161.69	1,372,053.01	10,936,084.89
1875	明治8	2,011,261.49	1,086,903.66	924,357.83	11,860,442.72
1876	明治9	2,548,760.63	1,624,736.85	924,023.78	12,784,466.50

1877	明治 10	2,078,543.21	1,626,403.79	452,139.42	13,236,605.93
1878	明治 11	3,022,276.29	1,443,333.63	1,578,942.66	14,815,548.59
1879	明治 12	1,915,017.10	2,133,957.83	△ 218,940.72	14,596,607.87
1880	明治 13	684,047.10	963,873.79	△ 279,826.69	14,316,781.18

出典）「銀控帳」〔2-54〕より作成.
備考）単位は匁．1000 の位が貫，小数点第 1 位が分に相当．明治 7 年以降は円建て表示．明治 6 年換算で 6,399 円 73 銭 9 厘 4 毛＝1,407 貫 942 匁 6 歩 6 厘なので，換算率 1 円＝220 匁で算出．1881 年以後は「銀控帳」〔7-39〕に接続.

のために、大坂町奉行所を通じて、大坂・兵庫・西宮の町人に達したものである。全体の請高は銀一七万八七八四貫一〇〇目、口数は一一〇八口であり[24]、銭佐の引請高も二〇〇〇貫目という巨額にのぼった（「御用金御受納高町名前控」〔2-53〕）。実際にどれだけの上納が実現したか不明であるが、以上の時期における業績悪化は、こうした御用金賦課に起因するものと考えられる。

最後に四点目であるが、明治二年の為替会社参画に関わる負担があげられる。明治二年八月に大坂為替会社・通商会社が創立されると[25]、銭屋佐兵衛は「通商司為替会社幷御貸附方頭取並」に命ぜられ、名字帯刀を許された（「〔為替会社、御貸附方頭取並、苗字帯刀申付につき〕」〔3-39-2-11〕）。為替会社と通商会社はその役員を共有しており、このときの大坂両会社の構成員は表3の通りである。

為替会社・通商会社に参画するにあたり、まず身元金の出資が大きな負担となった。出資に応じて頭取以下の「席順」が決まる上、身元金を出さなかったものは頭取罷免とされた。通商司に身元金を差し出すように催促されたとき、銭佐ら社中はたびたびその対応を迫られている。たとえば、佐兵衛が通商司に提出した書翰の写しによると（「乍憚口上」〔3-39-1-5〕）、明治二年分の身元金一〇〇〇両の内、佐兵衛は滞納していた四〇〇両のほかに、六〇〇両を一二月納めにすることを願い出ており、聞き届けられていた。しかしながら、四〇〇両を九月四日に納めた際に、残りの六〇〇両を九月一〇日までに納めるよう通商司に催促され、改めて猶予を願い出ている。その際、猶予が聞き届けられた場合は、身元金一〇〇〇両を加増して明治三年七月までに納めることを約束した。六〇〇両は明治二年一二月二〇日に納められ（「〔身元金差加金、昨二〇日納付につき）」〔3-39-2-3〕）、佐兵衛は社中に留まることとなる。その後、さらなる身元金増額の命をうけた模様で、佐兵衛は明治四年八月二九日までに身元金五〇〇〇両を納めた（「乍憚口上」〔3-39-4〕）。

人員の提供も大きな負担であった。明治二年一二月の時点で、佐兵衛は自身の病気を理由に笹部専助を代勤させていた（「口上覚」〔3-39-2-4〕）。病気を理由に代理人を出すのは当時社中の間では一般的に見られた現象であるが、当主もしくは名代の出頭が自家の経営上大きな負担になっていたことは間違いないだろう。

表3 大坂為替会社・通商会社社員名簿

総頭取	山中善右衛門，長田佐兵衛，殿村平右衛門，廣岡久右衛門，石崎喜兵衛，中原庄兵衛
頭取	平瀬宗十郎，高木五兵衛，和田久右衛門，井上市兵衛，浅田市兵衛，長田作五郎，樋口重郎兵衛，木原忠三郎，逸身佐兵衛，清海安五郎，大眉五兵衛，山中善五郎，津田休兵衛，山片平右衛門，藪清右衛門，草間伊兵衛，由良七兵衛，辻忠右衛門，池田四郎兵衛，下村清兵衛，杉村庄太郎，小西八郎右衛門，見市治郎吉，福田吉兵衛，門田三郎兵衛，木村作五郎，原嘉助，菅井三十郎，荘保勝蔵，榎本六之助
頭取並	平井四郎右衛門，上田利兵衛，渋谷正三郎，山本亦三郎，高松張右衛門，村田亦兵衛，芝川又右衛門，西村七郎兵衛，山口吉郎兵衛，山田甚兵衛

出典）「（通商司関係綴）」〔3-39-4〕より作成．

こうした要因により本店の成長は制限され、結果として幕末維新期にかけて商業金融部門における資本蓄積は見られなかった。両替店勘定では、近世中期までの蓄積を近代に持ち越したに過ぎない。では、他の事業分野はどのような成績を収めたのであろうか。

第二節 大名貸経営

銭佐本店の大名貸帳簿が、「諸家徳」と「諸家貸」である。そのうち、「諸家徳」に見られる各年度収益と費用を記したものを表4とした。利息支払いの継続性や時期から、貸付先であった大名・旗本・寺社の諸家を任意にA群―E群として分類してある。

A群は文政期より幕末維新期まで一貫して取引関係が継続した諸家で、鳥取藩、高鍋藩、伯太藩、庭瀬藩、蒔田氏(26)、岸和田藩、小田原藩、妙法院が含まれる。文政期は高鍋藩からの利息収入が多く、特に文政四年は全利息の五二・四%を占めている。妙法院への貸付は名目金貸付で、[27]たとえば銭佐から妙法院御貸付役所を通じて対馬藩へ渡るという事例が確認できる。[28]この場合、対馬藩の支払う利息は妙法院と銭佐で折半される。妙法院を介さずに直接対馬藩へ融資する方が銭佐の受け取る利息は高かったはずであるが、返済の確実性を考慮したとき、あるいは関係を未だ構築していない諸侯への貸付を新たに開始するとき、門跡寺院として格式の高い妙法院を通じた名目金貸付というのも一つの手段として選択された。

B群は天保期頃に取引関係が断絶した諸家で、佐賀藩、島原藩、飫肥藩、尼崎藩、金谷宿、近江小室藩、加賀藩、根来寺、辻氏（五條代官）が含まれる。佐賀藩以外の諸家に対する貸付残高は、少なくとも嘉永期以後はゼロとなっている（「諸家貸」〔7–1〕）。これは諸家が皆済したか、天保期において銭佐が不良債権として内部的に処理したか、そのいずれかである。佐賀藩は天保期に藩政改革を進め、のちに雄藩化してゆく藩であるが、諸家側の論理としては、「負債の踏み倒しに類する財政整理の強引さに象徴される封建権力の強固さが、依然藩政改革を成功に導く根柢の力であった」と言われるような、[29]負債踏み倒しという論理が働いたと考えられる。この佐賀藩との関係のみ、天保期以

（単位：匁）

道具代	年度純利益（収益－費用）	累積純利益
	143,609.43	143,609.43
	60,473.12	204,082.55
	91,488.20	295,570.75
	55,276.87	350,847.62
	96,883.73	447,731.35
	58,388.57	506,119.92
	52,097.24	558,217.16
	51,869.15	610,086.31
	36,781.14	646,867.45
	86,019.06	732,886.51
	90,581.96	823,468.47
	74,470.87	897,939.34
	66,455.69	964,395.03
	107,268.50	1,071,663.53
	59,639.20	1,131,302.73
	97,022.82	1,228,325.55
△3,000.00	73,286.30	1,301,611.85
△3,000.00	71,743.39	1,373,355.24
△3,000.00	83,842.10	1,457,197.34
	81,682.44	1,538,879.78
△6,000.00	91,072.79	1,629,952.57
△3,000.00	52,644.69	1,682,597.26
	440,852.98	2,123,450.24
△6,000.00	81,771.50	2,205,221.74
△3,000.00	80,045.29	2,285,267.03
△3,000.00	70,750.09	2,356,017.12
△3,000.00	68,737.23	2,424,754.35
△3,000.00	83,936.65	2,508,691.00
△3,000.00	81,143.53	2,589,834.53
△3,000.00	44,549.57	2,634,384.10
△3,000.00	54,482.38	2,688,866.48
△3,000.00	170,718.53	2,859,585.01
△3,000.00	71,256.75	2,930,841.76
△3,000.00	108,629.29	3,039,471.05
△3,000.00	118,501.51	3,157,972.56
△3,000.00	78,321.52	3,236,294.08
△3,000.00	63,685.59	3,299,979.67
△3,000.00	186,857.03	3,486,836.70
△3,000.00	157,875.67	3,644,712.37
△3,000.00	233,277.30	3,877,989.67
△3,000.00	164,001.14	4,041,990.81

表4　銭佐の大名貸経営における各年度収益と費用

西暦	和暦	A群	B群	C群	D群	E群	小計	新公債	両替店付替
1818	文政元	107,435.94	22,481.38			13,692.09	143,609.41		
1819	文政2	49,258.04	11,215.11				60,473.15		
1820	文政3	53,309.00	48,349.97			△170.67	101,488.30		△10,000.00
1821	文政4	27,383.09	36,314.57			1,578.53	65,276.19		△10,000.00
1822	文政5	36,091.18	60,792.50				96,883.68		
1823	文政6	33,642.48	24,746.02				58,388.50		
1824	文政7	27,241.16	24,856.13				52,097.29		
1825	文政8	33,742.30	18,126.80				51,869.10		
1826	文政9	30,037.91	6,743.10				36,781.01		
1827	文政10	62,491.96	23,556.67			△29.57	86,019.06		
1828	文政11	70,706.29	19,599.67			276.00	90,581.96		
1829	文政12	61,139.82	13,142.00			189.00	74,470.82		
1830	天保元	63,619.32	2,438.33			397.90	66,455.55		
1831	天保2	97,468.58	9,799.97				107,268.55		
1832	天保3	57,691.36	1,948.02				59,639.38		
1833	天保4	93,904.43	2,696.47			421.92	97,022.82		
1834	天保5	65,805.91	10,227.08			253.75	76,286.74		
1835	天保6	73,438.72	1,383.06			△78.39	74,743.39		
1836	天保7	78,822.41	8,099.87	△35.80		△44.33	86,842.15		
1837	天保8	79,547.13	2,190.86	△3.80		△51.75	81,682.44		
1838	天保9	87,007.51	9,902.20			163.08	97,072.79		
1839	天保10	70,663.61	△14,971.86			△47.06	55,644.69		
1840	天保11	436,748.54	4,143.82	△86.44		47.06	440,852.98		
1841	天保12	76,276.40	3,480.42	6,014.68		2,000.00	87,771.50		
1842	天保13	85,750.98	9,762.48	17,531.83			113,045.29		△30,000.00
1843	天保14	83,927.29	6,765.96	13,056.84			103,750.09		△30,000.00
1844	弘化元	80,286.80	5,437.60	14,225.32		1,787.51	101,737.23		△30,000.00
1845	弘化2	73,886.23	△2,412.59	45,467.87		△4.86	116,936.65		△30,000.00
1846	弘化3	69,891.11	△211.30	44,463.72			114,143.53		△30,000.00
1847	弘化4	64,853.76	5,597.10	7,098.71			77,549.57		△30,000.00
1848	嘉永元	76,338.85	1,035.70	10,107.83			87,482.38		△30,000.00
1849	嘉永2	189,141.85	1,655.70	12,920.98			203,718.53		△30,000.00
1850	嘉永3	90,360.63	△180.46	14,076.58			104,256.75		△30,000.00
1851	嘉永4	128,515.47	△70.95	13,184.77			141,629.29		△30,000.00
1852	嘉永5	136,883.79	△86.56	14,704.28			151,501.51		△30,000.00
1853	嘉永6	95,379.37	△65.30	16,007.45			111,321.52		△30,000.00
1854	安政元	76,594.95	△39.08	20,129.72			96,685.59		△30,000.00
1855	安政2	206,182.30	△12.05	13,686.78			219,857.03		△30,000.00
1856	安政3	172,873.50	△12.13	18,014.30			190,875.67		△30,000.00
1857	安政4	79,494.93	△10.18	186,792.55			266,277.30		△30,000.00
1858	安政5	180,557.99	△12.16	13,545.63	2,909.68		197,001.14		△30,000.00

後も費用勘定を計上しており、利息が支払われないながらも関係を継続しようとする銭佐側の意図も見られる。貸付残高を銭佐が不良債権として処理しなかったという意味では、[30]佐賀藩はA群に近い位置に立っている。

C群は逆に天保期頃に銭佐との取引関係が発生した諸家で、五島藩（福江藩）、土浦藩、徳山藩が含まれる。天保期の不良債権整理は必ずしも大名貸事業の縮小を意味せず、利息を毎年継続的に支払う優良な藩と銭佐が期待したなら、新規に関係を築くこともあった。

D群は開港後に取引関係が発生した諸家で、C群とは時期的な違いが見られる。高知藩（土佐藩）、宿毛領（高知支藩）、熊本藩、徳島藩、津藩、吉田藩（伊予）が当群に属する。幕末維新期の利息急増という全体の傾向には、このD群が一番大きな影響を与えている。特に高知藩の利息支払額が著しく、明治八年までに累積は四〇〇〇貫目弱にのぼった。これは、銭佐が古くから関係を築いたA群のどの藩よりも、利息支払総額（厳密には累積純利益）の面で上回っている。

そして最後にE群は、銭佐と単発的な取引を行った諸家で、平戸藩、美濃郡代（三河口太忠）、府内藩、久留米藩、宮津藩、柳生藩、多羅尾代官所（信楽）、戸塚宿、延岡藩、秋月藩が該当する。これらの諸家が銭佐に支払った利息は、単年度か多くても四年間までで、利息支払総額もそれぞれ一〇貫目に満たない。天保期以降は、こうした諸家との単発的な取引は見られず、新規貸付に慎重な姿勢であったことがうかがえる。

天保期に不良債権整理が行われたというのは、大名貸に進出した時期が遅い銭佐の特徴かもしれない。比

道具代	年度純利益（収益－費用）	累積純利益
△ 3,000.00	110,011.80	4,152,002.61
△ 3,000.00	225,577.12	4,377,579.73
△ 3,000.00	226,166.47	4,603,746.20
△ 3,000.00	237,799.17	4,841,545.37
△ 3,000.00	298,507.76	5,140,053.13
△ 3,000.00	301,318.64	5,441,371.77
△ 3,000.00	549,409.53	5,990,781.30
△ 3,000.00	547,219.37	6,538,000.67
△ 3,000.00	553,308.39	7,091,309.06
△ 3,000.00	1,081,798.76	8,173,107.82
△ 3,000.00	870,665.46	9,043,773.28
△ 3,000.00	2,254,613.56	11,298,386.84
△ 3,000.00	1,840,374.83	13,138,761.67
	766,572.69	13,905,334.36
	141,926.40	14,047,260.76
	845,957.73	14,893,218.49
	326,949.35	15,220,167.84
△ 114,000.00	15,220,167.84	

ス表示（△）となる．

西暦	和暦	A 群	B 群	C 群	D 群	E 群	小計	新公債	両替店付替
1859	安政 6	91,617.56	△ 12.25	18,277.65	33,128.84		143,011.80		△ 30,000.00
1860	万延元	171,429.79	△ 16.11	27,821.20	59,342.24		258,577.12		△ 30,000.00
1861	文久元	154,973.53	△ 16.10	17,866.57	86,342.47		259,166.47		△ 30,000.00
1862	文久 2	164,370.44	△ 16.38	14,442.90	92,002.21		270,799.17		△ 30,000.00
1863	文久 3	227,820.61	△ 16.78	7,779.69	95,924.24		331,507.76		△ 30,000.00
1864	元治元	117,501.98	△ 16.80	25,076.37	191,757.09		334,318.64		△ 30,000.00
1865	慶応元	346,390.45	△ 16.70	52,187.07	183,848.71		582,409.53		△ 30,000.00
1866	慶応 2	230,603.78	△ 16.92	17,640.44	331,992.07		580,219.37		△ 30,000.00
1867	慶応 3	215,615.13	△ 17.37	25,591.31	345,119.32		586,308.39		△ 30,000.00
1868	明治元	264,609.05	△ 6.90	202,039.93	618,156.68		1,084,798.76		
1869	明治 2	370,853.49	△ 16.90	165,031.14	337,797.73		873,665.46		
1870	明治 3	325,881.83	△ 26.95	45,947.05	1,885,811.63		2,257,613.56		
1871	明治 4	693,124.28	△ 13.75	9,638.26	1,140,626.04		1,843,374.83		
1872	明治 5	11,519.54		△ 420.86	5,474.01		16,572.69		750,000.00
1873	明治 6	54,513.14		7,186.65	5,866.61		67,566.40	74,360.00	
1874	明治 7	168,739.58		6,966.59	46,991.56		222,697.73	623,260.00	
1875	明治 8				56,349.35		56,349.35	270,600.00	
小計		7,373,957.07	378,194.03	1,123,975.76	5,519,440.48	20,380.21	14,415,947.55	968,220.00	△ 50,000.00

出典）「諸家徳」〔7-36〕.
備考） 明治 6 年以降は円表示のため，1 円＝220 匁で匁に換算し直した．（収益－費用）で費用が上回る場合，マイナ

較対象として鴻池屋善右衛門家（以下、鴻善）の事例を挙げると、同家は享保期から天明期（一七一六—八九年）にかけて、大名貸件数の減少・新規貸付の停止といった措置を取り、経営縮小を伴う形で不良債権整理を断行していったことが知られている[31]。この中には、のちに銭佐から借り入れを行う熊本藩・吉田藩（D群）も含まれていた。同家の分家にあたる鴻池屋栄三郎家も、四代善兵衛の代において（正徳三—延享二年、一七一三—四五）、度々の債権切り捨てや付け替えという妥協を強いられながら、特定藩を相手とする大名貸に純化していったことが指摘されている[32]。これら先発銀主と比べると、銭佐の不良債権整理は五〇—一〇〇年のタイムラグが存在する。先発銀主による大規模な不良債権整理は後発銀主の登場する素地となり、銭佐によるそれも当然さらなる後発銀主を登場させる結果を導いたであろう。

　たとえば、B群の佐賀・島原・飫肥、E群の平戸・府内・久留米・延岡・秋月、など九州諸藩と銭佐の関係は一時的で、特定の藩を除いて鴻善の場合もそうで

表5　銭佐各年度貸付高

（単位：匁）

西暦	和暦	貸付高
1847	弘化4	826,454.46
1848	嘉永元	456,397.88
1849	嘉永2	1,590,654.68
1850	嘉永3	927,057.90
1851	嘉永4	761,463.83
1852	嘉永5	1,377,827.45
1853	嘉永6	1,076,295.98
1854	安政元	951,902.05
1855	安政2	1,153,588.95
1856	安政3	1,247,603.40
1857	安政4	1,339,824.62
1858	安政5	2,276,656.58
1859	安政6	2,292,957.60
1860	万延元	3,106,598.20
1861	文久元	1,418,038.72
1862	文久2	2,718,223.99
1863	文久3	3,812,514.31
1864	元治元	1,987,176.60
1865	慶応元	2,622,535.81
1866	慶応2	4,563,709.85
1867	慶応3	4,819,928.65
1868	明治元	6,447,293.50
1869	明治2	6,417,053.09
1870	明治3	6,366,562.05
1871	明治4	14,043,913.45
1872	明治5	—
1873	明治6	490,830.67
1874	明治7	709,342.89
小計		77,270,135.38

出典）「諸家貸」〔7-1〕.
備考）基本的に銀匁勘定であるが，金両換算の但書がある事例から銀相場を算出した．小数点第2位未満四捨五入．

あった。ここに地元資本である日田掛屋の参入余地が存する。日田掛屋・広瀬家が府内藩の用達となったのは一七六九(明和六)年であるが、天保三年の藩政改革に際しては多額の出銀を引き受け、以後府内藩との関係を深めていく。ほか久留米・延岡・秋月は、いずれも広瀬家から借り入れを受けている藩である(33)。九州諸藩の大坂商人離れと日田商人の経済的成長が同期していたというのは、単なる時期的一致ではなく、明白な因果関係が認められよう(34)。この積み重ねが銀主の多様化を推し進めた。

このように「諸家徳」の帳簿は、諸家毎の収益と費用を記入し、それらの総計値を年度ごとに算出しているわけだが、銭佐の場合、さらに大名貸累積純利益額を算出している点が経営史上重要である。天保期以後、利息収入が不安定な諸家への貸付を整理する一方で、優良な諸家への貸付を拡大したため、大名貸純利益は幕末期に加速度的に増大し、文政期から明治五年までの累積純利益は一万三九〇五貫目にのぼった。

次いで「諸家貸」の検討に移りたい。同帳簿は、貸付先毎に貸付を行った年月日・額および返済年月日を記載した帳簿である。そのうち各年度貸付高と貸付残高の数値を表5・表6にまとめた。

貸付高は、安政五年―万延元年、および慶応元年―明治四年までの伸びが著しい。貸付残高は一八五九(安政六)年の開港まで低位に推移し、以後緩やかに上昇、そして幕末維新期に激増している。銭佐側の大名貸に対する積極的な

表 6　銭佐大名貸各年度貸付残高

西暦	和暦	A 群	B 群（佐賀藩のみ）	C 群	D 群	総計（匁）	年度純利益／前年度貸付残高（%）
1847	弘化 4	1,768,606.84	494,380.85	98,028.39		2,361,016.08	
1848	嘉永元	1,731,412.76	492,714.90	85,568.39		2,309,696.05	2.31
1849	嘉永 2	1,630,185.68	490,049.75	173,059.12		2,293,294.55	7.39
1850	嘉永 3	1,966,536.64	487,384.60	171,174.07		2,625,095.31	3.11
1851	嘉永 4	1,768,049.16	485,053.70	137,978.15		2,391,081.01	4.14
1852	嘉永 5	2,017,170.42	482,055.02	197,271.20		2,696,496.64	4.96
1853	嘉永 6	1,963,548.51	479,389.15	268,750.72		2,711,688.38	2.90
1854	安政元	2,020,578.58	465,358.24	286,750.72		2,772,687.54	2.35
1855	安政 2	2,080,682.52	465,346.55	301,375.31		2,847,404.38	6.74
1856	安政 3	2,158,189.71	465,334.26	279,375.31		2,902,899.28	5.54
1857	安政 4	2,243,222.59	465,323.17	643,553.98		3,352,099.73	8.04
1858	安政 5	2,547,454.98	465,311.48	639,553.98	499,426.74	4,151,747.17	4.89
1859	安政 6	2,537,882.70	465,299.79	744,768.98	869,660.64	4,617,612.11	2.65
1860	万延元	2,511,631.83	465,188.38	683,399.63	1,275,643.27	4,935,863.11	4.89
1861	文久元	2,503,742.73	465,076.97	618,399.63	1,144,624.28	4,731,843.61	4.58
1862	文久 2	3,070,733.80	464,965.56	558,399.63	1,455,458.95	5,549,557.94	5.03
1863	文久 3	2,907,251.00	464,854.15	718,399.63	2,089,040.55	6,179,545.33	5.38
1864	元治元	2,950,967.35	464,742.74	738,399.63	2,523,093.40	6,677,203.12	4.88
1865	慶応元	2,176,149.61	464,631.33	724,721.00	2,927,830.10	6,293,332.03	8.23
1866	慶応 2	1,974,727.93	464,519.92	889,676.17	3,775,051.91	7,103,975.93	8.70
1867	慶応 3	1,912,559.64	464,408.51	888,801.17	4,834,561.10	8,203,688.42	7.79
1868	明治元	2,839,350.42	464,408.51	1,238,413.18	5,280,169.00	9,822,341.11	13.19
1869	明治 2	3,501,874.93	464,297.10	1,314,685.51	5,624,861.00	10,905,718.54	8.86
1870	明治 3	3,636,290.35	464,185.69	1,094,685.51	3,395,631.35	8,590,792.90	20.67
1871	明治 4	4,080,140.20	464,074.28	1,204,685.51	9,080,631.35	14,829,531.34	21.42
1872	明治 5	3,639,910.20		1,094,685.51	9,080,631.35	14,255,457.06	5.17
1873	明治 6	3,064,950.20		581,016.18	8,640,631.35	12,470,197.73	1.00
1874	明治 7	925,283.09		490,830.67	2,357,111.35	3,773,225.11	6.78
1875	明治 8	247,199.19				247,199.19	8.66

出典）「諸家貸」〔7-1〕.
備考）単位は匁．貸付残高は主に採録年の 12 月時点だが，前年の 1 月時点を記載したものも一部存在する．明治 5 年・6 年の高鍋藩（A 群）貸付残高は未記入のため，明治 5 年は前年度と同じ数字を代入し，明治 7 年の残高と一致するよう明治 6 年で調整してある．

姿勢がうかがえる一方で、鳥取藩の事例に示されるように（本書第一〇章須賀博樹論文）、戊辰戦争に伴う軍事費増加という藩側の状況に応じて貸付高が増加した側面も認められる。明治五年末の貸付残高は一万四二五五貫目となっている。

「諸家徳」と「諸家貸」を合わせて見ると、銭佐から貸付を引き出すためには利息支払いが必要であったことがわかる。たとえば、C群の五島藩は一八五三（嘉永六）年から一八五六（安政三）年までほとんど利息支払いをしていなかったにもかかわらず(35)、安政四年に突然一七五貫目余りの利息を支払い、代わりに同年三五八貫目余りの新規借り入れを行っている。土浦藩も慶応元年に五一貫目余りの利息を支払い、一一八貫目余りの新規借り入れを行っている。いずれも、利息支払いが停滞する中で新規借り入れを求める諸藩に対し、新規借入額の半額を利息支払いに組み込む形で貸付を行っていると理解することができる。一種の借り換えであるが、銭佐にとって実質的な出金は新規貸付額の半分であり、新規貸付額の利息はそのまま請求することができた。このように利息の計上方法は銭佐に有利であったものの、五島藩の場合、明治五年まで一切の元金返済はなされていない。利息支払いは継続しているので、不良債権化したとまでは言えないが、こうした藩に対する追い貸し的な融資が貸付高増加を支えていた側面もある。とはいえ、幕末維新期の貸付高増加に最も影響を与えたD群の元利返済は堅調であった。

貸付残高の動向と表4の累積純利益額の動向を比較すると、波形および額がほぼ一致することがわかる（図1）。両替店勘定との出入りはごく初期にわずかに見られるのみで、しかも、大名貸勘定から両替店勘定に繰り入れられた「納銀」は、最終的に大名貸勘定に戻されている。銭佐の大名貸勘定は閉じた会計であり、大名貸で得られた収益は両替店勘定の収益に付け替えられることはなく、新しい大名貸に再投資される構造と理解することができる。大名貸の原資としては、両替店で得た蓄積が用いられた。しかし、その利払いを済ませた後は(36)、大名貸の収益のみで貸付額を増大させたのである。貸倒引当金などの損失を両替店収益から補塡することもなかった。

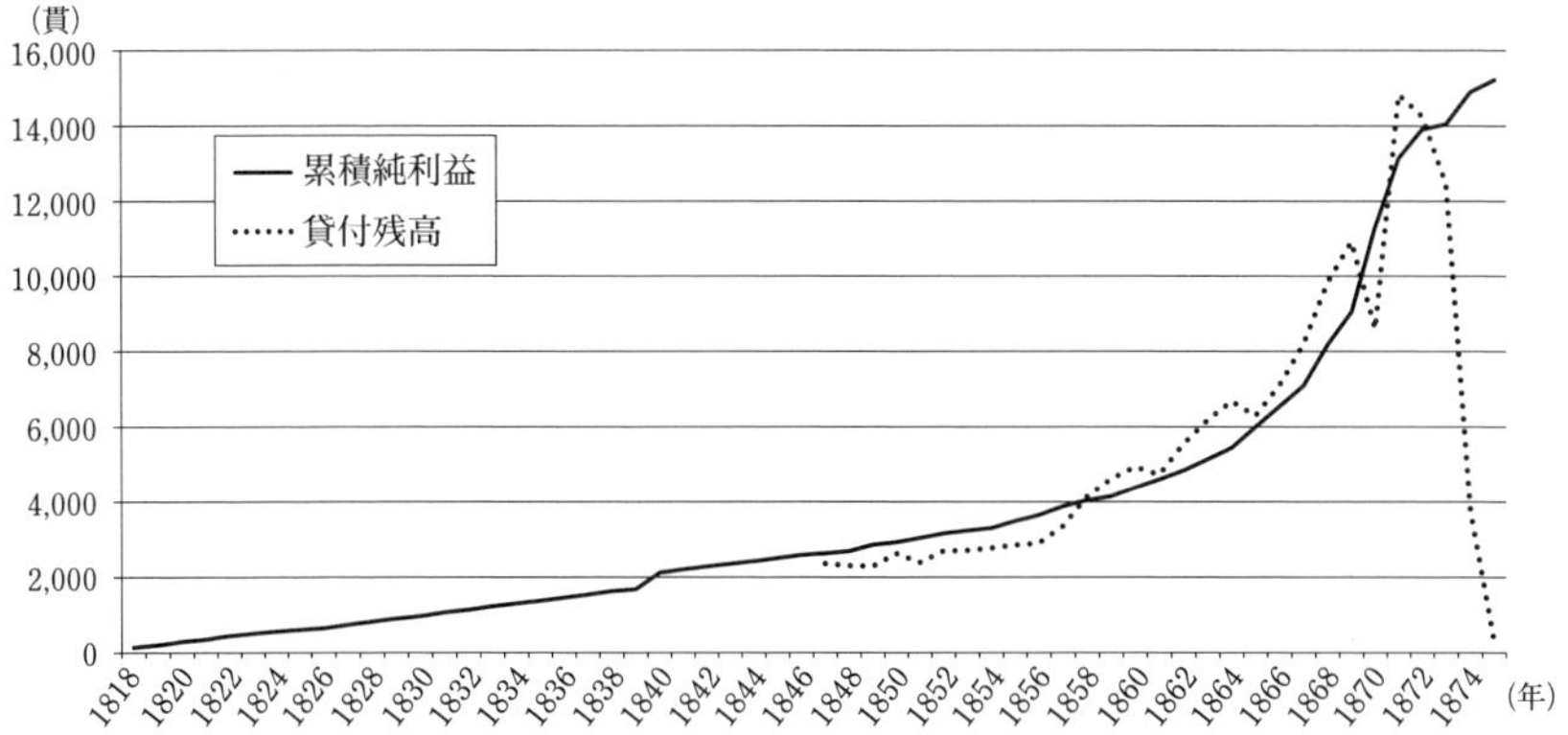

図１　銭佐の累積純利益と貸付残高

ただし、「名目」貸付残高の増加を、単純な貸付拡大と理解することはできない。なぜなら、①物価上昇を加味するとそこまで「実質」貸付残高は伸びていない、②銀相場下落下で金建ての債権を持っていた場合、債権の銀建て評価額が上昇する可能性がある、ためである。一八五四―五六（安政元―三）年の金建て物価指数を一〇〇として、一八六九（明治二）年には六二六にまで上昇するという推計もあり[37]、物価上昇に比例した貸付残高の伸びとも見て取れる。また、嘉永期頃まで通用していたと考えられる公定銀相場一両＝六〇匁の換算比率も、明治元年には一両＝二二〇匁まで下落し、同年の銀目廃止により固定化された。帳簿上では額面価額を計上するのみで、物価上昇や銀相場下落の影響を織り込んでおらず、厳密な分析は難しい。ひとまずここでは、「実質」貸付残高の増大というよりも、D群への「名目」貸付高増大と、貸付残高と累積純利益が同期している状態を強調したい。

表6の最右列は、年度純利益（表4）を前年度貸付残高で除し一〇〇を乗した値（収益率）である。鴻善を検討した安岡は、大名貸の収益性分析にあたって、①前年元銀（＝前年純資産）に対する利息の割合を求める、②前年貸有銀（貸付残高＋遊休資産）に対する利息の割合を求める、という二つの方法を有効と考えた[38]。銭佐の遊休資産額は不明で[39]、鴻善で抽出できる数値と時期的相違もあるが、参考までに安岡が算出した鴻善の収益率と

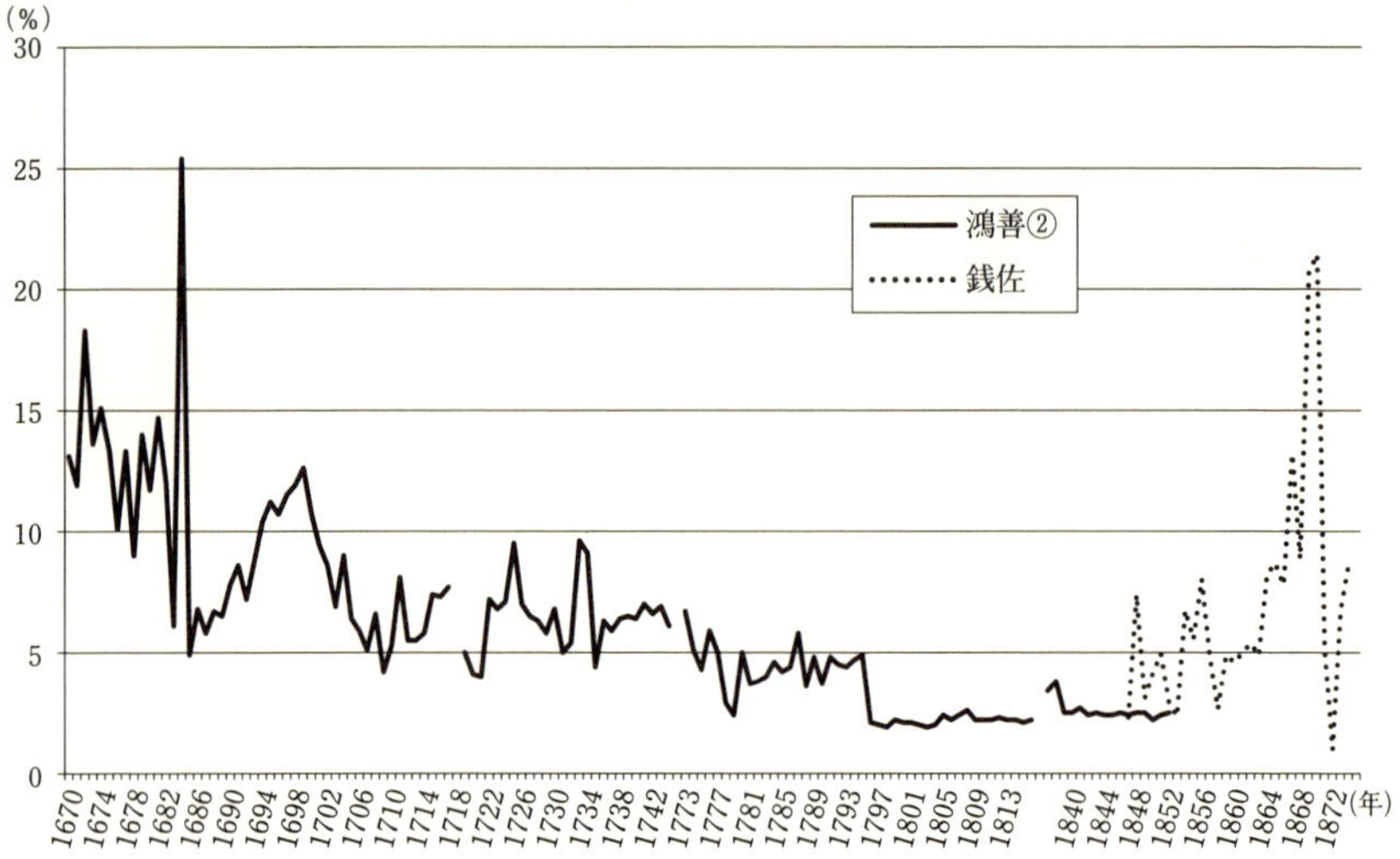

図２　鴻善と銭佐の収益率

出典）　安岡重明『財閥形成史の研究』〔増補版〕ミネルヴァ書房，1998 年，50–53 頁．

銭佐のそれを比較した（図２）。

大名貸を始めた当初の鴻善は収益率が非常に高かったものの、年度が下がるにつれ低下傾向を見せた。利息収入が明瞭に悪化するのは一七七八（安永七）年からであるが、一七九六（寛政八）年からは一層顕著であり、二―三％代に落ち着いている。契約上の利率も低下傾向にあったものの、一八六九（明治二）年でも月〇・七三％はあったから、収益の低下は元利回収の遅延に基づくものと考えられる[40]。鴻善の利息には、大名貸以外に商業金融の利息も含まれるが、比率で言うなら、一七〇六（宝永三）年で一一・二％、一七九五（寛政七）年以後は〇％であった[41]。鴻善は商業金融部門を捨てて大名貸に純化した典型的な銀主であり、貸付効率の悪化はそのまま大名貸収益の悪化を意味する。

対して、銭佐は年度ごとの揺れは大きいものの、幕末にかけて収益性を改善し、明治元年および同三・四年はとりわけ高い数値となっている。D群への貸付拡大は、放漫な経営の結果ではなく、収益性の高い貸付であったことが判明する。

こうした大名貸経営は、海保青陵の『稽古談』に見られる「銀主」像と極めて高い類似性を持つ。海保青陵は、大名に貸付を行う「銀主」にとって、利息支払いが継続するのであれば元金を返済してもらう必要はなく、貸付残高が減少しないことはむしろ両替商にとって望ましい状態であると述べている。[42] 下手に元金が返済された場合、「銀主」は新しい貸付先を探さなければならず、それができない場合は遊休資産を活用できないリスクがあるためである。さらに続けて、扶持米など諸侯から下げ渡されるものはすべて元金返済と見做し、利息収入も元金返済と見て積み立てるなら（「利ヲモ元金トミテ、元金ノ方ヘ積ム」）、元金は一〇年に満たずに返済される計算になるとしている。これが近世両替商の商慣行であるならば、銭佐の大名貸勘定における収益（「徳」）には、利息以外に扶持米や贈答品を貨幣価値で換算した額が含まれている可能性が高い。また、これは「銀主」内部の会計上の処理になるため、借主への元利支払請求権は「銀主」に残されている。

利息収入を積み立てて計上する方法は三井家でも取られていた。[43] 一種の経営コンサルタントとして、各地の豪農商あるいは藩士を訪ね、加殖の仕法を教示したことが知られている海保青陵が、[44] 果たして銭佐家を訪れたかどうかは不明であるが、銭佐は何らかの手段で累積純利益を計上する仕法を知り、意図的に累積純利益額と貸付残高が乖離しないように大名貸事業を展開した。[45]

以上のように、銭佐のような両替商が後発的に大名貸に進出すると、貸付元の多様化という現象が創出された。その中で、のちに雄藩化していく佐賀藩は、両替商に対して元利払いの停止を断行しつつ（「御断り」）、貸付元を乗り換えていった。貸付元の多様化によって、諸藩も自身にとって有利な方法で貸付を受けられる利貸資本を選別し得た。ただし、こうした「御断り」を過大評価し、大名貸が「銀主」に利益をもたらさなかったとするのは誤りである。銭佐は利払いを行わない藩との関係を整理する一方で、利息支払いを毎年行う優良な藩への貸付を逆に増大させた結果、藩債処分直前の明治五年の時点まで、累積純利益額と貸付残高はほぼ同額のまま推移した。個々の関係では不良債権化した貸付もあったが、大名貸総体では利益を上げたものと評価できる。この点は、藩債処分の評価を含め改めて述べるが、大名貸勘定が両替店勘定から会計上独立し、かつ累積純利益の枠内で経営拡大する限り、大名貸は安定的な資産活用方法であったと言えよう。

第三節　掛屋敷経営

銭佐における掛屋敷経営帳簿が「家徳控」である（表7）。銭佐は、両替店経営で得た利益のうち「除銀」として積み立ててきた三四〇貫目あまりを資本金として、文政八（一八二五）年に掛屋敷経営を開始した（本書第一章吉田伸之論文）。「除銀」を正金で保蔵する場合、金相場の下落により、資産の実質価額（銀建て）が減少するリスクがある。実際、吉田伸之の述べるように、掛屋敷経営を始める直前に「除銀」の評価額を修正しており、掛屋敷経営の開始は、貨幣相場変動の影響を回避する目的があったと考えられる。

地理的特徴を述べるなら、銭佐家の抱屋敷は主に、北は土佐堀川、西は木津川、南は道頓堀川、東は東横堀川に囲まれた一帯に分散していた。この一帯は、北船場、南船場、西船場、島之内、堀江に分けられる。

北船場は、北は土佐堀川から南は本町通まで、東は東横堀川、西は西横堀川、に囲まれた地域である[46]。今橋（現、中央区今橋一—二丁目）、道修町《どしょうまち》（現、中央区道修町一—五丁目）、備後町（現、中央区備後町一—三丁目）が当地域に属する。今橋一丁目北側には十人両替の天王寺屋五兵衛店と平野屋五兵衛店が八百屋町筋十兵衛横町を挟んで並び、同二丁目には一六七五（延宝三）年同地出店の鴻池屋善右衛門が大店を構え、鴻池一統の店並びは同町から尼崎町一丁目（現、中央区高麗橋三丁目）に及んでいた。また金・銀・銭両替の全国相場を決める相場会所も一七四三（寛保三）年まで今橋一丁目に立地し、同町通りの東手を中心に本両替の町並みが形成されていた[47]。鴻善などと比べて後発の両替商である銭佐は、本両替が集まる今橋・尾崎町から少し離れた石灰町に本店を構えたが、幕末には今橋にも家屋敷を所持していたことがうかがえる。

南船場は、北は本町通から南は長堀川、東は東横堀川、西は西横堀川までの地域である。北久宝寺町（現、中央区北久宝寺町一―四丁目）、南久宝寺町（現、中央区南久宝寺町一―四丁目）、塩町（現、中央区南船場一―四丁目）、丼池町《どぶいけ》（車町を指すカ、現、中央区南船場三丁目）が該当する。

西船場は、北は土佐堀川から南は道頓堀まで、東は西横堀川、西は安治川までの地域である。京町堀（現、西区京町堀一―二丁目、靱本町一―二丁目）、靱町《うつぼ》（現、靱本町一丁目）(48)新平野町（現、西区新町四丁目）、奈良屋町（現、西区西本町一丁目）、江戸堀（現、西区江戸堀一―三丁目、土佐堀一丁目）、が当地域に属する。土佐堀・江戸堀沿岸には諸大名の蔵屋敷が集中し、長堀浜の材木市や雑魚場の生魚市などの巨大な市場機構が西船場に成立したこととあいまって、関連する問屋仲買店舗の集積立地を当地域に誘発した(49)。木津川河岸に近い新平野町には、讃岐・土佐・和泉・肥前・豊後・筑後の国問屋船宿があり、土佐藩蔵屋敷も長堀川河畔の白髪町（現、西区北堀江四丁目）鰹座橋のたもとに置かれていた。土佐藩開成館貨殖局大坂出張所は、慶応三年一〇月、内淡路町一丁目（現、中央区内淡路町二丁目）に開設されたが、翌年四月には引き払って、土佐藩蔵屋敷の一郭に移転している(50)。幕末期に土佐藩との関係を深めていた銭佐にとって重要な土地柄であったのだろう。一八五一（嘉永四）年二月、新平野町にあった山家屋藤兵衛所持の店を銭佐は買い取り、手代・銭屋常七が新たに山家屋藤兵衛の名前を名乗って、同所に「西店」を開いた（「一札」〔2-49-6-3〕）。西店の帳簿や日記は現在のところ残されておらず、経営実態は不明である。

島之内は、北は長堀川、南は道頓堀川、東は東横堀川、西は西横堀川、に囲まれた地域で、佐兵衛が居住する石灰町が当地域内にある。卜半町《ぼくはん》（のち竹屋町、現、中央区島之内二丁目）と塗師屋町《ぬしや》（南塗師屋町、現、中央区宗右衛門町）も島之内にあった。

堀江は、北は長堀川、南は道頓堀川、東は西横堀川、西は木津川に囲まれた新地で、北堀江町（現、西区北堀江一―四丁目、南堀江一―三丁目）、御池通町（現、西区北堀江一―四丁目）、新戎町（道頓堀新戎町、現、西区南堀江四丁目）が該当

（単位：匁）

北堀江町(h)	塗師屋町(i)	戎島町(j)	御池通町(k)	南久宝寺町(l)	井池町(m)	新平野町(n)	紫合村(o)
2,676.67	3,201.96	761.55	1,603.09	1,693.67	2,085.80		
2,408.84	3,021.42	1,360.88	2,205.92	1,468.11	△4.02		
1,245.73	3,005.69	1,398.10	1,734.49	1,778.18	25,955.60		
1,549.79	2,577.91	1,507.85	1,503.95	1,155.29			
2,313.73	2,953.37	1,294.10	1,956.20	1,312.91		△23,714.00	
1,721.59	2,291.09	1,427.78	1,173.24	1,131.73		612.00	
2,143.54	1,231.15	1,094.27	939.64	1,081.32		1,200.00	△31,346.34
1,541.58	63.42	1,331.52	1,602.51	1,302.86		△19,121.34	1,062.89
1,816.73	1,996.09	1,477.60	△16,157.30	757.50		1,808.22	1,146.07
635.37	3,992.42	1,336.30	2,840.90	15,828.24		6,236.59	1,113.49
1,308.75	4,920.17	1,294.26	3,469.35			△8,370.94	944.03
1,603.12	844.29	△18,720.38	3,080.59			1,645.28	
1,652.36	1,330.82	975.45	3,072.41			1,081.41	600.00
3,158.13	2,689.35	1,935.26	2,297.68			2,102.27	700.00
2,442.24	1,056.20	1,603.97	3,159.79			1,693.77	1,600.00
2,043.10	261.88	1,596.28	3,023.12			1,485.22	550.00
1,351.12	2,378.65	2,490.86	1,689.76			1,835.24	361.00
1,768.02	2,290.68	2,270.02	2,423.32			1,903.47	493.94
1,625.11	2,108.90	2,038.14	2,328.77			973.34	635.00
2,880.33	6,894.84	1,067.85	5,158.71			1,679.63	775.00
2,389.42	3,351.13	2,853.95	1,950.74			1,765.01	825.00
3,655.54	4,236.84	42,988.69	2,209.04			2,457.41	2,243.00
53,242.20	70,447.11	42.00	39,107.55			2,032.51	
						2,391.61	957.00
						48,434.95	
							13,200.00
							7,150.00
						△2,815.01	10,450.00

(b) 慶応2年類焼 (c) 明治7年より「竹屋町」と表記 (d) 明治2年売却 (e) 嘉永2年「皆造」，明治元年売却 (f) 2年「皆造」，慶応元年売却 (k) 嘉永5年土蔵と借家普請，慶応2年売却 (l) 嘉永6年売却 (m) 弘化3年売却 (n)

表７　銭屋佐兵衛家の掛屋敷経営各年度純利益

西暦	和暦	石灰町(a)	北久宝寺町(b)	卜半町(c)	京町堀(d)	塩町(e)	靭町(f)	新戎町(g)
1843	天保14							
1844	弘化元	△2,961.20	2,465.47	147.23	4,848.82	1,800.30	3,618.44	4,416.45
1845	弘化2	△25,184.72	2,960.46	△660.04	4,566.09	1,861.23	3,832.00	2,320.14
1846	弘化3	△3,698.91	3,400.70	△14,173.57	3,721.14	318.26	4,646.89	2,932.43
1847	弘化4	289.18	3,600.06	△2,126.46	3,402.44	786.65	3,953.52	4,033.71
1848	嘉永元	△14,725.88	2,882.35	390.96	4,250.68	△326.44	3,934.63	2,678.40
1849	嘉永2	△1,075.28	3,258.53	438.34	4,623.40	△31,538.02	2,244.92	1,957.01
1850	嘉永3	△6,079.06	2,983.43	371.68	2,424.83	2,017.70	352.95	1,709.60
1851	嘉永4	△961.16	2,930.27	12.55	4,471.64	503.17	1,503.41	2,692.40
1852	嘉永5	△1,643.90	△1,377.56	△14.81	5,517.53	3,734.74	1,693.20	2,483.30
1853	嘉永6	△1,427.60	△2,087.37	△392.49	2,856.42	4,119.86	2,638.01	3,247.46
1854	安政元	△1,888.38	△62,225.14	△548.58	3,804.69	3,038.92	664.07	2,636.80
1855	安政2	△1,402.95	3,316.41	522.50	3,082.39	2,912.29	2,041.33	546.18
1856	安政3	△905.07	2,952.22	996.94	2,952.71	2,529.01	1,376.60	△908.73
1857	安政4	△1,082.23	3,492.45	914.65	2,786.48	3,764.56	2,277.10	△81,065.27
1858	安政5	△1,988.71	2,741.19	775.27	3,703.00	3,203.45	1,358.41	5,041.10
1859	安政6	△10,810.46	1,598.64	443.10	2,468.31	1,375.97	1,328.19	658.53
1860	万延元	△16,986.20	2,465.08	235.84	1,840.56	2,982.86	△2,159.42	1,072.93
1861	文久元	△3,707.08	1,972.70	△784.86	2,928.18	2,711.22	△535.18	3,933.37
1862	文久2	△3,054.92	3,316.59	415.06	4,021.15	2,955.44	693.31	5,998.42
1863	文久3	△5,656.20	4,892.57	1,261.68	3,017.16	5,050.57	203.27	10,827.58
1864	元治元	△4,973.93	4,808.28	560.55	4,010.76	3,231.90	3,156.55	9,262.66
1865	慶応元	△6,171.42	8,390.35	1,353.32	2,869.67	2,534.10	2,025.04	8,844.27
1866	慶応2	△9,563.36	△36,613.12	△309.89	2,934.14	4,798.74	1,702.95	254,418.86
1867	慶応3	△6,463.81	9,608.12	△405.28	2,559.82	3,961.85	69,868.64	77.87
1868	明治元	△14,106.26	14,330.35	1,020.01	9,312.03	114,789.39		
1869	明治2	△10,275.26	17,495.65	2,474.62	221,983.27			
1870	明治3	△12,323.31	22,150.03	4,838.66				
1871	明治4	△20,503.67	17,312.76	3,514.95				
1872	明治5	44,620.76	22,078.90	1,996.88				
1873	明治6	56,055.34	16,674.81	5,023.83				
1874	明治7	△9,450.21	25,364.59	7,948.00				
1875	明治8	△7,639.41	16,528.23	10,194.91				

出典）「家徳控え」〔8-4〕より作成.

備考）(a) 嘉永元年石灰町北入家購入，安政６年町内両隣購入，万延元年は銭市の「家屋敷代」として支出
慶応３年売却 (g) 安政４年土蔵借家「皆造」，慶応２年売却 (h) 慶応２年売却 (i) 慶応２年売却カ (j) 安政
嘉永元年購入，嘉永４年「続屋敷」購入，明治元年売却 (o) 嘉永３年購入

（単位：匁）

南平野町(v)	備後町(w)	その他	不明	計(純利益)	累積純利益
					△292,543.72
			△0.13	26,358.12	△266,185.60
	5,000.00			5,156.31	△261,029.29
				32,264.73	△228,764.56
		4.62	△0.15	22,238.36	△206,526.20
	15,000.00		0.05	201.06	△206,325.14
	5,000.00		0.05	△6,733.62	△213,058.76
	5,000.00			△14,875.29	△227,934.05
	5,000.00		△0.05	△28,057.15	△255,991.20
	5,000.00		0.05	7,766.53	△248,224.67
				41,914.76	△206,309.91
	5,000.00			△48,908.10	△255,218.01
	5,000.00			3,607.08	△251,610.93
	10,000.00			△985.64	△252,596.57
	5,000.00			△56,056.50	△308,653.07
	5,000.00			32,307.69	△276,345.38
	5,000.00			12,096.18	△264,249.20
	5,000.00			△45,759.25	△310,008.45
	5,000.00			25,905.55	△284,102.90
	5,000.00			△27,782.14	△311,885.04
	5,000.00			△50,036.62	△361,921.66
	5,000.00			67,828.22	△294,093.44
	5,000.00			107,294.00	△186,799.44
				418,363.48	231,564.04
				127,569.15	359,133.19
				240,227.19	599,360.38
				231,678.28	831,038.66
				14,665.38	845,704.04
				324.04	846,028.08
				△399,010.21	447,017.87
△93,357.99				△14,826.43	432,191.44
△4,154.19				24,519.42	456,710.86
				429,066.55	885,777.41

購入，文久２年売却（s）文久２年茨木屋源七より購入（t）文久２年堺屋藤兵衛

表７つづき

西暦	和暦	虫生村(p)	今橋(q)	道修町(r)	曽根崎新地(s)	奈良屋町(t)	江戸堀(u)
1843	天保14						
1844	弘化元						
1845	弘化2						
1846	弘化3						
1847	弘化4						
1848	嘉永元						
1849	嘉永2						
1850	嘉永3						
1851	嘉永4	△31,992.82					
1852	嘉永5	△470.93					
1853	嘉永6	977.16					
1854	安政元	△2,956.10					
1855	安政2	△863.97					
1856	安政3		△28,691.77				
1857	安政4		△5,026.93				
1858	安政5		918.01				
1859	安政6		1,074.30				
1860	万延元		934.98	△51,252.51			
1861	文久元	△1,314.50	1,187.18	3,365.07			
1862	文久2		1,441.35	45,220.14	△56,853.48	△46,644.46	
1863	文久3		2,178.51		1,270.72	△96,538.84	
1864	元治元		1,176.90		2,635.54	25,823.76	
1865	慶応元	17,500.00	1,246.05		2,326.99	3,585.11	
1866	慶応2		29,604.16		2,882.21	3,637.42	
1867	慶応3	△5,616.20			46,978.80	3,650.73	
1868	明治元					66,446.72	
1869	明治2						
1870	明治3						
1871	明治4						
1872	明治5					225.00	△481,131.75
1873	明治6						777.58
1874	明治7						△2,338.77
1875	明治8						402,347.84

出典）「家徳控」〔8-4〕より作成.
備考）(p) 嘉永４年購入，慶応元年田地売却 (q) 安政３年質流として入手，慶応２年売却 (r) 万延元年より，文久３年多田屋伝兵衛より購入，明治元年「東の家」売却 (u) 明治５年購入 (v) 明治６年購入

する。

上記の周縁部では、西船場から木津川を越えた対岸の九条島北部にある戎島（現、西区川口一丁目・本田一丁目）、西成郡曽根崎村の南部に開発された新地である曽根崎新地（現、北区曽根崎新地一―二丁目）、四天王寺の真北に位置する南平野町（現、天王寺区上汐三―六丁目・上本町六―九丁目・四天王寺一―二丁目）にも家屋敷を保有していた。さらに郊外に位置するのが、摂津国川辺郡の紫合《ゆうだ》村（現、兵庫県川辺郡猪名川町紫合）、虫生《むしゅう》村（現、兵庫県川西市虫生・清和台東・清和台西）の両村である。紫合村は一六六二（寛文二）年に郡北部に位置する多田銀銅山付として幕府領となって以来これが幕末まで続き、虫生村も江戸時代を通じて幕府領であった。なぜ銭佐が両村の田地を嘉永三・四年に購入しているのか判然としないが、縁戚関係を結んだ人物が紫合村出身で、それを機に農民貸しや質流地譲り受けの事態が生じたのではないかと推測するにとどめる(51)。

時期的な特徴はどうであろうか。銭佐が幕末維新期を通じて所有し続けた土地・家屋敷は、石灰町・北久宝寺町・卜半町に所在するもののみである。幕末期に新たに購入した物件も多かったが、それらを含め、物件のほとんどを一八六六（慶応二）年から一八六九（明治二）年の短期間のうちに集中的に売却している。慶応二年は多額の御用金が賦課された年度であり、その醵出に応じるためにも家屋敷の売却が進められたと考えられる。

経営上の評価についてであるが、一八三三（天保四）年以降の期末資本はマイナスとなって移行し（本書第一章吉田伸之論文）、所有する土地・家屋敷の大半を処分した後でも、期末資本は八〇〇貫目あまりに過ぎない。幕末維新期の物価上昇の過程で、「除銀」としてそのまま正金を保有するよりも、物価上昇圧力を緩和することに成功したとは言えるが、毎年の利益は安定せず、大きくもなかった。この原因として、一つには類焼に伴う家屋再建の頻度が非常に高かったことが挙げられる。一八四六（弘化三）年における丼池の収益は、類焼に伴う同地の売却であり、一八五四（安政元）年における北久宝寺町および新平野町の出費も、類焼に伴う再建費用である。北久宝寺町の家屋は、慶応二年にも出火の被害に遭っている（「家徳控」〔8-4〕）。

類焼などの自然災害に十分に対応できない近世社会において、掛屋敷経営は利回り率が不安定な業態であった。反面、幕末維新期の土地保有はインフレヘッジの役割を果たし、有利な資産運用形態であったとも言われている(52)。銭佐は、物価上昇の極である慶応二年から明治二年までの間に土地・家屋敷の大半を売却し、現金資産を明治期以降に引き継いだものと評価できよう。

第四節　藩債処分と近代的資本家への転身

最後に、これまで見てきた三つの勘定を基に作成された「大算用」から、三つの事業を総合した銭屋佐兵衛家の経営像を俯瞰するとともに、銭佐をして近代的資本家への転身を可能たらしめた要因について考察したい。

「大算用」は各勘定の収益・費用や資産内訳を転記したもので、現在の会計制度で言うところの残高試算表に近い形となっている。表8として、各勘定の収益と期末資本の推移を示した(53)。

弘化期から安政四年まで、総資本（A）に占める両替店勘定期末資本（C）の占める割合は五〇％を超えていたが、翌五年より大名貸勘定期末資本（E）の比率が高まった。幕末維新期にかけて、大名貸収益が顕著に増大する一方で、両替店・掛屋敷両経営における収益は伸び悩んだ。明治七年の時点で総資本は二万七五二一貫目を超えたが、うち、両替店勘定期末資本（C）が約一七％、大名貸勘定期末資本が約八一％、掛屋敷勘定期末資本（G）が約二％を占めている。これは、銭佐本店の経営が安政五年頃を画期として商業金融から領主金融に傾斜したことを意味する。また、備後店の期末資本一万貫目も重要であろう（前掲表2）。銭佐の資本蓄積は、幕末維新期における大名貸の進展、備後店に移した商業金融、の両者によって主に果たされたと言うことができる。

表8　銭屋佐兵衛家の総資本・総収益推移

（単位：匁）

西暦	和暦	総資本A（＝C＋E＋G）	総収益B（D＋F＋H）	両替店勘定期末資本（C）	両替店収益（D）	大名貸勘定期末資本（E）	大名貸収益（F）	掛屋敷勘定期末資本（G）	掛屋敷収益（H）
1843	天保14	7,876,476.21	325,212.20	4,780,002.81	135,667.80	3,389,017.12	103,750.09	−292,543.72	85,794.31
1844	弘化元	7,995,042.11	218,574.48	4,803,473.38	90,479.13	3,457,754.33	101,737.23	−266,185.60	26,358.12
1845	弘化2	8,126,417.89	219,671.16	4,845,756.18	97,578.25	3,541,691.00	116,936.65	−261,029.29	5,156.31
1846	弘化3	6,559,183.80	272,667.63	3,165,113.83	126,259.37	3,622,834.53	114,143.53	−228,764.56	32,264.73
1847	弘化4	6,517,386.04	352,367.59	3,056,528.18	252,579.66	3,667,384.06	77,549.57	−206,526.20	22,238.36
1848	嘉永元	5,668,257.50	191,223.20	3,100,587.28	103,539.76	2,773,995.36	87,482.38	−206,325.14	201.06
1849	嘉永2	5,860,081.34	340,212.32	3,177,555.09	143,227.41	2,895,585.01	203,718.53	−213,058.76	−6,733.62
1850	嘉永3	6,205,527.35	216,793.53	3,233,638.24	127,412.07	3,199,823.16	104,256.75	−227,934.05	−14,875.29
1851	嘉永4	6,093,538.61	221,566.84	3,274,058.76	104,994.70	3,075,471.05	144,629.29	−255,991.20	−28,057.15
1852	嘉永5	6,241,714.94	281,877.32	3,298,967.05	122,608.88	3,190,972.56	151,501.51	−248,224.67	7,766.53
1853	嘉永6	6,399,890.61	260,141.25	3,337,906.49	106,904.97	3,268,294.03	111,321.52	−206,309.91	41,914.76
1854	安政元	6,489,532.07	183,699.91	3,411,770.46	135,922.42	3,332,979.62	96,685.59	−255,218.01	−48,908.10
1855	安政2	6,763,015.47	369,950.29	3,494,789.70	146,486.18	3,519,836.70	219,857.03	−251,610.93	3,607.08
1856	安政3	7,018,874.35	350,608.87	3,593,758.55	160,718.84	3,677,712.37	190,875.67	−252,596.57	−985.64
1857	安政4	7,293,555.36	374,132.41	3,691,218.76	163,911.61	3,910,989.67	266,277.30	−308,653.07	−56,056.50
1858	安政5	8,259,823.42	376,457.17	3,751,397.11	147,148.34	4,784,771.69	197,001.14	−276,345.38	32,307.69
1859	安政6	9,232,831.97	319,514.56	3,836,190.20	164,406.58	5,660,890.97	143,011.80	−264,249.20	12,096.18
1860	万延元	3,870,241.05	363,637.68	3,921,672.38	150,819.81	6,269,414.65	258,577.12	−310,008.45	−45,759.25
1861	文久元	9,348,765.13	418,781.65	3,997,636.45	133,709.63	5,635,231.58	259,166.47	−284,102.90	25,905.55
1862	文久2	10,789,737.57	388,656.11	4,075,001.54	145,639.08	7,026,621.07	270,799.17	−311,885.04	−27,782.14
1863	文久3	11,919,978.26	387,055.62	4,094,771.83	105,584.48	8,187,128.09	331,507.76	−361,921.66	−50,036.62
1864	元治元	12,456,979.07	507,801.72	4,072,368.32	105,654.86	8,678,704.19	334,318.64	−294,093.44	67,828.22
1865	慶応元	12,307,824.81	819,034.76	4,052,453.77	129,331.23	8,442,170.48	582,409.53	−186,799.44	107,294.00
1866	慶応2	13,651,633.94	1,043,028.11	3,829,262.07	44,445.26	9,590,807.83	580,219.37	231,564.04	418,363.48
1867	慶応3	15,262,980.27	847,000.88	3,746,291.58	133,048.64	11,157,555.50	586,383.09	359,133.19	127,569.15
1868	明治元	18,216,638.22	2,174,171.30	4,317,711.72	849,145.35	13,299,566.12	1,084,798.76	599,360.38	240,227.19
1869	明治2	20,277,613.95	1,842,428.91	4,634,244.77	737,085.17	14,812,330.52	873,665.46	831,038.66	231,678.28
1870	明治3	16,972,652.83	2,963,791.15	4,825,561.95	691,512.21	11,301,386.84	2,257,613.56	845,704.04	14,665.38
1871	明治4	22,853,479.60	2,229,745.42	4,107,157.51	386,046.55	17,900,294.01	1,843,374.83	846,028.08	324.04
1872	明治5	18,191,705.21	612,315.16	4,589,352.98	994,752.68	13,155,334.36	16,572.69	447,017.87	−399,010.21
1873	明治6	20,320,514.71	396,159.88	4,580,378.91	269,059.91	15,307,944.36	141,926.40	432,191.44	−14,826.43
1874	明治7	27,521,982.65	1,370,248.60	4,704,647.51	499,771.45	22,360,624.28	845,957.73	456,710.86	24,519.42
1875	明治8	20,174,585.93	1,224,953.31	4,068,587.62	468,937.41	15,220,220.88	326,949.35	885,777.42	429,066.55

出典）「大算用」〔2-56〕より作成．適宜，「銀控帳」〔8-5，8-7〕，「諸家貸」〔7-1〕，「諸家徳」〔7-36〕，「家徳控」〔8-4〕と照合．

備考）数値の計算が合わないものについては，原帳簿に記載されている数値を転記した．明治6年から円建て勘定が表れる．1円＝220匁で換算し直した．

したがって、近世期における銭佐の資本蓄積が、どのように近代に接続したか、という問題を考えるなら、大名貸勘定資本が近代に入ってどう処理されたか、すなわち藩債処分の影響をどう評価するか、がとりもなおさず重要になってくる。藩債処分に関する詳論は本書第一〇章に示される通りであるが、重複を恐れず本章の骨子に関わる部分に触れることとする。

廃藩置県後の明治四年一〇月二八日に府県官制が敷かれ、翌月二七日には県治条例が制定された。同時に府県は、維新政府の創出した統治機構の末端として再定置され、藩債の処分問題は府県に引き継がれることとなった。大蔵省は、藩債取調の上で一般処分方針を提示することとし、各県の藩債支消方法の策定および債権者との示談の中断を各府県に指示した(54)。府県は負債本帳・証書写を大蔵省に提出する役割を負ったが、そのときに債権者側からも資料を提出させている。同年一二月に、銭佐が今現在の貸付残高を整理し、大阪府へ提出した報告書がそれである。写しとして銭佐の手許に残された「諸藩貸上書訳」には(55)、諸藩毎に一口ずつ貸付残高がまとめられている。

明治六年三月二五日には新旧公債証書発行条例が出され、これにより弘化元年から慶応三年までの藩債は無利息・五〇年賦の旧公債に、明治元年から同五年までの藩債は年利四%・二五年賦の新公債に切り替わることが定められた。これをうけて銭佐は、明治六年五月一三日に、旧公債と新公債の弁別をした上で再度大阪府に貸付残高を報告している(56)。旧公債に相当する債権は八一八七円三〇銭、新公債に相当する債権は六万六四二〇円九九銭、合計七万四六〇八円三〇銭であった。銀建てで換算し直せば、一二二〇匁レートで一万六四二九貫目余りとなる。内部帳簿（「諸家貸」〔7-1〕）に見える明治五年末の貸付残高が一万四二五五貫目であったから（表6）、貸付残高を上回る額を新旧公債に相当する債権として請求していることになる。これは、貸倒損として内部的に処理した証文についても、大名諸家への返済請求権を放棄したわけではないこと(57)、が原因と考えられる。「諸家貸」において幕末期に尼崎藩・平戸藩・久留米藩への貸付残高は存在しないことになっているが、大阪府への報告ではそれら諸藩への貸付残高をも銭佐は報告している。

先の明治四年一二月に提出した貸付残高報告書と、この明治六年五月段階の報告書を比較したものが、表9になる。貸付残高が減少している口は、元金返済（「元入」）があった分と理解できる。維新政府が諸県と銀主との債権債務関係を凍結した中でも、独自に元利払いを続けた県は存在した[58]。とはいえ、明治四年以降の元金返済は旧伯太藩・旧徳山藩など一部に見られるのみで極めて少ない。

明治6年5月					
貸付残高（円建）	貸付残高（銀建）	利息（円建）	利息（銀建）	利率（月利％）	公債分類
849.7065		22.9415		0.30	旧
291.2070		10.4625		0.40	旧
666.5000		39.9900		1.00	新
500.0000		45.0000		1.50	新
					古
					古
					古
					古
1,910.5157					新
100.0000					新
935.9089					新
3,610.5000					新
					古
	14,019.22				旧
	412,310.00				旧
	17,100.00		5,925.15	0.70	新
	16,700.00		5,669.65	0.70	新
	16,200.00		5,386.50	0.70	新
	17,100.00		5,566.05	0.70	新
82.0000		26.1170		0.70	新
82.0000		25.5430		0.70	新
118.0000		35.1050		0.70	新
82.0000		24.3950		0.70	新
89.0000		25.8545		0.70	新
82.0000		23.2470		0.70	新
103.0000		28.4795		0.70	新
133.2500		35.9109		0.70	新
133.2500		35.4445		0.70	新
74.5000		22.3500		0.80	新
74.5000		21.7540		0.80	新
74.5000		21.1580		0.80	新
74.5000		20.5620		0.80	新
74.5000		19.9660		0.80	新
74.5000		19.3700		0.80	新
109.0000		27.4680		0.80	新
71.5000		18.1780		0.80	新
4,000.0000		1,240.0000		1.00	新
500.0000		155.0000		1.00	新
81.0000		19.1160		0.80	新
74.5000		16.9860		0.80	新
95.2500		20.9550		0.80	新
122.2500		25.9170		0.80	新

表9　銭佐貸付残高報告額

貸付先	契約年月日	明治4年12月				
		貸付残高（金建）	貸付残高（銀建）	利息（金建）	利息（銀建）	利率（月利%）
高鍋	万延元.閏3	849.7065	136,800.00	20.3925		0.30
	万延元.閏3	291.2070	46,800.00	9.3019		0.40
	明治2.10	666.5000		33.3250		1.00
	明治4.7	500.0000		37.5000		1.50
岸和田	天保9.3		16,700.00			
	文政6.12		6,240.00			
	文政7.11		3,650.00			
	文政7.11		3,650.00			
	明治3.12	1,910.5157				
	明治4.1	100.0000				
小田原	明治2.12	935.9089				
庭瀬	明治3.12	3,610.5000				
佐賀	天保8.12		51,764.36			
	嘉永2.11		14,019.22			
	嘉永2.11		412,310.00			
鳥取	慶応4.1		17,100.00		5,805.45	0.70
	慶応4.2		16,700.00		5,552.75	0.70
	慶応4.3		16,200.00		5,273.10	0.70
	慶応4.4		17,100.00		5,446.35	0.70
	慶応4.閏4	82.0000		25.5430		0.70
	慶応4.5	82.0000		24.9690		0.70
	慶応4.7	118.0000		34.2790		0.70
	慶応4.7	82.0000		23.8210		0.70
	慶応4.8	89.0000		25.2315		0.70
	慶応4.9	82.0000		22.6730		0.70
	慶応4.10	103.0000		27.7585		0.70
	慶応4.11	133.2500		34.9781		0.70
	慶応4.12	133.2500		34.5012		0.70
	慶応4.12	74.5000		21.7540		0.80
	明治2.1	74.5000		21.1580		0.80
	明治2.2	74.5000		20.5620		0.80
	明治2.3	74.5000		19.9660		0.80
	明治2.4	74.5000		19.3700		0.80
	明治2.5	74.5000		18.7740		0.80
	明治2.6	109.0000		26.5960		0.80
	明治2.7	74.5000		17.5820		0.80
	明治2.7	4,000.0000		1,200.0000		1.00
	明治2.7	500.0000		150.0000		1.00
	明治2.8	81.0000		18.4680		0.80
	明治2.9	74.5000		16.3900		0.80
	明治2.10	95.2500		20.1930		0.80
	明治2.11	122.2500		24.9390		0.80

139.2941				0.55	旧
31.7647				0.55	旧
152.0000				0.55	旧
130.0000				0.55	旧
184.0000		92.4931		0.55	旧
96.0000				0.55	旧
63.0000				0.55	旧
105.0000				0.55	旧
150.0000				0.55	旧
17.5000		1.5400		0.55	新
666.0000		139.8600		1.50	新
	64,185.49		3,209.27	0.20	旧
1,500.0000		262.5000		0.70	旧
	6,000.00		900.00		新
500.0000		200.0000		2.00	新
1,380.0000					新
2,700.0000					新
	20,000.00		28,800.00	0.80	旧
3,000.0000		171.0000		0.15	新
350.0000		121.8000		1.20	新
	10,000.00		1,040.00	0.80	旧
660.0000		111.5400		1.30	新
	48,000.00		1,560.00	0.65	旧
	60,000.00		2,340.00	0.65	旧
	10,000.00		720.00	0.60	旧
	66,000.00		2,574.00	0.60	旧
10,000.0000		1,200.0000		1.50	新
14,000.0000		280.0000		2.00	新
7,500.0000		150.0000		2.00	新
4,000.0000		80.0000		2.00	新
	6,000.00		936.00	0.60	旧
	8,000.00		1,248.00	0.60	旧
	14,000.00		2,184.00	0.60	旧
	100,000.00		19,500.00	0.75	旧
	125,000.00		23,375.00	0.55	新
	100,000.00		19,800.00	0.60	新
					古
					古
					古
2,000.0000		160.0000		2.00	新
※ 63,876.9009	1,130,614.71	4,998.0035	130,733.62		

「(明治六年新旧公債取調書上写し)」(同 F-10-30).
捨五入，利率は小数点第3位以下四捨五入．慶応4年は明治元年であるが，史料中

目を引くのは、銭佐における古債率の低さである。明治四年一二月の段階では、岸和田藩・佐賀藩・尼崎藩・平戸藩・久留米藩など、古債に相当する弘化期以前の貸付を書き上げたものの、明治六年五月の報告では除外している。これは、天保一四年以前の債権は古債として棄捐されることが決定済みであるため、銭佐も報告を省略したものと推察される。明治四年一二月以後にこれらの元利が返済された可能性もないわけではないが、天保一四年以前の貸付が突然返済されたとは考えにくい。明治四年に債権の全てを報告していたと仮定するなら、全体の貸付残高のうち古債

熊本	慶応 2.10	139.2941				0.55
	慶応 3.2	31.7647				0.55
	慶応 3.3	152.0000				0.55
	慶応 3.5	130.0000				0.55
	慶応 3.5	184.0000		88.1561		0.55
	慶応 3.5	96.0000				0.55
	慶応 3.6	63.0000				0.55
	慶応 3.10	105.0000				0.55
	慶応 3.11	150.0000				0.55
	慶応 4.3	17.5000				0.55
	明治 3.5	666.0000		129.8700		1.50
土浦	慶応元 .7		64,185.45		3,080.00	0.20
	慶応 2.6	1,500.0000		252.0000		0.70
	慶応 2.11		6,000.00		900.00	
	明治 3.6	500.0000		190.0000		2.00
伯太	明治 4.1	1,440.0000				
	明治 4.1	2,850.0000				
福江	安政 4.6		20,000.00		28,640.00	0.80
	明治元 .12	3,000.0000		166.5000		0.15
	明治 2.9	350.0000		117.6000		1.20
浅尾	慶応 2.5		10,000.00		960.00	0.80
	明治 2.12	660.0000		102.9600		1.30
高知	慶応元 .8		48,000.00		1,248.00	0.65
	慶応 2.7		60,000.00		1,950.00	0.65
	慶応 2.12		10,000.00		660.00	0.60
	慶応 3.7		66,000.00		2,145.00	0.65
	明治 4.5	10,000.0000		1,050.0000		1.50
	明治 4.6	14,000.0000		「利足済」		2.00
	明治 4.6	7,500.0000		「利足済」		2.00
	明治 4.7	4,000.0000		「利足済」		2.00
津	元治元 .12		6,000.00		900.00	0.60
	元治元 .12		8,000.00		1,200.00	0.60
	慶応 2.6		14,000.00		2,100.00	0.60
	慶応 2.11		100,000.00		18,750.00	0.75
	明治 2.3		125,000.00		22,687.50	0.55
	明治 2.4		100,000.00		19,200.00	0.60
尼崎	文政 7.11		30,000.00		139,680.00	0.80
平戸	文化 11.11		9,300.00		42,408.00	0.80
久留米	文政元 .12		104,000.00		545,792.00	0.80
吉田	明治 4.9	2,000.0000		120.0000		2.00
徳山	明治元 .12	1,000.0000		50.0000		0.04
	明治 2.9	1,000.0000		50.0000		0.04
小計		66,806.8969	1,355,919.03	4,267.1118	854,378.15	

出典）「諸藩貸上書訳」（大阪商業大学商業史博物館所蔵『佐古慶三教授収集文書』F-10-25）．
備考） 単位は金建の列が「両」，銀建の列が「匁」，円建の列が「円」である．金建は 1 銭未満四の表記に従った． ※実際の計算では 64,593.8969 円となるが，史料の通り記載した．

が占める割合が一・四％に過ぎないことになる。(59) 加えて言うなら、旧公債の割合も比較的低い。千田稔の検討したところによれば、全藩債の古債率は二一％であったと言うが、(60) なぜ銭佐の場合、このような低位の水準となったのであろうか。

一つの説明としては、借り換えの進行が考えられる。銭佐の貸付では、複数の古い貸付証文をまとめて一紙証文にして、利率を新しく定めた上で、年賦返済を認めることが往々にして見られる。実際に資金の移動が見られたのは天保一四年以前であっても、それ以後藩が借り換えを進めた結果、証文には弘化以後の日付が記載されるということもあったであろう。こうした商業慣行は銭佐のみが行ったわけではなく、(61) また銭佐がすべての債権を新旧公債に切り替えることができたわけでもない。だが、先の説明が合理性を持つなら、古債率の低位性は、借り換えに伴う証文の更新が頻繁にあったことを裏付けている。

また、銭佐は朝敵とされた諸藩への貸付も比較的少ないのが特徴である。一般に藩債を公債として取り立てる際に削除されたものの中には、古債以外にも幕債・私債・返上債・空債・棄債・宿債・古債滞利があった。そのうち、宿債は旧朝敵藩への貸付に相当するもので、より厳密には再立・新立藩の再立・新立以前の藩債を指す。(62) 戊辰戦争に負けた旧朝敵藩は、藩地が維新政府の直轄地となったために他の地で新立藩するか、あるいは同地で再立藩するか、いずれかの道を辿った。明治五年二月三〇日に正院から出された「藩債処分取捨ノ儀ニ付、條款書ヲ以テ伺定」によって、旧朝敵藩の藩債は棄捐と定められた。(63) これには、旧朝敵藩に対する懲罰的意味合いと、大蔵省としての財政支出削減の意味合いが込められている。そして、新旧公債証書発行条例により正式に、再立・新立以前の藩債は宿債とされ、新旧公債への切り替えは拒絶された。そのため、旧朝敵藩の債務は削除率が高いのである。

非常に流動的な幕末政局の中で、どの藩が朝敵となるか、銭佐が見極めるのは不可能であったろう。唯一、維新期に債権を保有していた朝敵藩は小田原藩であるが、明治三年末での貸付残高は二二二〇貫目（二二二〇匁換算で一〇〇二両）、新公債請求額は九三五円（≒九三五両）となっている（表9）。貸付残高の九割以上を新公債として請求しているのである。関係の古いA群に属する小田原藩の債権が、宿債をあまり含まず、ほとんど維新後の債権であったというのは違和感があるかもしれないが、これも銭佐が証文の書き換えを積極的に行っていた一つの証左と理解したい。

実際に逸身家が取得した額は、新公債六万一八五五円、旧公債八九三九円、計七万〇七九四円である（「諸家貸」〔7－1〕）。そのうち、他家から購入したものや、為替会社の割当金として交付されたもの等を除くと、藩債が転化した公債額は、新公債四万二六一五円、旧公債八三〇〇円、計五万九一五円ほどとなる。これは銀建てで一万一二〇一貫目あまりに相当する。藩債の報告額と比較しても削除率は低く、明治維新を主導した土佐藩との関係が深かったことも削除率に影響を与えたと予想されるが、この点は実証が困難である。

新旧公債は証券であり、公債受領後には政府から利息支払いと償還がなされた。旧公債は明治六年から三二年までに五五八八円、新公債は明治一五年から同二九年までに六万一八五〇円が償還されている。新公債の利息は明治六―八年までに四四〇一円受領したが、以後は不明である（「諸家貸」〔7－1〕）。新旧公債を売買した場合、その価値は大きく下落したものの、所持し続けた場合、それほど減価せずに償還された。とりわけ、利息も発生する新公債は担保価値を有したものと認められる。

その後、銭佐家は明治一三年三月に資本金一〇万円で私立銀行である逸身銀行を設立した。頭取逸身佐兵衛、副頭取兼取締役逸身佐一郎、監事逸身（福本）元之助、支配人高木嘉兵衛、副支配人溝口安造（保造）、という布陣であった[64]。元之助は佐一郎の弟、高木家と溝口家は別家である。場所は備後店の跡地（備後町二丁目）であるが、佐兵衛家・佐一郎家一体の経営であったから本店の資本も用いられたことは間違いない。一八九五（明治二八）年末の預金高は一〇〇万円を越え、大阪に本店を持つ銀行の中では百三十、十三（鴻池）、日本中立、三十四、虎屋、近江、に次ぐ中堅銀行に成長していった[65]。

おわりに

では最後に、冒頭で掲げた四つの論点への答えを含む形で銭佐の経営を振り返ってみたい。

銭佐は幕末に下るにつれて大名貸に特化していった。ただし、これは単純な特化ではない。商業金融部門を銭屋佐一郎の備後店に分離する形で、銭佐本店としては大名貸の比重を増していったのである。安政五年頃からは明確に大名貸が経営の中心となっていった。

大名貸を中心とする経営が利益を生んだのは、貸付残高と累積純利益額が乖離しないように貸付額を決定した慎重な経営姿勢によるところが大きい。貸付高の急増した幕末維新期を経て明治五年末に至っても、貸付残高は累積純利益額をわずかに上回る程度となっていた。これまでの収益でほとんど元が取れている状態であり、したがって大名貸の蓄積が新旧公債にそのまま転化したと見做すことができる。

銭佐の大名貸はその全てが自己資本であった。初発においては、両替店勘定からの預け入れを資本金としたが、以後は元利回収をすべて収益と見なし、新規貸付に再投資した。このように、他人資本どころか資本金以外は他勘定からの資金すら導入せずに貸付を行ったことは、明治維新期の変革を乗り越える上でも重要であった。鴻池栄三郎家のように自己資本が乏しく他人資本を運転資金としていた大名貸商人は、維新期に本両替の信用システムが一時的に失われた時、その事業の継続が不可能となったというが[66]、銭佐の大名貸は自己資本が中心であったため、他の両替店閉店の影響を軽微に抑えることができたと考えられる。

加えて、銭佐は後発銀主であるがゆえに、そして証文の書き換えを積極的に行ってきたために、古債率を低位に抑えることができたことも重要である。旧朝敵藩への債権も少なく、他の銀主に比べても削除された藩債額は少なかった。

以上のように、銭佐の大名貸は、①貸付残高と累積純利益額が乖離しないように貸付額を決定した慎重な経営姿勢、②自己資本比率の高さ、③古債率の低位性、という特徴を示すものだった。これらは、大名貸の蓄積が新旧公債に転化する上で、有利に機能した。一方で、近世期の掛屋敷経営は、火災などの自然災害に大きく左右される業態であり、幕末維新期の物価上昇圧力を緩和する役割を多少は果たしたと考えられるものの、この部門で銭佐が資本蓄積を果たしたとは言えない。備後店開設後は、本店が担う商業金融の比重も低下していったことは既述の通りである。銭佐本店・備後店の経営を総体で見た場合、維新期以後の経営的連続性を支えた経営資産は、新旧公債に転化した大名貸付残高と、備後店における商業金融部門の蓄積にあったと言える。

(1)　安岡重明『財閥形成史の研究』〈増補版〉ミネルヴァ書房、一九九八年（初版は一九六九年）四一頁。
(2)　賀川隆行『近世大名金融史の研究』吉川弘文館、一九九六年、四頁。
(3)　石井寛治『経済発展と両替商金融』ミネルヴァ書房、二〇〇七年、第一章。
(4)　前掲安岡『財閥形成史の研究』四五・五四頁。
(5)　森泰博『大名金融史論』大原新生社、一九七〇年、一三八・一六七頁。
(6)　高槻泰郎「幕藩領主と大坂金融市場」『歴史学研究』八九八号、二〇一二年、七五頁。
(7)　松好貞夫『日本両替金融史論〈復刻〉』柏書房、一九六五年（初版は文藝春秋社より一九三二年）二〇六頁、前掲安岡『財閥形成史の研究』四四―四五頁。
(8)　前掲安岡『財閥形成史の研究』九〇―九一頁。
(9)　中川すがね『大坂両替商の金融と社会』清文堂出版、二〇〇三年、第七章。
(10)　野口喜久雄「「積書」より見た広瀬家の経営」藤野保編『九州と天領』〈九州近世史研究叢書第四巻〉国書刊行会、一九八四年、二七七頁。

(11)　作道洋太郎『日本貨幣金融史の研究』未來社、一九六一年、三〇一頁。宮本又次「近世後期の商業と金融」同編『大阪の商業と金融』〈毎日放送文化双書五〉毎日放送、一九七三年、三六二頁。

(12)　新保博「徳川時代の信用制度についての一試論――両替商金融を中心として」『経済学研究』〈神戸大〉三、一九五六年。

(13)　粕谷誠『豪商の明治』名古屋大学出版会、二〇〇二年、第一章、第六章。三井銀行が設立される際、東京大元方が自らの保有する不動産九六万九〇〇〇円と公債を担保として三井銀行に差し出して一〇〇万円を借り入れ、それを資本金払込みに充てており、粕谷は「三井全体の純資産という観点からみても、不動産のもっていた意義はまさに決定的」（一九七頁）と見ている。明治前期において三井の不動産保有額が最大となった一八七六年末現在、近世から引き継いだ土地の比率は三七・五％であった（一九五頁）。

(14)　前掲石井『経済発展と両替商金融』二四六―二四七頁。なお、その比率は、一八九二(明治二五)年には五〇％前後、一八九九年には四〇％前後である。

(15)　「銀控帳」[8-5] 中には、支出項目として「月銀給料家格之分」という表記が見えるほか（嘉永五年など）、「寺寄進」（嘉永三年）や「法事入用」（嘉永四年）の支出に「徳入帳ゟ（より）」という但し書きが見える。

(16)　本書第五章中川すがね論文。

(17)　備後店の「銀控帳」[2-54] を見る限り、備後店から源兵衛への給料は毎年支払われており、一八四七(弘化四)年の精算は、不足分のみを本店から支出したことになる。

(18)　たとえば、明治五年には、「婚礼入用、其後子年以来縁談聞合入用共」として一二貫一六五匁あまり、「再婚礼入用」として九一貫五六二匁あまりを支出している。

(19)　大名貸帳簿の「諸家貸」は嘉永元年に作成されており（第1巻史料解題「諸家貸」参照）、大名貸部門においても弘化四年と嘉永元年の間が経営上の区切りになっていたことがうかがえる。

(20)　厳密には、大名貸利息勘定を記載した「諸家徳」[7-36] に、慶応三年のみ「家格口々」として三〇貫目の支出が認められる。銭佐での「家格」というのは奉公人関係の支出であるが、これは両替店経営が悪化した際に、大名貸勘定から一時的に運営費を補塡したものと考えられる。

(21)　前掲石井『経済発展と両替商金融』二四二頁。

(22)　なお、当史料が本店の「銀控帳」とともに逸身家に残されたという来歴は、銭屋佐兵衛家と銭屋佐一郎家の経営が密接不可分のものであったことを書誌学的に傍証している。
(23)『新修大阪市史』第四巻、一〇三〇頁。
(24)『新修大阪市史』第四巻、一〇三二頁。なお、このときの御用金は、一両につき銀一〇〇匁の換算比率で正金を上納するよう命じられていた。
(25) 維新期の通商会社・為替会社については、新保博『日本近代信用制度成立史論』有斐閣、一九六八年、小林延人「維新期名古屋の通商政策」『歴史と経済』五一―四、二〇〇九年七月、参照。
(26) 蒔田氏は長年備中井出の旗本であったが、文久三(一八六三)年に高直しをうけ再度大名家となった(浅尾藩)。旗本・大名家時代を通じて銭佐との関係は継続している。
(27) 名目金(銀)貸付とは、摂家・親王方、門跡方、堂上方、寺社方、御三家などがそれぞれ何らかの名目を冠した資金を貸し付けたものである。名目金貸付は基本的に幕府の許可を得て実施されるものであり、訴訟優先権などの特権を有し、幕府公金貸付(「御貸付」)と同様の保護が与えられていた。大名に対する融資のみでなく、庶民の金融として機能していたことも注目されている(三浦俊明『近世寺社名目金の史的研究――近世庶民金融市場の展開と世直し騒動』吉川弘文館、一九八三年)。
(28)「諸家貸」〔7-1〕の一八三九(天保一〇)年利息勘定には「一　三貫九百六拾目　同〔妙法院〕対州徳」とある。
(29) 遠山茂樹『明治維新』(『遠山茂樹著作集』第一巻)岩波書店、一九九一年、初版は一九五一年、二〇―二一頁。遠山の理解を図式化するなら、〈商品生産力の高さ＋封建権力の強固さ→藩政改革の成功→軍事力強化→政治的発言力獲得(＝雄藩化)〉となる。この図式に依拠する限り、「御断り」、すなわち負債の踏み倒しを領主が断行できた理由は、「封建権力の強固さ」にあった、という極めて抽象的な議論から脱却できない。本章も佐賀藩の「封建権力の強固さ」を認める限りにおいて、この限界を乗り越えていない。しかし、それはあくまでも銭佐側が一定程度の不良債権を黙認しうる財務体制を構築していたからであり、銭佐の利益率が不十分であったときに、こうした負債踏み倒しを許容するかどうかについては疑問を呈したい。
(30) 佐賀藩への貸付は、一八四九(嘉永二)年に年賦返済へ切り替えたものの、貸付残高は一向に減少せず、利払いのみでなく元金支払いも停滞していたことが「諸家貸」〔7-1〕から確認できる。
(31) 森泰博『大名金融史論』新生社、一九七〇年、一六九頁。
(32) 前掲中川『大坂両替商の金融と社会』二三〇頁、初出は、同「近世大坂の大名貸商人」『日本史研究』三二九、一九九〇年一月。なお、中川の論旨としては、これを可能とした背景としての他借金(＝他人資本)の実態を明らかにした点にある。

(33)　野口喜久雄『近世九州産業史の研究』吉川弘文館、一九八七年、四二―四四頁。
(34)　楠本美智子『近世の地方金融と社会構造』九州大学出版会、一九九九年、八頁。
(35)　「諸家貸」〔7-1〕では、一八五六（安政三）年までの五島藩の貸付残高が記載されていないが、これは不良債権化した五島藩の債権に対し、帳簿上で利息と相殺する措置が取られたものと思われる。一定の期間毎に「利息積高」と貸出銀高の相殺を行う方法は、三井でも見られる（賀川隆行『近世大名金融史』吉川弘文館、一九九六年、四〇頁）。
(36)　両替店勘定への付け替えが利払いと納銀以外見られないことから推察するに、大名貸の資本金は両替店勘定から借り入れた扱いになってはいるものの、元金返済はなされていない。
(37)　新保博『近世の物価と経済発展』東洋経済新報社、一九七八年、二八二頁。
(38)　前掲安岡『財閥形成史の研究』四八―四九頁。鴻善の場合、貸銀－借銀＝純資産となり、前年度の純資産が当年度の元銀と見做される。
(39)　とはいえ、銭佐の場合、累積純利益額と貸付残高がほぼ一致して推移する以上、大名貸勘定で遊休資産はほとんどなかったものと考えられる。したがって、鴻善②との厳密な数値の比較はできないものの、そこまで乖離した数値とはなっていない。
(40)　前掲安岡『財閥形成史の研究』四九―五四頁。
(41)　前掲安岡『財閥形成史の研究』四二頁。
(42)　海保青陵『稽古談』巻之三（蔵並省自編『海保青陵全集』八千代出版、一九七六年、所収）、四八―五〇頁。高槻泰郎氏・中川すがね氏の御教示による。
(43)　前掲賀川『近世大名金融史』四〇頁、大橋毅顕「一八世紀における三井家の大名貸――笠間藩牧野家を事例として」『論集きんせい』第三三号、二〇一一年五月。ただし、三井の場合、純利益ではなく利息の積立高である点で銭佐と相違が見られた。
(44)　源了圓「先駆的啓蒙思想家　蟠桃と青陵」同編『山片蟠桃　海保青陵』〈日本の名著二三〉中央公論社、一九七一年、五六頁。
(45)　中川すがねは、「大算用」〔2-56〕を検討し、債権（貸付残高）と収益累積額の差が一〇〇〇貫目になるよう銭佐が資金を動かしていることを明らかにしたが（本書第五章）、これは本章の指摘とも平仄が合う。
(46)　以下、地名については、適宜『大阪府の地名』〈日本歴史地名大系二八〉平凡社、一九八六年、および『兵庫県の地名』

〈日本歴史地名大系二九〉平凡社、一九九九年、を参考にした。
(47)『新修大阪市史』第四巻、五二九―五三〇頁。
(48) 北船場に本靭町（現、中央区伏見町一丁目）があるが、銭佐が「靭町」と称している地域は、新靭町もしくは靭三町（海部堀川町、新天満町、新靭町）である。一八五七(安政四)年に、靭町の家守が永代浜の神輿修復に関わる寄進を頼みに来ている（本書第一章吉田伸之論文）。永代浜は新靭町の西に位置する。
(49)『新修大阪市史』第四巻、五三五頁。
(50)『新修大阪市史』第四巻、五二七・一〇五〇頁。
(51) 時期は下るが、明治三年二月二七日、佐一郎とたいの婚姻に際して、紫合市左衛門・同佐兵衛・森田藤右衛門が婚礼祝儀品を進上している（「(書状)」〔1-2-10-23〕）。また、明治七年には、紫合市三郎なる者に対して金五〇円を貸し付け、その返済証書が残されている（「別紙貸附金内請取通」〔2-44-1〕）。
(52) 前掲粕谷『豪商の明治』二〇〇頁。
(53) 表8の大名貸収益は、表4のA群―E群の純利益小計に一致する（一八七三―七五年については、新公債の償還分が大名貸収益に加算されている）。したがって、厳密には収益ではないが、大名貸勘定では費用の計上額が少なく、純利益と収益（≒利息）は近似値を取る。他勘定との比較の意味で収益と表記した。また、大名貸勘定期末資本は、諸家への貸付残高と、大名貸勘定における有銀によって形成されるので、基本的に表6で見るところの貸付残高を上回る。
(54) 千田稔「藩債処分と商人・農民・旧領主――藩債取捨政策に限定して」『社会経済史学』四五―六、一九八〇年三月、五三頁。
(55)「諸藩貸上書訳」（大阪商業大学商業史博物館所蔵『佐古慶三教授収集文書』F―一〇―二五）。
(56)「(明治六年新旧公債取調書上写し)」（前掲『佐古慶三教授収集文書』F―一〇―三〇）。
(57) 中川すがねが鴻池栄三郎家の帳簿を検討したところによると、「勘定帳」は「大福帳」より多くの古債務・古債権を書き留めていることが多い。これは日常的な帳簿である「大福帳」には回収見込みがない古債権は載らず、最終帳簿である「勘定帳」には全ての債権が載るためだと言う（前掲中川『大坂両替商の金融と社会』二四七頁）。銭佐の「諸家貸」は「大福帳」ほどの日常的な帳簿とは言えないが、少なくとも全ての債権を記載する最終帳簿でないことは間違いない。しかしだからこそ、当面の経営状況を知るのに適していると言える。

(58) 前掲千田「藩債処分と商人・農民・旧領主」六二頁。松山県・岡県・豊津県などは、「金主の催促」により、政府に伺い出ずに専断で返済したという。
(59) 明治四年の段階で債権の全てを報告しなかった可能性もあるが、この時点で弘化期以前の貸付が棄捐になることは決まっておらず、偽りなく債権を報告することが当然と考えられたはずである。古債に相当する天保一四年以前の貸付で元金未済の分は、二二五貫三〇四匁三分六厘である。銀二二〇匁で換算・統合すると、全体の貸付残高は一万六四二九貫目となり、古債率は一・四%となる。
(60) 前掲千田「藩債処分と商人・農民・旧領主」五六―五七、七四頁。
(61) 三井の持つ小浜藩債権が、証文の書替えによって新旧公債交付につながったという指摘は、賀川隆行によって先駆的に指摘されている（前掲賀川『近世大名金融史の研究』二〇六頁）。
(62) 『藩債輯録』大内兵衛・土屋喬雄編『明治前期財政経済史料集成』原書房、一九七九年、第九巻所収、一三八頁。
(63) 『藩債処分録（上）』大内兵衛・土屋喬雄編『明治前期財政経済史料集成』原書房、一九七九年、第九巻所収、一一頁。
(64) 「仮規則書」（廣海家蔵、貝塚市教育委員会寄託『廣海家文書』ZA―〇三四―五―七）。本書第七章中西聡論文参照。
(65) 石井寛治『近代日本金融史序説』東京大学出版会、一九九九年、三〇二―三〇三頁。なお、逸身銀行は日清戦後の明治二九（一八九六）年と明治三四（一九〇一）年の二度にわたる反動恐慌により打撃を受け、明治三五年一月に解散を迎える。
(66) 前掲中川『大坂両替商の金融と社会』二五四頁。

第七章　逸身銀行の設立・展開とその破綻

中西　聡

はじめに

近代前期の両替商経営から銀行経営への転換については、通説的理解の見直しが石井寛治によって近年進められている。例えば石井は、幕末維新期の大坂両替商の没落に関して、一八六八（明治元）年の銀目廃止による打撃よりもむしろ高度に発達した信用のネットワークの頂点部分を官軍が暴力的に破壊した結果であるとし、その後の近代銀行設立主体に関しても、旧封建支配階級の華士族層の役割を強調する従来の説に対して、両替商に代表される商人資本が重要であったとした。そして両替商が銀行へ転換した要因に関して、従来の説が両替商による「預り手形」の発行が禁止されるなど両替商経営を困難にする政策があったことを強調したのに対し、石井は社会的資金を集中できるという銀行の「機能的優越性」が重要で、そこに両替商が銀行に転換する実質的な根拠があったとした(1)。

本章は、こうした近年の近代前期の大阪の両替商系統の銀行をめぐる議論に対して、両替商家に残された一次史料に基づく事例研究を加え、その深化を図ることを目的とする。事例として、近世来の大坂両替商であった銭屋逸身佐兵衛家と逸身佐一郎家を取り上げ、両家が一八八〇年に設立した逸身銀行を主たる分析対象とする。

銭屋佐兵衛家は、(2)一七四五(延享二)年に大坂で両替店を開店し、後に石灰町に家屋敷を構え、一九世紀に入って次第に大名貸に力を入れた。同家は、一八三七(天保八)年に大坂備後町で両替店を開店して分家の佐一郎にそれを任せると、佐一郎店(備後店)は商人為替を行い、佐兵衛店(本店)は主に大名貸しを行った。一八三三年に家督を相続した四代佐兵衛には、後に五代佐兵衛となった長男、後に二代佐一郎となった次男、福本家の養子となった元之助の三人の男子がおり、さらに娘「慈《いつ》」が河内国の平池昇一に嫁いだ。五代佐兵衛は、一八七一年に家督を相続したが、弟の二代佐一郎の息子を養子とし、彼に八七年に家督を譲り、隠居後は佐九郎を名乗った。六代佐兵衛は、一八八七年に家督を相続したが、相続時には未成年であったため、実父二代佐一郎が後見人を務めた。

さて二代佐一郎は、四代佐兵衛の次男であったが、一八五一(嘉永四)年に分家して佐一郎家に入り、八八年に奈良県吉野下市の山林地主永田藤平の娘「ます」と結婚した。この一八八八年には元之助も、永田藤平の娘「りき」と結婚しており、二代佐一郎と元之助は、本人同士も兄弟であったとともに、妻同士も姉妹であり、極めて強固な関係を結んだ。なお、逸身家も、番頭格を別家させており、一八七五年時点では、溝口丈助家、高木嘉兵衛家などが有力な別家であった。

佐兵衛家と佐一郎家は、両家で一八八〇年三月に資本金一〇万円の逸身銀行を設立した。逸身銀行の設立は大阪の両替商系銀行のなかでもかなり早く、一八九六年時点で大阪の本店銀行のなかでは年間預金額第四位を占める重要な銀行となったが、(3)同年の株価下落に伴う恐慌で、預金取り付けに見舞われた。この時の逸身銀行は日本銀行大阪支店の緊急融資で乗り切ったが、一九〇〇年恐慌に伴うその翌年四月の金融恐慌で激しい預金取付けを受け、大阪の有力銀行の保証で、日本銀行から融資を受けていったん危機を乗り切ったものの結果的に経営破綻に陥り、整理することになった。(4)大阪の有力銀行が逸身銀行の救済に乗り出した理由として、靏見誠良は逸身家の個人資産を銀行の資産に加味すると預金の払い出しに耐えうると考えられたことと、他の銀行への波及を恐れたことを指摘している。(5)こうした逸身銀行の破綻に関して、両替商系の銀行が専門的な銀行経営者を欠く場合には経営上の大きな限界をもつことを露呈した事件と石井寛治は位置付けたが、(6) この評価は、再検討の余地がある。そこで本章では、①銀目廃止前後の逸身家の状況、②逸身銀行の特徴、③逸身銀行の破綻の経緯、を中心に考察を進める。

第一節　銀目廃止前後の逸身家

一八六八(明治元)年五月の銀目廃止令で、丁銀・豆板銀を回収して代わりに金札が下付されることが決められ、金銀の両替業務は基本的に不要になった。この前後の逸身両店の名目資産額を表1と表2から確認する。近世後期には大名貸を中心として市中の両替業務をあまり行っていなかった佐兵衛店は、一八六八年を画期に名目資産額が減少したとは言えず、むしろ七一年の廃藩置県と火事の打撃が大きかった。ただし、慶応期（一八六五―六八年）のインフレを考えると名目資産額が停滞していたことからみて、慶応期に資産がかなり目減りしたと推定できる。一方、一九世紀中葉に商人為替の手形割引を積極的に行っていた佐一郎店は、一八六五(慶応元)年まで本家からの借入金を返済し続けており、それほど名目資産額は多くなかったが、六七年より顕著に経営を拡大させ、六八年の銀目廃止の打撃は見られず、むしろ七〇年代初頭に名目資産額が急増した。両店ともに銀目廃止の打撃はあまり見られなかったものの、その後の展開には大きな差異があった。表1の佐兵衛店の勘定は主に両替業部門を示しており、大名貸部門は含まれていないが、大名貸部門の資産を加味しても、佐兵衛店の廃藩置県後の資産額は停滞したのに対し（本書第六章表8を参照）、佐一郎店は商人為替主体で近代初頭も活発な為替業務を継続し、資産額は急増した。

むろん、最幕末・維新期は物価変動が激しく、それを加味して実質資産額を考える必要があるが、一九世紀中葉は佐兵衛店が佐一郎店よりもかなり資産額が多かったのに対し、一八七〇年を境に佐一郎店の資産額が佐兵衛店の両替

表1　最幕末・維新期銭屋佐兵衛店勘定

（単位：銀貫目）

年	利銀	金の利	銭の利	世帯	給料	行事入用	貸方損	その他	差引	残金
1864	88.0	10.3	7.4	△69.4	△16.1	△1.8	△40.8		△22.4	4,072.4
1865	99.6	30.4	△0.6	△85.4	△22.5	△2.9	△38.4		△19.9	4,052.5
1866	73.8	△35.5	6.1	△103.7	△21.0	△0.4	△29.6	[1]△112.9	△223.2	3,829.3
1867	61.1	70.9	1.0	△160.2	△40.8	△1.8	△12.3	△0.9	△83.0	3,746.3
1868	93.7	742.6	12.8	△221.8	△55.4			△0.6	571.4	4,317.7
1869	123.2	616.3	△5.2	△284.0	△67.0	△58.6		[2]△8.3	316.5	4,634.2
1870	162.0	523.1	6.4	△326.0	△89.4	△4.4	△67.8	[3]△12.7	191.3	4,825.6
1871	259.0	118.4	8.7	△378.9	△111.0	△49.0		[4]△565.5	△718.4	4,107.2
1872	338.3	2.2	△5.7	△216.8	△97.3	△107.2		[5]△91.3	△177.8	[6]4,589.4
1873	205.2	63.9	△0.1	△163.5	△91.5	△22.0		△1.1	△9.0	4,580.4
1874	104.8	395.0		△267.4	△95.4	△11.3		△1.4	124.3	4,704.6

出典）　元治元年「銀控帳」〔8-7〕より作成．

注）　無印は収入，△印は支出．以下の表ともに表に示さなかった最大の桁を四捨五入した．
　行事入用は，仏事・葬式・婚礼・家督相続など．
　1）うち△111 貫目は普請入用．2）うち△11 貫目は常七元手銀．3）うち△11 貫目は丈助手当．
　4）火事入用．5）丈助元手銀．6）1841 年よりの積立銀 660 貫目を加算．

表2　最幕末・維新期銭屋佐一郎店勘定

（単位：銀貫目）

年	利銀	金の利	銭の利	切賃	割済出越	家格入用	世帯	家格	その他	差引	残額
1864	179.8	108.7	2.8	△0.3	△20.2	[3]△55.5	△46.0	△9.9	[4]△4.1	155.3	1,129.9
1865	299.4	171.1	15.0	15.0	△181.4	[3]△55.5	△62.5	△17.7	[5]△4.4	179.0	1,308.9
1866	387.2	96.5	12.3	1.8	△325.8	△59.7	△84.7	△16.4	0.2	11.3	1,320.2
1867	644.8	436.2	5.4	1.8	△155.7	△69.7	△99.2	△17.7	0.1	746.1	2,066.3
1868	672.8	480.0	89.3	107.1	△136.6	△72.2	△98.2	△160.6	[6]49.7	931.3	2,997.6
1869	1,185.3	550.7	19.3	20.8	△188.1	△35.8	△162.1	△160.6	[7]△17.1	1,212.4	4,209.9
1870	1,496.4	986.1	△16.8	5.3	△183.2	△160.6	△153.6	△49.3	[8]△190.6	1,733.6	5,943.6
1871	2,497.4	[1]812.1	16.4		△538.1	△160.6	△138.2	△77.4	[9]△102.5	2,309.0	8,252.6
1872	352.4	[2]931.5	△5.1		△543.8	△160.6	△110.1	△111.1	[10]14.9	368.2	8,620.7
1873	1,158.3	249.6	1.1		△140.9	△160.6	△93.6	△67.0	[9]△3.7	943.3	9,564.0

出典）　天保 9 年「銀控帳」〔2-54〕より作成．

注）　無印は収入，△印は支出．家格入用は方々利払を含む．利銀欄の 1873 年は利金として．
　1）うち 649.8 貫目は金の利銀．2）うち 619.2 貫目は金の利銀．3）家賃・給料・仕法の合計．
　4）うち△4.2 貫目は本家の利（本家へ渡し分）．5）うち△4.6 貫目は本家の利（本家へ渡し分）．
　6）うち 49.6 貫目は家屋敷売却．7）定助元手銀．8）うち△ 198 貫目は楢村入用，7.4 貫目は因州値違い．
　9）普請入用．10）古銀類値増益．

業部門の資産額を上回るようになった。この背景には、佐一郎店の御用金負担の軽さがあったと考えられ、一八六九年の通商司為替会社頭取並に佐兵衛は選ばれ身元金として五〇〇〇両を提供したのに対し、佐一郎は選ばれずに身元金の負担はなかった(7)。

第二節　逸身銀行設立前後の逸身家

一八七六(明治九)年に国立銀行条例が改正され、銀行設立が容易になり、それ以後多数の国立銀行および私立銀行・銀行類似会社が設立された(8)。大阪では、一八七七年の第十三国立銀行設立を始め、八〇年までに一四行の国立銀行が設立された。ただし、一八八一年以降の松方デフレのなかで国立銀行の多くは経営難に陥り、一四行のうち二行が閉店し、一行が減資を余儀なくされた。大阪での私立銀行の設立は、一八八〇年三月の川上銀行(資本金五万円)が最初で、川上家も近世来の両替商であった。同月に大阪で二番目の私立銀行として逸身銀行が資本金一〇万円で設立され、谷村銀行(資本金二万円)がそれに続いた。逸身銀行は大阪の私立銀行のなかではかなり設立が早かったと言えるが、逆にそれゆえ松方デフレの打撃を受けることとなった。当時の逸身家の資産状況を表3と表4で確認する。

佐兵衛店の資産規模はあまり変わらなかったのに対し、佐一郎店は商人為替を積極的に行った結果として資産は一八七四—七九年まで順調に拡大した。それゆえ逸身家が銀行を設立する際に、佐一郎店が基盤となり、逸身銀行は大阪備後町の佐一郎店の敷地内に設立された。頭取は逸身佐兵衛(五代)がなり、一八八七年に五代佐兵衛が隠居した後は、二代佐一郎が頭取を務めたと考えられる(9)。銀行設立とともに佐一郎店の勘定帳が終了し、それまでと項目の異なる勘定帳〔7–39〕がその年から新たに作成され、そこでの差引残額が、一八九九年時点で逸身銀行の営業報告書の貸借対照表の次期繰越額(前期繰越＋当期損益)と同じであったため(後掲表11と表14、一九〇〇年も差引残金から賞与金を

表3　近代前期逸身佐兵衛店勘定

（単位：円）

年	利金	世帯	給料	前年家法	割済出越	家徳帳	前年納金	その他	差引	残額
1875	2,132	△1,392	△384	△252	△2,994				△2,891	18,494
1876	2,745	△1,700	△401		△177			[1]△407	61	18,554
1877	2,999	△1,295	△373		△677	35		[2]△681	8	18,562
1878	3,395	△1,697	△371		50	△4		△9	1,364	19,926
1879	3,569	△1,800	△407	△72	22	36	△241		1,108	21,034
1880	3,887	△2,086	△329	△213	△3	46	△711		590	21,624
1881	3,792	△2,031	△355	△151	32	328	△757		857	22,482
1882	3,752	△1,968	△357	△177	11	98	△883		476	22,958
1883	3,809	△2,075	△370	△154	△567	145	△768		20	22,978
1884	3,878	△1,918	△361	△94	18	68	△471	△100	1,020	23,998
1885	3,821	△1,659	△382	△158	△294	125	△792	△50	610	24,608
1886	3,729	△1,691	△367	△156	△55	175	△780	[3]△2,415	△1,560	23,048
1887	3,771	△1,805	△330		502	122		[4]△3,057	△797	22,250
1888	3,586	△2,183	△292	△220	21	120	△1,101		△111	22,139
1889	3,610	△2,349	△348	△121	△21	169	△605	△30	304	22,444
1890	3,607	△2,465	△417	△103	△24	210	△515		294	22,738
1891	3,568	△2,999	△432	△91	△74	254	△456	△30	△260	22,478
1892	3,528	△3,791	△459	△28	△21	△250	△142		△1,163	21,314
1893	3,454	△3,925	△457		△37	△215		△105	△1,285	20,030
1894	4,093	△4,793	△483		△103	△214		△124	△1,623	18,406
1895	4,836	△3,949	△534		△61	224		△90	425	18,831
1896	5,147	△5,683	△562	△43	△57	△3,238	△213	[5]△1,251	△5,899	12,932
1897	4,980	△5,980	△626		△57	309		△100	△1,473	11,459
1898	4,213	△6,755	△1,006		3	△599		[6]300	△3,845	7,614
1899	87,879	△6,456	△1,005		3	371		[7]△1,828	78,962	86,577

出典）元治元年「銀控帳」〔8-7〕より作成．

注）無印は収入，△印は支出．1875年の残額は，前年からの繰越銀約4,704貫600匁を円に換算した約21,385円からその年の分を差し引きしたもの．1877年の家徳帳欄は，これまでの家徳帳出入差引をまとめた残額．
1）うち△403円は普請入用．2）うち614円は1840-77年の薬種売買損益合計，△1,287円はこれまでの道具代差引合計．3）うち△2,385円は土蔵営繕入用．4）うち△3,000円は海防費献金．
5）うち△1,001円は赤十字社．6）薬種売買益．7）うち△1,718円は道具代．

表4　1874-79年逸身佐一郎店勘定

（単位：円）

年	利金	金の利	銭（銅）の利	手数料	前年家法分	前年入費分	割済出越	家格	世帯	その他	差引	残額
1874	7,440	1,292	△9				△1,369	△416	△657	[1]△45	6,237	49,709
1875	6,469	2,681	8		△3,118	△624	△6	△266	△943		4,202	53,911
1876	7,665	3,767	20	134	△4,014	△803	△1,375	△309	△885		4,200	58,111
1877	6,663	2,612	22	146	△4,508	△902	△318	△336	△1,119	[2]△205	2,055	60,166
1878	10,144	2,297	11	176	△3,776	△755	△533	△378	△1,117	[3]1,111	7,177	67,343
1879	5,658	2,112	12	145	△5,862	△1,759	△58	△391	△1,636	[4]782	△995	66,348

出典）天保9年「銀控帳」〔2-54〕より作成．

注）無印は収入，△印は支出．金の利欄は1878年以降の項目名は算用帳．

1874年の残額は，前年からの繰越銀約9,564貫目を円に換算した約43,473円からその年の分を差し引きしたもの．
1）△33円は普請入用，△12円は土地買入．2）△210円は普請入用，4円は土地評価替．
3）公債収入．4）563円は公債・貸金収入，153円は株式売却収入，67円は家売買損益．

表5　1880-93年逸身銀行勘定　（単位：円）

年	利金	算用帳	銅の利	手数料	諸証券	家屋敷	給料	世帯	その他	差引残金	利益金処分			
											純益	賞与	積立金	臨時手当
1880	12,642	2,684	9	126			△1,159	△2,080		12,222				
1881	19,240	3,664	10	235			△1,407	△2,290		19,451	12,643	973	3,890	1,945
1882	18,256	3,906	6	189			△1,524	△2,613	1)5,849	24,069	15,645	1,203	4,814	2,407
1883	13,922	1,889	8	163	5,915	1,537	△1,543	△2,689	1)3,989	23,192	15,075	1,160	4,638	2,319
1884	8,804	708	18	101	7,254		△1,558	△2,456	△53	12,818	8,332	641	2,564	1,282
1885	9,574	661	7	86	7,940		△1,774	△3,368	△150	12,976	8,434	649	2,595	1,298
1886	5,176	380	3	79	9,719	830	△1,841	△2,381		11,966	7,778	598	2,393	1,197
1887	6,222	470	1	137	7,064	1,156	△1,914	△2,722	△15	10,401	6,761	520	2,080	1,040
1888	7,159	485		171	5,759	1,166	△2,030	△2,134		10,576	6,874	529	2,115	1,058
1889	10,549	468		193	3,156	1,608	△2,119	△2,763	△115	10,977	7,135	549	2,195	1,098
1890	10,441	635		266	3,782	1,206	△2,242	△3,020		11,068	7,194	553	2,214	1,107
1891	11,048	513		262	2,434	2,268	△2,305	△3,869		10,351	6,728	518	2,070	1,035
1892	15,745	677		288	851	2,701	△2,122	△4,118		14,021	8,114	701	3,804	1,402
1893上	9,279	526		133	430	1,475	△1,132	△2,229		8,482	4,513	424	2,696	848

出典）「銀控帳」〔7-39〕より作成.

注）無印は収入，△印は支出．各年の上半期と下半期を合算して1年間の金額を示した．利益金処分は，1892年上半期までは差引残金の20分の13が純益金，20分の1が賞与金，20分の4が積立金，20分の2が臨時手当金となっていた．上半期は6月末，下半期は12月末時点の決算．1893年は上半期のみこの表で示した．諸証券・家屋敷欄は，配当・利子・家賃・諸入費に加えて，証券や家屋敷の売買収支も含む．

1）金銀売買損益として．

引くと同じになる）、これを逸身銀行の勘定帳とした。そしてそこでは純益・賞与・積立金などの利益金処分が行われた（表5）。佐兵衛店の勘定帳は銀行設立後も継続されたので、逸身銀行は佐一郎店を基盤に設立され、その利益の一部が佐兵衛店に配分されたと思われる。むろん、表5の勘定は利益の確定とその処分が主な内容で、先述の逸身銀行の営業報告書記載の貸借対照表とは項目が異なり、銀行の経営内容までは示していない。

この時期の逸身両店は、事業面で役割分担をしていたと考えられ、佐兵衛店が金融業から撤退して藩債の新旧公債への切り替えを進めるとともに不動産経営を継続したのに対し、佐一郎店は商業金融を積極的に進めた。佐兵衛店の不動産経営の概要を表6に示した。近世後期に大坂市中で手広く貸家経営（掛屋敷経営）を行っていた佐兵衛店は、最幕末期に宅地・建物を売却して不動産経営を縮小したものの、一八七〇年代後半から南綿屋町（旧石灰町）、竹屋町、南平野町に限定しつつ、貸家経営などに再投資するようになった。なお、宅地以外の不動産投資として奈良県楢村の土地を借用していたが、これ

表6　逸身佐兵衛店不動産収支一覧

（単位：1874年までは銀貫目，75年からは円）

年	石灰町→南綿屋町	北久宝寺町	卜半町→竹屋町	京町堀	塩町	新平野町	奈良屋町	靭	曽根崎町	新戎町	紫合村・虫生村	その他	計
1864	△5	5	1	4	3	2	[26]	3	3	9	1	17	68
1865	△6	8	1	3	3	2	4	2	2	9	[20]	[59]	107
1866	△10	[△37]	△0	3	5	2	4	2	3	[254]		[192]	418
1867	△6	10	△0	3	4	2	4	[70]	[47]	0	△5		128
1868	△14	14	1	9	[115]	[48]	[66]						240
1869	△10	17	2	[222]									232
1870	△12	22	5				江戸堀						15
1871	△21	17	4			南平	南通						0
1872	[45]	22	2			野町	[△481]				13		△399
1873	[56]	17	5			[△93]	1						△15
1874	△9	25	8			△4	△2				7		25
1875	△35	75	46			△13	[1,829]				48		1,950
1876	△37	141	△21			[△58]	△3				楢村		22
1877	△23	80	△7			[△1,193]					[△2,871]		△4,013
1878	△34	107	△2			△29					△47		△4
1879	△18	193	△5			△68					△66		36
1880	0	182	△18			△39					△80		46
1881	△38	196	△12			△36					[219]		328
1882	△45	181	△10			△29							98
1883	△28	202	△12			△16							145
1884	△33	174	△11			△62							68
1885	△52	213	△14			△21							125
1886	△40	248	△8			△25							175
1887	△57	203	△9			△15							122
1888	△46	209	△7			△35							120
1889	△62	217	△9			24							169
1890	△43	235	△5			23							210
1891	△27	258	△3			26							254
1892	△166	246	△7			[△323]							△250
1893	△45	275	△5			[△440]					地所買入		△215
1894	△510	304	△3			△5					手当		△214
1895	[△3,028]	264	△5			△7					3,000		224
1896	△188	331	[△361]			△21					△3,000		△3,238
1897	△60	397	△8			△20					歌島村・		309
1898	△331	[△233]	△10			△25					西野上村		△599
1899	△276	661	△9			△40					[△13,232]		△12,896

出典）文政8年「家徳扣」〔8-4〕より作成.

注）地名欄の矢印の後は1874年以降の地名.［　］内は，土地・建物売買もしくは普請入用を含んだ場合．無印は収入，△印は支出.

その他欄は，備後町（1864・65年），今橋2丁目・北堀江・塗師屋町・御池通・戎島町（1864-66年）の合計.

1890年代の地名の位置関係は，以下の通り（『角川日本地名大辞典27　大阪府』角川書店，1991年，および逸身家文書）.

大阪市南区：南綿屋町，竹屋町，塩町，大阪市東区：北久宝寺町，備後町，今橋2丁目，南平野町

大阪市西区：京町堀，新平野町，奈良屋町，靭，新戎町，江戸堀南通，北堀江，御池通，戎島町

大阪府西成郡：曽根崎，歌島村，大阪府堺市：塗師屋町，奈良県添上郡：楢村

は奈良県楢村で商業活動を佐兵衛店が行っていたことと関連したと考えられる[10]。ただしこの土地は一八八一年に整理され、投資額と差引残額を比べると多額の損失を計上しており、逸身家の楢村での経営は失敗したと考えられる。佐兵衛店の公債所有額を表7で確認すると、同店は一八七〇年代半ばに藩債の新公債への切り替えを積極的に進めたと考えられ、それが不動産と並ぶ同店の主要な資産となった。ただし、前述のように一八九六年の恐慌の際に逸身銀行は預金取り付けに見舞われ、日本銀行の融資により救済されており、その際に佐兵衛店所有の新公債の一部が逸身銀行に提供されたと考えられる（後掲表11を参照）。

佐一郎店は、近代期に入り、近世期に取引していた和泉国貝塚の米穀肥料商廣海家との取引を再開し、逸身銀行設立前後の一八七〇年代後半―八〇年代初頭に廣海家との取引を急拡大した。佐一郎店（逸身銀行）と廣海家との取引は、廣海家が逸身銀行宛ての振り手形で買入先に代金を支払い、その振り手形が逸身銀行に持ち込まれて逸身銀行にある廣海家の当座勘定から決済される形態であった[11]。これは、佐一郎店が銀行設立以前から廣海家に対して行ってい

表7　逸身佐兵衛店公債所有額の動向　（単位：円）

年末	新公債	旧公債	金録公債	合計
1873	5,225	1,056		6,281
1874	44,375	7,896		52,271
1875	55,750	8,073		63,823
1876	55,750	7,898		63,648
1877	55,750	7,722		63,472
1878	55,750	7,547		63,297
1879	55,750	7,371		63,121
1880	55,750	7,356		63,106
1881	55,750	7,150		62,900
1882	54,249	6,945	1,501	62,695
1883	54,249	6,739	1,717	62,705
1884	54,013	6,534	1,737	62,284
1885	54,013	6,328	1,996	62,337
1886	54,013	6,123	2,273	62,409
1887	55,800	5,917	0	61,717
1888	55,800	5,712		61,512
1889	56,866	5,506		62,372
1890	56,866	5,301		62,167
1891	56,866	5,095		61,961
1892	56,866	4,890		61,756
1893	40,641	4,684	軍事公債	45,325
1894	40,341	4,479	7,700	52,520
1895	40,341	4,273	36,150	80,764
1896	539	4,068	36,150	40,757
1897	539	3,862	36,150	40,551
1898	539	3,657	36,150	40,346
1899	539	3,451	0	3,990
1900	0			

出典）嘉永元年「諸家貸」〔7-1〕より作成．
注）各年末時点の公債所有残額を示した．
旧公債の1900年末時点の所有額は不明．

表８　廣海家の逸身佐一郎店（逸身銀行）口座より引き渡し額相手先

（単位：円）

相手	住所・業種	金額	相手	住所・業種	金額
① 1877 年			② 1885 年		
酒谷長一郎	北前船主	6,580	野村治三郎	北前船主	4,250
鹿野専次郎	野村家取次	5,884	伊藤助右衛門	北前船主	2,047
富村三郎吉	堺米穀商	4,351	内海作兵衛	大阪肥料商	1,370
辰馬半右衛門	鳴尾酒造家	3,928	廣海二三郎	北前船主	1,214
松浪弥兵衛	北前船主	3,900	大家七平	北前船主	823
辰馬与左衛門	西宮酒造家	3,156	風間三郎右衛門	北前船主	600
直江忠平		2,300	店治平	廣海家店員	500
野村治三郎	北前船主	2,007	金沢仁兵衛	大阪肥料商	389
白藤嘉助	大阪肥料商	1,930	小林与右衛門	北前船主	332
木谷七平	大阪肥料商	1,897	辰馬蘭蔵	大阪	300
藤井又兵衛		1,858	山本弥平		265
金沢仁兵衛	大阪肥料商	1,609	明瀬長次郎		30
藤野嘉市	北前船主	1,600	計（相手先不明分含む）		17,170
岡本要助	兵庫肥料商	1,430	③ 1893 年		
野坂勘左衛門	北前船主	900	秦幸	大阪肥料商	1,176
大家七平	北前船主	871	伊藤助右衛門	北前船主	1,160
山本伊佐	兵庫肥料商	617	大家七平	北前船主	936
秦新七	大阪肥料商	300	野坂勘左衛門	北前船主	918
植島嘉助	大阪	300	藤野嘉市	北前船主	784
真木甚		193	佐藤伊三右衛門	北前船主	500
藤井安		180	店治平	廣海家店員	349
西海重		179	杉本喜右衛門	北前船主	330
近勘		138	熊田源太郎	北前船主	150
和泉屋弥兵衛	兵庫肥料商	100	福田吉兵衛	大阪	150
計（相手先不明分含む）		48,916	計（相手先不明分含む）		12,084

出典）明治 10・18・26 年「万覚帳」（廣海家文書，廣海家蔵，貝塚市教育委員会寄託）より作成.

注）船名が挙げられた場合は，船主名を示した．住所・業種欄は，明治 17 年「諸国名前控」（廣海家文書，廣海家蔵，貝塚市教育委員会寄託）等を参照した．貝塚の米穀肥料商の廣海家と北前船主の廣海二三郎家は別の家.

た形態で、佐一郎店時代の商人為替業務と逸身銀行設立後の商業金融に連続性があった。表8を見よう。廣海家が振り出した手形を逸身銀行に持ち込んだと考えられる商人は、北海道で魚肥を買い入れてそれを大阪府貝塚で売却した北前船や、大阪・兵庫の肥料商で、廣海家は彼らから肥料を購入した代金を逸身銀行宛ての手形で支払っていた。

こうした旧来の取引相手との逸身銀行の商業金融業務は、表5の利金欄からみて一八八〇年代初頭に最も活発に行われたと考えられるが、八〇年代前半の松方デフレのなかで北前船主らの経営が苦しくなると、逸身銀行の商業金融業務も縮小に向かい、利金は減少した。表8に戻ると、廣海家の逸身佐一郎店（逸身銀行）にある口座から引き出された金額は、一八七七年の約四万九〇〇〇円から八五年の約一万七〇〇〇円へと激減した。さらに、一八九〇年代になると北前船を介した北海道産魚肥流通が次第に減少し、廣海家は北海道産地商人との直接取引を試みるようになった[12]。その場合、逸身銀行のコルレス網は北海道へ展開しておらず、廣海家が逸身銀行宛ての振り手形で肥料を購入することが困難になったために廣海家による逸身銀行宛ての振り手形の利用は急速に減少し、廣海家と逸身銀行との取引関係は一八九〇年代中葉が最後となった。

第三節　尼崎紡績会社の創立と逸身家

旧来の取引相手との商業金融業務の減少に直面した逸身銀行は、新たな金融業務を拡大した。その契機が、一八八九（明治二二）年の尼崎紡績会社の設立で、近世来の大阪の両替商と並んで逸身家もその設立に参画した[13]。周知のように大阪の企業勃興は綿紡績業が中心であり、一八八二年設立の大阪紡績会社の成功により、八〇年代後半から多くの紡績会社が設立されることになった。例えば、一八八七年に天満紡績会社・浪華紡績会社が設立され、八九年に大阪近郊の尼崎で、尼崎の両替商らと大阪の両替商らが協力して尼崎紡績会社が設立された。尼崎紡績設立の際に、両替商の当主らの謡曲の趣味を通したネットワークが大きな役割を果たしたことが指摘され[14]、趣味の世界での人的ネットワークを通して、逸身家からも福本元之助が発起人として尼崎紡績会社設立に関与し、福本は創立時に尼崎紡績の取締役、一八九三年より社長になった。その結果、逸身銀行が尼崎紡績の主要取引銀行の一つとなり、一八八九年より逸身銀行の利金が再び増大した（表5）。

創業期の尼崎紡績は[15]、資本金五〇万円を予定していたが、一八九〇年恐慌に直面して払込が難航したため、九一年

表9　逸身家会社役員一覧

会社・銀行名	所在	1895年	1898年	1901年	1904年
①逸身佐兵衛					
逸身銀行（合資）	大阪	取締役	取締役	取締役	
貯金銀行（株式）	大阪	監査役	監査役	監査役	
②逸身佐一郎					
逸身銀行（合資）	大阪	頭取	頭取	頭取	
貯金銀行（株式）	大阪	頭取	頭取	頭取	
③福本元之助					
逸身銀行（合資）	大阪	取締役	取締役	取締役	
貯金銀行（株式）	大阪	取締役	取締役	取締役	
尼崎紡績	尼崎	社長	社長	社長	
堺煉瓦	堺	社長	社長	社長	取締役
大阪鉱業	大阪		社長	社長	取締役
関西コーク	大阪		社長	社長	
吉野銀行（株式）	吉野		監査役	監査役	
大阪米穀	大阪		社長		
大阪物産	大阪			社長	
共立合資	大阪				業務社員
④逸身豊之輔					
河内銀行（株式）	牧方		監査役	監査役	

出典）由井常彦・浅野俊光編『日本全国諸会社役員録』第1・3・5・8巻，柏書房，1988年より作成．

注）各年の1月現在の状況を示すと考えられる．この表の他に，隠居した5代佐兵衛（佐九郎）も佐兵衛と並んで貯金銀行の監査役であった．1898年の出所資料で福本元之助は，大阪米穀売買会社の社長とされたが，同社の役員は，大阪米穀会社の役員と同じで，前後年の出所資料から考えて，大阪米穀の役員をそのまま大阪米穀売買の役員欄に誤記したと考えられ，それは除いた．1904年1月時点では，逸身銀行・貯金銀行は存在しない．また同年に尼崎紡績・関西コーク・吉野銀行は存在していたが福本元之助は役員から外れていた．大阪綿糸（合資）は福本元之助が設立したと考えられるが，業務担当社員が溝口保蔵と荘保弥太郎であった（1898年1月時点）ためこの表に載せていない．なお，1900年時点の逸身銀行の上記以外の役員は，支配人の高木嘉兵衛で，貯金銀行の上記以外の役員は，取締役が平池昇一，永田藤平，高木嘉兵衛，支配人が溝口保蔵，監査役が逸身佐九郎であった（復刻版『大阪銀行通信録』第16巻，不二出版，1992年，356・357頁）．

七月に約三一万五〇〇〇円に減資した。開業は一八九一年二月で、大阪事務所を出張店と改称し、同店で綿糸販売を行うために洋糸商仲間に加入した。そして一八九二年より大阪の問屋への綿糸販売が一般化することになった。一八九三年一月に就任した福本元之助社長のもとで、三二番手・四二番手という中細糸を生産する本社第二工場の建設が進められ、その設備投資資金調達のため増資が行われた。一八九四年五月に福本社長は、三二番手糸・四二番手糸の販売のために大阪綿糸合資会社を設立し、九五年から第二工場での生産が開始され、その後生産の中心となった四二

表10　逸身銀行預金額・貸出額・手形割引額の推移　（単位：千円）

年	預金	内定期	内当座	貸付金	内当座貸越	為替金		割引手形		荷為替手形		代金取立手形	
						振出	受送	貸出	取立	貸出	取立	貸出	取立
1881	[1]130			[1]132		[1]11							
1883	10,997			11,022		—	630	—	—	45	—	—	—
1886	5,499			324		166	667	308	293	4	4	15	15
1887	6,593			882		692	926	324	307	8	8	48	48
1888	6,681			2,036		117	119	117	490	16	15	15	14
1889	7,074			2,829		637	857	[2]831		[2]16		[2]24	
1890	9,429			3,071		899	897	[2]1,560		[2]26		[2]24	
1891	13,287			4,876		875	—	[2]2,673		[2]19		[2]—	
1892	19,566			8,252		1,116	—	[2]4,292		[2]58		[2]110	
1893	25,726			5,261		366	757	[2]4,725		[2]136		[2]537	
1894	25,887			1,882		1,166	1,327	[2]11,053		[2]176		[2]601	
1895	29,317			7,313		1,531	1,657	[2]10,370		[2]133		[2]799	
1896	32,744			8,188		2,151	2,617	[2]14,221		[2]285		[2]500	
1897	16,164	90	15,020	2,652	2,401	1,645	1,536	7,230	482	118	54	45	118
1898	23,243	82	20,962	2,894	2,607	3,118	2,396	7,293	352	96	36	240	327
1899	29,720	439	27,110	3,479	3,046	2,145	2,214	5,924	264	330	88	540	525
1900	41,735	2,982	34,114	5,405	5,008	3,143	2,261	5,021	393	217	18	523	930
1901	16,250	775	14,300	2,095	1,734	982	907	5,274	275	43	25	235	309

出典）各年度『大阪府統計書』より作成.
注）年末残額ではなく，年間の金額を示した．為替金欄の受送は1897年から受込，割引手形・代金取立手形欄の貸出・取立は，1897年からそれぞれ当所・他所と出所資料では記載されていた.
1）1881年末時点の残額で，為替金欄は振出と受送の合計．2）貸出と取立の合計.

番手糸は主に双子織・綿フランネル・久留米絣などの経糸として使用されたようである。原料棉花は主に三井物産から購入され、支払いは約束手形で行われ、それらは主に川上銀行・逸身銀行・三井銀行などで割り引かれたと考えられる。一八九〇年代後半―一九〇〇年代の尼崎紡績は、国内向け四二番手糸生産に主力を注ぎ、綿糸の輸出はあまり行わず、九六年一月にも増資をして資本金額一〇〇万円となった。

株式所有の面から尼崎紡績と逸身家の関係をみると、社長の福本元之助に加えて逸身家の別家で逸身銀行支配人の高木嘉兵衛が尼崎紡績の主要株主となり、両人および逸身家が設立した共立合資会社名義の尼崎紡績株式所有比率の合計は、一八九〇年一月の四%から九三年一二月の約一一%、九六年六月の約一六%へと増大した(16)。福本元之助が設立した諸会社として、前述の大阪綿糸合資会社（業務担当社員は逸身家別家の溝口保蔵と逸身家親類の荘保弥太郎、一八九八年時点の資本金五万円）、一

表 11　1893-1900 年逸身銀行勘定　（単位：円）

年期	前期繰越	利金	諸証券	家屋敷	給料	世帯	配当準備取出し	差引残金	利益金処分 配当金	賞与金	積立金	配当準備	次期繰越
1893 下		5,627	8,594	940	△1,122	△3,332		10,706	3,500	535	5,000	1,100	571
1894 上	571	8,389	6,588	1,391	△1,198	△3,580		12,161	3,500	570	5,314	1,400	1,376
1894 下	1,376	10,044	4,493	1,147	△1,375	△3,709	2,500	14,476	3,500	530	5,000	3,500	1,946
1895 上	1,946	12,657	2,622	1,297	△1,363	△3,496	3,500	17,163	3,500	585	7,000	3,500	2,578
1895 下	2,578	13,724	4,888	1,324	△1,344	△3,858	3,500	20,812	5,000	736	7,000	5,000	3,076
1896 上	3,076	13,907	5,242	1,578	△1,411	△3,295	5,000	24,097	5,000	800	8,000	7,000	3,297
1896 下	3,297	△3,020	23,047	1,925	△1,715	△4,632	7,000	25,902		780	20,000		5,122
1897 上	5,122	12,259	7,496	2,397	△1,806	△3,808		21,660	5,000	1,320	5,000		10,340
1897 下	10,340	14,109	4,843	2,117	△1,827	△4,372		25,210	5,000	1,180	5,000		14,030
1898 上	14,030	14,685	3,880	2,134	△2,270	△6,285		26,175	5,000	1,200	5,000		14,975
1898 下	14,975	15,749	1,129	1,718	△2,842	△4,157		26,572	5,000	1,150	5,000		15,422
1899 上	15,422	13,530	1,337	2,216	△2,872	△3,627		26,006	5,000	1,000	5,000		15,006
1899 下	15,006	14,857	1,139	2,186	△2,687	△4,881		25,620	5,000	1,000	5,000		14,620
1900 上	14,620	11,585	4,256	2,945	△3,054	△3,320		27,031	5,000	1,000	5,000		16,031
1900 下	16,031	18,970	502	2,490	△3,165	△4,583		30,245	5,000	1,400	5,000		18,845

出典）「銀控帳」〔7-39〕より作成.
注）上半期は6月末, 下半期は12月末時点の決算. 無印は収入, △印は支出. 諸証券・家屋敷欄は, 配当・利子・家賃・諸入費に加えて証券や家屋敷の売買収支も含む.

八九五年七月設立の大阪米穀株式会社（社長福本元之助、九八年時点の払込資本金七万円）があり（表9を参照）、これら両社が合併して一九〇一年に大阪物産株式会社（払込資本金六万七〇〇〇円）が設立されて福本元之助が社長となった(17)。

創業期の尼崎紡績への逸身銀行の融資は、当初は貸付金が中心であったと考えられ、表10より逸身銀行の貸付金額を見ると一八九一・九二年に急増していた。その後尼崎紡績の生産が軌道に乗ると手形割引が中心になったと考えられ、表10でも一八九四年より手形割引額が急増した。なお一八九三年の商法の部分的施行と銀行条例の施行により、逸身銀行も合資会社形態になったと考えられ、表5と表11を比べると、逸身銀行では利益金処分として配当金が払われるようになった(18)。合資会社以降の逸身銀行の役員は、頭取が逸身佐一郎、取締役が逸身佐兵衛と福本元之助、そして支配人が高木嘉兵衛であった（表9）。さらに一八九三年には貯蓄銀行条例も施行されたため、親銀行の預金吸収機関として貯蓄銀行が設立されるようになり、逸身家も株式会社貯金銀行を設立した。

貯金銀行は逸身銀行と同様に佐一郎店の敷地内に設立されており、逸身銀行の預金吸収機関であったと考えられるが、株式会社形態をとったため、逸身一族・別家以外にも経営に参画するメンバーが存在し、貯金銀行の役員として、頭取に逸身佐一郎、取締役に福本元之助と平池昇一と永田藤平と高木嘉兵衛、支配人に溝口保蔵、監査役に逸身佐兵衛と逸身佐九郎が就任した(19)。

ここには、逸身家の縁戚関係を軸とした銀行のネットワークを検出することができる(20)。すなわち、貯金銀行取締役の平池昇一は、佐一郎の妹と結婚しており、地元河内銀行の頭取を務めていた。同じく貯金銀行取締役の永田藤平は佐一郎および福本元之助の妻の実父であり、地元吉野銀行の頭取を務めていた。そして佐一郎の息子豊之輔が河内銀行監査役となり、福本元之助自身も吉野銀行監査役となっていた。また、逸身銀行と長年の取引があった前述の廣海家当主惣太郎も、永田藤平の娘と結婚したため、佐一郎・元之助と義理の兄弟となり、廣海惣太郎は地元貝塚銀行の頭取を務めていた。

第四節　一八九〇年代の逸身銀行の特徴

こうした尼崎紡績との関係や縁戚関係を通じた銀行のネットワークを背景に、一八九〇年代前半の逸身銀行は比較的良好な業績を上げるに至った。表11を見よう。一八九三―九六年の逸身銀行は、利益が順調に増大し、配当準備金の積み立ても行ったが、前述のように一八九六年の恐慌の際に利金がマイナスとなり、佐兵衛店所有の諸公債を逸身銀行へ繰り入れして売却し、それを積立金に回して補填した。そしてそれ以降配当準備金の積み立ては止めた。資金運用状況を表10で確認すると、一八九〇年代後半は割引手形の比重が高く、この割引手形の内容を推定する必要があり、表12より一八九九(明治三二)年時点の逸身銀行のコルレスポンデンス網を検討する。一八九九年に逸身銀行は五

表 12　1899 年逸身銀行コルレスポンデンス先銀行一覧　（資本金の単位：千円）

銀行名	本店所在	資本金	コルレス先本支店	主要役員（職業）
第三銀行	東京	2,400	横浜	安田善四郎
明治商業銀行	東京	1,200	本店，金沢	安田善助
安田銀行	東京	(1,000)	本店	安田善之助
東都家寿多銀行	東京	(60)	本店	家寿多豊次郎
片浜銀行	駿河沼津	55	本店	長倉寅太郎
芳川銀行	遠江芳川	115	遠江浜松	太田清治郎（地主）
遠洋銀行	遠江篠原	25	本店	堀内萬吉
伊藤銀行	名古屋	100	本店	伊藤治郎左衛門（呉服太物商）
豊島銀行	尾張一宮	(100)	本店	豊嶋半七（綿糸商）
美濃実業銀行	美濃大垣	124	本店	小寺成蔵，安田和助（米穀商）
才明銀行	金沢	113	本店	泉屋七郎（醤油醸造）
森田銀行	越前三国	(100)	本店	森田三郎右衛門（北前船主）
大和田銀行	越前敦賀	(100)	本店	大和田荘七（北前船主）
甲賀銀行	近江水口	56	本店	瀧川昇，富田善作（米穀肥料商）
彦根商業銀行	近江彦根	50	本店	廣野織蔵，阿知波勘次郎（呉服太物商）
第四十九銀行	京都	640	本店	下村忠兵衛（呉服商），山田定兵衛（呉服商）
中京銀行	京都	300	本店	竹村藤兵衛
山城起業銀行	山城田辺	32	本店	喜多川孝経
山城八幡銀行	山城八幡	13	本店	大森資仲，木村半平（油製造）
吉野銀行	大和下市	105	本店，野原，五条，吉野山	永田藤平（地主）
吉野小川銀行	大和小川		本店，大和古市場，鷲家口	船津弥八郎，森田徳兵衛（林業）
田原本銀行	大和田原本	90	本店	志野清治（地主），吉川彦平（地主）
紀州銀行	和歌山	200	本店，南部，田辺，箕島，塩津	渡邊鉄心（区長），高松良右衛門
和歌山銀行	和歌山	150	本店	浦野吉五郎（酒造業），竹中源助（紡績糸商）
山崎銀行	和歌山	(80)	本店	山崎庄兵衛（金貸業）
川崎銀行	和歌山	(20)	本店	川崎喜右衛門（両替商）
鼎立銀行	紀伊串本	118	紀伊古座	森島嘉兵衛
共同銀行	紀伊串本	74	本店	神田清右衛門（地主）
貝塚銀行	和泉貝塚	100	本店	廣海惣太郎（肥料商），信貴孫次郎（両替商）
大西銀行	和泉堺	(30)	本店	大西五一郎，大西正三郎（清酒醸造）
河内銀行	河内枚方	25	本店，星田，私部，甲可	平池昇一（地主）
同栄銀行	河内寝屋川	19	本店	藤井健治郎（地主）
大和銀行	大阪	325	大和（五条，松山，上市，御所）	松尾徳三郎（政治家），森田徳兵衛（林業）
岸本銀行	神戸	(100)	本店	岸本豊太郎
日本商業銀行	兵庫	800	本店	安田善三郎，澤田清兵衛（米穀肥料商）
西宮銀行	摂津西宮	188	本店	八馬謙介（海運業），紅野善三郎（清酒醸造）
尼崎銀行	摂津尼崎	30	本店	本咲利一郎（両替商），奥田吉右衛門（魚商）
三田同盟銀行	摂津三田	30	本店	福井与一右衛門

平野銀行	摂津平野郷	20	本店，河内八尾	末吉勘四郎
廣根銀行	摂津中谷	20	本店	下岡亀一
共同貯蓄銀行	丹波篠山	60	本店	中道伊兵衛（地主），樋口達兵衛（金物商）
洲本銀行	淡路洲本	75	本店	中村栄太郎，安居寅蔵（金物商）
赤穂銀行	播磨赤穂	85	本店	奥藤研造（醬油醸造），柴原九郎（塩問屋）
御野銀行	備前石井	120	本店	亀山猪之助
六十六銀行	備後尾道	508	広島	天野嘉四郎（金融），橋本吉兵衛（海運業）
五十二銀行	松山	450	伊予今治	藤野漸
松山商業銀行	松山	244	本店	木村利武，仲田伝之丞（地主）
伊予農業銀行	松山	93	本店	村上半太郎（地主），堀内胖治郎（清酒醸造）
大洲商業銀行	伊予大洲	172	本店	程野茂三郎，浅田千代吉（生魚商）
今治銀行	伊予今治	148	本店	阿部光之助，阿部平助（綿ネル製造）
郡中銀行	伊予中	100	本店	宮内治三郎（地主），水野直次郎（呉服商）
八幡浜銀行	伊予八幡浜	60	本店，大分	高橋伝吾（書籍商），兵頭伊三郎（砂糖商）
東予銀行	伊予上分	35	本店	鈴木澤之助（地主），石川辰造（地主）
中津共立銀行	豊後中津	219	本店	菊池安之丞（酢醬油醸造），野依暦三（穀物商）
柳浦銀行	豊後柳ケ浦	105	本店	川谷彦三郎（地主）
八屋銀行	豊前八屋	60	本店	田代亀三郎
三潴銀行	筑後大川	144	本店	中村多平（地主），中村和三郎（酒醸造）

出典）第39・40期「営業報告書（逸身銀行）」〔2-21，2-22〕，前掲由井常彦・浅野俊光編『日本全国諸会社役員録』第3・4巻より作成．

注）本店所在地は，適宜旧国名を付記．資本金欄は払込資本金額で，合名・合資・個人銀行は名目資本金額を括弧内で示した．本支店欄の吉野銀行の支店は全て大和国，紀州銀行の支店は全て紀伊国，河内銀行の支店は全て河内国．主要役員欄は，頭取・行主の氏名と職業の他に，職業の判明した主要役員1名を記した（1899年1月頃）．職業は，明治31年版「日本全国商工人名録」（渋谷隆一編『明治期日本全国資産家地主資料集成』第1-3巻，柏書房，1984年），南都銀行行史編纂室編『南都銀行五十年史』株式会社南都銀行，1985年，愛媛県史編さん委員会編『愛媛県史』社会経済3　商工，愛媛県，1986年，日経金融新聞編・地方金融史研究会著『日本地方金融史』日本経済新聞社，2003年，高嶋雅明『企業勃興と地域経済』清文堂出版，2004年，中西聡『海の富豪の資本主義』名古屋大学出版会，2009年などを参照した．この表以外に，1899年上半期・下半期に樫根銀行（合資）（本店：大和高田），1899年下半期に新宮尾崎銀行（本店：紀伊新宮）がコルレスポンデンス先になっていたが，資本金・役員不明のため省略した．なお，表のうち，芳川銀行・山城起業銀行・山城八幡銀行・貝塚銀行は1899年上半期，川崎銀行は1899年下半期はそれぞれコルレスポンデンス先になっていなかった．

七の銀行とコルレス契約を結んでいたが、その中心は奈良県・和歌山県・愛媛県の銀行で、ほぼ西日本に限られた。奈良県の銀行では、縁戚関係にあった永田藤平が頭取を務める吉野銀行を始め、大阪に本店を置きつつ、もともと奈良県への金融を主な目的として設立された大和銀行など、奈良県の林業に関係の深い銀行とコルレス網を形成しており、かつて逸身佐兵衛店が行っていた奈良県樒村での商業活動の関連で、奈良県の銀行との密接なつながりが形成されたと考えられる。

和歌山県の銀行では、和歌山に本店をもつ銀行が多く、特に注目すべきは和歌山銀行で、和歌山の紡績糸商の竹中源助が役員を務め、和歌山の綿ネル業への金融を積極的に行う銀行であった[21]。尼崎紡績の一八九四年四月二七日

表 13　大阪市本店両替商系銀行の動向　（単位：千円）

銀行名	創業年	① 1897 年 12 月時点				② 1900 年 12 月時点			
		資本金	貸付金	当座貸越	割引手形	資本金	貸付金	当座貸越	割引手形
鴻池銀行	1878	500	438	73	31	3,000	559	254	5,670
第三十二銀行（株式）	1878	360	353	339	525	2,532	903	734	4,024
川上銀行	1879	60	104	96	45	60	90	131	132
逸身銀行（合資）	1880	100	141	71	801	100	254	271	1,358
木原銀行	1880	100	415	32	157	100	396	37	761
谷村銀行	1880	50	68	99	119	50	43	87	352
虎屋銀行（合名）	1881	100	128	204	232	200	588	360	686
加島銀行（合資）	1888	300	395	92	158	300	126	585	1,754
住友銀行	1895	1,000	1,349	304	1,487	1,000	108	317	5,126
井上銀行（合資）	1895	500	277	9	163	500	241	199	1,016
泉町銀行（株式）	1895	130	93	71	98				
山口銀行	1898					1,000	310	384	2,373

出典）復刻版『大阪銀行通信録』第 10 巻，不二出版，1992 年，108 頁の次①，第 18 巻，22-23 頁より作成．
注）資本金は，払込資本金額と考えられる．鴻池銀行は 1900 年に合名銀行となる．第三十二銀行は，1898 年に浪速銀行となる．銀行名欄の無印は個人銀行．なお逸身銀行系の貯金銀行は出所資料に掲載されていないため載せていないが，創業年は 1893 年で，払込資本金額は 98 年 1 月・1901 年 1 月時点ともに 12,500 円であった（前掲由井常彦・浅野俊光編『日本全国諸会社役員録』第 3 巻，63 頁，第 5 巻，91 頁）．両替商系銀行の範囲は石井寛治『経済発展と両替商金融』有斐閣，2007 年，246 頁による．

の重役会議事録にも、「竹中源介ニ係ル製糸販売約定、向フ一ケ年間継続スベキ事」とあり[22]、竹中源助は尼崎紡績の重要な綿糸販売先であった。そのことからみて、逸身銀行と和歌山銀行のコルレス網を利用して、尼崎紡績から竹中源助への綿糸販売の決済が行われた可能性を指摘できる。

また、愛媛県の銀行では、注目すべきは今治銀行で、今治の代表的な綿ネル業者の阿部平助が取締役になっており[23]、松山に本店のある五十二銀行に対しても、逸身銀行は松山本店ではなく、今治支店とコルレス契約を結んだことからも推定できるように、この背後には、尼崎紡績の今治綿ネル業産地への綿糸販売があったと考えられる。

一般に、大阪の紡績会社をめぐる決済として、原料棉花購入は棉花商社への約束手形決済で行われ、綿糸販売は大阪の問屋への現金決済による販売であったとされる[24]。そして、尼崎紡績が原料棉花購入代金として棉花商社に振り出した約束手形を逸身銀行が割り引いていたことは、いくつかの記述資料から確認できる[25]。それに加えて尼崎紡績が国内の綿ネル産地の綿糸商に製品綿糸を販売した際の決済で用いられた手形も逸身銀行が割り引いていた可能性が指摘でき、それは一九〇〇年代まで製品綿糸の販売を主に国内向けに行い、輸出をあまり行わなかった尼崎紡績の特徴とも関係する。(26) ただし現在のところ、綿糸取引に関して逸身銀行が割り引いた手形を史料として確認できないので可能性の指摘に止める。

このような逸身銀行の特徴を、大阪の他の両替商系統の銀行と比較する。表13からみて大阪では、近世来の両替商系統の銀行の設立に一八七八—八〇年と一八九五年の二つの波があったことが判る。後者は、一八九三年の商法と銀行条例の施行を契機としたと考えられるが、逸身銀行は前者に属し、大阪の両替商系統の銀行のなかではかなり早期から紡績金融を行ってきた。そのため、一八九七年時点でも、他の銀行に比して資産内容に占める割引手形の比重が極めて高く、割引手形の絶対額でも、資本金額が逸身銀行よりもかなり多い第三十二銀行・加島銀行・井上銀行を大きく上回っていた。もちろん第二次企業勃興後の一九〇〇年時点になると、鴻池銀行・浪速銀行(旧第三十二銀行)・加島銀行や一八九八年に新たに設立された山口銀行が急速に手形割引を行うようになったため、割引手形の絶対額では、逸身銀行はそれらの銀行の後塵を拝するようになったが、資本金額や貸付金と比較した場合の逸身銀行の割引手形の比重の高さは変わらなかった。

第五節　銀行経営破綻前後の逸身家

表10に戻ろう。冒頭で述べたように一八九六(明治二九)—九七年の恐慌で逸身銀行は預金取り付けに見舞われ、九七年に預金額が急減し、そのため貸付額・手形割引額ともに急減した。ただし前述のように、この時は日本銀行から融資を受けて危機を乗り越え、一八九九—一九〇〇年に預金額は回復した。一八九六年下期は、表11のように利金もマイナスとなったが、前述のように諸公債を売却し、それを積立金に回して補塡した。一八九九・一九〇〇年は貸借対照表が判明したので、それを表14で示した。一八九九—一九〇〇年に逸身銀行の性格に若干変化があったことをみ

表 14　逸身銀行・貯金銀行貸借対照表

（単位：円）

	［逸身銀行］				［貯金銀行］	
期末年月	1899・6	1899・12	1900・6	1900・12	1900・6	1901・12
①負債						
資本金	100,000	100,000	100,000	100,000	50,000	50,000
積立金	120,000	125,000	130,000	135,000	6,900	10,000
諸預金	840,999	921,156	1,004,959	1,344,941	4)226,298	3,694
借入金	374,500	397,500	391,000	328,000		156,500
預金手形	38,000	36,900				
再割引手形	193,406	267,607				
他店より借り	137,784	190,131	124,264	241,119		
支払送金手形	3,536	4,583	5,698	3,536		
未払利息	1,632	2,051	2,178	1,907		7)7,542
行員保任積立金	2,885	2,812				
前期繰越・当期利益	26,006	25,620	26,031	28,845	1,839	90
計	1,838,749	2,073,359	1,784,130	2,183,348	285,037	227,826
②資産						
国債	31,579	25,938	21,767	42,520	5)47,975	17,273
有価証券（諸株式）	10,425	10,425	92,875	92,875	28,062	31,765
貸付金及当座貸越	346,515	408,003	456,522	525,209	1,655	
割引手形	1,187,238	1,248,206	961,573	1,058,171	71,178	8)8,196
銀行預ケ金	55,641	54,792	30,468	53,113	75,641	125,506
他店へ貸し	81,237	133,450	63,122	167,389		
所有地所建物	26,916	27,211	62,578	37,199	4,919	4,919
金銀有高	97,052	164,742	94,833	205,983	17,182	141
営業用什器	392	392	392	392	554	457
その他	1)1,753	2)200		3)498	6)37,872	6)39,569
計	1,838,749	2,073,359	1,784,130	2,183,348	285,037	227,826

出典）第39・40期「営業報告書（逸身銀行）」，「委任状」〔2-19-2，2-21，2-22〕，前掲復刻版『大阪銀行通信録』第16巻，356・357頁，第18巻，9頁より作成．

注）1899年については，1900年のデータと接続させるため項目を集計し直した．逸身銀行の1900年の負債欄の預金手形・再割引手形は，資産の割引手形欄と一緒にされたと考えられる．

1）雑勘定．2）同盟銀行信認金．3）荷為替手形．4）借入金も含むと考えられる．

5）地方債も含む．6）うち37,500円は未払込資本金．7）諸利息・公債利息を含む．

8）割引料として．

表15　逸身家関連会社と破綻前後の逸身銀行・貯金銀行をめぐる動き

年・月・日	内容	資料
1880・3	逸身銀行設立（逸身家）	逸身家文書
1889年	尼崎紡績株式会社設立→1893年1月より社長福本元之助	尼崎紡績会社資料
1893・6	貯金銀行設立（逸身家）→本店の場所は逸身銀行本店と同じ	「銀行通信録」495頁
1893年頃	共立合資会社設立（逸身家）	逸身家文書
1894・5	大阪綿糸合資会社設立（福本元之助）→尼崎紡績の32番手・42番手撚糸販売のため	高村「尼崎紡績会社」
1895・8	大阪米穀株式会社設立（福本元之助）	「銀行通信録」548頁
1901・1	大阪綿糸合資会社と大阪米穀株式会社が合併して大阪物産株式会社設立（社長：福本元之助）	「銀行通信録」548頁
1901・2・7	逸身銀行・貯金銀行南支店（大阪市南区清水町板屋橋）開業	『大阪銀行通信録』187頁
1901・4・16	七十九銀行・難波銀行休業（金融恐慌開始），逸身銀行南支店取り付け	「大阪金融界動揺の顚末」
1901・4・17	逸身銀行本店・貯金銀行取り付け	「銀行通信録」495頁
1901・4・18	逸身銀行・貯金銀行が日本銀行より50万円借り入れ（有志8銀行連帯保証）	「銀行通信録」498頁
1901・4・20	逸身佐兵衛所有土地建物（大阪市南区南綿屋町・竹屋町）を担保として逸身銀行が百三十銀行より101,500円の借り入れ	逸身家文書
1901・5・20	逸身銀行再度取り付け→1週間の臨時休業 有志8銀行の連帯保証で日本銀行が再度50万円を逸身家へ融資することを決める 貯金銀行は大阪貯蓄銀行へ譲渡し，貯金銀行の逸身銀行への預金12万円は，日本銀行から融資された50万円のうち12万円を充てて大阪貯蓄銀行へ支払う（有志8銀行の保証）	「銀行通信録」502–505頁
1901・5・26	貯金銀行が逸身佐一郎（逸身銀行）宛ての約束手形を振り出し 金額15,437円50銭を8枚（計123,500円，支払期日1901年8月25日） 裏書人：住友・帝国商業・鴻池・百三十・北浜・三十四・浪速・山口銀行	逸身家文書
1901・5・27	尼崎紡績臨時重役会で福本社長が辞任（福本は取締役として残る）	尼崎紡績会社資料
1901年5月頃	この頃大阪物産会社解散か	
1901・5・28	逸身銀行再開店（ただし貯金銀行の預金残額12万円は大阪貯蓄銀行が引き継ぐことで貯金銀行の解散が決まる）	「銀行通信録」503頁
1901年6月初頭	尼崎紡績が逸身銀行への預金をもとに日本綿花に小切手を渡す→逸身銀行は小切手および尼崎紡績の預金を支払えず	「銀行通信録」504頁
1901・6・17	尼崎紡績が逸身銀行の破産申請を行う→有志8銀行が逸身銀行の債務を一時立て替え	尼崎紡績会社資料
1901・6・19	尼崎紡績の逸身銀行への預金を逸身銀行が全額払い出し→尼崎紡績は逸身銀行の破産申請取り下げ	尼崎紡績会社資料

表 15　つづき

1901・6・20	尼崎紡績臨時重役会で福本取締役辞任に伴い功労金として 1 万円を贈与することを決定	尼崎紡績会社資料
1901 年 6〜7 月	逸身銀行が 4 月に日銀大阪支店より借りた 50 万円のうち 14 万円は返済済みで，残り 36 万円の処理を日銀大阪支店と有志 8 銀行が協議→6 万円償却，残額 30 万円を 10 万円ずつ 3 回で分割返済させる 逸身銀行が 5 月に日銀大阪支店より借りた 50 万円のうち 12 万円は大阪貯蓄銀行に対する債務で残り 38 万円の処理を日銀大阪支店と有志 8 銀行が協議→満期後 6 カ月間の猶予を与えた上で，13 万円・13 万円・12 万円の 3 回で分割返済させる	「銀行通信録」504-505 頁
1901 年 7 月中旬	逸身銀行整理委員会が逸身銀行の資産として 25 万円の約束手形を発見 うち 53,650 円：大阪物産会社が綿糸・棉花商の山本治兵衛の裏書きで逸身銀行へ差し入れたもの →整理委員会は帝国商業銀行で再割引した 9,320 円を除く 43,300 円分について山本治兵衛に返済を求める→紛糾したが山本は 18,000 円を支払う約束 うち 46,000 円：舞鶴の宅地開発を行った秋田鍬三郎が振り出したもの →整理委員会は秋田へ返済を求める→秋田は 27,000 円を支払う約束	「銀行通信録」548-556，593-594 頁
1901・8・26	貯金銀行が逸身佐一郎宛ての約束手形を振り出し（5 月 26 日分の延長か） 金額 15,437 円 50 銭を 8 枚（計 123,500 円，支払期日 1901 年 11 月 25 日） 裏書人：住友・帝国商業・鴻池・百三十・北浜・三十四・浪速・山口銀行	逸身家文書
1901・11・25	貯金銀行が逸身佐一郎宛ての約束手形を振り出し 金額 15,437 円 50 銭（支払期日 1901 年 12 月 24 日） 裏書人：8 銀行（上述の 8 つの銀行か）	逸身家文書
1901・11・25	貯金銀行が永田藤平宛ての約束手形を振り出し 金額 33,000 円（支払期日 1901 年 12 月 24 日） 裏書人：逸身佐一郎，福本元之助	逸身家文書
1902・1・5	有志 8 銀行が集会を開き，逸身銀行の債務を約 80 万円と推計し，そのうち日本銀行に対する債務残額は 45 万円，大阪貯蓄銀行に対する債務残額は 123,500 円と計算. →日本銀行に対する債務 45 万円を有志 8 銀行で負担，大阪貯蓄銀行に対する債務 123,500 円は有志 8 銀行が等分に負担（各 15,437 円 50 銭，2 月 2 日償却済）	「銀行通信録」593-594，601 頁
1902・1・22	共立合資会社社員総会 ・営業所を大阪市東区備後町 2 丁目 102 番に移転 ・業務担当社員高木嘉兵衛・吉岡栄吉の辞任 （会長：福本元之助，社員：逸身佐兵衛・逸身佐一郎・高木嘉兵衛・溝口保蔵・山田東助・吉岡栄吉）	逸身家文書

1902・1・25	株式会社貯金銀行臨時株主総会→清算報告の承認（逸身佐九郎・逸身佐兵衛・逸身佐一郎・福本元之助・溝口保蔵・山田東助） 合資会社逸身銀行臨時総会→本日限り任意解散決議（業務担当社員：逸身佐一郎・逸身佐兵衛・福本元之助　社員：高木嘉兵衛・溝口保蔵・山田東助）	逸身家文書
1902・1・28	共立合資会社移転と高木・吉岡両社員抹消登記申請	逸身家文書
1902・1・31	合資会社逸身銀行任意解散登記申請	逸身家文書
1902年2月中旬	逸身家所有の摂津国三田の水田20町歩を32,000円で売却	「銀行通信録」601頁
1902年3月頃	逸身家所有の尼崎紡績株6,000株を売却（1株49円，計294,000円）	「銀行通信録」606頁
1902・7	逸身銀行・貯金銀行清算営業所を大阪市東区備後町2丁目102番から大阪市東区今橋2丁目45番へ移転	逸身家文書
1905・3・30	逸身佐九郎（先代佐兵衛　住所：大阪市南区南綿屋町79番）が，大阪市東区上綿屋町の宅地・建家・畑を福井菊三郎へ16,000円で売却	逸身家文書
1906・2・16	尼崎紡績重役会→福本元之助を営業部長として再雇用→1911年に福本は再度取締役に	尼崎紡績会社資料

出典）「抵当権設定金銭貸借契約証書」「委任状」「決議録」など〔2-19〕，1889-1911年の「重役会決議録」（尼崎紡績会社資料，ユニチカ記念館蔵），東京銀行集会所編「銀行通信録（摘録）」（日本銀行調査局編『日本金融史資料　明治大正編』第6巻，1957年），「大阪金融界動揺の顚末」（『大阪銀行通信録』第43号付録，前掲復刻版『大阪銀行通信録』第18巻所収），前掲復刻版『大阪銀行通信録』第18巻，187頁，高村直助「尼崎紡績会社」（山口和雄編著『日本産業金融史研究　紡績金融篇』東京大学出版会，1970年）より作成．

注）共立合資会社は，1903年版と1904年版の『日本全国諸会社役員録』に掲載され，業務担当社員は福本元之助で，資本金7万円，営業目的は，石炭採取・販売とされた（前掲由井常彦・浅野俊光編『日本全国諸会社役員録』第8巻，106頁）．

てとれ、割引手形所有額には季節的変動があるが、一八九九年六月と一九〇〇年六月、一八九九年一二月と一九〇〇年一二月と同じ月を比べると、減少しており、代わりに貸付金及当座貸越額が増大した。一方逸身銀行の預金吸収機関であった貯金銀行は、一九〇一年一二月時点で約一二万五〇〇〇円を逸身銀行に預金していたと推定され、逸身銀行への預金額全体の一割弱を占めたと考えられる。

大阪の他の両替商系統の銀行が手形割引業務を拡大して逸身銀行の独自性が薄まるなかで一九〇一年に逸身銀行は預金の取り付けにあった。表15をもとに逸身銀行の経営破綻のプロセスの要点をまとめる。一九〇一年の大阪への金融恐慌の波及は、前年の恐慌で経営が不安定になっていた七十九銀行と難波銀行が一九〇一年四月一六日に休業したことに始まった。その余波が全国各地の銀行におよび、逸身銀行と貯金銀行も四月一六・一七日に預金の取り付けに遭った。これに対し、百三十銀行・住友銀行・帝国商業銀行・鴻池銀行・北浜銀行・三十四銀行・浪速銀行・山口銀行の八銀行が、連帯保証をすることで、逸身銀行・貯金銀行は日本銀行より五〇万円を借り入れて、この時の預金の取り付けをしのぐことができた。八銀行のなかで、逸身銀行の救済に積極的に動いたのは松本重太郎と考えられ、松本は四月二〇日に逸身佐兵衛所有の不動産を担保として百三十銀行が逸身銀行に一〇万一五〇〇円を融資する契約を逸身佐一郎と結んだ。その内容を、以下に示す。

[史料]：抵当権設定金銭貸借契約証書〔2–19–15〕

大阪府大阪市東区高麗橋参丁目弐拾番屋敷　債権者　株式会社百三十銀行
同市北区堂島浜通弐丁目拾六番屋敷平民　会社員右取締役　松本重太郎
（中略）
同市東区備後町弐丁目百弐番屋敷　債務者　合資会社逸身銀行
右同番屋敷平民会社員　右業務担当社員　逸身佐一郎
（中略、物件所有者として逸身佐兵衛の名前あり）
第壱　債務者ハ逸身佐兵衛所有後記ノ物件ニ第壱番抵当権ヲ設定シ本日ヨリ明治参拾五年四月拾七日迄利息吉日百円ニ付金弐銭七厘ノ割合ニテ債権者ヨリ金拾万壱千五百円ヲ借受ケンコトヲ又債権者ハ前同断ヲ以テ右債務者ニ之レヲ貸渡スコトヲ互ヒニ約諾シ尚ホ金額ハ既ニ其授受ヲヘタル旨ヲ互ヒニ陳供ス
第弐　債務者ハ前項利息金ハ本契約期限ノ前後ニ拘ハラス債務完済之先迄毎月末日限リ支弁ス可キ事ヲ諾約ス
第参　債務者ハ前項利息金ノ支弁ヲ壱ケ度ニテモ遅滞シタルトキ又ハ他ノ債務ノ為メ財産ノ差押ヲ受ケタルトキハ此期限ノ利益ヲ失ヒ即時元利金返還ノ要求ニ応ス可キコトヲ諾約ス
第四　債務者ハ第壱項利息金ハ債権者ノ通知ニ依リ之レヲ増減セラルルモ異議ナキコトヲ諾約ス

第五　債務者ハ第壱項抵当物件ニ対シテハ是迄年期貸永代貸其他賃貸料ノ前収質権ノ設定等凡ソ其価格ヲ減少ス可キ契約ノ行為ヲ為セシコトナク又将来ニ於テモ之レヲ為サンコト及ヒ若シ之レニ違ヒタルトキ又ハ天災其他ノ原因ニ依リ此抵当物ヲ毀損若クハ滅失シタル場合ニ於テ直チニ之レヲ補充セサルトキハ此期限ノ利益ヲ失ヒ即時元利金返還ノ要求ニ応ス可キ事ヲ諾約ス

第六　債務者ハ此抵当物件ノ競売ニ先タチ他ノ財産ヲ差押ヘラルルモ更ニ異議ナキコトヲ諾約ス

第七　債務者ハ此抵当物ヲ競売セラルル場合ニ至リタルトキハ土地建物ヲ分割セス之レヲ一纏メニシテ競売ニ付セラル可キコトヲ諾約ス

第八　債務者ハ本証書ノ義務不履行ノトキハ直チニ強制執行ヲ受ク可キコトヲ認諾ス

第九　逸身佐兵衛ハ債務者カ第壱項債務ニ対シ第壱番抵当権ヲ設定スル為メ自分所有後記ノ不動産ヲ債務者ニ貸与ス可ク　若シ債務者ニ於テ義務ヲ履行セサルトキハ直チニ之レヲ競売ニ付セラルルモ更ニ異議ナキコトヲ諾約ス

債務者ハ第壱項債務ニ対スル弁済担保トシテ左ノ物件ニ第壱番抵当権ヲ設定ス

大阪市南区南綿屋町四番一市街宅地百参拾壱坪五合五夕
　右宅地上ニ在ル建物　（略記　土蔵一棟、家三棟）
右同町四拾五番一市街宅地百五拾弐坪四合八夕
　右宅地上ニ在ル建物　（略記　家六棟、土蔵一棟）
大阪市南区南綿屋町四拾六番一市街宅地四百八拾五坪四夕
　右宅地上ニ在ル建物　（略記　家四棟、倉庫十一棟）
右同所五拾番一市街宅地百八拾参坪六合六夕

右宅地上ニ在ル建物　（略記　家一棟、倉庫六棟、平納屋一棟）
同区竹屋町九番一市街宅地百七拾参坪八合八夕
右宅地上ニ在ル建物　（略記　平納屋二棟）
（中略）
右契約ヲ為シタルコトヲ確証スル為メ左ニ署名捺印スルモノ也
明治参拾四年四月弐拾日　公証人兼松寛　役場ニ於テ
大阪区裁判所管内大阪市南区九郎右衛門町第九拾番邸住居　公証人　兼松寛

以上のように、百三十銀行が貸付金利率の変更を一方的に行える上に、逸身銀行が利息金の支払いを一度でも遅れると即時に元利金返還の要求に応じないといけないなど、逸身銀行にとって厳しい条件であり、担保物件は、表6で示した佐兵衛家の不動産のうち南綿屋町と竹屋町に所在する宅地と建物であった。

日本銀行や百三十銀行からの借入で危機を一時的に脱した逸身銀行であったが、全国に波及した金融恐慌はなかなか収まらず、一九〇一年五月二〇日には逸身銀行は再度の預金取り付けに遭った。逸身銀行は一週間の休業を余儀なくされ、前述の八銀行の連帯責任で日本銀行が再度五〇万円を逸身銀行に融資した。その際、貯金銀行は大阪貯蓄銀行に引き継がれることとなり、貯金銀行の逸身銀行への預金一二万円を、日本銀行からの融資を利用して大阪貯蓄銀行へ支払うことが決められた。逸身銀行休業の責任をとって福本元之助は尼崎紡績社長を辞任したが、尼崎紡績が逸身銀行への預金をもとに日本綿花に小切手を渡した分を逸身銀行が日本綿花に支払うことができず、尼崎紡績の逸身銀行への預金も逸身銀行は払い出せなかったため、尼崎紡績は逸身銀行の破産を申し立てた。前述の八銀行はこれに対して逸身銀行の債務を一時立て替えすることを決め、逸身銀行は尼崎紡績の預金を全額払い出したので、尼崎紡績は逸身銀行の破産申請を取り下げたが、ここに至って八銀行も逸身銀行を整理する方針を立て、結局逸身銀行は一九〇二年一月二五日付けで任意解散することとなった。

問題は、逸身銀行整理の過程での債務の処理状況であり、一九〇二年一月五日の八銀行の集会では、逸身銀行の債務は約八〇万円と推計された。そのうち逸身家所有不動産の売却で処理したと推定される分が、南綿屋町・竹屋町の土地・建物で約一〇万円、摂津国三田の水田二〇町歩で三万二〇〇〇円、上綿屋町の土地・建物で一万六〇〇〇円、そして逸身銀行のあった佐一郎店の敷地・建物をあわせると合計約二〇万円と言われた。そのほか逸身家所有尼崎紡績会社株六〇〇〇株が一株四九円で売却されて二九万四〇〇〇円、また逸身銀行整理委員会が逸身銀行の資産として発見した二五万円分の約束手形があり、これらの一部が逸身銀行に戻った分もあるため、結局八銀行が最終的に明確に逸身家の負債を肩代わりしたのは、貯金銀行を引き継いだ大阪貯蓄銀行への債務一二万三五〇〇円と考えられ、これらは八銀行で等分に負担することになった。その意味で、逸身家は八銀行やその他の債権者にある程度納得のいく返済をしたと思われる。そして福本元之助が一九〇六年に尼崎紡績に復帰することになった。

逸身銀行が解散し、資産をほぼ全て失った逸身家は吉野の永田家を頼ったようである。実際、一九〇〇年代に永田家と逸身家と廣海家と福本元之助らの共同で奈良県天川の山林経営が行われていた(27)。ただし、福本元之助は尼崎紡績を退職したものの、自分が経営していた会社が大阪に残った。表9に戻ると、逸身家が設立した共立合資会社は、逸身銀行解散後も福本元之助を業務担当社員として存続し、主な業務は、石炭採取と販売であった(28)。これはおそらく福本元之助が経営していた大阪鉱業会社と関係していたと思われ、福本は大阪鉱業の社長は辞任したが、同社取締役として経営には関与していた。そして前述のように福本は尼崎紡績に復帰すると、一九一一年に再度尼崎紡績取締役となった。

おわりに

本章で明らかになった点をまとめる。まず大名貸中心の両替商と商人為替中心の両替商では幕末維新の打撃の受け方が異なったことが指摘できる。そのなかで逸身家では、商人為替業務中心の佐一郎店が近代初頭に資産蓄積を進め、それが逸身銀行設立の主要な原資となった。そうであれば、近世来の両替商が近世来の蓄積でもって近代期に銀行を設立したとの見方には留保が必要と思われる。とは言え、逸身銀行整理の際には、逸身佐兵衛家が所有した不動産が大きな役割を果たしており、逸身家全体の資産蓄積としては不動産や有価証券も含めて考える必要があり、その点で佐兵衛店と佐一郎店を合わせて検討する必要があろう。

また、近代銀行の設立主体としての両替商は、大阪市内では重要であったと考えられるが、逸身家が銀行家のネットワークを形成したと考えられる平池家・永田家・廣海家はいずれも両替商ではなく、大阪周辺部では、近代銀行設立主体としての両替商の役割は限定的であったと思われる。むろん逸身銀行の場合は、両替商時代の商人為替から商業金融への機能的連続性があり、石井寛治が指摘するように銀行の機能を積極的に利用して両替商が銀行に展開した側面が見られたが、コルレス網の展開が不十分であった逸身銀行は、流通構造の変容に伴って商業金融の内容を転換させざるを得ず、紡績金融に集中していく背景にもなった。その一方、加島屋のように幕末期に大名貸を主に行った両替商が銀行を設立した場合には、一八九〇年代は貸付銀行的性格が強くなる傾向もあった(29)。

さらに、逸身銀行の紡績金融として、これまでの研究で強調された原料棉花購入に対する紡績手形割引の側面の他に、製糸販売面での金融も積極的に行われた可能性がある。逸身銀行は綿ネル産地の銀行とのコルレス網を充実させており、例えば、逸身銀行がコルレス契約を結んだ和歌山銀行の役員が、尼崎紡績の主要な綿糸販売先の竹中源助であり、和歌山銀行の勘定内容で送金手形がかなり多かったことからみて、[30] 尼崎紡績の竹中への綿糸販売代金が、和歌山銀行と逸身銀行を介した送金手形で決済された可能性が考えられる。

こうした逸身銀行の積極的な紡績金融は、金融市場未整備の時代に商業金融を先行して行った面で評価できる一方で、十分な自己資本蓄積がないままに商業金融の規模を拡大し過ぎたことで破綻の要因ともなった。逸身銀行が大阪の両替商系統の銀行のなかではかなり早期に設立されたにもかかわらず、設立期の資本金一〇万円のままで、それ以降資本金が充実させられなかった背景として、逸身家が尼崎紡績の増資払込を優先させたことが考えられる。すなわち逸身家の資産規模から考えて逸身家の尼崎紡績への一八九〇年代末時点での六〇〇〇株（額面で一五万円）の投資は過剰投資と言わざるを得ず、逸身銀行の健全経営のためには、銀行貸出・手形割引額の急増に伴い、逸身銀行の増資を行い、自己資本比率が下がらないようにしておく必要があったと考えられるものの、尼崎紡績への出資のために、逸身銀行の増資を行う資金的余裕が逸身家にはなくなってしまったと言える。とは言え石井説のように逸身銀行の経営の失敗を専門的な銀行経営者の不在にもとめるのもやや一面的であろう。逸身銀行は一八八〇年代までは近世来の商人為替による信用ネットワークを活かした銀行経営を展開してきたと考えられるが、交通網の近代化とともに国内流通のあり方が遠隔地間の商人同士の直接取引へと転換するなかで、それにうまく対応できなかった。そうした逸身銀行を紡績金融という新たな事業分野へと転身させたのが福本元之助で、福本は進取の気質をもった新しいタイプの経営者であったと考えられる。

実際、創業期の尼崎紡績会社の社長は、初代廣岡信五郎、二代木原忠兵衛といずれも両替商家出身で、それぞれ加島銀行・木原銀行と銀行を設立していた。[31] しかし廣岡・木原ともに短期間で社長を退任し、特に木原は、尼崎紡績の主力工場となった第二工場の増設に反対して辞任しており、保守的な気質を強くもっていたと思われる。[32] それゆえ前述の表13でも明らかなように、木原銀行は一八九七（明治三〇）年末時点で貸付金よりも割引手形の割合がかなり少なく、近世来の両替商経営の延長線上としての銀行経営を行っていたと考えられる。それに対して第三代社長の福本は、積極的に第二工場の増設を進め、綿糸販売会社を設立するなど流通網の整備も進め、そして逸身銀行を紡績金融へ向けさせた。それによって逸身銀行の経営も一八九〇年代には改善されており、福本は、尼崎紡績と逸身銀行を組み合わせた新たな事業形態を作り上げたと考えられる。

このような逸身銀行の経営展開は、両替商系統の銀行の場合は、当主やその兄弟はあまり経営に携わらず、専門的な経営者を外部から招いて、新たな状況に対応したとした石井の見方[33]とはかなり異なっていたと考えられる。そして、進取の気質をもったと考えられる福本がいたからこそ逸身銀行は、解散に際しても尼崎紡績株の売却などで債権者にある程度納得させる返済を進めることができ、福本はその後も大阪財界で名誉ある地位を占めることができたと言える。むろん本章は、逸身銀行の一事例研究に過ぎないため、近代期の他の銀行の実証研究を進めて全体像につなげることが今後の課題となろう。

（1）石井寛治『経済発展と両替商金融』有斐閣、二〇〇七年、二三六―二三七、二四三―二四五、二七九頁。
（2）以下の記述は、第1巻『四代佐兵衛評伝』および本書第五章を参照。本章では、備後町の佐一郎店を基盤として逸身銀行が設立されたとの視点から、本店と備後店ではなく、佐兵衛店と佐一郎店と表記する。ただし佐兵衛家・佐一郎家ともに逸身銀行の経営に関わった。
（3）明治二九年度『大阪府統計書』三一〇―三一七頁。
（4）靍見誠良「戦前期における金融危機とインターバンク市場の変貌」（伊藤正直・靍見誠良・浅井良夫編著『金融危機と革新』日本経済評論社、二〇〇〇年）七四頁。
（5）同右、八〇―八二頁。
（6）前掲石井寛治『経済発展と両替商金融』二四二頁。
（7）「通商司為換会社一件」（佐古文書、大阪商業大学商業史博物館蔵）。

(8) 以下の記述は、新修大阪市史編纂委員会編『新修大阪市史』第五巻、大阪市、一九九一年、三二六—三二八頁を参照。
(9) 逸身銀行「仮規則書」(廣海家文書、廣海家蔵、貝塚市教育委員会寄託)では、一八八〇年の創業時の頭取が逸身佐兵衛、副頭取が逸身佐一郎、監事が逸身元之助、支配人が高木嘉兵衛、副支配人が溝口安造であったことが判る。そして明治一四年度『大阪府統計書』一〇二頁では、一八八一年時点で逸身銀行の所在地が東区備後町二丁目二一番地で、頭取が逸身佐兵衛であり、株主が五名とされたので、上述の逸身銀行役員が株主になって利益の配分を受けていたと考えられる。また由井常彦・浅野俊光編『日本全国諸会社役員録』第一巻、柏書房、一九八八年、一三九頁より、一八九四年時点の逸身銀行頭取は、逸身佐一郎となっている。
(10) 「楢村普請諸書物入」や楢村富士平吉と逸身佐兵衛店との往復書簡〔3-45, 3-40〕などを参照。
(11) 石井寛治・中西聡編『産業化と商家経営』名古屋大学出版会、二〇〇六年、第一二・一三章を参照。
(12) 同右、第八章を参照。
(13) 社史編纂委員会編『ニチボー七五年史』ニチボー株式会社、一九六六年、三—一五頁を参照。
(14) 絹川太一『本邦綿糸紡績史』第四巻、日本綿業倶楽部、一九三九年、第四章を参照。
(15) 以下の記述は、前掲『ニチボー七五年史』一六—五四頁、高村直助「尼崎紡績会社」(山口和雄編著『日本産業金融史研究』紡績金融篇、東京大学出版会、一九七〇年)を参照。
(16) 前掲高村直助「尼崎紡績会社」五三〇—五三一頁。
(17) 同右、五四四頁および前掲由井常彦・浅野俊光編『日本全国諸会社役員録』第三・五巻、一九八八年を参照。
(18) 銀行条例・貯蓄銀行条例については、粕谷誠「金融制度の形成と銀行条例・貯蓄銀行条例」(前掲伊藤正直・靎見誠良・浅井良夫編著『金融危機と革新』)を参照。
(19) 「大阪銀行通信録」第三三号(明治三三年七月)(復刻版『大阪銀行通信録』第一九巻、不二出版、一九九二年)。
(20) 以下の記述は第1巻『四代佐兵衛評伝』、南都銀行行史編纂室編『南都銀行五十年史』株式会社南都銀行、一九八五年、一八九—一九三頁、および前掲由井常彦・浅野俊光編『日本全国諸会社役員録』第三・五巻を参照。
(21) 高嶋雅明『企業勃興と地域経済』清文堂出版、二〇〇四年、三〇七、三四〇—三四二頁を参照。
(22) 明治二五年「決議録」(尼崎紡績会社資料、ユニチカ記念館蔵)。
(23) 愛媛県史編さん委員会編『愛媛県史』社会経済三　商工、愛媛県、一九八六年、二二五—二三〇頁を参照。

(24) 前掲山口和雄編著『日本産業金融史研究』紡績金融篇、一二二―一二三、五三七―五三九頁を参照。
(25) 一九〇一年六月初頭に尼崎紡績は逸身銀行への預金をもとに日本綿花に小切手を渡している（日本銀行調査局編『日本金融史資料』明治大正編、第六巻、大蔵省印刷局、一九五七年、五〇四頁）。ただしこの時に一九〇一年恐慌の打撃を受けていた逸身銀行は、これを支払えず、尼崎紡績が逸身銀行の破産申請をすることにつながった。
(26) 前掲高村直助「尼崎紡績会社」五五二頁を参照。
(27) 前掲石井寛治・中西聡編『産業化と商家経営』一四七―一四八頁を参照。
(28) 前掲由井常彦・浅野俊光編『日本全国諸会社役員録』第八巻、一九八八年を参照。
(29) 加島銀行については、石井寛治「両替商系銀行における破綻モデル」（粕谷誠・伊藤正直・齋藤憲編『金融ビジネスモデルの変遷』日本経済評論社、二〇一〇年）を参照。
(30) 前掲高嶋雅明『企業勃興と地域経済』三〇八―三〇九頁を参照。
(31) 前掲『ニチボー七五年史』七頁を参照。
(32) 前掲絹川太一『本邦綿糸紡績史』第四巻、一四二頁を参照。同史料では木原は第三工場の建設に反対したとあるが、木原が社長を辞任した年月からみて、第二工場のことと考えられる。
(33) 前掲石井寛治『経済発展と両替商金融』二七一―二七四頁。

（付記）　逸身家文書以外の史料閲覧に際して、廣海家の皆様、貝塚市教育委員会、大阪商業大学商業史博物館、そしてユニチカ記念館にお世話になった。記して感謝申し上げたい。なお、本章の内容は、二〇一一年度政治経済学・経済史学会秋季学術大会での自由論題報告をもとにしている。

第Ⅲ部　商いの実相

第八章　銭佐と住友江戸中橋店

海原　亮

はじめに

逸身家文書には、住友の江戸中橋店（手代）を差出人とする、およそ一二〇通の書簡が残されている。

住友は一七世紀後半、東北地方での銅買い付けや銅山経営の必要から、江戸中橋（現在、東京都中央区八重洲）に出店を設置し、銅商を手がけ始めた。一八〇五（文化二）年には別子銅山救済関係の幕府拝借金を元手として、両替業に進出する。

逸身家文書の記録に従えば、銭佐との取引関係開始は一八〇六年二月のことであった（「一札（下シ為替金銀預りにつき）」〔2-49-27-2-1〕）。一八〇四年以降、同店の支配人をつとめた直蔵が大坂本店の当主吉次郎（住友家第八代友端）と連名し、捺印のうえで銭屋弥助へ宛てた一札が現存している。[1] 住友中橋店は、両替業の進出直後から、江戸～大坂間の為替業務で銭佐と取引関係を有した。

残念なことに現在、住友史料館が所蔵する中橋店の関係史料は、点数が限られている。銭佐関係のものは、一紙物を中心として、嘉永期（一八四八―五四年）以降の証書・手控えの類が三〇点ほど、確認できるのみである。

このうち最幕末、一八六八(慶応四)年時点の番状(江戸〜大坂間で定期的に取り交わされる事務通信は順に符番され、史料上「〜番状」と呼ばれた)の写しは、すでに『住友史料館報』誌上で全文を紹介した(2)。

本章では、逸身家文書として現存する叙上の書簡群のなかから数点をとりあげ、両店のあいだでどのような情報が伝達されたか、その概要をうかがう。書簡という史料の性格上、当事者間で了解済みの話題なら記述が簡略化されるケースも多いし、為替相場情報などのデリケートな内容は、なおさら他者の読解を困難にする。筆者の能力の限界ゆえ、十分な解釈とはほど遠いが、一連の情報は当該期江戸の金融経済の実態を示すであろう。

これら中橋店書簡は、差出の月日こそ判明するが、年号の明記されたものは全くない。そこでまずは、書簡の作成時期を確定する作業が必要となる。書簡中にみえるいくつかの社会的事件、政治情報の内容をみれば、ある程度の推察は容易で、結論を先に述べると、一連の書簡は文政期後半(一八二〇年代)の作成と考えてよい。本章第一節では正金輸送時の事故をめぐる処理、第二節では江戸両替商升屋の休店にともなう銭佐と中橋店の対応についてとりあげる。他にも書簡のなかには、古金銀引替や為替取引など多様な相場関係の情報が収載されている。可能な限り、それらの概要を眺めてみたい。

第一節　中橋店書簡が伝える情報

1　島屋佐右衛門正金不着一件

まずは、逸身家文書中に残る書簡の一通を読むことから始めよう。

[史料1]（「[書状]（正金登之儀）」〔7-33-1-1〕）

四日限仕立

一筆啓上仕候、追々寒冷相増候得共、益御壮健可被遊御座、珍重之御儀ニ奉存候、然者先状正金登之儀御頼申上候処、去月十六日出皆小判千両、貴地ニ而島屋佐右衛門殿へ御渡候而、道中十一二日限ニ而御登せ被下候旨被仰下、承知仕候、依之右島佐殿、当地店津国屋金右衛門殿方へ受取可申段掛合候処、川支ニ而延着之旨被申候ニ付、去ル一昨五日ゟ情々掛合候之趣、去ル七日出を以申上置候処、夫ゟ差戻、引合候処、右金子ハ江戸店ゟ京都荷為替取組来候処、右荷物延着ニ付相待呉候様被申候得共、元来為替之事御頼申上候事ニ而も無御座、貴地ゟ当店ニも皆小判御差登せ被下候趣ニ候へハ、右様正金登せ飛脚屋ゟ延引断を申事、甚以不束ニ奉存、色々勘弁を以数度引合ニ而も聢と可相渡候儀も不取定、只延引断斗申居候ニ付、時節柄甚以無覚束奉存候故、無余儀此段仕立状を以申上候間、御繁用中御心配相掛ケ候段、甚以御気毒ニハ御座候得とも、右貴店ニ而者御掛合始末も弁兼、当店ニ而ハ右様色々と只申延し居候事ニ而ハ、当地掛合も難行届奉存候間、何卒貴地ゟ右島佐殿へ厳敷御引合御受取被下候様仕度候、此上当地ニ而色々掛合、延日之上、弥不相渡ニ相極候而ハ、無申訳事ニ付、此段奉申上候、尚相替事も御座候ハヽ、後便可申上候得共、右之趣ニ付、其外共貴地ニ而御受取被下候様奉願候、先ハ仕立状ヲ以、右之趣申上度如此御座候、恐惶謹言

この書簡は、本文のみが残っている。日付はもとより、差出・宛所も記されていない。

内容をうかがうと、大坂の銭佐から江戸中橋店に宛てられた書簡の写しであることが明らかとなる。月不詳の一六日、小判で一〇〇〇両の正金を送付すべく中橋店が島屋佐右衛門へ依頼、道中一一―一二日限りで大坂へ届けるよう指示した。銭佐が大坂の定飛脚問屋である津国屋金右衛門方で受け取ろうとしたところ、川支ゆえ延着すると告げられた。その後、銭佐は何度か足を運ぶ。津国屋の釈明によると、当該の金子は京都荷為替として取り組んだが、延着しているので待ってほしいとのことであった。だが元来、中橋店は為替ではなく正金（小判）での輸送を依頼したはずで、飛脚屋が延引の断りをいうのは不調法だ。いろいろ言い訳ばかり重ねて、何度尋ねてもいつ渡す

とはっきり申さず、ただ延引だけを願うのは困るので、やむをえず中橋店に「仕立状」を送り申し入れる、という。

島屋佐右衛門は、大坂の三度飛脚が一七〇一（元禄一四）年、江戸に創設した京・大坂宛ての定飛脚宿である。[3] 大坂の荷受側「相仕」は、津国屋十右衛門（三度飛脚）で、一八世紀後半は繁盛したが、一九世紀に入ると家業は衰え、持株は他へ譲られた。

銭佐は、江戸でどのように正金送付が取り組まれたか事情を把握しておらず、大坂で事態の打開を掛け合っても埒が明かないだろうから、中橋店から島屋へ訪ねてほしい、と依頼した。このうえ日数を費やし、最終的に不渡りとなってしまっては申し訳なく、四日限の急便で事情を知らせたのであった。

［史料1］の仕立状は、確かに四日ほどで中橋店に届いたようだ。次の［史料2］に、その経過が記されている。

［史料2］（「［書状］（御差下正金千両につき）」〔7-33-2-59〕）

追啓

一貴地十日出仕立御状、一昨夜子上刻ニ相達、驚入拝見仕候、然者先達而御差下古印代り正金千両為差登申候所、道中川支ニ御座候得共、餘ニ延引ニ相成候ニ付、日々御催促被遊候所、可相渡日限不定候ニ付、不安心ニ思召、於当地右金子請取候様奉承知候、然ル所右金子古来より之仕来之通、道中請負之証文請取、取斗仕候所、右様不都合ニ相成時分柄と申、何共不行届之段、重々申訳無之候、幾重ニも御用捨之程、奉願上候、猶又右金子千両、嶋屋佐右衛門ゟ無相違受取、今便道中八日限を以、為差登申候間、着之砌改御入手被遊可被下候、猶又右嶋屋佐右衛門ゟ不調法之段、一札請取為差登可申筈之所、今夕行届兼候間、後便右始末書為差登申候間、此段左様御承知可被下候、先者不取敢本五日限仕立状を以如此御座候、恐惶謹言

十一月十六日　住友吉次郎（丸印）

銭屋佐兵衛様　晋右衛門

李兵衛様

尚々前書之趣、宜御聞済可被成下候、右同人殿別段相替義無御座候間、此段御安意可被下候、以上

冒頭にみえる「御状」こそ［史料1］にほかならない。十日に差し出し、一四日の夜中には到着している。中橋店はこれを受け取り、事情を知って「驚入」った。銭佐が送金を依頼した一〇〇〇両は「古印代り」の用途だ、とあるのも興味深い。川支のため延引を繰り返して定飛脚が催促に応じない状況を踏まえ、江戸で当該の金子を受け取ることを了承した。

中橋店は、正金を送金するさい「古来より之仕来」に倣い島佐から請取証文を取ったが、不都合が生じた事実を丁重に詫びている。後半では、金一〇〇〇両を島佐から間違いなく受け取り、八日限の定飛脚で届け、島佐の始末書は後日、大坂へ送付することを約した。ひとまず事態を把握し収拾に当たる、と急便で銭佐へ伝えたのである。

［史料2］に差出の月記載があり、前後関係を考えると［史料1］も一一月初旬からの状況と判明する。ただし、標題に「追啓」とあるが、本文に相当する書簡がどれなのかは判然としない。

叙上の急便に続いて、中橋店は同月一八日付で書簡［史料3］を作成し、銭佐へ宛て送付した。［史料1］の到着を請け、一連の経過を江戸において調査した結果を報告する内容となっている。

［史料3］（「［書状］（金子間違いにて不着の由）」〔7-33-2-10-1〕。追啓部分は「追啓［書状］」〔7-33-2-10-2〕）

十一月十八日出

無番

一筆啓上仕候、寒冷之節御座候処、御揃愈御勇健被成御座珍重御儀奉存候、随而当方無異儀罷在候間、乍憚御休意思召可被下候、然者先達嶋屋佐右衛門便りヲ以差為登申候金子千両間違ニ而着不仕由被仰下、早速先方へ懸合、当地ニて無相違請取、当月十五日大坂屋茂兵衛便りヲ以、道中八日切ニて差為登申候得者、定而無事着、

御入手被下候と奉存候
一古印之儀、別段相替儀無之候間、此段御安意可被下候
委細者明夕本状ヲ以可申上候、先者右之段可得貴意如此御座候、恐惶謹言
十一月十八日　住友吉次郎
喜兵衛
銭屋佐兵衛様
杢兵衛様
半兵衛様

十七日
一銀六拾四匁四分五リ切
十八日
一〃六拾四匁五分
五分五リ切
外同事
右之通御座候、以上
追啓
一嶋佐殿一件ニ付、定而御内損等も可有之と存候間、先方へ得と懸合、御迷惑相掛り不申様、取斗方可仕候、此儀も明夕本状ヲ以、委細可申上候

本文によると、中橋店はすぐに島佐と掛け合い、件の一〇〇〇両を受領できた。そこであらためて大坂屋茂兵衛便を使い、一五日付の道中八日切で銭佐へ送金した。また、追啓部分では、本件に関しては銭佐側での「内損」もあろうから、先方（島佐）と掛け合い、迷惑のかからないよう取り計らうことを約束している。

なお、後半部分には銀相場が書き上げられる（後掲表3参照）。最近の相場状況は、とりたてて替わるところなく安心されたい、詳細は明夕の「本状」で述べる、とあるが、逸身家文書に該当するものはみあたらない。

銭佐は、叙上の書簡二通［史料2・史料3］が届く前に、重ねて正金の未着を江戸へ報告した。急を要すると判断したのであろう。次の［史料4］α・βがそれである。

［史料4］（α「［書状］（数口為替金渡らずにつき）」〔7-33-2-57〕。β「［書状］（津の国屋重右衛門より御受取千両につき）」〔7-33-2-64〕）

α　去十日出、四日限仕立状を以申上候、津国屋重右衛門殿へ正金登せ不渡之儀、委申上候趣ハ御承知ニ而、御地ニ而御引合御取戻し被下候様遠察仕候、当地ニ而ハ手切掛合之事ニ付、其後ハ双方共頓と引合無御座候、夫ハ格別追々風聞存候処、数口為替金不相渡、実ニ六ケ敷候由承り申候、左候ヘハ又々貴地ニ而外用御取組等有之候而も不宜哉、為御心得又々仕立状を以申上候間、右金子早々御取戻之儀ハ勿論之儀、外用御取組等も先々御見合可被下哉と奉存候、尚又右様数口不渡ニ付ハ追々仕立状一時ニ貴地へ入込候而ハ、御地島左殿ニも六ケ敷可相成哉、何事も早々御取斗可被下奉存候

β　啓上仕候、先以御盛被成御座、珍重御儀奉存候、然者乍夜中鳥渡御尋申上候、江戸中橋店ゟ同所嶋屋佐右衛門江相渡候而、当地津の国屋市右衛門ゟ御受取可被成金子千両、最早御引取相済候哉、又者取縺居候歟、当方ニも少々相心得申度義御座候ニ付、御尋申上候、乍御面倒御返事被成下候様、御頼上候、早々以上

十一月十五日夜

α冒頭にみえる「去十日出、四日限仕立状」は［史料1］のことをさしている。島佐が請け負ったとされる中橋店の正金は、大坂の手板組津国屋重右衛門へ宛て登せられたことがわかる。不渡の一件につき、詳細は既に［史料1］で承知のはずなので、江戸で島佐と掛け合い、正金を取り戻すよう求めた。

書簡の中ほどによると、その後、事態には何らの進展もなく、結果として数口の為替が不渡りとなった。そのような状況ゆえ江戸で島佐以外を頼んでも良いし、金子を早々に取り戻すことは当然で、他の「御取組」も見合わせるべきだという。これら数件の不渡りについて、追々「仕立状」で事態が伝わると島佐も厳しい局面に陥るだろうから、小さなことでも早急に取り計らうよう、中橋店に提言している。

またβでは、島佐からの正金の取り戻しが完了したのか、あるいは「取纏」ているのか、大坂（銭佐）側でも事態を確認すべく、返事を求めた。差出の日付は一五日の夜で、αや［史料1］からもそれほど時間は経過していないが、銭佐のねらいとしては、一刻を争い事態の収拾を望んだのだろう。

これら一件の処理報告である［史料3］は、同月二四日になってようやく銭佐のもとへ到着した（［史料5］）。

［史料5］（「［書状］（島屋御登せ金千両不着の件）」〔7-33-2-62〕）

無番、江戸十一月十八日出貴札昨廿四日着、辱拝見仕候、追々寒冷相増――――

然者、先達而島屋佐右衛門殿へ御登せ被下候金千両、間違ニ而不着ニ相成候旨申上候処、早速御掛合、右金子御取戻し、十五日出大坂屋茂兵衛殿便りを以、道中八日限ニ而為御登被成下、彼是御繁用時節御心配相掛ケ恐入仕合、重々辱奉謝候、右金子千両無滞昨廿四日着、慥ニ入手仕候間、此段乍憚御安心可被下候、尚本状を以受払可申上候、夫ニ付追啓ニ御懇情と被仰下候、右不着ニ付、内損等も有之候へハ可申上様御叮嚀ニ被仰下、ケ様之儀ハ御互之儀ニ付、貴店様へ対し毛頭可申上訳無御座候得とも、全ク島佐殿不行届御儀ニ御座候へハ、可相成事ニ御座候ハ、可然御掛合可被下候、甚以時分柄ケ様之事迄申上候段、重々恐入候得共、御懇情ニ被仰下候事ニ付、内損之訳ケ左ニ申上置候

一金八両　　両度仕立状賃

右之外、十一月二日ニ当着可仕御割之金子漸々昨廿四日ニ手取候へハ、凡日限廿六日延引ニ相成申候、時節柄甚

以延引困入候得とも、其等之事ハ可然様ニ御取斗可被下候、何事も貴店様へ申上候事ニ而ハ無御座候間、不悪御承引被成下、可然御取斗奉願候

書簡の中ほどをみると、島佐便で不渡りとなった金一〇〇〇両は、さっそく江戸方で掛け合い取り戻し、大坂屋茂兵衛便の八日限で送金され、二四日に大坂へ到着している。本書簡では、不渡り一件にともなう諸手続の礼を述べるとともに［史料2］追啓における打診、すなわち正金の不着で生じた損失の補填についても言及された。

銭佐は、今回の事態は「御互之儀」で、中橋店には手数をかけ申し訳ないが、全く島佐の不行届であるから、可能であれば先方と然るべく交渉されたいと述べ、一連の連絡に要した仕立状費用の金八両を内損として計上する。

後半は島佐の一件とは全く別の内容だが、一一月二日に到着する予定の金子がやっと昨二四日に受け取りを完了したこと、時節柄そのような延引は迷惑で「何事も貴店様へ申上候事ニ而ハ無御座候」といいつつも、然るべく取り斗らうよう願っている。

2　中橋店書簡群の年代推定

叙上の一件は、いつごろの出来事であろうか。また、これを含む中橋店書簡群は、いつ作成されたのか。年代を推定するにあたり、まず手がかりとなるのは、中橋店側で交渉の窓口となった手代「喜兵衛」の存在である。

住友側では、中橋店の人事記録がほとんど現存せず、とくに文政期（一八一八―三〇年）の史料は、わずかな点数にとどまる。幸い、当時の雇員の実態は『両替年代記関鍵』(4)所収「本両替屋判形帳」から、実勢をうかがうことができる。

一八二七（文政一〇）年三月一一日付の記事は、中橋店支配人晋右衛門以下、六番目に喜兵衛の名を載せている（全三三名のうち）。一八二九年記事でも彼の存在を確認できるが「寅三月消」の書き込みが添えられる。すなわち、一八三〇（天保元、寅）年同月までに中橋店を退職、あるいは他店へ移籍している。

住友家文書の側から、いくつか傍証を提示してみよう。［史料2］で差出人として何度か登場する晋右衛門は、中橋店の支配人であり、叙上「本両替屋判形帳」に登場する。彼は一八二五年二月から一八二九年三月まで同役を務め、その後、全九郎に交代、自らは浅草米店副役に転じたことが判明している[5]。

一八二八年八月、住友甚治郎友善[6]が「江戸見物之体」を理由として下向のさい、中橋店に当地関係者が集まり、「御目見」した記事がある。そこでは別家[7]茂右衛門を筆頭とする五番目に晋右衛門、一一番目に喜兵衛の名前が登場する。

またこれと関連し同年一〇月に「出精ニ付」褒賞として江戸店の雇員に金・南鐐などが下し置かれている。このとき、筆頭の晋右衛門は金五〇〇疋、七番目に記された喜兵衛は同二〇〇疋を受け取った。ただし、一八二九年三月二一日、外神田佐久間丁大火で「類焼ニ付家内中心附遣」された者には、両者とも含まれない。他の史料から確認できないが、二人はこのころまでに中橋店から退いたようだ。その事実を踏まえれば、逸身家文書に残る一連の書簡群は、一八二八年までに作成されたことになる。

もっとも、中橋店書簡のうち数通は、作成年代を容易に特定できる記事を含んでいる。たとえば老中以下、幕府要職の役替報知（「十一月廿三日御役替」〔7–33–1–42〕）は、老中松平周防守（康任、石見浜田藩主、前京都所司代）・西丸老中植村駿河守（家長、大和高取藩主、前老中格、このとき四五〇〇石加増）・京都所司代水野左近将監（忠邦、遠江浜松藩主、前大坂城代）・大坂城代松平伯耆守（宗発、丹後宮津藩主、前寺社奉行）の就任を伝えたもので、一八二六年の作成が瞭然である。

落首狂歌を書き留めた断簡（「［留書］（市中狂言の歌詞）」〔7–33–2–35〕）も確認できる。「毎度御昇進ニ付、万事狂言うつし左ニ」として「上洛もせずニ太政大臣は是ぞ武将の始なりけり」と記され、その「返し」は「武将共御上洛ともいはばいへ位すきてはいごかれわせず」というものであった。これは一八二七年二月一六日、将軍家斉の太政大臣叙任にさいし、巷間に広まった著名な一首である。家斉が上洛をせずに、江戸で太政大臣の位を拝命した姿勢を「無精（武将）」と評し、食らい（位）過ぎれば動くこともできない、との皮肉・揶揄が込められる。

これに関連して、太政大臣の宣下と将軍世子家慶の従一位叙任の勅使を迎える御大礼が江戸城でおこなわれたさい、陸奥国弘前藩主津軽信順が禁止されている轅輿に乗り登城、その非礼に対し、謹慎処分を下される事件が発生した(8)。中橋店の書簡（「[書状]（御大礼の節、津軽家不礼の件）」〔7-33-2-61〕）には「先月十八日御大礼之節、津軽家々格式無之輿ニ御召被成候ニ付、厳閉門被仰付、誠ニ稀成御事ニ付大評判御座候、則別紙封入仕候間、御一覧被成下候」とみえ、本件も別紙で大坂へ詳しく報告されたらしい。

その他、書簡に含まれる江戸市中動静の記事には、出火被害状況の報知（「江戸出火」〔7-33-1-28〕(9)）、歌舞伎役者の繁盛と錦絵の送達(10)、某商家の悪評（「新板落咄シ」〔7-33-2-53〕(11)）などがある。いずれも年代の細かい特定に至らないが、叙上のような政事関係の記載を含め、必ずしも両店間の取引に直接、影響を与えると思えない案件も、情報として大坂へ伝えられた事実が確かめられる。このことは、当該の書簡群が手代間の私的な交際のうちに成立したことを如実に示していよう。

3　銭佐と中橋店による古金銀の引替

現存する中橋店書簡は、整理番号〔7-33-1, 2〕に併せて一二四通（白紙・断簡や、明らかに中橋店と関係ない他家よりの書状を除く）を数える。

これを作成主体別に分類すると、中橋店手代喜兵衛が七五通（うち二通は住友吉次郎名に併記）、同じく手代孝十郎と喜兵衛の連名が一六通、「江戸住友店」「住友吉次郎両替店」「中橋」など店名のみ記すもの一三通、主人の吉次郎および支配人晋右衛門が六通であり、差出名記のないものも一四通ほど残る。

その過半は、主として江戸の相場状況を知らせることに費やされた。ただし、いずれも年記はみられず、各々の書簡がいつ作成されたのか、特定することは難しい。たとえば、一例として次に［史料6］を掲げてみよう。

［史料6］（「［書状］（古印御差下しにつき）」〔7-33-1-6〕）

一貴地八日出之御状相達、忝拝見仕候、先以御揃、愈御勇健被成御座、珍重御儀奉存候、然ハ古印御差下被成候ニ付、極々出情可仕旨被仰下、承知仕候、先便ゟ申上候通、弐朱判之方ハ宜敷候得共、金之方ハ大不捌ニ付、打銀下落仕候段、何共御気之毒ニ奉存候、当地も時分柄故、諸家様ゟ沢山出、右ニ順下落仕候間、不悪御承引可被下候、此度之打銀も極々出情ニ御座候、御地外様ゟも当地外方へ参り候間、打銀之儀内々御尋可被下候

一銀之方、今以相替儀無之候間、御安心可被下候、何分利口成物御手入奉祈候、両座共上納者十八日切ニ御座候、道中之分如何可相成哉心配斗仕居候、先者右之段申上度如此御座候、以上

十二月十六日　　喜兵衛

李兵衛様

半兵衛様

前節までの分析を踏まえ、この書簡を含む一連の書簡群を一八二五—二八年（文政八—一一年）ごろの作成と推定しておきたい。

冒頭にみえる「古印」とは、同時期の大規模な改鋳実施にともない、引替対象となった古金銀をさすのであろう。一八二〇年七月になると丁銀・小玉銀の改鋳がおこなわれ、京・大坂での引替が、御為替三井組・十人組の担当となった。同年一〇月以降は、住友の大坂豊後町店も金銀引替所に加わる。(12) 文政金銀の品位は低劣で引替が捗々しくないため、一八二四年二月、鴻池善右衛門など両替屋一五軒が引替所に追加されている。元文金銀の通用期限も、当初は一八二五年二月と決められたが何度か延期され、また、改鋳終了後も続いて引替所が存置されたといわれる。(13)

［史料6］によると、一八二四年三月に改鋳された南鐐二朱銀（〔二朱判〕）は、相場の状況が良いけれども、金は「大不捌」で大きく値崩れして「何共御気之毒」だ。現時点では江戸に諸家から金が多く集まり、値が下落しているという[14]。一方、銀の相場は以前と変化なく「御安心可被下候」状況で、こちらの取引から利を得られたい。ただし、年内の取り扱いは一八日で終了するので、未着分が間に合うか心配だ、と案じている。

いまひとつ、事例を引いてみよう。ある年の暮れ、一二月二六日付の中橋店書簡には、次のような一節がみえる。

［史料7］（「［書状］（古金銀につき）」〔7-33-1-8〕、前文などの引用は省略した）

一本状ニ有之候古金銀之儀、宜敷御承引可被下候、併シ御店様之御取引都合悪敷相成候得者、又候致方も可有之様ニ愚案仕候、尤来春ニ相成候得者、宜敷儀も有之候風聞仕候ニ付、御差立御止メ申上候も餘り残念ニ奉存候、然ル所私之存寄者貴地外様者当地取引先へ無別条是迄之通御仕向、当店斗り御断申上候而者、何歟御思召も有之候得共、別段故障無之儀ニ御座候、唯無人ニ御座候間、重役之者ゟ御断申上候儀ニ御座候、御地之御差支等ニ相成候得者、表向御別紙ヲ以下地通り取斗可仕旨被仰付候得者、重役之者共聞済候様ニ愚案仕候、此儀も私ゟ強而申上候儀ニ者無之候得共、御取引之御都合宜敷方ハ御互ニ弁利ニ相成候様愚案仕候、併シ直段打銀之儀者、其時之相庭ニ御座候間、於御地得と御勘考可被下候、此度之別紙者極内証申上候儀ニ御座候間、御一覧之上、御火中可被成下候、先者右之段申上度如此御座候、恐惶謹言

ここでの引用を省略したが、差出は中橋店喜兵衛、宛所は銭佐の杢兵衛・半兵衛である。冒頭と文末の表現をみると、これが「本状」に対する附紙と判明し、送達の内容も「極内証」と位置付けられている[15]。本状では、中橋店から古金銀の送達を指示するが、銭佐側は「都合悪敷」、すなわち古金銀回収の困難な状況があったか、もしくは値段や打銀で折り合いが付かなかったらしい（「［書状］（正下シ之分打銀出情につき）」〔7-33-1-15〕）[16]。

書簡の中ほどには、「無人」＝取引に関わる担当が（銭佐側で）不在、とも述べている[17]。他の両替商の動向や、江戸

市中の風聞も追記しており、いずれにせよ古金銀の送達・引替の実施は、銭佐が「得と御勘考」のうえ指示する、との姿勢が堅持された。もっとも、相場をみて中橋店が独自に判断して売り払ったり[18]、次の［史料8］のように、古銀の到着以前に取引を成立させる場合もあった。

［史料8］（「［書状］（古印三拾貫未だ不着につき）」〔7–33–1–41–9〕、前一条および差出・宛所、末尾の相場書の引用は省略した）

一先達御引合申上候古印三拾貫匁丈御差下被下候様被仰下候、承知仕候、未タ着不仕候へ共、内々相庭物之儀ニ付、今日望人出候付、売払置候、則左ニ

一古三拾貫目也

金壱両ニ付六拾匁弐分替

右之通取斗仕置候、宜御承引可被下候、銀着仕候得者、本番ヲ以請払、帳留仕候間、此段左様御承知可被下候

一末々も望人有之ニ付、此状着早々跡御差立被成候様御取斗可被下候

これによると、中橋店は銭佐から古銀三〇貫匁の引替を請け負い、未だ到着前であるが、相場の状況を見極めて事前に売却している。そして、以降も取引を望む者はあるだろうと述べ、溜銀分の送達を提案した。

ここでは書簡にみえる記述を逐一、列挙できないが、中橋店は江戸相場の現況と今後の見通しを確実に掌握しており、銭佐側へ適宜、最新の情報を提供している。たとえば「古印之儀、盆前御溜合分丈御差立被成候由被仰下、承知仕候得共、跡々御差立之儀御見合可被下候、捌方直段宜相成候得者、当方ゟ御案内可申上候間、左様御承引可被下候、物沢山ニ相成候てハ又々不景気ニ御座候間、此段御含置可被下候」（「［書状］（御差立見合の旨）」〔7–33–2–32〕）との一文は、需給を鑑みて、古金銀の送達をしばらく中断すべきだという注進である。

また「古印御差立被成御座、承知仕候、先達而委細申上候通り、当地も物重り、直段下落仕候而、久々御差立者御気之毒ニ御座候、相成丈極々出情御取斗可仕間、先今日見当者六拾壱匁位之人気御座候、下地入込之分相捌ケ候へ者、

亦々直段引立可申候」（「[書状]」「……古印御差立被成候由承知仕候……」」〔7-33-2-33〕）とあり、江戸での相場見込みを述べるが、状況は予断を許さない。

他方、古金銀相場がようやく持ち直すと、さっそく「猶又此度ハ当方之下方一手ニて引請、一ケ月に餘程古印無之候而者差支相成候間、此状着次第、百五拾貫目斗も急々御差立可被下候、跡々者可相成丈御買集、御取斗可被下候、永々月日ヲ相待候処、漸々心願相叶、御互ニ大慶仕候」（「[書状]」（急々古印百五拾貫目ばかり相送られたきにつき）」〔7-33-2-39〕）と指示し、早々に大坂で買い集め、送達するよう促した。

表1　古金銀・南鐐二朱判・白銀の打銀・引替相場

月	日	金	銀	南	白	出典（目録No.）
10	24		60.1			7-33-1-2
4	6		61.5			7-33-1-3
5	12	40	60.2		59	7-33-1-4
正	4		61			7-33-1-5
正	6		60.9			7-33-1-11
正	19		60.8			7-33-1-12
正	24	30	60.9		60	7-33-1-13
正	28	30	61.1		62	7-33-1-14
2	6	30	61		63	7-33-1-15
2	11	37.5	61.05		63	7-33-1-16
2	16	37.5	61.05		65	7-33-1-17
2	19	2分2朱※	61		65	7-33-1-18
2	26		60.8			7-33-1-20
2	29	37.5	60.8		65	7-33-1-22
2	24	37.5	60.8〜9		65	7-33-1-24
3	6	37.5	60.8		65	7-33-1-25
3	9	37.5	60.8		65	7-33-1-26
3	15	37.5	60.8		66.5	7-33-1-29
3	26	37.5	60.75		66.5	7-33-1-30
4	12	37.5	60.7		66.5	7-33-1-32
5	8	37.5	60.3	67.5		7-33-1-33
4	29	37.5	60.5	66.5		7-33-1-35
4	29	37.5	60.5		66.5	7-33-1-36
9	26		61.1			7-33-1-40
正	17	20	60		1分2朱※	7-33-1-41-8
11	24		60.2			7-33-1-41-9
11	6		60.5〜8			7-33-1-41-11
12	2	48	61.1		60	7-33-1-43
12	22	48	61.1		57	7-33-1-44
12	23	48	61.1		60	7-33-1-47
10	9		61.4			7-33-2-1
10	19		61.1〜2			7-33-2-4
10	12		61.1			7-33-2-5
10	29	3分※	61.2〜3	55		7-33-2-8
10	22	3分※		55		7-33-2-12
5	15	37.5		69	65	7-33-2-13
4	6	37.5	60.7		66.5	7-33-2-15
7	29		61.8			7-33-2-22
5	29		62.4			7-33-2-26
5	朔		61.15			7-33-2-27
9	18		61.1〜3			7-33-2-28
6	6	37.5	60.2		59	7-33-2-37
9	16		61.1			7-33-2-39
4	16	37.5	60.5		66.5	7-33-2-42
9	10		61.7			7-33-2-44
10	26		61.1			7-33-2-49
11	2	48		57		7-33-2-52
5	26	37.5	60.2		69	7-33-2-61
12	16	3分※	61.1〜2		55	7-33-2-63
12	12	1分2朱※	61.3		6	7-33-2-67

出典）『逸身家文書』（第3表まで同）.
注）「金」は100両あたりの打銀カ．本文参照．
単位は※欄を除きすべて匁．分である．

表1には、書簡に記された古金（打銀）・古銀相場の記録全五〇例をまとめてみた。目録番号順に並べただけで年次は不詳であり、本表から引替価格の趨勢を解明することは難しい。一見して、古金・南鐐ニ朱判・白銀の数値にバラツキが目立つ一方で、古銀は比較的、安定した相場になっていることがわかる(19)。

銭佐は、中橋店からもたらされた相場情報を踏まえて、適宜、古銀を江戸へと下した。たとえば表2は、いずれも作成年不詳だが、一定期間の送金状況をまとめた記録である。出典は、表の欄外を参照されたい。

表2　大坂より江戸への現銀送達の記録

〈1〉

月	日	銀（貫匁）
9	22	80.0
10	2	30.0
	8	20.0
	12	20.0
	18	20.0
	22	30.0
11	15	20.0
	22	27.5
	28	30.0
小計		277.5
欠銀 360匁7分5リ		

〈2〉

月	日	銀（貫匁）
12	12	60.0
	18	30.0
	28	60.0
2	2	70.0
	12	20.0
	18	20.0
	25	40.0
3	朔	30.0
	8	40.0
	12	20.0
	15	25.0
小計		415.0
欠銀　249匁		

出典）〈1〉7-33-1-7，〈2〉7-33-2-38-1
注）いずれも年次は不詳である．

ここに列挙される「銀」が、古銀をさすのかどうかはなお慎重に判断する必要もあると思われるが、他の書簡の記載から判断し、これらの銀は銭佐が大坂で取り集め、江戸での引替を依頼したもの、とみてよいのではないか。

ところで古金銀の引替は、大坂でも積極的に取り組まれたはずであるが、銭佐が敢えて中橋店へ現送し、江戸で売り捌こうとしたのは、やはり双方の相場状況を比較し、有利な状況で引き替えたい、という判断からだと筆者は推察している(20)。そしてそれに必要な諸情報は、中橋店が適宜、提供したのである。

同店の手代喜兵衛は「古印者先達極内々相庭之儀申上候処、御承引被成下候趣被仰下候、承知仕候、当地売捌之儀者誠ニ内々取斗御事ニ御座候」と述べたが（「[書状]（古印差下につき）」〔7-33-1-41-11〕）、たとえば「古銀之儀、当地無拠方ゟ頼入用之口有之候ニ付、御地以今古銀餘慶有之候由承候間、右古銀御地ゟ極々内を以御下し被成候得者御引合ニも相成候様奉存候間、御算当御入被成、宜敷御勘考可被下候」（「[書状]（古今銀相場につき）」〔7-33-1-41-12〕）といった取引業務は、江戸・大坂双方の両替商が連携して取り組まねば決して実現しないだろう。ただし、一連の引替はあくまで銭佐の主体的な判断を尊重し、実行されたことが強調されている。

このように、一連の書簡群では古金銀引替相場に関わる情報が圧倒的に目立っている。むろん、銀相場の状況に関しても適宜、報告はなされた（表3を参照）。

たとえば「当地相庭之儀も貴地二日出・五日出ヲ以追々御注文被仰付、今日急々相庭引立、下地ゟ物済御座候」と銭佐側の要請で引替に応じている。また、相場について「宜高下御座候、末々如何ニ相成候や愚案仕候、則本状相庭書差登ニ付、御一覧可被下候」（以上、「〆十二月三日承り（相場引立につき、御料直段取決の儀）」〔7-33-1-41-2〕）と述べており、中橋店からおそらく中長期の「相庭書」が渡されていて、銭佐はそれを判断材料に用い、大坂より注文を出していたことが想定される。

また、両店間で取り組まれた為替に関する伝達も数点、確認されるが、(21)いわゆる「本状」や関連史料の不在に起因して、前提となる諸関係の正確な理解は難しい。そこで次の第二節では、為替取引関係の書簡から唯一、住友史料館

表3　江戸銀相場の記録

月	日	銀	出典（目録No.）
正	24	64.4	7-33-1-13
正	27	64.4	7-33-1-14
	28	64.4	〃
2	10	64.4	7-33-1-16
	11	64.55	〃
2	17	64.3	7-33-1-18
	18	64.5	〃
	19	64.5～64.45	〃
2	23	64.35～64.3	7-33-1-24
	24	64.2	〃
2	20	64.3	7-33-1-27
	21	64.35	〃
5	7	64.2	7-33-1-33
	8	64.2	〃
5	17	63.9	7-33-1-37
	18	63.8～64	〃
11	23	64.8～64.9	7-33-1-41-9
	24	64.8	〃
11	3	64.6	7-33-1-46
	4	64.7	〃
12	23	64.45	7-33-1-47
11	17	64.45	7-33-2-10-1
	18	64.55	〃
4	晦	64.7～64.6	7-33-2-27
5	朔	64.6	〃
9	17	64.7	7-33-2-28
	18	64.7	〃
10	19	65.1～65.5	7-33-2-45-2
10	7	64.8	7-33-2-47
	8	64.8	〃
10	3	64.8	7-33-2-48
	4	64.9	〃
5	20	64.5	7-33-2-66
	21	64.5	〃
11	10	64.6～64.75	7-33-2-68
	11	64.6	〃

注）単位は匁.分である.

が所蔵する史料に依拠し、一件の全容がうかがえる両替商升屋源四郎休店関係の記事をとりあげてみたい。

第二節　升屋源四郎の休店と江戸為替定式

1　中橋店から伝えられた休店情報

一八二五（文政八）年一〇月、江戸本両替升屋源四郎が突如として休店し、銭佐の取り組んだ「江戸為替」（代金取立為替）が不渡りとなってしまう。この事件は、すでに『泉屋叢考』(22)の紹介するところである。

逸身家文書に残る、同月二二日付の中橋店書簡は、次のような内容であった。

［史料9］（「［書状］（金四百両の請取延引につき、為替手形で送る旨）」〔7-33-2-31〕）

十月廿二日仕立

一筆啓上仕候、冷気之節御座候所、弥御勇健被成御座奉賀候、然ハ当月十五日出ヲ以被仰下候升源殿ゟ請取可申金四百両、十八日ニ裏書いたし請取ニ罷出候所、先方ゟ被申候者、後刻右渡し可申旨被仰候ニ付、暫相見合候所、今廿二日至仲間取引相休ミ可申旨被申候ニ付、無余儀為替手形為相登申候間、御入手可被下候、猶委敷義ハ仲間連状ヲ以可申上候、先者右之段得貴意度如斯ニ御座候、恐惶謹言

十月廿二日　泉屋吉次郎

店（丸印）

銭屋佐兵衛様

杢兵衛様

覚

一金四百両也　かし

升屋源四郎殿出分、米吉不渡り

右之通、不渡り手形為差登申候、則かし帳合仕候間、貴地宜敷御帳合可被下候、以上

同月一五日、大坂より金四〇〇両分の為替が下されたので、一八日に中橋店が升源へ行き換金を求めたところ、支払いはしばらく見合わせたい、との返事を受けた。そこで、二二日に再び出向くと、升源は休業しており、やむをえず為替は不渡りとなった。手形をそのまま大坂へ返却するので、銭佐方で帳合されたい。詳細は別途、仲間連状（江戸本両替仲間か）で伝える、と併記されている。

このとき不渡りとなった江戸為替（代金取立為替）は、大坂の両替商の米屋吉右衛門が振り出した分である。手形を受け取った銭佐は、とうぜん印元＝為替振出人である米吉に対し、代金の返還を求める。だが米吉ではこれに全く応じようとしない。そのため銭佐は米吉を相手取り、出訴する構えをみせた。

以降の経過については、中橋店が住友大坂本店へ宛て提出した報告書（番状）のなかに詳しく記されている。

［史料10］(23)

一銭佐殿為替金四百両不渡り手形、米吉殿江段々及掛合候得共、一向相渡不申、依之十人方御衆中ゟも御利解有之候へ共、相渡不申候ニ付、米吉殿相手取銭佐殿ゟ出訴被致候趣ニ而、御地江御内談ニ被参候ニ付、御心添之義、夫々御申入被下候由、尤此四百両御裁許之次手ニ而、鴻重殿方弐百両も相分可申旨、於委細者其便万々可被仰聞段承知仕候、誠以大キニ御面倒御心配之段忝奉存候、右者先達而裏書ヲ以取立ニ遣候所、升源右之仕合ニ而不渡りニ相成、其後段々大坂江掛合、御処升源ゟ渡し不申と申手形為差登候ハヽ、米吉殿承知被致候旨申来候ニ付、早速升源江掛合、手形取付ケ為差登候由ニ御座候、尚又右裏書致し候者、当方五兵衛殿被致候ニ付、同人懇意先銭屋儀兵衛方江頼遣し候処、銭義殿ゟ十三日出ヲ以、別紙之通段々繰合候処、両家共得心ニ而、速ニ当地江手形申請、貴家様御差引借ニ被相立候様相成候間、乍憚御安心可被下候旨申、書状至来仕候ニ付、当

方ニ者安心仕居候処、又々十八日出ヲ以、当地ニ而速ニ代金相渡と申候得者、何之子細も無之候得共、兎角日限延引之義、又々彼是と申候而、気毒ニ存候旨申越候義ニ御座候、則銭儀殿ゟ被差越候書状弐通為差登候間、御覧可被下候、併銭儀殿義之外々江者、極内々ニ而取斗被呉候由、極内々申来候間、此段御承知之上、銭儀殿江内々御聞含被下、同人手続ヲ以、米吉殿江御掛合被下候得者都合能相成可申と奉存候、何分遠方之掛合故、間違之筋も可有之歟、於当方ニも先達而ゟ大キニ心配仕居候義ニ御座候、銭佐殿出訴被致候程之義ニ御座候へ者、銭儀殿ゟ別紙之通被申越候義者表裏之義と愚案仕候、左候得者、銭佐殿幷鴻重殿江宜敷御心添被成下、御損ニ相成不申様御取斗之程、万々奉頼上候、何分裏書有之候ニ付、大キニ心配仕候御義ニ御座候、何様重便被仰聞候節、承知可仕と相待居申候、一入宜奉頼上候

銭屋佐兵衛店へ返却された不渡り手形金四〇〇両分につき、十人両替衆中の仲立ちを経ても米吉側が決済しようとしないので、銭佐から出訴に及ぶという。ついては中橋店へ内談に赴くのでそれに協力されたい、と大坂本店が指示を出した。

なお「鴻重殿方弐百両」とあるのも同種の案件と推察される。ともに訴訟による解決を狙ったようだ。もとより為替手形には裏書が済まされており、升源休店で不渡りになった手形を大坂へ差し上すことは、米吉も承知している。裏書を「当方五兵衛（中橋店手代か、履歴不明）」がしてしまい、同人の懇意先を介し、升源・米吉ともが得心したうえで手形を取り組んだ。本件については、詳細を記した銭儀作成の書簡二通を送るので、内密に彼の協力を得て、米吉とうまく掛け合ってほしい。今回は銭佐が出訴に及んでいるものの、当方に裏書という失態があるから、裁許の結果を憂慮している。くれぐれも損失を蒙らぬよう、慎重に取り計らうことを願ったのである。

銭佐が実際に出訴すると、主張の大半は幸い認められた。中橋店から大坂本店に宛てた番状は、必ずしも本件の仔細を明らかにはしないが、次掲［史料11］に述べられた三つの記事から、おおよその経過をうかがうことはできる。(24)

［史料11］

ａ一先便被仰聞候銭佐米吉為替不渡出入、此節出訴ニ相成居申候由、未何れ共御裁許不相訳、委細者重便ニ可被仰聞旨、且又不渡為替状ニ裏書御座候故、升源と馴合、一旦金子請取候為替再用ニ立候様歎敷抔と故障申立、少し六ケ敷、以来ケ様之縺ニ不相成候様被仰下、御尤承知仕候、此儀於当方も裏書致候者不調法之段相吃（叱）り居申候儀ニ御座候、以来者右様之儀無之候様精々申聞置候間、此段御承知可被下候

ｂ一銭佐米吉不渡出入出訴之儀、未善悪不相訳候得共、相訳次第委細可被仰聞由、承知仕候、先便も委細申上候通り、当方又兵衛方へ銭儀ゟ相済候趣、掛合来候ニ付、安心仕居候処、右様公訴ニ相成、裏書之不念有之、大ニ御心配相掛、其上如何様相成哉も難斗、誠奉恐入候、猶宜御心添御知せ斗之程宜奉頼上候

ｃ一銭佐為替一件御儀、先便申上銭儀殿書状為替登候所、御承知被下候由、右者先日已来対決ニ相成居候所、七八分通り勝利之姿ニ相成居申候由、猶御地ゟも色々御世話被下候由、追々御吉左右可被仰下旨、兎角以来之所、入念取斗候様、鴻重之方も随分宜趣ニ相聞へ候段被仰下置、承知仕候、誠大ニ御面倒御心配之程忝奉存候、猶宜奉頼上候

銭佐は［史料10］のやりとりを踏まえ、すぐ出訴を実行した（ａ）。一方で大坂本店は、本件裁許の行方を不透明とみている。不渡りの為替に裏書が為されていたから、中橋店が升屋と結託をして、一度は金子を請け取り再びこれを用いようとした、などと米吉の側が言いがかりをつけ、話がややこしくなったと思われる。このようなトラブルにならぬため、裏書をした者の不調法をきつく咎めたい、と詫びている[25]。

続くｂは、ａの直後に出された番状であり、むろん裁許の結果はまだ明らかでない。［史料10］でも述べたように、当方の又兵衛と銭儀とのあいだで話し合いはついており、安心はしているが、今回のごとく公訴となれば、裏書のことで落度もあるから依然として心配だ、と述懐する。

裁許の先行きは、cの時点でようやくみえてくる。「七八分通り勝利之姿」と見通されたように、銭佐の希望が通り米吉からの代金回収に成功している。後掲の表4史料〔B〕によると、升源の不渡り手形一件は、当地の印元つまり米屋が決済すべきと町奉行の裁許があり、一八二五年極月中頃に米吉から金子が支払われている。

前述のように、一連の訴訟にあたっては、中橋店から相当の支援（「御世話」）があったと思われる。升屋の休店にともなう諸情報を得るだけでなく、為替の処理や事後の対応を巡り、江戸・大坂双方の綿密な連携は不可欠であった。叙上の対応をみれば、さしあたり両店の協力体制は奏功したといえるだろう。

2　米屋一統の動き

一八二五年末における叙上の一件は、翌年に入り、さらなる展開をみせた。叙上の『泉屋叢考』による紹介は、同年時点の米吉による公訴に関わるものである。正確にいうと、升源休店一件にともなう不渡りの江戸為替について、銭佐の訴えが認められ、米吉に対し支払いを命じたことに対し、異議が申し立てられたのである。

この件に関しては、現在、住友史料館に綴形式の史料が二種類、現存する。第一に升源宛ての不渡手形一式、第二に一件の顚末を記した書簡類である。後者の作成日・宛所など基本データは、表4に整理した。同年二月九日から翌三月一二日まで、事件の経過に沿い、銭佐と中橋店のやりとりが明らかとなる。内容は、本節後半で紹介したい。表4では便宜上、冊・状に〔A〕～〔K〕の史料番号を付けたが、このうち〔A〕と〔B〕は『泉屋叢考』に翻刻済みである。長文のため、本章での引用は省略する。

〔A〕は、一八二六年二月九日付書簡の写で、綴られた史料のうち唯一、竪冊の形式で作成されている。差出人は内平野町二丁目の町年寄（米吉の居所）、宛所は石灰町（銭佐の居所）の同役衆となっている。

ここでは米吉が銭佐を相手取り、訴訟に及ぼうとした経緯を記す。冒頭で叙上の升源手形不渡り一件にふれている

表４　江戸本両替升屋源四郎休店一件綴の史料構成

史料	形態	日　付	差　出	宛　所	参　照
〔A〕	冊	2月9日	内平野町2丁目年寄	石灰町同役衆	『泉屋叢考』翻刻あり
〔B〕	状	10日	ぜん杢兵衛	豊後町店	〃
〔C〕	〃	11日	銭屋佐兵衛店	住友吉次郎様御店	
〔D〕	〃	12日	平野町2丁目年寄	今橋2丁目同役衆	
〔E〕	〃	21日	ぜん杢兵衛	大沢八郎右衛門	
〔F〕	〃	〃	杢兵衛	豊（後町）御店	
〔G〕	〃	〃	江戸泉屋吉次郎両替店	銭屋佐兵衛様御店	
〔H〕	〃	22日	銭屋佐兵衛店	住（友）吉次郎様御店	
〔I〕	〃	〃	豊後町店	中橋店	
〔J〕	〃	3月朔日	銭屋佐兵衛店	住友吉次郎様御店	
〔K〕	〃	12日	住友店	石灰町御店（銭佐）	

出典）住友家文書，文政九年「（江戸升屋源四郎不渡手形等綴）」，本章注（30）参照．

が、米吉の主張は、手形に住友吉次郎の裏書（「慥成請取書印形」）があるから支払いには及ばない、との内容で一貫している。銭佐が公訴すると、奉行所は十人両替に見解を問い合わせた。彼らは「商売違」であるが、為替の改役ゆえ「先規仕来之一札」を提出したという。裁許の結果、米吉には為替取引の主旨を徹底のうえ、決済せよとの指示があった。

ところが、江戸から升源の手代弥八を名乗る者が大坂に出現した。その彼がいうには不渡りとなった手形は江戸で合意を得たもので、ましてや請取の裏書調印まであるから、大坂で決済される筋合いのものではない。既に瓦町米屋分兵衛方の同様の手形は、裏印に留意せず決済されたので返却を願ったところそのように仰せ付けられたから、米吉よりも手形を取り戻し、江戸で為替取引を完遂させたい、というのだ。

米吉は弥八の希望を聞き、手形を江戸へ下すことを願うが銭佐は承知せず、かえって米吉から一札を入れるならば聞いても良いなどと申し埒があかないので、銭佐を相手取り、出訴を検討した。米吉側は石灰町の年寄を通じて、銭佐への働きかけも視野に入れるが、話し合いがまとまらなければ出訴の手続きに入る、と相手側に報知したのである。

米分の手形返却について米吉は「願之通被仰付候」と述べる。だが、該当箇所には「此所願之通被仰付候と相認有之候得共、論中ニ而何れとも相訳り不申候事」と貼紙がある。すなわちこの時点で、裁許の結論は出ていない。

以上の事実を踏まえても〔A〕にみえる米吉側の主張に関し、はたして取引関係をどの程度、正確に反映しているのかは、慎重な判断を行う必要がある。

次に〔B〕であるが「ぜん杢兵衛」（「ぜん」は銭に通じるか、銭佐の手代と推定）から住友の大坂豊後町店に宛てた書簡である。(26)〔A〕で話題となった、米吉の公訴一件に関しては、直接ふれるところがない。

〔B〕の冒頭は、升源分の不渡り手形がどのように決済されたか、事後の経過を簡単にまとめている。また、叙上の米分一件は炭屋安兵衛を相手取ったものであり、手代弥八の意向に沿っていた。升源分の不渡り手形差し戻しの件につき、米吉は出訴の構えをみせ、結果的に大坂側で江戸為替を取り扱った双方の当事者が公事に及ぶという、極めて異常な事態が発生したのである。

以下、訴訟の事後経過にふれておこう。紙幅の都合もあり、〔C〕以下の内容は、概略を簡潔にまとめるにとどめておく。

〔C〕は、銭佐店から中橋店に宛てられた、二月一一日付の書簡である。前半は、米吉・米分の出訴、すなわち〔A〕〔B〕に記された事実関係を繰り返している。続いて升源手代弥八の動静にふれている。銭佐は、彼が直接、同店を訪問して江戸での取り決めについていろいろと申し立てても、実情を全く知らないので受け答えができない。そこで「升源殿之引合始末実意之趣」を詳しく書き、送ってほしいと歎願した。中橋店から詳細を聞き、江戸の実態を把握したうえ、彼が再び当地で怪しい行動をとらないようにしたい、とそのねらいを述べている。

続いて綴られた〔D〕は、再び〔B〕の定式関連の記事を盛り込んだ書簡である。冒頭一ツ書の前には「商売違商売妨出入」と記され、米屋喜兵衛を願人に立て「其御丁内　十人両替屋　鴻池庄兵衛外四人」を相手取った訴訟であることも明記される。

旧冬、江戸為替の件で西奉行所の取調があり、十人両替屋が呼び出された。仲間内部に江戸為替の定式はそもそもないはずだが、彼らは何故か「存在する」と回答した。一方、当春に東奉行所で為替出入があり、そのときの取調では「存在しない」と答えている。

十人両替は、為替仲間の者に対し定法を決めるよう指示したが、奉行所への実態報告が合致しないのは、為替取組の支障になろう。鴻池庄兵衛ほか四名に掛け合っても全く埒があかないので、このたび出訴したい。以上の件については本人の取調を行い、奥書へ調印してほしい、という。

次の〔E〕は、二一日（年月とも不記載だが、一八二六年二月と推測）付の書簡である。本文中に差出人の記載はない。ただし、端裏書の記載「大沢八郎右衛門様　ぜん杢兵衛」から、宛所などは判明する。[27] 町奉行所の指示により定法を制定する件（〔B〕）は、しばらく進展がなかった。その概略を書簡に記すので、大沢が一見の後、中橋店から村七（江戸本両替、村田七左衛門）まで回覧してほしいと依頼している。大坂の仲間で検討される江戸為替規定の情報は、当事者の手によって江戸へ伝えられたのである。

同じく二一日、ぜん＝銭屋杢兵衛は豊後町店へも書簡を送った（〔F〕）。同店では銭佐を通じて米屋一統の公訴に関する情報を仕入れていた。米屋が自らを「為替元祖」と主張し、両替屋仲間行司中を相手取り、公儀へ訴え出たのが一八日のことであり、願書の内容こそ判然としないが、十人両替の「故障」を咎めたものとされる。

これを受け町奉行所は、同日のうちに両替行司を集め、取り調べを実施した。吟味の結果、彼らは「商売違」「商売妨出入」とみなされ、早くも翌日には町内預け・参留などの処分が下された。そのさい彼らが仲間中の定めに従わなかったことや、その行為が仲間の利にそぐわないものと判断されたことに対して、杢兵衛は意外感を露にしている。米喜は為替不渡りの被害もなかったのに、どうして今回のような訴訟に及んだのか、米屋一統の行動には不明な点も多く感じられる。米喜には同情的な見解すら示した。

さらに、同二一日には中橋店からも銭佐へ書簡が届いた（〔G〕）。〔C〕で依頼した件に早くも対応しており、為替手形不渡りの仔細を記し、江戸での事情を説明する。

前年一〇月二二日、升源店の支配人新兵衛から同店に「無拠取引向差支」があり、他の印元分を含め、為替が不渡りになったと聞かされた。中橋店では、やむなく手形を大坂へ返却することを決めたが、そのさい升源から始末書を取り、話し合いも済ませたという。

〔G〕によると、弥八の動静に関し、江戸では全くその事情をつかんでいないらしい。弥八が一〇年以上も以前に升源店で勤めていたこと、彼が当時、升源に対し巨額の負債を抱えていた事実は、中橋店が升源から聞き出した事実だろう。弥八が木屋なる者に呼ばれ大坂へ出向いたとされること、彼が米吉と示し合わせ、一度は決着した案件を蒸し返して何事か企んでいる、とは銭佐が大坂の町年寄に示した見解に過ぎない。

銭佐の推定を裏付ける情報は江戸に存在せず、町奉行所を介して公式に問い合わせても、升源に宛てた手形が確かに不渡りとなったこと以上に新たな事実はなかった。したがって弥八や米吉から直接、事情を聞く以外にとるべき方法はなく、もし協力できるとすれば、升源の断書を提供するくらいだ、という。

もっとも〔F〕でみたように、公訴した米屋一統は、予想に反しすぐ処分されたので、〔C〕の依頼はもはや不要となった。

〔H〕は、銭佐から中橋店に宛てた、一月二二日付の書簡である。日付から考えても、これは〔G〕到着以前に提出されており、また〔G〕も同二一日の作成ゆえ、結果として入れ違いの内容になっている。

〔H〕では〔B〕〔C〕で述べられた件、米分から炭安に対する出訴一件が、炭安にとり有利な形で同月一三日に決着したことを報告している。文面によると、弥八はやはり米分同様に奉行所へ参上し、米分の主張に同調する動きをみせたらしい。

これに続いて〔F〕で豊後町店へ報告したのと同様に、米屋敗訴の経緯が説明される。書簡には「右者案外之仕義ニ相成」とあり、米屋側は当初、十人両替を訴えた後で銭佐も相手取り、訴訟する構えをみせたのだが、予想外の展開となったので、もはや訴えられる危惧もなく安心だ、と述べている。

米屋出訴一件の決着は、やはり同日付で豊後町店から江戸へ報告された〔〔I〕〕。町奉行所で米屋一統への処分が下された事実は、両替屋行司衆から回状を介して情報が伝えられている。処分自体は一九日に済んでおり、銭佐から〔F〕を受領した豊後町店が〔I〕で江戸へ知らせたらしい。あるいは村田七左衛門へ遣わしてほしいという「別紙差紙」は〔F〕の写しであったかもしれない。

さて〔C〕を受け、中橋店から〔G〕を受領した銭佐店では、三月朔日に礼状を出した〔〔J〕〕。〔G〕は二月二一日の作成だが、これが一週間ほどで大坂へ届き、すでに事態は収束していたことから、折り返し返事をしている。同一八日に米喜らは銭佐らを差し置き、十人両替方を相手取って公訴した。だが彼らの主張は通らず、願い下げとされ決着した。そのため、近く米屋側から謝罪に訪れるだろう、と述べている。ただし〔J〕の文面と比較すれば、両替屋仲間内部の対立関係が融和し、従前の結合関係が再構築されていく雰囲気も読みとれる。そのような状況のなかで〔B〕「定」の内容が確かなものになり得たのではないか。

中橋店は〔G〕に添え、関連する資料として「当地御本店貞助様へ之御細書」「升源忠七殿之書面」「米屋一同ゟ御地四軒之衆中へ文通在之、返事共口々御写取」を提供している。〔G〕で、惜しみなく銭佐へ協力する姿勢をみせたことは、江戸〜大坂間の両替商相互が、強固な信頼関係を前提として成立した事実を証左しよう。

なお、最後に綴られた〔K〕は短い本文であり、事件の無事解決を喜び、〔J〕の到着を報知した返書である。

3　江戸為替振合に関する定式の制定

これら一連の訴訟で明らかになった事実は、そもそも従前には為替振合の定式がなく、そのため両替屋中行司をも

表5　江戸為替振合の定式 1826(文政9)年

条	内　　　容
1	江戸為替取組方は，下し手形と置手形の2通を印元より請け取り，金銀を渡すこと
2	置手形はいちいち作ると日用の差支にもなるので，銘々が定置手形を取り置くこと
3	下し手形に日限を決め，必ず渡すよう案内状を滞りなく作成する．それ以前には渡さない
4	江戸で為替手形が不渡となり戻ってきたら，印元が金銀を返弁すること
5	不渡り手形に裏書・裏印などがある場合は事情を尋ね，証拠を集め，それでも不渡のさいは印元が「目当取組」したことになるから，返弁すること
6	取次為替が江戸で不渡りのさいは，取次が返弁し，取次は他家へ置手形を取り置くこと
7	延為替は，日限に至らなくても，江戸宛先の指支があれば，印元が返金することそのさいの打銀も印元が損失を被ることとする
8	浮為替儀者，於当地為替取組候砌，印元へ受取書相渡置，於江戸表相渡候上，当地印元へ金子可相渡事ニ候，於江戸表宛名先ゟ受取人え相渡候上，万一受取人差支等之儀在之候得者，当地浮為替差下し候人ゟ印元へ金子相渡し，受取書ト引替相済候上，江戸表受取人と掛合可申事，尚又於江戸，当名先ゟ不相渡候節者，以前相渡在之候受取書と引かへ，為相済可申事

出典）第4表〔B〕．8条のみ『大阪商業史料集成』所収「両替屋通達書」による．本章注（28）参照．

ってしても、収め難い事態が生じたことである。

大坂町奉行は両替屋行司を召喚、両替屋一同に対し江戸為替取引に関する規定の作成を指示した。これをうけ、取引に携わる者が残らず集められ、話し合って作成した「定」の内容が、書簡〔B〕に写されている。その概要を表5に列挙した。

この「定」は、一八二六(文政九)年二月の年記がある。既に『泉屋叢考』の指摘するところだが『大阪商業史料集成』の収載する「両替屋通達書」[28]を参照すれば、これが正式な仲間規定とされたのは、同年三月以降のことであった。表5と比較して、条文の順序や追加部分など両者に異同が存在するのは、〔B〕時点の「定」が未完のものであり、これ以降も両替商のあいだで継続して合意形成が図られたことが影響している。

ここで「定」の内容にふれることはしないが、二月の段階では、銭屋儀兵衛以下一七軒の両替商が連名した[29]。むろん、住友の豊後町店(泉屋甚治郎)や銭佐はこれに含まれている。いずれは実印を押し、本両替仲間行司衆中宛て提出する手はずだった。

だが米屋一統の七軒は、前年末からの一件も影響してか、両替商内部でこのような形で新規の取り決めをおこなうことに不満を示した。訴訟の当事者を含む米屋平右衛門・喜兵衛・吉右衛門・分兵衛・太兵衛の五名は相談に加わったが印を押さず、米屋伊太郎と長平は当時、江戸との取引を休止して「心底之所不相分候」ながら、連印からの除外を希望した。

後者二軒の意向について、〔B〕の作成者である銭屋杢兵衛は「当時掛合中ニ御座候、是も追而落着可仕と奉存候」と自らの見解を述べている。結局、米屋一統と交渉する過程で表5の規定は徐々に改訂されていったと考えられる。

ところで、升源の不渡り手形をめぐって訴訟の当事者となった米屋一統がなぜ、両替屋仲間中の提示した「定」に対し納得できなかったのか、不得心の事情、または米屋一統の考えを想起させる史料が幸いにも残されている。

本節の冒頭で、升源に宛てた不渡り手形が綴の形態で現存していることを紹介したが、そのなかに、次のような覚書が一枚だけ挟まれているのである。

［史料12］(30)

覚

一米屋一統不得心、其趣意如何と相尋候処、先方返答之次第左ニ

一為替之元者諸国之産物ニて他国へ積送り、其所之相庭ニ売払候代金銀が為替之根元也

一天下通用之金銀ニ者為替之根元なし、其元を捨、末々両替方ニ而定法ニ可相定事ハ無之候様奉存候

一両替座者通用之金銀取扱之商売之事ゆへ、為替之義者其根元を承り、其仕来ヲ以、元として急度仕来り御座候、此慥成規矩を捨テ、新規を御立被下候義ハ御断申上度奉存候

右之通御座候、以上

二月五日　　豊後町店

中橋御店

豊後町店から中橋店に宛てた通達である。日付は（一八二六年）二月五日とみえるので、叙上の「定」策定作業は、

おそらく同年正月の早い段階からおこなわれたのではないか。米屋一統の動向がそのまま、中橋店に影響を及ぼすとは思われないが、升源一件の処理に尽力したことや、大坂両替商仲間の新しい規定が実際どうなるかについて、大坂から逐一、報告が届けられたものと考えられる。

ここにうかがえる米屋一統の主張について、解釈はなかなか難しいけれども、おおよそ次のような内容であろう。為替の本質は、諸国産物を各地へ積み送り、その土地の相場で売り払う代金を「根元」とする。一方、産物を根拠とせずに金銀だけをやりとりする行為自体は、為替の本質とは全く合致しない。両替商は通用の金銀を扱う商売であり、従前はその根元に依拠し為替を取り組んできたのであり、その確かな指針を放棄し、今回敢えてあらたな「定」を取り決める必要はない、というのだ。

江戸為替取組のスキームは本来、米屋がいうように何らかの根元を要する性格のものと考えにくく、ここでの主張が何をねらいとするか真意を図ることは難しい。いずれにせよ、この時点では米屋一統を含み、両替屋仲間中のあいだで、新規定式の制定をめぐる活発な駆け引きがおこなわれたことを確かめておきたい。

おわりに

以上、逸身家文書および、住友家文書の史料若干を素材としてとりあげ、文政期後半の段階における両店間の情報交換の具体相について、検討をおこなった。

住友中橋店は、書簡を定期的に大坂へ送付することにより、江戸の銀相場に関係する諸情報をいち早く銭佐へ提供した。本章冒頭で述べたように、両店間には「番状」「本状」の形で、いわば公的な連絡体制が整えられており[31]、それを補完したものが、逸身家文書〔7-33-1, 2〕に現存する、一連の書簡群であった。

そのため、ほとんどの書簡では、住友中橋店の喜兵衛・孝十郎が差出人、銭屋杢兵衛・半兵衛が宛所となっている。彼らは、両店で実際に取引業務に携わる者として形式的かつ簡略化された「番状」「本状」の真意を、これらの書簡を使い、独自に詳説したのである。そして、第一節第一項の島屋一件や、第二節の升屋休店時の経緯などで明らかなように、双方の綿密でスムースなやりとりこそが、両店の業務に大きな益となった。

とりわけ注目すべきは、文政改鋳時の古金銀引替について両店が巧みな連携をおこない、おそらく相場の状況をにらみ相応の成果を挙げたと考えられることであろう。残念ながら数値的な裏付けこそできないが、第一節第三項でとりあげた一二〇通強の書簡群のなかで古金銀の相場情報が詳しく記載された事実は、通常の両替・為替業務とは異なった取引の関係が、重厚に実現したことを如実に物語っている。

住友家文書には、文化～天保期(一八〇四―四四年)にかけての中橋店関係史料がほとんど現存しておらず、逸身家文書の諸記録は、同店の実態を明らかにするさいにも貴重な素材となる。本章では粗雑な分析しか果たせなかったが、江戸相場の実態や両替商の動向、江戸～大坂間の金銀現送の実態について、さらに詳細な分析は可能だろう。今後の検討課題としたい。

(1) 銭屋(織田)弥助は、塩町二丁目を居所とする本両替で、寛政期(一七八九―一八〇一年)以前の創業である。『報告書』(二〇一〇年)では銭佐の親類とされたが、最近の逸身喜一郎氏の研究に拠れば、同家は銭屋佐兵衛・佐一郎家の本家筋に相当し、一八三七(天保八)年には、銭弥の相続に関して銭佐が援助し、従前の本家・別家関係を解消したという。

(2) 海原亮「銭佐両替店と住友中橋店の取引関係史料」『住友史料館報』第四三号、二〇一二年。

(3) 手板組・金飛脚と呼ばれる。京での相仕は、順番飛脚問屋大黒屋庄次郎。一七八二(天明二)年に江戸定飛脚問屋仲間の一員となる。その後、明治期まで経営が続き、内国通運会社へと発展した。

(4) 三井高維『両替年代記関鍵』岩波書店、一九三三年。なお、孝十郎は支配人以下八番目の記載である。一八二九年記事も同様の順序である。

（5）『泉屋叢考』第二一輯「近世後期住友江戸両替店の創業と経営」五頁、第1表など。

（6）住友家第九代当主友聞の次男。大坂豊後町に分家を構え、両替業を営んだ（豊後町店）。なお、以下の一八二八年記事は住友家文書「（中橋店）旧記録」から引用。

（7）一定期間、勤めあげた後、家督銀を得て隠居した退職者。住友では「末家」と呼ぶこともある。本記事では、江戸別家の三名が筆頭で、その後浅草米店支配人、中橋店の晋右衛門という序列になっている。

（8）登城は一八二七年三月一八日、逼塞処分は四月二五日である。轅輿の使用は、四位以上の大広間詰め国持大名にのみ許される特権で、津軽家には資格がなかった。事前に否定的な見解を得ていたものの、同家ではこれを強行したため、大きな問題に発展した。

（9）三月一二日付。前日夜丑刻に四ツ谷門外竹町辺より出火、翌朝に鎮火した。「同所辺ハ為替金取引の無御座候間、此段御休意被成可被下候」とあり、取引に支障ないことを知らせる。なお「[書状]「御慶目出度申納候……」」〔7-33-1-11〕「[書状]（古印之儀捌方よろしきにつき）」〔7-33-1-25〕は、逆に銭佐から貝塚・大坂での出火一件を通知したことへの礼文である。

（10）書簡群のなかに二例ある。①「[書状]（古印溜りの分差下し、片岡仁左衛門錦絵封入などにつき）」〔7-33-2-19〕、「貴地片岡仁左衛門、当地木挽町へ罷下り古今之当り御座候、錦絵封入仕候、御一覧可被下候」。片岡仁左衛門（七代目）は生没年、一七五五―一八三七（宝暦五―天保八）年。名跡を再興し、あらゆる役に通じた。②「口上（関三十郎狂言繁昌につき）」〔7-33-2-54〕、「関三十郎儀、当地名残狂言ニ付、大入誠ニ近年不覚繁昌ニ御座候、当月末ニ罷登り候様承知仕候、着之砌ハ何分評判宜敷、偏ニ奉願上候、則錦絵伝封入仕候間、御入手可被下候」。関三十郎（二代目）は生没年、一七八六―一八三九（天明六―天保一〇）年。和実を得意とし、文化期（一八〇四―一八年）以降、三都を往来した人気役者。なお江戸錦絵の贈呈は恒例のようで「然者軽少之至ニ御座候得共、錦絵拾弐枚進上之仕候、新年始御祝詞申上度如此御座候」（「[書状]「改年之御吉慶不可有際限……」」〔7-33-1-5〕）との一文もみえる。

（11）「新板落咄シ」として「当地芝三田辺、去ル御方、午年評判不宜候所、此頃市中専評判悪敷、私共も年来少し宛取引仕候得共、右之風聞ニ順シ取引見合居申候、併シ内外善悪之有無者不存申候得共、極蜜之御咄御風聴仕候、御一覧之上、御火中被成下候、以上」とのみ記される。「去ル御方」は商家か。出入先の武家の可能性もあろうが、文面からは判然としない。

（12）『大阪市史』第四上、触四五四八。

(13) 田谷博吉『近世銀座の研究』吉川弘文館、一九六三年、三九三―三九五頁。

(14) 一二月一二日付の「[書状]（銀・弐朱判は下地同様取引につき）」〔7-33-2-67〕も「金之方ハ先達ゟ追々申上候通、物沢山ニ相成、大井《ママ》ニ不捌ニ御座候、銀弐朱判ハ矢張下地同様ニ取引仕居候間、此段御承知可被下候」と述べており、その状況がしばらく続いたらしい。年次は不詳だが、[史料6]と同年の作成とみなしてよいだろう。

(15) 「[書状]（金銀相場ほか）」〔7-33-1-30〕に「然者古印之儀、毎年御集メ方御心配之上、御仕向之段、逐一奉承知候、直段之儀も追々相直り候様ニ情々懸合居候間、末々不相成候得共、御互ニ可笑様、日々奉祈候」とある。他にも大坂での古金銀回収の困難や江戸相場の高下をめぐる背景、中橋店の出情を強調した文面は少なくない。以下に史料番号のみを記す。7-33-1-27・31・36・41-3～5・47、7-33-2-3・4・12・13・15・17・27～30・34・36・37・47・48など。

(16) 書簡四条目の冒頭に「御店様ニ限り通用有合之差引ヲ以出仕候得共、近年一朱判・弐朱判打銀下直ニ付甚困入申候、可相成丈者有合金渡方御仕向被下候様奉願上候、然所昨年ゟ古金弐朱判御差下シ被成、打銀出情仕取斗居候」とあり、中橋店が銭佐との取引を限り、便宜を図る提案をしていたこともうかがえる。

(17) 「[書状]（御地差替御取組につき）」〔7-33-1-14〕によると、当時は中橋店でも「御存之通無人」な状況であったという。

(18) 「[書状]（古印下落気の毒の旨）」〔7-33-2-2〕に「古印之儀下落仕、不引合ニ相成、御気之毒奉存候、当地ニても色々心配仕、少シも引立候様奉祈候所、今以同様之姿ニ御座候間、無拠見斗ヲ以、少々売払申候」とみえる。

(19) なお「[書状]（古印旧冬より高騰につき）」〔7-33-1-41-8〕は、書簡末尾に古金銀・古白銀の相場を列挙した後「慶長銀壱貫匁ニ付、当時通用銀壱貫五六百匁代り」との一文を収載している。

(20) 大坂で新旧貨幣の引替所をつとめる両替商が、当時、江戸の両替商に宛て古金銀のまま荷駄として現送するケースは、決して少なくなかったらしい。畑中康博「播磨屋中井家両替店記録から見た文政改鋳」（『秋大史学』四九号、二〇〇三年）参照。同論文は、一八二七年に発生した現送中の金銀の盗難事件「戸塚一件」をおもな素材として、当該期における引替業務の実態を明らかにしている。なお、同論文の所在については、逸身家文書研究会で須賀博樹氏からご教示を得た。

(21) 為替関係の書簡として以下、五通が確認できる。①「追啓（手形日限延引の儀につき）」〔7-33-1-34〕、泉屋嘉右衛門出分（印元京源）金二五〇両手形送付の件。②「[書状]（為替取組につき）」〔7-33-2-9〕、江戸茅場町小西宗兵衛より大坂安治川北一町目伏見屋三郎兵衛宛て為替取引開始の件。③「[書状]（取組為替之儀）」〔7-33-2-23〕、大坂取り組みの為替不渡りの件。④「[書状]（故障出来のため、島屋吉兵衛方に変更する件）」〔7-33-2-25〕、江戸伝馬町為替取付は仲間の定法に従い、島屋吉兵衛方へ残らず仕向けること。⑤「[書状]（下地直段治定につき）」〔7-33-2-68〕、布屋治右衛門為替取引開始の件。小手形は扱わず、三〇両以上の為替取組のみ承知する。

(22)『泉屋叢考』第弐拾壱輯、付録資料三四（解説、一四—一五頁）。

(23)一八二五年「大坂為登状控」（住友家文書）。四五番状、二条目（一一月二六日付）。

(24)前注(23)同史料。a四六番状、四条目（一二月二日付）。b四七番状、三条目（同六日付）。c五〇番状、一一条目（同一六日付）。

(25)なお、一八二五年中の米屋の動向については、江戸本両替中井家（播磨屋新右衛門）「記録」（国文学研究資料館所蔵）が、若干ながら動静を記している。それによると、升源休店後それに代わるように、同家は米平・米吉・米喜と新規の（あるいは、升源の再開店までのつなぎ、として）取引を開始した形跡がある。なお、同家「記録」は残念ながら翌一八二六年分が欠落しているので、銭佐・炭安への出訴一件に関する記事はみいだせない。

(26)本書簡の作成日について『泉屋叢考』は二月「十日」をみせ消ちとし「四日」を採用する。だが、実際には「四」と「十」が同じ箇所に重ねて記されており、どちらを採るべきか、判断できかねる。本章では「十日」と考えたが、綴られた史料の順番と時系列を合わせたに過ぎず、それ以上の積極的な理由はない。

(27)また、端裏には「御内見可被下候」とある。大沢八郎右衛門は、大坂本店手代と思われるが、履歴詳細は不明。

(28)黒羽兵治郎編『大阪商業史料集成』（大阪商科大学経済研究所、一九三九年）三五—三七頁所収「両替屋通達書」は表5の六条目を前（三番目）に置き、以下順に繰り下げて同文が記される。また、八条目が追加されている。

(29)銭屋儀兵衛・鴻池伊助・泉屋甚治郎・竹原市五郎・近江屋権兵衛・銭屋忠兵衛・銭屋佐兵衛・銭屋清右衛門・銭屋権右衛門代判儀兵衛・加島屋作之助代判孫市・鴻池重太郎代判孫兵衛・炭屋彦五郎・炭屋安兵衛代判嘉兵衛・銭屋弥助代判覚兵衛・大黒屋源兵衛・鴻池庄兵衛・平野屋仁兵衛代判権兵衛、以上一七軒。

(30)住友家文書、一八二六年「(江戸升屋源四郎不渡手形等綴)」に所収（枝番号なし）。

(31)史料の不在から全貌は明らかでないが、文化期の取引開始時から継続して「番状」「本状」は交換され、各店で書き留められたはずである。本章で引用した書簡にも「追啓」「無番」などの表現が散見され、[史料3]追啓部分の「此儀も明夕本状ヲ以、委細可申上候」や、〔7-33-2-65〕で「相庭之儀者、今夕本状ヲ以可申上候、甚大急ニて略仕候」などの文面は、これら書簡群に対応する「番状」「本状」の存在を示唆する。

第九章　熊本藩国産明礬と銭佐

八木　滋

はじめに

逸身家文書の中には、銭屋佐兵衛店（以下、銭佐）が幕末に取り扱った肥後熊本藩国産明礬《みょうばん》に関する史料が残されている。また、銭佐の「日記」[1]にも明礬に関する記事が散見される。本章の目的は、それらの史料を検討して、銭佐と熊本藩国産明礬との関わりを史料紹介的にノートしておこうというものである。諸大名と銭佐の関係については、逸身喜一郎『四代佐兵衛評伝』[2]や各論考[3]においても触れられている。本章では、その点も念頭に置きつつ、幕末期の大坂での国産物流通のあり方と各商人のあり方との相互関係について理解を深めていきたい。

まず、本章で対象とする明礬について触れておきたい。明礬は、止血剤や媒染剤（染物が良く染まるように添加する薬剤）、皮なめしなど広い用途に用いられてきた[4]。ミョウバン石は火山岩中にも板状・粒状の結晶の集合体で産することもある。もともと明礬は中国から輸入されていたが、後述のように江戸時代に国内でも生産されるようになった。製法は、ごく簡単に言うと、地上に湧出した温泉の成分（湯の花）を結晶化させ、それを精製するというものである[5]。湧出する温泉成分の質や量によって、品質や生産量が左右されるものと考えられる。

本章では、まず明礬の生産と流通を概観した後、逸身家文書の検討に移りたい。

第一節　近世における明礬の生産と流通

近世の明礬の生産・流通について、山方（生産地）の動向と、大坂町触を参照しながら大坂での流通組織を概観する。ただし、史料的にはほぼ大坂町触に限定されることをお断りしておきたい。

1　豊後産明礬と大坂での流通

まず、『大分県史』などから明礬生産の歴史について概観しておこう(6)。

前述のように、江戸時代に入って明礬の国内生産が進んだ。国内生産の始まりは豊後鶴見山とされている。一六六四（寛文四）年、肥後八代の渡辺五郎右衛門が鶴見村（大分県別府市）などで明礬生産を試みたが失敗し、長崎で中国人から製法を学び、再度挑戦して成功した。同六年には経営も軌道に乗り、周辺の山々でも明礬製造を始めたという。しかし、中国産（唐明礬）の明礬の輸入が増え、価格が下落したので、一旦操業は途絶えてしまった。

一七二五（享保一〇）年に豊後小浦村の脇儀助が、森藩に運上銀を上納して五年間の明礬生産を許された。しかし、売れゆきが悪いので、大坂の明礬問屋近江屋・大和屋の協力を得て幕府和薬種吟味掛の丹羽正伯（医師）に働き掛け、一七三〇（享保一五）年に唐明礬の輸入差し止めに成功した。一七三四（享保一九）年に長崎商人の出願で唐明礬の輸入が許可されると、大坂の近江屋五郎兵衛・阿波屋佐右衛門らとともに反対し、翌年輸入量を半減させるとともに、江戸と大坂に明礬会所を設立することを認めさせた。この間、大坂では一七三〇（享保一五）年二月二五日に「和明礬之事」、同年一一月二三日に「和明礬売買之事」という達や触が出されていることは確認されるが(7)、その内容はわからない。

一七五八（宝暦八）年一二月一八日に次のような触（触二三二五）が出された。

［史料1(8)］

申渡覚

豊後国逸見郡野田山ゟ出候和明礬会所江戸・大坂ニ有之、致売買候処、京都堺両所ニ茂壱ケ所ヅヽ、会所相建度旨、此度於江戸表受負之者相願候ニ付、願之通被仰渡、京都ハ四條通烏丸東へ入所、堺表ハ櫛屋町へ会所相建候間、四ケ所共同様ニ相心得可令売買候

右之通三郷町中可触知者也

寅十二月

豊後国産の和明礬会所が江戸と大坂にあって売買しているが、さらに京都と堺にも一ケ所ずつ設立したいと江戸で出願があったので、これを許可し、計四ケ所とも同様に売買せよ、というものである。宝暦八年以前にすでに和明礬の会所が大坂にあったことが町触で確認できる。また、これとは別の江戸の人物によって京都・堺に同様の会所を設立することが出願され、許可されたのである。

さらに、次の触をみよう。

［史料2(9)］

明礬之儀、先年ゟ会所相定、唐和明礬共右会所へ一手ニ買受、製法仕直売出候所、紛敷明礬脇売買いたし候由風聞在之、不埒之儀ニ候條、脇売買一切仕間敷候、若右躰之儀有之ニおいてハ、吟味之上咎可申付候、右之趣五年以前巳之年相触候所、近々又々会所へ差不出《（ママ）》、紛敷明礬脇売買致候者在之由相聞へ、不埒之事ニ候間、紛敷明礬一切脇売買仕間敷候、若右躰之儀いたし候者有之ニおいてハ、吟味之上急度咎可申付候

右之趣三郷町中可触知者也

酉九月十五日　出雲

表1　18世紀中頃の各地の明礬生産量

豊後野田山明礬	1年に7万斤（多い時で8，9万斤）
久留島信濃領分明礬山（豊後鶴見山）	1年に7万斤
薩摩明礬山	3～5万斤
肥後島原明礬山	3～5万斤大坂へ出荷
肥後領，中川修理大夫領の明礬山	当時休山
相州箱根明礬	江戸へ1,000斤

出典）『大分県史』44頁．

能登

これは一七六五(明和二)年九月一五日の町触である。中国から長崎を経由して輸入される唐明礬と国産の和明礬は先年定めた会所が一手に買い受けるので、生産者が直接売ることや、脇売買することはならない、としている。これは、四年前に出した触（一七六一(宝暦一一)年正月一二日　触二三九三）[10]を踏襲したものである。和明礬だけでなく、唐明礬も含めて明礬会所を通さない明礬売買を認めないことを触れているのである。実際は、このの ち一七六七(明和四)年（九月二一日　触二六一三）[11]にも同様の触が出されているので、脇売買自体は恒常的に続いていたのであろう。いずれにせよ、明礬会所による独占体制が形作られたのである。一七八二(天明二年)九月一三日の触[12]では、薩摩と唐明礬のみを扱う会所を江戸・大坂・京都・堺の四か所に設立することが触れられている。従来の四ケ所とこの新たな会所以外での山方の直売買を禁止する旨が触れられている。

ここで、この頃（一七六三年頃）の全国的な明礬の生産量がわかるので、それを見ておこう（表1）。豊後の明礬山の生産量が突出している。これが豊後の史料によるものであるからではあろうが、野田山・鶴見山の両方で合計一四万斤である。これに続くのが薩摩で、大坂に三―五万斤出荷しているという。熊本藩（肥後領）の明礬山は、このとき休山となっている。一八世紀終わりには近江屋五郎兵衛が豊後鶴見・野田の明礬山の経営を請け負ったこともあったようだ[13]。一八四三(天保一四)年七月一二日の触[14]で、明礬会所を差し止め、「向後銘々勝手次第可致売買候」と命じられた。天保改革の株仲間解散、明礬会所も差し止められたのである。

その一三年後の一八五六(安政三)年八月一九日に次の触が出された[15]。

［史料3］

唐和明礬会所再興之儀、近江屋五郎兵衛大坂住居ニ付兼代西河岸町正三郎・芝西応寺町半七・本石町壱丁目要右衛門相願、吟味之上左之通申渡候

一、右五郎兵衛者豊後国野田山明礬其外西国筋出明礬引受、大坂江会所相建、半七者薩摩明礬引請、江戸・京・大坂・堺へ会所相建、要右衛門信州幷東国筋出明礬引受、江戸へ会所相建、唐明礬之義ハ、右三人ニ而割合買受、去卯ゟ来巳迄三ヶ年之間、銘々会所ニおゐて令売買、向後人数之増減可為勝手次第旨申渡候間、前々相触候趣相心得、山出之分夫々会所へ売渡可申候、右之通可相触候

八月

右之趣相触候間、可被得其意候

右之通従江戸被仰下候條、此旨三郷町中可触知もの也

辰八月　佐渡
　　　　信濃

唐和明礬会所の再興を、大坂の近江屋五郎兵衛と江戸の半七・要右衛門の計三名が幕府に願い出て許された。大坂では、近江屋五郎兵衛が豊後国野田山など西国筋の明礬を引き受ける会所を設立することが認められた。三年の年限が付けられたが、およそ二年半後の一八五九（安政六）年正月晦日に、一〇年の年限延長が認められた(16)。株仲間解散中に素人（元の仲間外商人）がどれだけ展開していたかは未詳だが、再び近江屋五郎兵衛を中心とする流通組織が認められたのである。ただし、必ずしも会所に関わる商人の人数を限定したものでもないし、集荷や売捌きの独占を認められたわけでもないということには注意しておかなければならない。

このように、大坂は九州を中心に西国から産する明礬の大きな出荷先であった。その中心にあったのが、近江屋五

郎兵衛を中心とする明礬会所であった。近江屋は豊後などの山方との結びつきも強かった。実際の売買の様子は未詳だが、株仲間解散までは独占的な売捌きが認められていた。その後も近江屋が流通の中心にいたことは間違いない。

2　熊本藩領の明礬生産

熊本藩領内での明礬生産については、よくわからない。銭佐との関係も未詳である。ここでは熊本県立図書館架蔵の「後藤家文書」複写版に明礬生産関係史料が若干含まれているので、それを見ておきたい。「後藤家文書」には、阿蘇小国地方にある岳湯（現在の小国町）での明礬生産についての史料が含まれている。

まず、年代は未詳（一八世紀前半）だが、「日本国明礬山有所控幷ニ出来高」[17]を見てみよう。これによると、豊後二か所（小浦・森）・肥前嶋原・肥後三ケ所の計七ケ所で計八万七八〇〇斤を生産し、内二万斤は江戸へ、残り六万七八〇〇斤が大坂へ出荷され売られた。肥後の岳湯山・崚山・黒川の三ケ所で一万七八〇〇斤を生産している。しかし、「此程ニテ者割合ニ合ニ逢不申由、拾万斤位売候得者大利のよし」と記されている。これくらいの生産量では採算が合わず、一〇万斤くらい売れれば大きな利益が得られるとの見通しである。外に薩摩でも九万斤生産しており、二万斤を江戸へ、七万斤を大坂へ出荷している、と記している。大坂に全体の八割以上を出荷している様子がうかがえる。このほか、信州・上州・相州箱根の生産地名も書きあげられている。

『小国郷史』[18]によれば、一七一三（正徳三）年に阿蘇郡小国岳湯村中にて明礬山を発見して採掘したという。一八世紀中頃から断続的に明礬の採掘や精製がおこなわれたようで、一部運上金も上納されたようだ。一八二五（文政八）年に同じ小国の黒川でも明礬の生産が始まったという。

「後藤家文書」のなかに、一八四一（天保一二年）三月の大坂唐和明礬会所近江屋五郎兵衛が肥後小国の北里伝兵衛と後藤助左衛門に宛てた「肥後国岳湯明礬山再興ニ付申極書」[19]がある。北里は小国地域の総庄屋で、後藤も北里と同等クラスの地域有力者であったようだ。これまで何年間か廃業していた岳湯での明礬生産を、北里・後藤らを中心にこの年から再興しようとしていたようだ。熊本藩にも許可の内意を得て準備していたところ、大坂明礬会所の近江屋五郎兵衛の手代兵助が小国に来ていたので、値段の交渉をしたところ兵助の言い値は採算が取れるものではなかったという。そこで、北里と後藤が藩の郡代に近江屋（兵助）との交渉を依頼し、交渉は成立したという。そこでの取り決めがこの文書だと考えられる。その冒頭部分をみてみよう。

[史料4]

一、此度明礬稼場岳湯大山壱ケ所ト相定其余前小山幷峐ノ湯・黒川ともニ決而御取建被成間敷、左候而年分稼高凡百箇より百五拾箇迄之処、年々増減有之候共、右稼高不残引受可申事

一、最初約定直段壱斤ニ付壱匁弐分之処、此度五厘相増シ壱匁弐分五厘常直段相定候ニ付、壱斤ニ付七厘方之入目被下七拾四斤九合壱箇ト相定候事

ここでは岳湯以外の前小山・峐ノ湯・黒川は明礬稼ぎ場としては取り立てないとしている。そして、稼ぎ高は年間一〇〇―一五〇箇と見積もり、それをすべて近江屋が引き受けるとしている。また、最初の約定値段は一斤につき銀一匁二分だったが、五厘増しにするとしている。前述の藩との交渉の結果であろう。このとき一箇は約七五斤のようなので、年間の算出斤数は、七五〇〇―一万一二五〇斤ということになる。

藩にも運上金を納めていたようであり、それをまとめたのが表2である。一八四〇年代前半（天保末年）から一八五二(嘉永五)年までは銭一六〇〇―一八〇〇文だったが、一八五三(嘉永六)年には半分以下の七〇〇文となっており、幕末には五〇〇文となっている。操業一〇年ほどは順調だったようだが、その後は幕末まで生産量は低迷していたと考えられる。

表2　岳湯明礬山運上銭

（銭（文）／年）

天保13（1842）	800
天保14・15（1843・5）	1600
弘化2―嘉永5 1845–52	1800
嘉永6・7（1853・4）	700
安政2―文久2 1855–62	500

出典）「御内意申上覚」（「後藤家文書」1727）．

ここまで、熊本藩領の阿蘇小国での明礬生産について見てきたが、ここでも大坂明礬会所の近江屋五郎兵衛との結びつきが強いことがわかった。しかし、熊本藩領で小国以外に生産する場所があったのかは未詳である。また、後で出て来る熊本藩明礬方栗林徳三郎などの名前は出てこなかった。もちろん銭佐がかかわった明礬が小国産のものかどうかもわからない。さらなる検討を今後の課題としておきたい。

第二節　熊本藩国産明礬と銭屋佐兵衛

1　銭佐と熊本藩

銭佐の大名貸の様子について、貸付先ごとの利足および費用を記した帳簿である「諸家徳」〔7-36〕を分析した小林延人は、貸付先の大名をA—Eの五群に分類している[20]。熊本藩は高知藩や徳島藩とならんで開港後に取引関係が発生したD群に入っている。銭佐と熊本藩との付き合いは新しいのである。

「評伝」によると、銭佐の「日記」には、一八五七(安政四)年一一月二一・二二日、一二月三日にそれぞれ「当旦那様供三助、丈助供九助、肥後様屋鋪御用」、「丈助、肥後御屋鋪へ参り候」「肥後御屋鋪より封付御為替箱来り」との記事がみえるようで[21]、このころ銭佐と熊本藩との付き合いが始まったようだ。丈助というのは、この時期の銭佐の元締クラスの別家であり[22]、熊本藩との付き合いも彼が中心となっている。貸付先ごとに貸付・返済の日付と金額を記載した「諸家貸」〔7-1〕という帳簿には、次のような記載がある。

[史料5]

肥後

安政四巳正月吉日

十二月十三日

一、銀四貫二百目
　　　　猪俣才八様
　　　　堀江徳治様
　　　　　明礬先納
　　午二月七日

猪俣才八と堀江徳治は後で見るように熊本藩蔵屋敷の役人である。おそらく一八五七(安政四)年一二月一三日に、熊本藩は大坂に出荷する明礬の売代金を引き当てに銀を借りたのであろう。翌五八(安政五)年(午)二月に明礬代金で返済したものと推定される。[史料5]の記載は、「熊本藩」のところではなく、冒頭の「附込」というインデックスのあるところにある。おそらく臨時のものであったのだろう。

さらに、一八五八(安政五)年になると、熊本藩関係の記事が「日記」[23]に頻繁に出てくるようになる。五月八日「肥後御屋鋪より明礬舟着ニ付、御證文参り、手形相渡し候」、七月一九日「肥後御屋鋪明礬懸より手形来る」とある。後で検討するようにこの記事は、実際に銭屋佐兵衛が明礬の売買に関わっていることをしめすものと考えられる。

表3 「諸家徳」に見える熊本藩(肥後)の記載

		肥後徳	入用
安政5	1858		10匁 98
安政6	1859	2貫 143匁 13	
万延元	1860	31貫 66匁 04	
万延2	1861	58貫 707匁 50	
文久2	1862	58貫 710匁 22	
文久3	1863	57貫 730匁 29	
文久4	1864	89貫 884匁 94	
元治2	1865	84貫 979匁 71	
慶応2	1866	66貫 530匁 10	
慶応3	1867	103貫 133匁 58	
慶応4	1868	94貫 967匁 60	
明治2	1869	86貫 217匁 06	
明治3	1870	180貫 514匁 06	
明治4	1871	18貫 601匁 33	
明治7	1874	28円 86銭	

出典)「諸家徳」〔7-36〕.

前述の「諸家徳」に見える熊本藩の記載をまとめたのが表3である。一八五八(安政五)年には、一〇匁九分八厘の「入用」(支出)のみが見えて、「徳」(収入=利足)の記載はない。一八五九(安政六)年は徳が二貫一四三匁一分三厘だったが、翌一八六〇(万延元)年には三一貫六六匁四厘、同二年には五八貫七〇七匁五分と、熊本藩への貸付額が伸びていることがわかる。それにしたがって、熊本藩との付き合いも深まっていったであろ

表4　「諸家徳」にみえる各藩（諸家）からの「徳」（利足払高）

A・C	安政6 (1859)	万延元 (1860)	慶応2 (1866)	慶応3 (1867)
高鍋	34,054.35	30,280.09	19,483.39	45,689.53
岸和田	5,619.77	10,645.62	26,746.63	10,510.55
小田原	1,230.26	9,068.56	17,554.66	12,938.31
蒔田	7,278.12	5,851.47	27,926.68	20,852.20
庭瀬	13,206.88	7,240.26	26,094.33	22,943.53
伯太	5,493.75	77,434.06	64,591.99	62,401.51
妙法院	58.59	70.34		
土浦	3,221.43	3,711.68	17,323.11	24,597.90
徳山	14,575.67	23,645.95		
五島	480.55	463.57	317.33	993.41
因州	24,614.44	30,839.39	48,249.04	40,725.22
計	109,833.81	199,250.99	248,287.16	241,652.16
D				
肥後	2,143.13	31,066.04	66,530.10	103,133.58
阿州	19,291.71	19,639.20	30,766.31	33,447.00
土州	11,694.00	8,637.00	202,539.14	103,211.01
津			31,196.52	40,755.76
宿毛			960.00	27,571.97
計	33,128.84	59,342.24	331,992.07	308,119.32

注）単位は匁.「諸家徳」〔7-36〕.「諸家徳」の記載は毎年続いているが，この表では本章に関連する年のみ抽出した.

う。

では、つぎに他藩と比較しておこう。表4は「諸家徳」の記載を、文政期〜天保期（一八二〇・三〇年代）から付き合いある藩（A・C）と熊本藩（肥後）を含む開港以降に付き合いのできた藩（D）とに分けて集計した[24]ものである。「諸家徳」に見える諸藩がはらった利足の額は年によって差が激しいが、後者の利足の額が、慶応期には前者をしのぐものになっていた。これまでは大藩といえば鳥取藩（因州）くらいのものだったが、熊本藩（肥後）や土佐藩（土州）などとも付き合うようになったのである。熊本藩の利足の額は、一八六六（慶応二）年では銭佐全体の一一・五%、一八六七（慶応三）年では一八・八%となっている。土佐藩ほどではないにしても[25]、銭佐にとっては大きな比重を占めるようになった。

なお、「日記」の記述によると、一八五九（安政六）年九月には熊本藩の「館入」になっていたようである[26]。一八六七（慶応三）年四月に、四代佐兵衛から五代佐兵衛（宝備）に家督を譲ることを熊本藩から認められたときに[27]、「父江相贈被置候七人扶持無相違」（「宝備家督一件諸事控」〔4-10-2〕）と引き続き七人扶持を与えられている。

2　明礬流通の仕法

さて、銭佐は、熊本藩の明礬といかに関わっていたのであろうか。その具体的な様子をさぐっていきたい。「逸身家文書」には「明礬仕法覚」〔7–34–5〕と題された帳面が残っている。銭屋佐兵衛手代丈助（印なし）から「肥御留守居方御役所」に宛てた「覚」（仕法案、三七カ条）に、「肥後留守居方」（印あり）の堀江と猪俣が「右規定書之通承届候」と奥書し、押印したものである。この文書が銭佐側に残っているということは、銭屋丈助の仕法案を熊本藩蔵屋敷が了承し、奥印して返却したものと理解される。猪俣と堀江は、先の一八五七（安政四）年の「諸家貸」に見える人物である。

この第一条は、「今般御国産明礬会所御取建ニ相成、蔵元被為仰付候ニ付而者御仕法左之通奉申上候」とあり、銭佐が、このとき設立された熊本藩の国産明礬会所の蔵元に命じられたことがわかる。この文書に年記はないが、先述のように、銭佐の日記によれば、一八五七（安政四）年一一月ごろから熊本藩との間で行き来があるようであり、翌一八五八（安政五）年には、実際に明礬が大坂に廻着し銭佐が関与しているようである。したがって、日記の記載から、この「明礬仕法覚」は一八五八（安政五）年頃に取り交わされたものと推定しておきたい。

本来なら、この「明礬仕法覚」を詳しく検討すべきところであるが、銭屋の関わりを端的に示している次の史料を検討する。

［史料6］〔7–34–4–⑥〕

国産山出し明礬今度産物ニ相成積登せ候ニ付、其元江右蔵元御願申入候筈、依之御約定之積左之通

一、明礬荷着之上取扱方之儀者、一切当屋敷江引受座方江相渡可申段

一、右荷着致当屋鋪江水上等相済候ハヽ、当役所役人連印之証文差廻し可申候間、座方相場八掛ニ〆為替銀翌日中ニ当役所江御納被下段

一、右荷物座方江売渡し候得者、定法之通六十日限座方より代銀相納候筈ニ付、貴内より売払高丈ケ之為替銀元

利御勘定被下、通銀者当役所江御納可被下段

但為替銀利足一ヶ月五朱之定

一右荷物追々積登せ候節ニ右同様ニ〆為替銀御納可被下、尤先着之分□荷ニ相成居候ハヽ、其利分ハ右為替銀之内より御引可被下候段

但荷物不揃弥□ニ相成候ハヽ、八掛之上尚又壱割ニ〆為替納可被下段

右明礬積登候高一ヶ年凡七万斤程之積ニ而、追而蔵元御願申入候上者、右之通御取組被下筈に御約定相済申候、右之外山方仕込銭再製明礬八千斤餘当年内より来春ニ掛積登せ候筈之分、別段御相□之上是又荷着之上利足五朱半之定ニ〆八掛為替御納被下、追而座方江売渡し相納候代銀之内より元利御勘定ニ被下筈に御約定相済候段

右之趣ニ肥後留守居方役所当御認可被下候已上

「明礬仕法覚」と同様に、熊本藩国産明礬の蔵元になるにあたっての売買の仕法書案であろう。この文書にも年記はないが、一八五八(安政五)年頃のものと推定される。

内容を見て行こう。①明礬が大坂に着いたならば、すべて熊本藩屋敷で引き受けて座方に渡す。②蔵屋敷で明礬を水揚げしたならば、蔵屋敷の役人が連印した証文を蔵元(銭佐)に廻すので、座方相場の八〇%(八掛)の額の為替銀をその翌日中に蔵屋敷に納める。明礬は座方に送られ、座方相場の八〇%の額が銭佐から蔵屋敷に支払われる(「為替銀」)[28]。③座方に明礬を渡した後は、定法の通り六〇日以内に座方から代銀が支払われるので、為替銀の元利を勘定して、もし過銀があれば蔵屋敷に納める、とある。為替銀の利子は一ヶ月五朱(〇・五%)である。

明礬の荷物は、蔵屋敷から直接「座方」へ渡される。では、「座方」とは誰か。銭佐ではないことは明白なので、これまで明礬流通を担っていた近江屋五郎兵衛らの「明礬会所」のことではないかと考えられる。それ以前に明礬が藩(蔵屋敷)を経由して販売されていたかどうかはわからないが、もし販売されていなかったとすれば、藩はその利

益に直接吸着できるようになったわけである。しかも、藩には独自の販売ルートがあるわけでもなく、明礬は第一節で検討したように特殊な流通ルートが幕府から認められている商品なので、結果的には流通ルートそのものは座方を頼るほかないのである。さらに、銭佐を「蔵元」とすることによって、座方へ渡す翌日には為替銀として、相場の八〇％の代銀が銭佐から支払われるからである。通常なら座方からの支払いは最長六〇日後となるわけである。一方、銭佐としては、月五朱の利足を得られる。

3　売買の実際

ここまでは仕法を検討した。では、実際にはどのような売買が行われたのか。逸身家文書に残る証文と銭佐の日記から検討していこう。

［史料7］〔9-1-11〕

證文

合金百五両也

此銀拾三貫七百六拾五匁

但明礬三拾箱、壱箱六拾七斤半入ニ〆此斤弐千弐拾五斤、壱箱ニ付金三両弐歩為替ニシテ、本行之通

右者国産明礬此節致廻着候付、為替右之通御振出被下受取申候、然ル上者一ケ月五朱半之利足を加、追而明礬売払代を以元利共無相違可致返済候、為後日仍而如件

慶応三夘年十月　　肥後　橋本早之允㊞

猪俣才八㊞

銭屋佐兵衛殿

この史料は、一八六七(慶応三)年一〇月に、熊本藩大坂蔵屋敷の橋本早之允・猪俣才八から銭屋佐兵衛に宛てた証文である。国産明礬三〇箱が蔵屋敷に到着したので、その為替金一〇五両を蔵屋敷の役人が受け取ったという証文である。月五朱半の利子とし、明礬売払代金で返済するとしている。

では、一八六七(慶応三)年一〇月の「日記」から関連記事を摘記してみよう。

[史料8][29]

一〇月二四日
・肥後明礬三拾箱廻着ニ付、通箱證文持参、使参り為替幷諸掛り物相渡し、手紙返事御差出ス、通箱預り置候
一〇月二五日
・丈助・源兵衛肥後明礬取調ニ罷越候事、幷勝之助弁当持参夕方帰店、向イ岩助罷出候事
一〇月二六日
・栗林篤《ママ》三郎様御入来、玄関切ニ而御引取被成候事
一二月二三日
・平利殿明礬仕切手形持参候事
一二月二五日
・平利明礬方仕切書幷上納受取書持参候事

簡潔な記事なので解釈を迷うところもあるが、日を追ってみていく。一〇月二四日。肥後藩蔵屋敷に明礬三〇箱が廻着したので、蔵屋敷から銭佐に通箱に入った証文を持ってきた。使者がきたので、為替銀と諸掛りものを渡した。手紙ももらったので、その返書も渡した。通い箱は預っておいた。要するに、蔵屋敷から使者がやってきて、[史料7]の明礬三〇箱が到着したとの知らせがあったので、為替銀等を使者に渡したというものである。

翌一〇月二五日、手代の丈助と源兵衛が蔵屋敷に実際に明礬を取調べに行ったとある。先述の「明礬仕法覚」には「御荷物廻着水揚蔵入之節、御懸り御役人御壱人、会所より壱人、蔵元より壱人、於蔵所立会目廻シ品改之上、目張封印幷判押、荷造り替候様仕度候事」とある。蔵屋敷役人と会所（明礬会所＝座方）と蔵元（銭佐）から一人ずつ立ち会って、重量検査など荷を改めて、封印に判を押して荷を作り替えることになっている。丈助と源兵衛[30]は、この着荷の確認作業に立ち会ったのであろうか。積荷の確認が済んで、［史料7］の証文をもらって帰ったのかもしれない。途中で店の子供が弁当を届けており、夕方帰店しているので、何か予想外に時間がかかったのであろうか。

一〇月二六日はあとで言及するので、ここでは取り上げない。一二月二三日に平利という者が、明礬仕切手形を持参した、とある。つづいて、二五日には平利の明礬仕切書と上納受取書をどこかへ持って行った、とある。明礬仕切手形とは、明礬代金支払いの手形のことであると考えられる。この手形が一〇月二五日の三〇箱に対応するものかどうかは明記されていないが、その間関連する記述はなく、一〇月二五日から約六〇日後つまり座方の支払い期限に近い時期なので、この三〇箱についての手形と理解しておきたい。銭佐は明礬仕切手形を平利から受け取り、精算して蔵屋敷に必要書類を持参したと考えておきたい[31]。

これに関わって、次の文書を見ておきたい。

［史料9］〔7-34-4-⑤〕

（包紙）「銭屋丈助様　　堀江徳次　　猪俣才八　　手形幷別紙在中」

以手紙啓上候、弥御堅固被成御入珍重之御事ニ御座候、然者国産明礬四拾箱此節致廻着候ニ付座方江引渡申候処、右代銀四貫三百五拾五匁七分三厘別紙手形壱枚近江屋五郎兵衛より差出申候ニ付、則差廻申候間、別紙差引書之通勘定御仕分被下、御引残者手形壱枚ニ〆拙者共之内江御遣し被下候様宜御頼申候、此段可為得御意如斯御座候、

以上

二月十日

尚々去十二月拙者共より差入置申候証札壱通本文手形ニ差越候節一同返却可被下候、猶又旧蠟御預申置候銀子之御受取書も其節可致返進候条、左様御心得可被下候、已上

熊本藩蔵屋敷堀江徳次・猪俣才八が銭屋丈助に宛てた書状である。内容は次のようなものである。国産明礬四〇箱が蔵屋敷に到着したので座方に渡したところ、その代銀の手形が近江屋五郎兵衛より届いたので銭佐へ転送する。為替銀元利と差引して、もし蔵屋敷側に納める金がある場合には手形にして届けよ、というものである。「手形并別紙在中」とあることから当該の手形も同封されていた。ここでは、座方は近江屋五郎兵衛ということになる。近江屋五郎兵衛は、先述のように明礬会所の商人である。ここから、先の日記にみえる「平利」は、近江屋五郎兵衛と同等もしくは配下の商人か、近江屋の売り先の商人と想定される。代金の支払手形は、［史料8］では銭佐に直接届けられ、［史料9］では蔵屋敷を経由して銭佐に届けられているので、その差が平利と近江屋五郎兵衛の性格の違いを表現しているのかもしれない。

ここで、一八六七(慶応三)年時点での熊本藩国産明礬の売買方法をまとめておきたい。国元から大坂の蔵屋敷に到着すると、その旨が蔵元である銭佐に連絡がある。銭佐が現物の明礬を蔵屋敷まで確認に行っている。銭佐は座方相場の八〇％程度の「為替銀」を蔵屋敷に貸し付ける。利足は一ヶ月五朱半。(32)明礬は座方(近江屋五郎兵衛)などに引き渡される。売代銀は六〇日以内に手形で支払われる。手形を受け取った銭佐は、「為替銀」の元利と売代金を相殺し、売代金が上回っていれば、剰余金は手形にして蔵屋敷に渡される。

つまり、流通ルートは従来の近江屋五郎兵衛ら明礬会所のルートに依存したままで、熊本藩国産品として蔵屋敷を経由し、銭佐は売代金が支払われるまでの現金を融通していることになる。一方、銭佐は為替銀の利足によって収入を得ているのである。なお、先述の「明礬仕法覚」には、「銀商壱貫目ニ付三拾目蔵元口銭」とあるので、そのほか

にも、三％の蔵元口銭を取得していたのではないかと考えられる。

4　銭佐と山方

次に、銭佐と山方（生産地）の関係について見ていこう。

［史料10］〔9-3-2〕

證文

合銀弐拾三貫六百八拾目也

此百三拾九両壱分ト永四拾四文壱分　金壱両百七拾目替

右者国許明礬山方栗林徳三郎儀無拠要用之次第再三願出候趣有之候ニ付、及御頼談候上格別之御出精を以此節銀右之通御出銀被下候処実正ニ候、然ル上者一ヶ月五朱半之利足を加へ来夘十一月晦日限明礬売払代銀を以元利無相違可致御返済候、為後日仍而如件

慶応二年十月廿日　　橋本喜弥太㊞
　　　　　　　　　　猪俣才八㊞

銭屋佐兵衛殿

一八六六（慶応二）年一〇月二〇日、熊本藩大坂蔵屋敷の橋本喜弥太・猪俣才八から銭屋佐兵衛に宛てた銀二三貫六八〇目の借銀証文である。借銀の理由は、熊本藩領内の明礬山方である栗林徳三郎が要用のためとあり、来年の一一月晦日（一年一ヶ月後）を期限に明礬の売払い代銀で返済する、とある。利足は明礬の為替銀と同じ月五朱半である。銭左は明礬山方への前貸しも行っていたのである。

「日記」でこの前後の記事があるので摘記しておこう。

［史料11］(33)

一〇月四日
・肥後明礬方栗林徳三郎様着歓、片細壱連十ヲ為持遣し候事、使三助
・丈助肥後江罷越候事
一〇月一〇日
・為之助肥後屋敷幷淀清・銭丈より使ニ参候事
一〇月一四日
・伏市ゟ明礬仕切手形納ニ参候事
・丈助肥後屋敷江明礬勘定ニ付罷越候事、供為之助
一〇月一五日
・丈助肥後江罷越候事
一〇月一九日
・肥後淀清殿入来、旦那様・丈助出合御咄し候事
一〇月二〇日
・肥後行売上書弐通・手形弐通・外ニ書面一通とも備店源兵衛様へ頼遣し候事　使熊吉
一〇月二四日
・若旦那様・丈助・源兵衛　供岩助・三助、肥後堀江様外五人明礬懸り西照庵ニ而御振舞御座候、御帰路ニおいて当方より於冨田屋右御人数御振舞帰り申候事
一〇月二五日

・肥後淀清殿昨日之礼ニ参被旦《(ママ)》那様玄関ニて御咄し之事
・丸善殿・平利殿昨日之礼ニ被参候事
一〇月二六日
・肥後より證文弐通参り候事
・源兵衛様請取手形九通肥後持参候事
一〇月二七日
・銭丈宅江栗林様・淀清殿同道ニ而入来之事
・肥後猪俣様江書状差戻ス事、使助吉
一一月三日
・丈助ゟ肥後栗林様へ書状差出し候、使久次郎

一〇月四日に肥後明礬方の栗林徳三郎が大坂に着き、銭佐から祝儀の品が届けられ、丈助が蔵屋敷に出向いている。一九日まで蔵屋敷や「淀清」と行き来がある。淀清は熊本藩大坂蔵屋敷の用聞もしくはそれに類する出入り商人ではないかと考えられる(34)。一九日には淀清が来店し、佐兵衛・丈助と会談している。この間、一四日の記事を見ると、明礬の支払手形を座方かその売り先と思われる伏市が納めに来ており、丈助は蔵屋敷に勘定に行っている。[史料10]の証文の日付である一〇月二〇日には、銭佐から蔵屋敷に対して売上書・手形や書状が備後町店にいる源兵衛を経由して届けられている。証文が交わされて四日後の二四日は、蔵屋敷の堀江ら明礬関係者の六名が、銭佐の若旦那・丈助・源兵衛の三人を接待している。帰りには逆に銭佐側から接待をしている。翌二五日には淀清および丸善と平利が昨日の礼に来ている。「昨日」とは蔵屋敷との接待のことだと考えられるので、この三人も接待に同席したのであろう。平利は明礬の支払手形を銭佐へ持参する人物である。さきに明礬の座方関係かその売り先の人物と想定したが、

あるいは蔵屋敷と関係のある商人かもしれない(35)。その後も手形のやり取りがあったり、丈助宅へ栗林徳三郎が訪問したりしている。栗林徳三郎は、「日記」の記事によれば、翌一八六七(慶応三)年一〇月二〇日頃にも来坂し、約一ヶ月後の一一月二五日頃に帰熊している(［史料8］一〇月二六日の項を参照、そこでは篤三郎)。

しかし、明礬の大坂への廻着は順調ではなかったようである。蔵屋敷の堀江・猪俣から銭屋丈助に宛てた書状(年未詳四月八日、〔7-34-14〕)には、「引当之明礬登方之儀、(栗林)熊次郎江懸合申候処、……此表江廻着者六月ニ茂相成可申段申聞候、……然ト熊次郎より書付を取置掛御目可申、此儀決而無間違様取計」と記されている。為替銀の引当の明礬が来ないと銭佐から催促があったようで、国元の栗林熊次郎に問い合わせたが、約二ヶ月後の六月になると聞いている。栗林からきちんと書付を取るようにし、この件は決して間違いのないようにすると述べている。文面からはかなり厳しい催促が銭佐からあったことがうかがえる。年は未詳だが、前貸の引き当てになっている明礬の大坂廻着が滞る傾向にあったことが読み取れる。栗林熊次郎は、栗林徳三郎の関係者だろう。

			日記	
猪俣才八		栗林徳三郎要用		＊1
猪俣才八			2月8日	
猪俣才八			3月26日	
猪俣才八			5月2日	
猪俣才八			5月19日	
猪俣才八			5月23日	
猪俣才八			6月22日	
猪俣才八			10月24日	＊2
猪俣才八	堀江徳蔵		11月22日	
猪俣才八	堀江徳蔵	1/21の14箱の半分		

5　銭佐と熊本藩

［史料7・10］の証文と同様の証文が、合わせて一〇件判明する。これを一覧にしたものが表5である。一〇点のうち、一八六七(慶応三)年のものが八件で、一八六六(慶応二)年と一八六八(慶応四)年のものが一件ずつある。一八六七(慶応三)年の八件は、銭佐の「日記」にもその関連記事がみえ、実際に大坂の蔵屋敷に明礬が廻着したものと考えられる。

一八六七(慶応三)年の八件(②―⑨)について見てみよう。八件の合計は、

表5　明礬「為替銀」の貸付証文

	文書番号	日付	金	銀	箱	斤	1箱あたり	署名
①	9-3-2	慶応 2.10.20	139両1分余	23貫680目				橋本喜弥太
②	9-1-8-1	慶応 3.2.7	31両3分余	5貫400目	16	1,080	(1斤＝5匁)	橋本喜弥太
③	9-3-8	慶応 3.3	152両	19貫387匁6分	38	2,565	4両	橋本喜弥太
④	9-1-6-1	慶応 3.5.2	130両	16貫744匁	26	1,755	5両	橋本喜弥太
⑤	佐古 F10-23	慶応 3.5.19	184両		46	3,105	4両	橋本喜弥太
⑥	9-1-10-1	慶応 3.5.23	96両		24	1,620	4両	橋本喜弥太
⑦	9-1-7-1	慶応 3.6.22	63両	7貫616匁7分	18	1,215	3両2分	橋本喜弥太
⑧	9-1-11-1	慶応 3.10	105両	13貫765匁5分	30	2,025	3両2分	橋本早之允
⑨	9-3-3	慶応 3.11.22	150両	20貫617匁5分	50	3,375	3両2分	橋本早之允
⑩	9-1-9-1	慶応 4.3.1	17両2分					橋本早之允
			1068両2分と58文8分			16,740		

注）＊1〔史料10〕．＊2〔史料7〕．

二四八箱＝一万六七四〇斤で、金額は九一一両三分余である。一箱あたりの価格は、②は二両と安いが、③―⑥は四～五両と高くなっている。しかし、⑦―⑨は三両二分とまた安くなっている。

ここで、先述の「諸家貸」に記載されている熊本藩の借財の額について見ておきたい。記載は一八六六(慶応二)年の一一月から始まる。表6により、全体の傾向をみよう。Iをみると、一八六八(慶応二)年一一月現在の貸付残高は、一一〇二貫四三一匁九分一厘である。一八六七(慶応三)年までは貸付残高は増え続けている。しかし、一八六八(明治元)年以降は漸減する。一八七〇(明治三)年に一〇九四貫四八〇匁を返済して(II)、貸付残高は二九三貫六三一匁三分五厘となっている。表7により、貸付額をみると、半年に一度程度二〇〇貫(明治元年は一一〇貫)をまとめて貸し付けていることが目立つ。それ以外は、すべて「明礬方」と注記されている。「明礬方」と注記されているものは、表5とほぼ対応している。表5にないものは、一八六七(慶応三)年四月一六日の一〇貫一六〇匁と一八六八(明治元・慶応四)年正月廿一日の二貫一五一匁二分五厘であるが、いずれも返済されている。このようなことから、借用金額の多寡はおいておくと、この時期の熊本藩と銭佐の商売上の日常的な関係は明礬を軸としていたものと言えよう。

一八七一(明治四)年一二月の「諸藩貸上証文写[36]」には、表5に記載され

表6　銭佐の熊本藩への貸付額と返済額

Ⅰ．各年末の貸付残高（匁）

	貸付残高	前年比差額
慶応2年11月以前	1,102,431.91	
慶応2年12月	1,140,916.91	38,485.00
慶応3年12月	1,307,501.01	166,584.10
明治元年12月	1,271,509.00	−35,992.01
明治2年12月	1,219,211.00	−52,298.00
明治3年12月	293,631.35	−925,579.65

Ⅱ．各年の貸付額と返済額（匁）

	貸付額A	返済額B	A−B
慶応2年（11月以降）	208,100.00	169,515.00	38,585.00
慶応3年	528,483.50	336,115.00	192,368.50
明治元年	115,772.80	152,818.00	−37,045.20
明治2年	0.00	125,298.00	−125,298.00
明治3年	220,000.00	1,094,480.00	−874,480.00
合計	1,072,356.30	1,878,226.00	−805,869.70

注）「諸家貸」〔7-1〕．Ⅰの貸付残高の「前年比」とⅡの「A−B」の数値は一致しない．

ている借金（①—⑩）の証文の写しが記載されている。熊本藩分でそれ以外には記載されていない。そして、証文の写しのあとには、次のような文書が写されている。

［史料12］

差入申約定一札之事

明礬為替此度勘定立相成候ニ付当九月迄利払相済申候上者、十月元新証文高金千百四拾八両永五拾八文八分ニ相改、返済方都合も有之儀ニ付、去寅年より為替借用申候節毎差入有之口々証文其儘差入置候間、以来当午十月元ニ〆払入之節、追而入金之上証文本行高見合相成申候分勘定御立可被下約定相違無之、為後念仍而如件

明治三年

庚午十月十七日

熊本藩

橋本弘

堀江徳治

猪俣才八

銭屋佐兵衛殿

明礬の為替については、一八七〇（明治三）年九月までに利払いが済み、一〇月に金一一四八両と五八文八分の新しい

証文に作り替えた。しかし、返済の都合があるので、一八六六（慶応二）年以降の証文は差し入れたままにするが、新証文について返済があった場合は、差し入れた証文に相当する分を返済したとみなして勘定する約束であることを確認している。表5の①—⑩の合計は、一〇六八両二分と五八文八分となっていて、新証文より七九両二分少ない。熊本藩では前述のように一八七〇（明治三）年（一一月一七日）に大量の返済を行っている（表6）。熊本藩ではこの時期に藩債整理を行い、銭佐との借銀もできるだけ清算する方向で動いていたのではないだろうか。大口の借銀も返済し、明礬についても利払いを済まし、その残銀も新しく組み直したのであろう。しかし、新しい借銀では来るべき藩債処分では不利になると予想し、一八六七（慶応三）年以前の証文を差し入れたままにしたのであろう。

一八七三（明治六）年三月に新旧公債証書発行条例が出され、同六月に新旧公債を取り調べ書き上げて提出した写しが残っている[37]。そこには、旧公債（五拾ケ年賦之分）のところに、元熊本藩として、表5の①—⑨（慶応三年までの分）

表7　銭佐の熊本藩への貸付額

慶応2年	匁		
11/26	200,000.00		×午12月
11/26	8,100.00	明礬方	×
計	208,100.00		
慶応3年			
2/8	5,400.00	明礬方	②
2/18	200,000.00		×午12月
3/27	19,387.60	明礬方	③
4/16	10,160.00	明礬方	×
5/3	16,744.00	明礬方	④
5/16	22,908.00	明礬方	⑤
5/23	11,884.20	明礬方	⑥
6/23	7,616.70	明礬方	⑦
10/14	13,765.50	明礬方	⑧
11/17	200,000.00		×午12月
11/22	20,617.50	明礬方	⑨
計	528,483.50		
明治元年（慶応4年）			
1/21	2,151.25	明礬方	×午10月9日
3/1	3,621.55	明礬方	⑩
5/22	110,000.00		×辰7月19日
計	115,772.80		
明治3年			
5/11	220,000.00		×日出藩分

注）「諸家貸」〔7-1〕. 丸番号は表5の番号.
×は抹消線のある（＝返済）記載.

の九口、総計一〇五一円五銭八厘八毛・利金九二円四九銭三厘一毛（庚午十月より辛未十二月迄閏入十六ヶ月分月五朱半之利）として書き上げられている。また、新公債（弐拾五ヶ年賦之分）のところに、同じく元熊本藩として、表5の⑩（慶応四年三月）の一口、一七円五〇銭・一円五四銭（同）が書き上げられている[38]。このように、明礬方の負債の残金は、新旧公債に引き継がれている[39]。

ここで疑問なのが、なぜ一八六七（慶応三）年前後の明礬の為替銀の証文が新公債まで引き継がれているのか、ということである。さきに表5⑧の証文［史料7］で検討したように、実際この証文の明礬は大坂に廻着し、売代金の手形も廻って来たと考えられるので、この証文の為替銀は返済されて、証文は破棄されていてもよいはずである。しかし、これも先述のように山方の栗林徳三郎などに対して前貸しが行われており、大坂への廻着も滞っている場合もあったようである。明礬の売代金も順次未返済分の借金への返済に充てられ、対応関係にある証文の返済に充てられなかったのではないかと考えられる。そして、新しい証文だけが残ってしまったのではないだろうか。一八六七・八（慶応三・四）年の明礬為替金でも返済となっている例もあるが、ただし二例だけで、慎重な検討は要するが何らかの個別の事情があったのだと考えておきたい。

むすびにかえて——銭佐と熊本藩・明礬流通

このような銭佐を「蔵元」とした熊本藩国産明礬の売買の性格をどのように考えたらよいのであろうか。そこで想起されるのが田代和生や塚田孝が検討した対馬藩・福岡藩の牛皮の売買である[40]。田代によると、対馬藩の大坂での朝鮮産牛皮の販売にあたって、大坂の御用商人、米屋東次郎と平野屋彦次郎が介在し、両名からあらかじめ「牛皮先納銀」が対馬藩へ上納され、元銀や利足、手数料など牛皮代価から引き落される仕組みになっていた、という。牛皮は対馬藩大坂蔵屋敷の蔵物として売られた。塚田は「牛皮先納銀」の性格付けについて検討し、それが実質的には対馬藩に対する米屋や平野屋の貸付であるとした。福岡藩の場合は、経緯は複雑だが、結論だけ言うと、一八一一（文化八）年に福岡藩で仕法替えがあり、これが対馬藩の仕法を参考にしたものであった。従来の流通ルートは、国元の革座から大坂渡辺村の皮問屋へ送られるというもので、皮問屋が「仕入銀」を国元の革座側へ貸し付けていた。それに対し新仕法は、牛皮を蔵物にし、「売支配」＝両替商伊丹屋四郎兵衛らが介在する仕組みに変えた。伊丹屋は福岡藩の銀主でもあり、牛皮についても資金融資を期待されていた。しかし、売り先は渡辺村の皮問屋であった。

熊本藩国産の明礬でも、実質の流通を担っていたのは、山方と従来から流通の中核であった大坂の明礬会所＝近江屋五郎兵衛である。蔵屋敷が明礬流通に介在するようになって、銭佐は、「為替銀」という形での資金融資を期待されたものであろう。銭佐は、蔵屋敷に到着した明礬の確認には赴いているが、流通そのものに関与している様子はない。その意味で、牛皮流通における伊丹屋四郎兵衛等と同様の性格を有しているのではないか。つまり、新規に蔵物になった特産物について、貸付金（前貸金）をテコに従来の流通ルートに吸着する存在だと言える。

ここでは、もう少し銭佐の特徴について考えておきたい。

[史料13]〔8–13–5〕

引請證文之事

当御殿御抱大仏殿御修理銀之内御銀五貫目、此度宗対馬守様無拠□御入用来子三月廿五日限御貸渡ニ相成候段奉承知候、右為引当私共売支配仕候対州産物代銀兼而御屋鋪江相納候約定銀有之候内を以奉備置候間、若万一御限月ニ到御元利御上納及遅滞候節者対州御屋鋪ニ不拘私共より早速右産物代銀を以テ御元利無遅滞御上納可仕毛頭相違無御座候、為後日引請連印證文仍而如件

天保十年亥十月　米屋東次郎㊞

米屋尉太郎㊞
米屋市太郎㊞
妙法院宮様御貸附方御役人中様

この文書は、一八三九（天保一〇）年一〇月に、米屋東次郎外二名が妙法院宮貸付方役人中に対して出した証文であるが、逸身家文書に残されたものである。銭佐は妙法院名目金貸付に融資していたので、同家文書に残ったのであろう。差出人の米屋東次郎は、先に見た対馬藩の蔵物の牛皮の「売支配」をつとめていた人物である。対馬藩の要用により銀五貫目を借りた(41)。返済期限は翌年の三月二五日である。引き当てについては対馬藩産物代銀のうち蔵屋敷に納める分を備え置いているので、返済が遅延しても対馬藩に関係なくその産物代銀で返済すると約束している。少額短期の融資だが、もし返済が滞った場合は蔵屋敷の産物売代金で支払うことを約束しており、米屋東次郎が深く藩財政に関わっている様子がうかがえる。

これに対して、銭佐はこれまで見てきたように熊本藩の財政にあまり深く関与していない。むしろ、明礬に特化した関係だと言えるであろう。この点で、同じく国産品の流通に吸着しているといっても、対馬藩と米屋東次郎の場合とはかなり様相が異なっている。

ではなぜ銭佐が明礬という商品を軸に熊本藩との関係を持ったのかということについて最後に検討しておきたい。熊本藩は明礬流通から利益を得るために、なぜそれまで付き合いのなかった銭佐を蔵元に選んだのであろうか。熊本藩との関係というよりは、明礬流通に関わる商人とつながりがあったからではないだろうか。もともと銭佐が明礬の流通に関わる商人とどれだけ関係があったかについて、直接的にはわからない。しかし、銭佐は道修町の薬種中買などとは深いつながりがあった(42)。中川すがねによれば、一八三八（天保九）年段階の銭佐（備後町店）の得意先に薬種中買が四名含まれている(43)。この四名のうち伏見屋市兵衛(44)は、前述の明礬の売り先であった「伏市」ではないかと推測される。明礬は「薬種」ではないが、流通の末端では類似商品として薬種商人（薬種中買・薬種屋）が取り扱っていた可能性は高い。銭佐は明礬会所の近江屋五郎兵衛とはあまり親密ではないようであり、むしろそれ以外の明礬に関係する商人（伏市、平利・丸善など）とは、両替商の得意先としてそれ以前から関係を持っていたのではないだろうか。前述のように平利や丸善は熊本藩の接待にも同席しており、熊本藩とも何らかのつながりがあったかもしれない。

仕法替えの背景には、山方の生産量の不安定化や、近江屋五郎兵衛の側にも資金力低下などの事情があったのかもしれない。しかし明礬会所を外して明礬を流通させることが困難ななかで[45]、その流通に吸着して利益を得ている熊本藩としては、明礬会所（近江屋五郎兵衛）と距離がある一方で、近江屋以外の明礬流通に関わりのある商人たちとつながりがあり、資金力もある両替商＝銭佐が蔵元になることは、その利害と一致するものだったのではないだろうか。明礬を取り扱う商人や山方も、資金力のある両替商が明礬流通に関わることを求めたのであろう。

そのような銭佐と熊本藩の関係はさほど深いものではなかった。それは、対馬藩と米屋、あるいは銭佐にとっても同時期に砂糖の流通を軸に結んだ高知藩との関係と比べても、明らかであろう。もともとは明礬を取り扱う商人と関係があったと考えると、そのことが影響しているのかもしれない。単に銭佐が熊本藩あるいは明礬流通に介入しようとしたということではなく、熊本藩・山方・明礬会所・明礬商人そして銭佐の利害が一致したところで、幕末の熊本藩国産明礬の新たな流通システムができあがったと言うことができるのではないだろうか。

（1）　大阪商業大学商業史博物館「佐古文書」F一〇（以下、「佐古」と略す）所蔵。
（2）　第1巻所収。以下、「評伝」と略す。
（3）　本書第一〇章須賀博樹論文（鳥取＝因州藩）や、小林延人「『土佐用日記』解題」（『大坂両替商逸身家文書現状記録調査報告書』二〇〇三年）・本書第1巻史料解題8。

(4) 明礬については、『大分県史』近世篇Ⅰ　一九八三年、入江秀利「豊後明礬考（一）」『別府史談』五　一九九一年、垣松栖『湯の花の研究』二〇〇七年、などを参照した。
(5) 『和漢三才図会』巻六十一（雑石類）の「明礬」の項には、
「およそ温泉で、焔気を発する山のことを俗に地獄と称する。そのような処は九州に多くある。豊後の鶴見嶽、肥前の温泉嶽、肥後の阿蘇嶽などにはみなあって、豊後の速見郡には最も多くある。そもそも山中に地熱あって焔気はまだ発せず、ただ踏む草履に漸く温かみをかんじるものを地気地獄という。その土を掻き採って復、地上に撒き、少し水を注ぎ薦莚で覆うと蒸せて蠢蠢と殖え上る。状は麴花のようである。これすなわち礬である。このとき最も雨水を忌む〔だから晴天をまってこれを作る〕。また掻き集めて器に盛る〔その器を古美という〕。これを攪き洗って水に漉す。このようなことを数回くりかえし、その滓土をまた撒土にする。その水を木灰汁とまぜて二、三時煮て大桶に入れ、完全に冷えると礬になる〔けれども未だ精好ではない〕。また笊籬でこれを漉し取ると粉のようで、また煮れば膏のようになる。桶に入れすっかり冷えると潔白で厚氷のように堅硬になる。これが明礬である。」（『和漢三才図会』八、東洋文庫四七六、一九八七年、三一四—三一五頁）とある。
(6) 前掲『大分県史』近世篇Ⅰ。
(7) 『大阪市史』第三、二七五頁、達三九〇、二九〇頁、触一四一四。
(8) 『大阪市史』第三、六二一—六二二頁、触二三三五。
(9) 『大阪市史』第三、七一四—七一五頁。
(10) 『大阪市史』第三、六四七頁。
(11) 『大阪市史』第三、七四三頁。
(12) 『大阪市史』第三、九八四—九八五頁、触三一六〇。
(13) 前掲『大分県史』近世篇Ⅰ　四四頁。
(14) 『大阪市史』第四下、一六六三—一六六四頁、触五五七一。
(15) 『大阪市史』第四下、二一六九—二一七〇頁、触六〇八九。
(16) 『大阪市史』第四下、二二六七—二二六八頁、触六二〇二。
(17) 熊本県立図書館架蔵「後藤家文書」複写版四六—一。
(18) 禿迷蘆『小国郷史』一九六〇年（発行、河津泰雄）四二一〇—四二二三頁。

(19) 前掲「後藤家文書」複写版四六―四一。

(20) 小林延人「幕末維新期の貨幣経済」『歴史学研究』八九八号、二〇一二年一〇月増刊号。本書第六章小林延人論文。

(21) 「日記」(佐古F一〇―八)。

(22) 丈助については、「評伝」を参照のこと。

(23) 「日記帳弐番」(佐古F一〇―一〇)。

(24) 前者は注(20)小林論文のA―C群、後者は同じくD群にあたる。

(25) 土佐藩については、注(3)および注(20)の小林論文、「評伝」四二を参照のこと。銭佐は熊本藩に比べると土佐藩の藩経済に深く関わっていたと考えられる。

(26) 「評伝」四二参照。「日記□番」(佐古F一〇―一三)一八五九(安政六)年九月四日に「同堀江猪俣塩飽屋三軒へ海魚三種ツツ遣ス、是は此度館入ニ相成候ニ付、先年より段々骨折被下候挨拶ニ遣ス」とある。

(27) 四代佐兵衛から五代佐兵衛への家督相続の詳細については、「評伝」を参照。

(28) 「為替銀」については、中川すがね「江戸時代大坂の問屋とその金融機能」『大阪商業大学商業史博物館紀要』第八号、二〇〇七年一〇月。

(29) 「日記」(佐古F一〇―一七)。

(30) 源兵衛については、「評伝」を参照のこと。

(31) 一二月二五日の記事の解釈については、平利が明礬方仕切書と上納受取書を銭佐に持参したとの解釈も可能であろう。しかし、本文では、二三日には「平利殿」とあるのに二五日には「殿」が抜けていること、「上納受取書」は代銀の支払先である銭佐が発行するものと考えられること、〔史料9・11〕との整合性などを考慮して解釈した。また、一八六六(慶応二)年七月朔日の記事(佐古F一〇―一五)では、「平利殿明礬仕切書幷ニ手形壱通持参、即請取書被差戻肥明礬方江入銀致置候事」とあり、受取書などは銭佐が発行するものであることは明らかであろう。なお、上納受取書は平利に渡された可能性も残る。

(32) 仕法では、月五朱の利足となっていた。

(33) 「日記」(佐古F一〇―一五)。

(34) 前掲「宝備家督一件諸事控」〔4-10-2〕には、熊本藩役人へ家督相続の祝儀を出した書上げの末尾に、塩飽屋清右衛門が記載され、その次に淀屋清之助・塩飽屋常七・松屋宗助が記載されている。塩飽屋清右衛門は、少なくとも一八世紀半ばから熊本藩大坂蔵屋敷の用聞をつとめている（安永版『難波丸綱目』）ので、淀屋清之助（淀清）もそれに準じる者と考えられる。

(35) 「日記」（佐古F一〇―一四）一八六六（慶応二）年正月五日の記事によれば、肥後明礬方からの「明礬御蔵開」の案内の廻状が、銭屋佐兵衛・銭屋丈助らとともに、平野屋利兵衛・丸屋善兵衛にも宛てられている。このことから、平利と丸善は、平野屋利兵衛と丸屋善兵衛であることがわかる（「評伝」四三）。また、本書第二章竹ノ内雅人論文表2および「評伝」五六によれば、「御降臨」の際に、平利と丸善は「黒砂糖にて二見浦」を奉納し、銭佐から御神供として金百疋ずつ返されている。ちなみに、「御降臨」の際に、熊本藩関係としては、他に「肥後蔵」から鏡餅一重、「肥後淀清」からは鮓券五枚が奉納されている。伏市は、御蔵開にも御降臨にも関与しておらず、平利・丸善とは少し位相の異なる商人のようである（この点、後述）。平利・丸善の位相を判断するのは現状では難しいが、明礬流通に携わる商人あるいは熊本藩出入の商人のいずれか（あるいは両者）であり、慶応期には銭佐と親密な関係にあったことは間違いないであろう。

(36) 佐古F一〇―二三。

(37) 佐古F一〇―三〇「〔諸藩貸上明細〕」。

(38) このほか新公債として、元熊本藩の分は、「日出藩口入」と記された六六六円が書き上げられている。これは、一八七〇（明治三）年五月に借りた銀二二〇貫の残金である（表7参照）。

(39) 一八七四（明治七）年七月三〇日付で大阪府から逸身佐兵衛に対して、旧熊本県国産明礬為替銀について（逸身から）願い出があったが、熊本県に問い合わせたところ為替銀は栗林某の私物であるとの申し立てがあったので取り消したと国債寮から通達があった、と申渡があった〔9-3-1-1〕。表5の証文のうち「栗林徳三郎」の名が明記されているのは①（〔史料10〕）のみなので、ここで対象となっているのが①だけなのか、①～⑩のすべてなのかは未詳である。したがって、この申渡の評価は定めがたい。しかし、少なくとも①は栗林（＝山方）への前貸であることは明らかで、その分は公債から除外されたのである。

(40) 田代和生「幕末期日朝私貿易と倭館貿易商人――輸入取引四品目の取引を中心に」（速水融・斎藤修・杉山伸也編『徳川社会からの展望――発展・構造・国際関係』同文館出版、一九八九年）、同『日朝交易と対馬藩』創文社、二〇〇七年、塚田孝「東アジアにおける良と賤」（同『近世身分制と周縁社会』東京大学出版会、一九九七年）、八木滋「近世後期の日朝貿易と大坂」（『大阪市学芸員等共同研究「朝鮮半島と日本の相互交流に関する総合学術調査」平成一二年度成果報告』二〇〇三年）。

(41) 妙法院名目金貸付と対馬藩の関係については、本書第六章小林延人論文を参照のこと。

(42) 後述のように、江戸時代には道修町の薬種中買と関係があった。また、明治期以降も、薬種中買仲間を中心に改組された薬種卸仲買商組合と関係が深かった。同組合に加盟している薬種商の節季払いの小切手の取り扱いは、一八九三(明治二六)年以降、逸身・川上・木原の三銀行に限られた。いずれも、両替商出身の銀行で、とくに逸身銀行と取引をする薬種商が一番多かったようである(道修町資料保存会蔵「道修町文書」)。

(43) 中川すがね『大坂両替商の金融と社会』清文堂出版、二〇〇三年、一一三頁、表5。

(44) 「得意先通札控」三井文庫所蔵。

(45) 先に検討したように株仲間解散・再興後も明礬会所が流通の中心にいたことから考えても、明礬の品質を見極め、価格を設定することにおいては、近江屋五郎兵衛の経験・手腕は必要不可欠のものだったのではないだろうか。

第一〇章　銭佐と因州鳥取藩

須賀博樹

はじめに

銭屋佐兵衛家（以下、銭佐と記す）「日記」[1]には、「廻状」等と称された因州藩（鳥取藩）関係の書状も多く記されており、銭佐と藩との関係が深かったことを物語っている。しかし、これまで大坂商人と因州藩との関係を分析した研究も少ないことも事実である。因州藩の研究はこれまで多くが鳥取大学等を中心に進められ、江戸時代後期以降の藩政改革に着目した研究[2]、他にも綿や藍など藩国産品の流通統制に注目した研究や藩札に関する研究が蓄積されてきた[3]。

しかし、藩財政や大名貸に関する研究は少なく、後述するように『鳥取藩史』『鳥取県史』でも、嘉永・安政期（一八四八―六〇年）の悪化をたどる藩財政の概況、その対応として藩債整理と国産役所の開設、さらには国産品の流通統制が述べられているが部分的な分析に止まる。幕末維新期では、藩は一八七〇（明治三）年に東京為替会社から八万両の借入を行った。しかし「財政は年々赤字の累積となり、融資先の京阪商人たちからも見放されるに至った。しかも、明治元年―二年は凶作で、藩の収入は激減し、東北出兵などで軍費が嵩み、藩財政はさらに赤字を増すばかりであった」[4]と述べている。幕末維新期に藩財政運営が困難なのは事実だが、少なくとも筆者は、大坂での雑用金・臨時御用という大名貸は機能しており見放されたとは到底言えないと考える。それに、見放されたとしても関係がどの程度疎遠になったかの明確な位置づけはされておらず、赤字が増すばかりという指摘に対しても、実態と対応策も明らかになっていない。

藩の国元を扱う研究が多い中、大坂・京都の因州屋敷の研究もある[5]。特に、阿部裕樹は京都の因州藩邸に注目し、幕末維新期を時期区分し京都の因州藩邸の数・位置・規模について文献・史料批判を行い、藩邸の正確な実態に迫ろうとした。

筆者は、一八六八(慶応四)年正月分から雑用金の送金先が江戸から京都になることを示した(後述、第二節3)。幕末維新期の藩は、京都での政治的活動が大坂からの財政・経済的な存在により支えられていた意義も明確にしたい。雑用金に関して、藩から扶持米を貰う数多い金主の中から、雑用金等を融資する集団が結成されていた。本章では、大坂金主の中で毎月雑用金を出銀する商人集団を便宜上「組合」と称する。その組合各家が雑用金の出銀に応じた理由には「御差別」という定期的な返済が行われ、ゆえに貸し倒れの可能性が低かったためだとも考えられる。

因州藩大名貸に関する独立した史料は、銭佐や他家史料でも見受けられない。銭佐でも当初は独立した史料があったと考えられ、日記の一八五七(安政四)年九月九日条に「雑喉屋ゟ因州回章来ル、御用控へ写ス、即刻内淡路丁松屋町東へ入南側平新殿へ廻ス、使又吉」とあり、安政六年八月二七日条と九月七日条にも「御用控[6]」とあることから御用控があった。他には「因州鳥取松平因幡守様御館入都而累年諸書もの入」〔7–11〕という書類を入れていた袋、ほかに「印鑑(中略)(因州平井太郎一・雲州鵜峠浦釜屋丈助印鑑)」〔3–24〕が残る程度である。そのため大名貸研究は記録類等から因州藩関連箇所を抽出する方法しかなく、銭佐「日記」でも、雑用金や藩と組合との交渉について詳細に記されるようになるのは慶応二年以降からという制約を伴う。

そして本章で、特に出典を示さない史料は、「諸家貸」〔7–1〕、「日記[7]」「御触書控[8]」である。なお、「諸家貸」からの記述は「月日」、「日記」からの記述は「月日条」、「御触書控」からの記述は「月日触」で表すことで区別していく。

以上を踏まえて本章では、幕末維新期因州藩への大名貸に関して、銭佐「日記」や「諸家貸」等を通して考察することを目的とする。幕末期は、組合の実態、江戸雑用金・臨時御用での出銀と御差別を明らかにし、維新期は、一連の政治的動乱・事件と因州藩の関わりを踏まえ、大坂での臨時御用の実態を明らかにする。さらに、京都雑用金への変更と銀目廃止によって雑用金が受けた影響について考察を加える。

第一節　幕末期大坂における大名貸

1　因州藩と大坂商人

因州藩の蔵屋敷は、土佐堀と堂嶋川との中間、筑前橋と田蓑橋との間、中之島宗是町にあり、諸役人が駐在して廻米及びその売買を取り扱った。御蔵奉行は、大坂廻米の検査・保管・売買取引等を扱い、御銀方を兼帯する。定員二名だが、一八二四（文政七）年に御積役ができて一人となった。御蔵奉行が御蔵に関すること、御積役が売買取引等を担当した。御蔵奉行及御積役は、鳥取勘定頭の配下で、諸役人格役料五〇俵扶持米一二俵が与えられ、御蔵に勤める番人・仲士頭等はこの配下にあった。また、幕府臨時の課役や国用での不足は、多くは京坂商人に出金させ、これで弁じていたため、「御金主」と呼ばれた。この金主は廻米を担保に出金したため、時に御蔵米一切が、これら商人の手に委ねられることもあり、「御蔵元」とも記されている(9)。

大坂での債務関係の研究では「文政三年大坂御借銀銀高並元入割渡利銀取調帳」が紹介されている。大坂での借銀高は三万九三六〇貫目（一両につき六〇匁替で、金六五万六〇〇〇両）、江戸では一六万二八一九両余で八一万八八二〇両余となり、利息の支払のみでも大変だった。しかし、膨大な藩債がどのように処理されたかは明らかではない(10)。

一八五三（嘉永六）年の藩債の状況は次のようだった。藩主池田慶徳襲封以来の「新借」分の藩債額は一四万八〇六〇両で、二年後には一九万三〇〇〇両余に達すると見込まれ、財政再建のため一八五六（安政三）年から家老池田兵庫介、御勝手方長役の田村貞彦と安達辰三郎により藩債整理に着手された。安政四年から安達辰三郎は大坂で藩債整理に着手し、大坂銀主を説き利率を八朱から五朱へ下げさせた。安政五年からは江戸で藩債整理に着手し、江戸銀主に対し三六年賦金の残額一万七九〇〇両中九〇〇両を証文とし、一万七〇〇〇両を棄捐した。[11][12][13]

一八五二（嘉永五）年、初入国に際し藩主池田慶徳は、学館拡張・国産奨励策を中心に改革に着手した。そこで、中野良助は国産方長役に任じられ、安政四年には蠟座奉行を兼任した。さらに幕末の藩の代表的な国産品は鉄・木綿だった。特に「御国産木綿為登方」では京都は八木屋藤兵衛、大坂は平野屋新兵衛が引請けになった。大坂において、木綿附込所は丹波屋安兵衛・丹波屋作兵衛・淀屋清兵衛・赤穂屋喜兵衛・広屋佐助・讃岐屋弥兵衛が、木綿附込所取扱人に万屋弥兵衛がなった。[14]

延宝期（一六七三―八一年）以後、藩の御用達は専ら大坂商人が任じられた。幕末に至るまで大坂金主は増加し、その中に七家八家などの格式が生じたのは文政期（一八一八―三〇）前後頃と考えられている。七家のうち、特に「両家」は平野屋五兵衛・鴻池新十郎（鴻池又右衛門）を指す。両家に次ぎ厚遇されたのが中村六兵衛であった。一八二一（文政四）年と一八六六（慶応二）年の「支配帳」には金主名と扶持数（括弧内数）が記されている。[15]

文政四年は次の二〇名だが、銭佐は含まれていない。鴻池又右衛門（八〇）、平野屋五兵衛（三五人三〇〇俵）、近江屋助左衛門（一五）、升屋源左衛門（一五）、平野屋新兵衛（一五）、中村次郎兵衛（四〇）、和泉屋長兵衛（五）、布屋甚九郎（三）、吹田屋六兵衛（一五）、炭屋安兵衛（二〇）、天王寺屋忠兵衛（一五）、平野屋長兵衛（三）、万屋喜兵衛（五）、鴻池伴作（一〇）、塩屋八郎次（五）、平野屋平兵衛（一〇）、千草屋忠三郎（五）、加島屋金兵衛（五）、鴻池宇八（一〇）、平野屋万兵衛（一〇）。

その後、その数は大幅に増え慶応二年は次の三四名が記されている。鴻池新十郎（八〇）、平野屋五兵衛（六五八三〇〇俵）、近江屋助左衛門（五）、平野屋新兵衛（一五）、中村六兵衛（四〇）、和泉屋長兵衛（五）、吹田屋六兵衛（一五）、布屋甚九郎（一二）、炭屋安兵衛（二六）、天王寺屋嘉十郎（一五）、平野屋長兵衛（三）、万屋伊太郎（五）、平野屋卯兵衛（三）、銭屋佐兵衛（一一）、塩屋茂助（五）、西村屋愛助（五）、平野屋斎兵衛（一三）、加島屋喜兵衛（七）、千草屋宗十郎（二六）、吉文字新兵衛（三）、炭屋彦五郎（一九）、炭屋覚兵衛（六）、出雲屋孫右衛門（二〇）、千草屋省助（五）、炭屋孫助（五）、天王寺屋禎助（三）、平野与兵衛（一三）、鴻池小七郎（一〇）、加島屋作兵衛（二五）、油屋吉次郎（五）、平野屋伊兵衛（五）、出雲屋善助（三）、鴻池清八（一〇）、鴻池幸八（五）。

日記では商人の格式等を次のように記している。安政四年四月一八日条にある四月一六日付「因州様回章」は、出雲屋三郎兵衛から豊田宗三郎へ出された「口上」がある。そこには「今般奉蒙御懇命、御加扶持頂戴仕、其上御紋附御帷子拝領被為仰付」とあり、出雲屋三郎兵衛が御加扶持と御紋附御帷子を貰った(16)。同年九月七日条にある倉橋屋藤四郎(17)・勝兵衛より到来した同日付「因州回章」には、吹田屋六兵衛の次に布屋甚九郎が置かれた(18)。安政五年一一月一一日条にある倉橋屋藤四郎・勝兵衛より到来した一一月一〇日付「因州廻章写」には、炭屋安兵衛・孫助を上位に置き、炭屋彦五郎・覚兵衛を下位の関係に置いた。ほかに、同月一九日条にある倉橋屋藤四郎・勝兵衛より到来した同日付の廻状には、銭屋佐兵衛の次に西村屋愛助が置かれた(19)。

2　江戸雑用金

因州藩大名貸で最も問題となるのが毎月大坂から出銀された江戸雑用金である。その起源は、一六四九（慶安二）年から藩主の規則的な参勤交代が繰り返されたが、掛屋による定期的な江戸仕送りの開始は延宝期（一六七三―八一年）以後としている(20)。その性格は、一七三四（享保一九）年の江戸御雑用の例では一月につき、藩主が帰国中は二〇〇両、在府中は五〇〇両となり、在府中にはそれだけ江戸雑用金支出が多く嵩んだと指摘している[21]。

鴻池新十郎家と銭佐の「日記」から判断すると、雑用金はおおよそ次の過程が見られる。①藩は両家に対し、翌年分の雑用金高を示す。②直ちに両家は組合各家に対し、前年一二月頃に廻状で翌年中毎月の雑用金高を提示。利率などに関して組合で相談が持たれることもあった。③当年に入り、毎月初め頃に藩は組合へ廻状で出銀高を通知されるが、一二月は半数と称して同額を二回出銀しており、「諸家貸」でも例年一二月二・一二日にそれが見える。④組合各家は出銀し、銀手形で藩へ納める。鴻池新十郎家へは江戸下し金為替の買付依頼の手紙が藩から到来している。⑤返済は「御差別」と称され、年に数回行われた。藩から雑用金の年月元が指定され、組合各家の出銀高が返済されるが、組合各家は受取手形・証文等を藩へ差し出した。

御差別での返済金の具体的出所は不明だが、一八四三(天保一四)年八月一七日条には米一〇〇〇石(一二四七俵八升五合)を売り(一俵につき五三・〇七匁替)、代銀五九貫六二九・二一三匁で両家・炭屋・平新・天王寺屋・布屋・加島屋・塩屋・千草屋へ返済している[22]。御差別における返済金の具体的出所と調達方法は、今後も課題としたい。

通常の大名貸と同様、因州藩でも臨時御用での出銀は、藩から要望金銀額が提示され組合等と交渉の場が持たれ、条件や金銀額等が決まる。そのため、毎月の定期的な雑用金出銀は他に余り見られない事例と考えられるが、日記では雑用金に関する廻状は多く見受けられる。

雑用金の出銀額が半年単位で判明する組合各家は次の通りである。鴻池新十郎家「日記」では、天保九年前・後期、天保一四年前・後期である[23]。銭佐「日記」では、安政五年後期、慶応二年前・後期、慶応三年前・後期、慶応四(明治元)年前・後期、明治二年前期である[24]。

鴻池新十郎家「日記」天保九年・同一四年では、毎月出銀に応じていた組合各家は、「両家」である鴻池屋・平野屋、中村、平新、天忠、布屋、千草屋、炭屋、吹田屋、銭佐、万屋、雑喉屋の一二軒であった。

銭佐「日記」では、安政三年三月二日条（三月分）と一二月一〇日条（一二月分）にある廻状では、先の一二軒に油屋が加わり、合計一三軒になった[25]。その後、安政四年正月二八日条（二月分）にある廻状では、安政三年段階の一三軒に、加島屋と塩屋が加わり合計一五軒となった[26]。この一五軒の体制は、一八六八（明治元）年末まで維持された。

雑用金について、銭佐「日記」に記された組合各家出銀分は表1に示した。雑用金と臨時御用で、銭佐から藩への出銀、藩から銭佐への返済である御差別は表2に示した。表2の問題として雑用金に関し、出銀時の日記での月指定と御差別時の日記での月指定が一月ずれていることである。そのため、表2は一八六六（慶応二）年一二月一八日条にある「因州廻状」で予告され一二月二〇日条にある「因州差別四口」の実施から示したが、慶応三年の御差別は一〇回行われた。

慶応三年一二月七日条にある平野屋斎兵衛・鴻池屋小七郎よりの一二月四日付「因州様廻章」には、雑用金の利率変更が交渉された。

因州様江戸御雑用金代利足月六朱者当年限りニ而、来辰ゟ以前通月七朱ニ立戻り相成候、（中略）且者御差別等も御約定之通り御渡し被成下候而、来辰ゟ已前之通り月七朱ニ而御請申上候、（中略）且又御臨時御用之節者、其時々利足奉願上度段、夫々先月御講之砌御頼談申上度心得御座候処、御不参勝ニ而、其辺御相談不行届、別段御寄合申上候儀ニ而も無御座候、此段廻状ヲ以御相談御思召御座候ハ、無御遠慮被仰聞被下度、御承知も被下候ハ、両家ゟ御請待御屋敷様江罷出可申候

雑用金の利率は、慶応三年まで月六朱、慶応四辰年より再び月七朱へ戻すことを藩へ願い出ていた。臨時御用の際はその時々の利率に設定したいと考えているが、先月の講の時に相談しようとしたが欠席者も多くそれができず、廻状で相談したいと述べている。

慶応三年一二月二四日条にある平野屋斎兵衛と鴻池屋小七郎より到来した一二月一六日付「因州廻章」には、「来

表 1　因州鳥取藩の組合各家への雑用金銀高

日記での略称	商人名	慶応2年前半（銀）	慶応2年後半（銀）	慶応3年前半（銀）	慶応3年後半（銀）	慶応4年前半（銀）	明治元年後半（金）		明治2年前半（金）
		貫，匁	貫，匁	貫，匁	貫，匁	貫，匁	両	分	両
御両家	鴻池屋新十郎[1]	104,500	188,400	126,300	197,300	211,400	1,868	2	1,002
御両家	平野屋五兵衛	104,500	188,400	126,300	197,300	211,400	1,868	2	1,002
中村	中村六兵衛・真太郎[2]	9,000	15,900	10,600	16,700	17,800	148	2	87
平新	平野屋新兵衛	53,100	96,000	64,400	100,600	107,700	948	2	165
天忠，天王寺屋	天王寺屋忠兵衛・忠三郎[3]	53,100	96,000	64,400	100,600	107,700	948	2	480
布屋	布屋甚九郎	17,100	30,900	20,700	32,300	34,700	274	2	198
加島屋，長田	加島屋作兵衛	36,500	65,900	44,100	69,000	74,100	654	2	594
塩屋	塩屋茂助	36,500	65,900	44,100	69,000	74,100	654	2	
千草屋，平瀬	千草屋宗十郎	81,900	147,900	99,000	154,700	165,800	1,464		780
炭屋，白山	白山安兵衛（炭安）	76,000	141,800	91,600	143,300	153,200	1,357	2	714
吹田屋	吹田屋六兵衛	9,000	15,900	10,600	16,700	17,800	148	2	87
銭屋	銭屋佐兵衛[4]	50,500	91,100	61,100	95,400	102,100	904	2	447
萬屋	万屋伊太郎	17,100	30,900	20,700	32,300	34,600	274	2	87
雑喉屋	雑喉屋三郎兵衛[5]	17,100	30,900	20,700	32,300	34,600	274	2	
油屋	油屋吉次郎	17,100	30,900	20,700	32,300	34,600	301		165
炭彦	炭屋彦五郎								594
合計		683,000	1,236,800	825,300	1,289,800	1,381,600	12,090	2	6,402

出典）「日記」（慶応2年正月―明治2年6月〔佐古文書：銭屋 F10–14～20〕）より作成．「商人名」は『鳥取藩史（四巻財政志・刑法志・寺社志）』鳥取県，1971年，218頁・229–230頁を参照．1)～5) は鳥取県立博物館編『贈従一位池田慶徳公御伝記』（三・四巻）鳥取県立博物館，1988年・1989年より．

注）慶応4年前半の雑用金の出銀は閏4月を含む，1–5月までで集計した．明治元年後半の雑用金の出金は5–12月で集計した．他は前年が1–6月，後半が7–12月で集計．

1)：「大坂御銀主鴻池新十郎手代同清八死去す，是日，元〆役申達により其十人扶持を召上げ，同幸八に五人御増十人扶持，同哲蔵に五人扶持を遣はさるゝ旨を，同役より申送らしめらる」（四巻302頁・慶応3年12月14日）．

2)：「大坂御銀主中村六兵衛，老年による，倅真太郎に御用向万端振替の願を許さる」（三巻804頁・慶応2年11月22日）．

3)：「大坂御銀主天王寺屋忠兵衛隠居に付き，家督忠三郎に御用向諸事御扶持とも振替へ」（四巻630頁・明治元年6月3日）．

4)：「元〆役申達により大坂御銀主銭屋佐兵衛，老年多病の願により，倅卯一郎に襲名，万端先規の通りたるを許し，同町中大年寄永瀬喜代介を御館入とせらる」（四巻104頁・慶応3年5月18日）．

5)：大坂銀主を賞した時「御銀主雑喉屋三郎兵衛死去により，その妻婦美に御用向を命ぜらる」（三巻347頁・慶応元年閏5月28日）．

表２　幕末維新期銭佐における出銀と御差別

出銀年月日		雑用金	臨時御用	金換算	御差別年月日		出銀時の日記での指定	御差別時の日記での指定
		貫, 匁	貫, 匁	両　分				
慶応元年	12月12日	13,700			慶応2年	12月20日		丑(慶応元)十二月元
慶応2年	1月5日	8,400			慶応2年	12月20日	当(慶応2)正月分江戸雑用金代	同十二月半元
	2月2日	8,400			慶応2年	12月20日	当二月分雑用金代	寅(慶応2)正月半元
	3月5日	8,300			慶応2年	12月20日	当三月分雑用代	同二月半元
	4月2日	8,400			慶応3年	1月24日	四月分金代	寅三月半元
	5月2日	8,500			慶応3年	3月29日	江戸五月分雑用代	寅四月半元
	6月2日	8,500			慶応3年	4月26日	当六月分江戸雑用金代	寅五月半元
	6月21日	13,700			慶応3年	4月26日	当七月分江戸雑用金代	同六月元
	8月2日	10,200			慶応3年	5月29日	当八月分雑用銀	寅七月半元
	9月2日	10,700			慶応3年	6月26日	当九月分江戸雑用金代	寅八月半元
	9月4日		100,000		明治2年	12月㊊印分9口消合		
	9月23日		100,000		明治2年	12月㊊印分9口消合		
	9月29日		50,000		明治2年	12月㊊印分9口消合		
	10月2日	9,500			慶応3年	7月26日	当十月分雑用金代	寅九月半元
	11月2日	12,400			慶応3年	8月27日	当十一月分江戸雑用金代	寅十月半元
	12月2日	17,300			慶応3年	9月24日	当十二月分江戸雑用金代半数	寅十一月半元
	12月12日	17,300			慶応3年	10月24日	当十二月分江戸雑用金代	寅十二月元
慶応3年	1月5日	10,700			慶応3年	11月27日	当(慶応3)正月分江戸雑用金代	寅十二月半元
	2月2日	10,300			慶応3年	11月27日	当二月分江戸雑用金代	卯(慶応3)正月半元
	3月5日	9,900			慶応4年	閏4月23日	当三月分雑用代	卯二月半元
	4月2日	10,200			慶応4年	閏4月23日	当四月分江戸雑用金代	同三月半元
	5月2日	10,500			慶応4年	7月2日	当五月分江戸雑用金代	卯四月半元
	6月2日	9,500			慶応4年	7月2日	当六月分江戸雑用金代	同五月半元
	6月21日	14,200			明治元年	9月26日	当七月分江戸雑用金代	卯六月元
	8月2日	10,400			明治元年	9月26日	当八月分江戸雑用金代	同七月半元
	9月2日	11,200			明治元年	12月9日	当九月分江戸雑用金代	卯八月半元
	10月2日	10,500			明治元年	12月9日	当十月分江戸雑用金代	卯九月半元

	11月2日	13,700				明治2年	1月28日	当十一月分雑用金代	卯十月半元
	12月2日	17,700				明治2年	3月29日	当十二月分江戸雑用銀	卯十一月半元(※1)
	12月12日	17,700				明治2年	5月13日	当十二月分雑用金代	卯十二月元(※2)
	12月17日		140,000			明治2年	12月(身)印分9口消合		
								出銀時の日記での指定	藩債処分での指定
慶応4年	1月21日		147,720			明治2年	7月11日		
	2月8日	34,200				明治7年	12月　印分3口消合	当(慶応4)正月二月分京都雑用金代	明治元辰年正月半元. 17貫100目(※3)
	2月10日		42,020			明治2年	7月11日		
	3月8日	16,700				明治7年	12月18日	当三月分京都雑用金代	明治元辰年二月半元
	3月7日		61,860			明治2年	7月11日		
	4月2日	16,200				明治7年	12月18日	当四月分京都雑用金代(※4)	明治元辰年三月半元
	4月23日		50,000			明治元年	9月26日		
	4月7日		58,530	300		明治2年	7月11日		
	4月24日		57,300	300		明治2年	7月11日		
	閏4月4日		42,570			明治2年	7月11日		
	閏4月23日	17,100				明治7年	12月18日	当閏四月分京都雑用金代	明治元辰年四月半元
	5月9日	17,900				慶応4年	6月10日	当五月分京都御雑用金代	
	6月10日	18,040		82		明治6年	10月1日	五月分雑用金代(※5)	明治元辰年閏四月半元
	6月29日	18,040		82		明治6年	10月1日	当六月分京都雑用金代	明治元辰年五月半元
	8月3日	25,960		118		明治6年	10月1日	当七八月両月分京都雑用金	明治元辰年七月半元
	8月22日	18,040		82		明治6年	10月1日	当七八月両月分京都雑用金	明治元辰年七月半元
明治元年	9月26日	19,580		89		明治6年	10月1日	当九月分京都雑用金	明治元辰年八月半元
	9月26日		88,000	400		明治2年	7月11日		
	10月10日	18,040		82		明治6年	10月1日	当十月分京都雑用金	明治元辰年九月半元
	11月7日	22,660		103		明治6年	10月1日	当十一月分京都雑用金	明治元辰年十月半元
	12月9日	29,315		133	1	明治6年	10月1日	当十二月分京都雑用金之内	明治元辰年十一月半元
	12月18日	29,315		133	1	明治6年	10月1日	当十二月分京都雑用金	明治元辰年十二月元
明治2年	1月5日	16,390		74	2	明治6年	10月1日	当(明治2)正月分京都雑用金	明治元辰年十二月半元(※6)
	2月1日	16,390		74	2	明治6年	10月1日	当二月分京都雑用金代	明治弐年正月半元

	3月9日	16,390		74	2	明治6年	10月1日		当三月分京都雑用金	明治弐巳年二月半元
	4月10日	16,390		74	2	明治6年	10月1日		当四月分京都雑用金	明治弐巳年三月半元
	5月9日	16,390		74	2	明治6年	10月1日		当五月分京都雑用金	明治弐巳年四月半元
	6月9日	16,390		74	2	明治6年	10月1日		当六月分京都雑用金	明治弐巳年五月半元
	7月9日	23,980		109		明治6年	10月1日			明治弐巳年六月半元
	7月11日		110,000	500		明治2年	12月1日			
	7月11日		880,000	4,000		明治7年	3月8日			明治弐巳年七月元
	7月11日		110,000	500		明治7年	3月8日			明治弐巳年七月元
	8月5日	16,390		74	2	明治6年	10月1日			明治弐巳年七月半元
	9月4日	17,820		81		明治6年	10月1日			明治弐巳年八月半元
	10月22日	16,390		74	2	明治6年	10月1日			明治弐巳年九月半元
	11月9日	20,955		95	1	明治6年	10月1日			明治弐巳年十月半元
	12月7日	26,895		122	1	明治6年	10月1日			明治弐巳年十一月半元
明治3年	5月28日		385,000	1,750		明治3年	12月24日			
	7月4日		220,000	1,000		明治3年	12月24日			
明治4年	3月1日		880,000	4,000				(寳)印分7口消合		
	3月1日		660,000	3,000				(寳)印分7口消合		
	3月1日		660,000	3,000				(寳)印分7口消合		

出典）出銀年月日・雑用金・臨時御用・御差別年月日は「諸家貸」〔7-1〕，御差別年月日・出銀時の日記での指定・御差別時の日記での指定は「日記」（慶応2年正月–明治2年6月〔佐古文書：銭屋F10-14～20〕），藩債処分での指定は「諸藩貸上明細」（明治6年〔佐古文書：銭屋F10-30〕）より作成した．

注）因州藩の大名貸に関して，各年の利息である「徳」金銀，費用である「入用」銀は，本書第6章の表4を参照のこと．

（※1）：御差別時の日記での指定は銀239貫400目．出銀時の日記では「当十一月分雑用金代」合計は銀184貫800目，「当十二月分江戸雑用銀」合計は銀221貫400目．

（※2）：御差別時の日記での指定，及び出銀時の日記では「当十二月分雑用金代」合計は銀239貫400目．

（※3）：これは明治7年12月18日に皆済されるため，藩債処分の対象から消える．

（※4）：「諸家貸」では「辰（慶応4）三月半元」とあり，この年の最後に記されている．

（※5）：「諸家貸」では「閏四月半元」とあり．

（※6）：「諸家貸」でも「辰十二月半元」とあり．

辰正月ら已前之通り月七朱ニ御聞済相成候間、此段御承引可被下候」とあり利率は月七朱と承認された。その別紙には講の時に仰せ聞かされた慶応四年各月の雑用金額も示された。正月―六月の七カ月（閏四月を含）は各一一〇〇両ずつ、七月は一六〇〇両、八月は一一〇〇両、九月は一二〇〇両、一〇月は一一〇〇両、一一月は一四〇〇両、一二月は三六〇〇両で、合計一万七七〇〇両とされた。

3　慶応二—三年の御備銀

「諸家貸」には臨時御用で銀三四〇貫目、「巳十二月㊢印分九口消合」と記された、一八六六—六七（慶応二—三）年の出銀四口、慶応三年—明治二巳年の元入五口がある。

慶応二年七月一日条にある佐野久左衛門と前田又兵衛からの同日付「因州様御廻章」には、相談があるため一日から二日に御積方桑原幾右衛門宅へ来るように伝えられた。そして、七月三日条にある平野屋伴兵衛・与三兵衛・斎兵衛からの同日付「因州様廻章」にも、藩から仰せ聞かされた件で、組合で相談したいため、七月五日に鮒音への出席を求められた。ここに頼談内容は記されていないが、御備銀の頼談と見て差し支えないだろう。

その後、銭佐は慶応二年九月四日と同二三日に各一〇〇貫目ずつ、同二九日に五〇貫目、三口計で銀二五〇貫目を出銀した。九月二九日条にも「因州御邸へ五十貫目手形一枚納銀候事、附百貫目御請取書為持返上候事」とあり、因州屋敷へ銀五〇貫目手形が納められ、銀一〇〇貫目の請取書が返された。

次に、慶応三年七月一九日条にある鴻池清八と平野屋斎兵衛からの同日付「因州様廻章」には、「昨日従　因州様御召出ニ而罷出候処、是迄御請ニ相成御坐候御備銀之内、昨年御出銀相成候分、此節ゟ追々御繰合ヲ以御返済被成下候様、右ニ付被仰出候義も御坐候間一応御寄合御相談申上度候間、（中略）明後廿一日朝飯早々ゟ鮒音方へ御出席之程頼上候」とある。両家は七月一八日に因州屋敷へ出向いたところ、藩の御備銀の内で慶応二年出銀分を元入したい旨が出された。この件で両家は、組合でも相談のため七月二一日に鮒音方への出席を求めている。その後、七月二二日条には次のように述べている。

一、鴻池小七郎殿入来、皆助玄関ニ而面会致候処、此程因州桑原様ゟ両家名代被召出、昨年之出銀返済当年早々

可致之処、御米国国廻りニ而段々延引相成、孰れ一事ニ者返済致急候得共、当年中ニ者、無相違返上可仕候、然ル処又候別段御頼談申上度与存候得共、当時柄之義ニ付申入急候間、一昨年御受之通ニ而、来年ゟ三ケ年之間御備銀被下度与之仰渡ニ付、昨日鮒音ニ而御一統へ御咄し申上候処、御内意有之方ハ粗御承引之様子ニ候得共、内意無之方も有之候ニ付、一応御内ニ而御相談之上ト昨日相分れ候間、明後廿四日鮒音方へ御相談之上御返事被下候様申被参候事

鴻池小七郎が銭佐を訪ね皆助と面会した。そこでの内容は次の二点になる。①両家は桑原幾右衛門に呼び出され、昨年出銀分でも当年中に返済したい申し出があった。国元から廻米の到着が遅れているが当年中に返済する。②他方、別段で頼談もあった。一昨年の慶応元年の引き受け通りで、来年より三年間の御備銀を頼談され、昨日鮒音で組合一統へ話した。内意を受けた者は大体承知しているが、内意を受けていない者もいるため組合内で相談の場を持つという結論になった。七月二四日に鮒音方で相談の上、御備銀について返事をして貰いたい。この内容は次のように展開した。

①八月三〇日に一〇〇貫目が元入され、同日条にも「皆助、因州御請負銀百貫目丈御差別相成候ニ付受取ニ参り候」と確認できる（元入五口の一回目）。

②七月二三日条には「皆助、昨日鴻池小七郎殿被参候一条、返事鴻新店迄今日罷出候、御一統御定り候通り相随ひ候由申参り候」とある。鴻池小七郎が銭佐へ話した御備銀の件で、今度は皆助が鴻池屋新十郎方へ返答に出向き、銭佐では組合の定め通りに従うと返答をした。そして七月二五日条には「鴻池小七郎殿ゟ手紙到来、因州様御頼談一統一昨年通り備銀御承知ニ相成候由申参り候事」とあり、鴻池小七郎から銭佐へ手紙が来て、頼談の御備銀は一昨年通り組合で承知すると伝えられた。

慶応三年一二月一五日条にある平野屋斎兵衛と鴻池小七郎からの同日付「因州様廻状」に「扨其砌被仰出候御頼談、

兼而御請申上置候御備銀之内ニ而金壱万両代銀一両日之内ニ相納呉候様被仰聞（中略）左之通御請高ニ割合仕候間、一応御相談被成下候而、明十六日朝飯早々ゟ北浜天満屋方へ御出席被成下度奉頼上候」とある。御備銀の内で一万両の代銀分を一両日中に納めるよう仰せ渡された。請高割合も示されたが、一応相談したいため一二月一六日に天満屋方へ出席を求めている。藩は金一万両を備えるため一五〇〇貫目の出銀を組合に求めた。廻状で示した出銀割合は、高木（平野屋）は三四〇貫目（二〇〇〇貫目の内）、鴻池は一七貫目（一〇〇貫目の内）、平瀬（千草屋）は二五九貫目（一五〇〇貫目の内）、白山両家（炭屋）と長田（加島屋）は二〇七貫目ずつ（各一二〇〇貫目の内）、布屋は八六貫目、銭佐は一二一貫目、油屋は五〇貫目で、合計一四九四貫目だった。

銭佐では一二月一六日条に丈助が因州御用で北浜天満屋へ、次に因州屋敷へ行く。一二月一七日に一四〇貫目が出銀され、同日条にも「因州此程ゟ御頼談一件相納候事」とある。銭佐の出銀額は一九貫目増えたことになる。

銭佐出銀の残り二九〇貫目は次の四回の元入を経て皆済された。明治元年一二月二四日に一貫四七二・四六匁（端金で八両三分と永一二・四三三匁へ換算）と一九六・八七匁（端金で一両と永七・九七二匁へ換算）が元入された。明治二年七月一一日に、一四八貫五二七・五四匁（八九〇両へ金換算）と一三九貫八〇三・一三匁（七九〇両へ金換算）が元入され、慶応二―三年の出銀四口は「消合」された。

第二節　維新期大坂における大名貸

1　戊辰戦争での頼談

因州藩は組合の大名貸にも頼り明治維新の一連の政治的行動を実現させたといっても過言ではない。一八六八（慶応四）年正月三日に鳥羽・伏見の戦いが始まると、家老荒尾駿河は出兵を決断し、正月四日に藩兵五〇〇人が淀方面に出陣した。正月五日に山陰道鎮撫使派遣に際し、因州藩は王化に不服ある者の「掃攘」を命じられた(27)。

因州藩の朝廷の藩屛としての行動も含め、「日記」「諸家貸」から大坂での行動を考察する。大坂では因州屋敷から頼談と納金督促の「廻状」が重なり、組合各家は出銀に苦慮していた様相が窺われる。銭佐でも「諸家貸」では毎月の雑用金以外に、臨時御用で慶応四年正月—閏四月に七回、合計四六〇貫目が出銀された（表2）。

大坂では、慶応四年正月一一日条にある磯岩源一郎と前田又兵衛からの同日付「因州様廻章」には「急々御談し申度義」のため、昼までに御積方桑原幾右衛門宅へ来るよう頼まれた。そして、正月一二日条にある平野屋斎兵衛・与兵衛からの同日付「因州用」には、北浜天満屋へ出席を求められ、同時に「御雑用」割合も示された。つまり、高木（平野屋）一一〇〇両、鴻池五〇両、千草屋八五〇両、炭安（白山）と炭彦（白山）と長田は各七〇〇両ずつ、布屋三〇〇両、銭佐四〇〇両、油屋二〇〇両で、五〇〇〇両の調達を依頼された。別紙には、この五〇〇〇両は京都より急ぎ廻金を頼まれたもので、高木・白山・布屋は正月八日に各五〇〇両ずつ一五〇〇両を廻金し、残三五〇〇両の調達依頼だった。銭佐では、正月二二日条に「因州出銀、手形ニ而相納メ候事、使勝之助」とあり、正月二一日に一四七貫七二〇目（明治二年七月一一日帳簿上処理）を出銀した。

二月九日に有栖川宮熾仁親王は東征大将軍に任命され、その下に東海・東山・北陸の三道先鋒総督兼鎮撫使を置き、東征軍が進発した。総督岩倉具視・参謀板垣退助ら土州藩兵を中心とする東山道先鋒軍に因州藩は加わり、家老和田壱岐が藩兵指揮に当たった。因州藩は義勇兵山国隊を含め兵約八〇〇人が出動し、三月六日には甲州勝沼で戦闘も展開した。大総督府は三月一五日に江戸城総攻撃を発表したが、総攻撃予定前日に江戸城無血開城交渉が成り、四月一一日には徳川慶喜は江戸城を明け渡した。四月—五月の因州藩兵は野州安塚・宇都宮に転戦、上野寛永寺に拠った彰義隊とも戦い、さらに小田原城も攻撃した。この時期の大坂では次の動向があった。

慶応四年二月七日条にある磯岩源一郎と前田又兵衛からの同日付「因州廻状」に、「御惣方ゟ当月両度ニ御調達可被下壱万両、殊之外急手致出来候ニ付御繰合被下、今明日之内ニ御納金被下候様厚御頼申候」とあり、二月に調達の一万両は藩で急用ができたため、早急な納金を求めた。加えて、二月八日条にある鴻池小七郎と平野屋斎兵衛からの同日付「因州様廻状」には次のように伝えられた。

御屋敷へ罷出申上候之処、京地御人数御繰出被為仰付候ニ付、急々大造之御入用ニ而当月両度納分、昨今日之内一時ニ相納可申様不取敢御廻文御出し有之候間承知仕候様、且又御請高納残り之分も成丈ケ早々相納呉候様厚く御頼被遊候

両家が因州屋敷へ行くと、藩は京都で兵の繰り出しを仰せ付けられていた。緊急で大きな入用だが、一万両調達で未納分があれば早々納金するよう藩が催促している。しかし「御利足之儀ハ昨日御相談之通申込置候、いまた御治定之処ハ不承候」とあり、利率は藩側へ申し入れたが決着していなかった。

二月一〇日条にある磯岩源一郎と前田又兵衛からの同日付「因州廻章」では、軍式頭取吉田佐太夫から組合へ頼談があり、大和屋七兵衛方へ今日出席を求められた。銭佐は同日に四二貫二〇目（明治二年七月一一日帳簿上処理）を出銀した。

二月一一日条にある鴻池小七郎と平野屋斎兵衛からの同日付「因州様急廻章」では、因州屋敷より示された頼談書の別紙を廻すので一覧を求めている。その上で、二月一二日に北浜天満屋方での談合が伝えられた。

なお、二月一一日条にある倉橋屋庄兵衛からの二月付「因州様廻章」には、御国表御元締岡崎平内が御軍式方御頭取御勤役も兼帯している。次に、二月二二日条にある林善八からの二月付「因州廻状」には、朝廷からの沙汰で、池田慶徳が松平姓を旧民に復し池田姓へ改めている。

度重なる納金督促と頼談で、二月二四日条にある平野屋斎兵衛・与三兵衛からの二月二三日付「因州用廻章」では次のようにある。

差出候歎願書ハ矢張表向屋敷江持参致呉候様御沙汰ニ付、昨日両家ゟ出勤仕候処、吉田様御逢ニ而委細御承知被成下候へ共、又々御再談被仰出、幾度御寄合申上候而茂同様之儀ニ御座候、（中略）明後廿五日朝飯後早々ゟ鮒音方へ御出席之程奉頼上候、其節万々御相談申上、其上御屋敷へ参上仕候

吉田佐太夫からの出銀依頼に対し、組合は歎願書を出したが、表向きは因州屋敷へ出すよう指摘された。両家は吉田佐太夫に会い、委細承知して貰ったが、再談を求められた。両家は組合で何度寄合を開いても同じ結果となることを承知で、二月二五日に鮒音方への出席を組合各家に求めた。両家は相談の上で再び屋敷へ参上する積りだと述べている。すでに組合内では、頼談が多すぎることで嫌気さえも窺える。

銭佐は三月七日に六一貫八六〇目（明治二年七月一一日帳簿上処理）を出銀した。しかし、三月一三日条にある磯岩源一郎と前田又兵衛からの同日付「因州様廻状」では、「急手入用向」が重なってはいるが、「御頼談致候手当銀御納銀残り之分」を急ぎ納めるよう督促が来ている。

その後、銭佐は四月七日条に「因州様へ皆助納銀持参り候事」とあり、同日に銀五八貫五三〇目（金三〇〇両代、明治二年七月一一日帳簿上処理）を出銀した。四月八日条にある平野屋斎兵衛と鴻池小七郎からの無日付「因州様用廻状」では、両家が昨日因州屋敷へ呼ばれたが、「又々御頼談」で当惑している。因州屋敷から組合各家へ頼談の沙汰があるはずだが、まず両家が組合各家へ話すよう仰せ渡され、四月九日に天満屋方へ出席を求めている。さらに、四月一四日条にある平野屋斎兵衛・与兵衛からの四月一三日付廻状では、「因州様御頼談一条」に関し、両家は先日の寄合での決定を因州屋敷へ昨日に返答した。しかし因州屋敷から「猶又押而被仰聞候義」「今一応御相談申上度」もあり、組合各家は四月一五日に天満屋へ出席を求められた。

銭佐では四月二三日条に「丈助・慶次郎、因州様へ手形持参之事」とあり、同日に五〇貫目（明治元年九月二六日御差別）が出銀された。四月二四日にも五七貫三〇〇目（金三〇〇両代、明治二年七月一一日帳簿上処理）が出銀され、同

日条に「因州様ゟ御証文弐通持参之事」とあり、二日連続出銀の証文が到来したことが示されている。閏四月四日条にも「因州請負之分残り相納候事、慶治郎罷出候事」とあり、同日に四二貫五七〇目(明治二年七月一一日帳簿上処理)が出銀された。閏四月五日条には、昨日の納銀に関し仮請書と本証文とが引き替えられた。閏四月一四日条にある平野屋与三兵衛・斎兵衛からの閏四月一三日付「因州様用廻状」には、因州屋敷より「御内談之一条」があり、一応は相談する目的で閏四月一五日に北浜天後屋松次郎方へ出席を求めている。この後、因州屋敷から頼談の「廻状」は一旦途切れることになる。

五月以降、因州藩兵は奥羽越列藩同盟に対する政府軍の攻略戦に加わる。戦線が北上するに連れ、大坂では因州屋敷から組合への頼談も少なくなったとも言えよう。しかし、明治元年後半以降また新たな頼談が相次ぐことになる。

2　池田慶徳上京と東京御用での頼談

一八六七(慶応三)年頃の藩主池田慶徳は病気のため、鳥取城で療養中だった。病気と朝廷からの召命がほぼ同時で、池田慶徳はやむなく上京猶予を度々願い出ていた。慶応四年五月にも召命を下されたが、病状が悪く延引した。漸く八月一九日夜着京し中立売油小路の因州屋敷へ入った(28)。藩主上京に至る水面下、大坂では因州屋敷と組合との間で次のような交渉があり、銭佐でも臨時御用で(同明治元年)九月に一回、八八貫目出銀した(表2)。

慶応四年七月一五日条にある磯岩源一郎と前田又兵衛からの同日付「因州様廻状写」には、「急々御談事申度義御座候ニ付、御繰合明後十七日昼後桑原幾右衛門手前迄、乍御遠労御出被下度奉頼候」とあり、組合は急ぎ相談を求められ七月一七日に桑原幾右衛門宅へ出席を求められた。そして次に、七月一八日条にある平野屋斎兵衛と鴻池小七郎からの同日付「因州様用廻章」では組合で相談を持つことになった。

其砌被仰出候御頼談御口演ニて割合書付共、御廻申上候間、御一覧之上可然御相談可被成下候、右ニ付一応御申

合仕度奉存候間、来廿一日昼後早々例席へ無御欠席御出勤可被成下候

桑原宅で昨日藩側が仰せ出した「御頼談御口演」での割合書付を、組合内で廻すため一覧の上で相談したい。そして七月二一日の例席に出席を求めている。これまでも度重なる頼談に組合各家でも返答に困り、次のような状況が記されている。

七月二六日条にある平野屋伴兵衛・与三兵衛・斎兵衛からの「因州様廻章」は、七月二三日と二四日付書状が含まれる。まず、七月二三日書状には「此程御頼談申候一条、御惣方様ゟ御銘々御返答可被下筈之処、今日迄何之御沙汰無御座」とあり、今回の頼談で組合各家より御惣方へ返答があるはずだが二三日になっても返答がない。そのため「何卒急々御惣方様ゟ御返答被下候様、宜御取斗被下度奉頼候」と御惣方より平野屋を介して組合各家へ返答を督促している。次に、七月二四日書状では「別紙之通り被仰越候ニ付入御覧候間、早々御返答御出勤被成下度奉願上候」とあり、御惣方への返答を促している。平野屋からのこの督促で、銭佐は七月二六日条に「因州前田様・磯岩様へ丈助ゟ手紙差出候、使勝之助」とあり、漸く藩へ返答を出した。

そして、八月二日条にある平野屋伴兵衛・与三兵衛・斎兵衛からの同日付「因州廻状写」には、次の「御上京御頼談一条」が記されている。

一、然者因州御屋敷ゟ今日御召出ニ付罷出候所、此程御上京御用御頼談一条各々様方御返答ニ御出勤相成、夫々御取調相成候所一向金高も不相揃、当時柄惣高御繰合不相成候ハヽ、半高丈成共御請不被下候而者、国元へ相運ひ候義も難相成候間、今一応御勘考之上御出情被下度、夫共御都合難出来候ハヽ、御書取候ハヽ、御差出し被下候ハヽ、国元へ申遣し度、最早当月十日頃発足被致候趣ニ付、明日ニても御返答被下度、直様飛脚差出候而も七日頃ならで者国元へ着不仕候間、明日御返答可申上候様被仰聞候ニ付、各々様御店向今一応御相談之上御決着ニて明三日朝飯早々例席へ無く御代人、直々御出席被成下度、其上御一統御屋敷へ返答罷出申哉も難斗候間、其

御思召ニて御欠席なく御出勤可被成下候、尤御書取御差出し之御方者御案文御持参可被下候

藩主上京で組合へ頼談したが、組合各家の返答を取り調べたところ金高が揃わなかった。藩からの依頼額の半額分でも貸し付けがないと国元へ上京の送金もできないため、各家で再検討を求めているが、もし各家で貸付困難ならばその旨を国元へ伝えたい。藩主は八月一〇日に因州出発のため、明日には返答が欲しい。大坂から飛脚を出しても八月七日因州着のため、平野屋は藩側から八月三日に組合各家の返答が欲しいと言われた。そのため、組合各家は八月三日朝の例席への出席を求められている。家によっては藩へ直接返答したかもしれないが、第一に例席への出席を乞うており、藩へ返答済の家はその案文を持参とされた。

藩では上京資金を頼談したが、藩の目標金高には及んでおらず、国元の財政が厳しかった一端が表われていよう。他方で藩主の上京資金を急に頼まれた平野屋が藩と組合各家の間で意見調整に奔走している。

八月一二日条にある林善八からの八月付「因州廻状写」に藩主の行程が示された。そこでは八月七日因州発、網干より乗船し同一三日大坂着、同一四日朝に淀川を通船しての上京だった。八月一三日条にある無差出人・無日付「因州様廻状」では、藩主が因州屋敷へ宿泊するため「御館入之向々御迎」に出ることになった。銭佐からは八月一四日条に「慶次郎、因州へ御着座恐悦ニ参り候」と記されている。

藩主上京で銭佐の出銀は、明治元年九月二六日に九月分雑用金と共に、八八貫目（金四〇〇両代、明治二年七月一一日帳簿上処理）を遅れて出銀した。

他方、池田慶徳の病状は重く、上京後も活発な活動は望まれなかった。奥羽戦争の勝利で、明治天皇は東幸のため九月二〇日に京都を発した。この時、藩主池田慶徳に代り池田徳澄がこれに随従した。天皇は一〇月一三日に東京に着き、江戸城を東京城と改めて皇居とし、一二月二二日に京都へ帰還した。明治二年二月一四日条にある佐藤又兵衛からの同日付「因州様廻章」には、二月三日に池田慶徳は議定のところに「被任　権中納言被叙従二位、且議定被仰

出候」とある。三月七日に天皇は再度東幸したが、この時は三条実美・中山忠能らと共に池田慶徳も随行し、三月二八日東京着となり八重洲河岸の藩邸に入った。六月二二日条にある佐藤又兵衛からの六月付「因州廻状」には、池田慶徳が六月二日に参朝したところ「朝廷之危急ヲ察シ兵ヲ京師ニ出シ、戊辰之春伏水一戦続テ東北諸軍ニ合シ殊死奮励藩屏之任ヲ顕候」という理由で賞禄三万石を永世下賜された。他方、二月二九日条にある無差出人・二月二七日付「因州様用」には、幕末維新期の臨時御用での各家の出銀高が窺え、高木（平野屋）は二〇〇〇貫目、鴻池は一〇〇貫目、平瀬（千草屋）は一五〇〇貫目、炭安は八一七貫七三五匁、炭彦は五二四貫二〇目、布屋は五〇〇貫目、銭佐は七〇〇貫目（「諸家貸」では慶応三年一二月―明治元年九月に九回、計六八八貫目の出銀と考えられる）、油屋は三〇〇貫目、長田は一二〇〇貫目、出雲屋は五五〇貫目とある。

組合へは、三月二六日条にある鴻池小七郎と平野屋斎兵衛からの同日付「因州廻状」に次のようにある。

> 昨日因州様ゟ両家御呼出ニて罷出候処、今般東京御用候ニ付御頼談被仰出其義ニ付一応御寄合御相談申上度候、（中略）明後廿八日朝飯早々ゟ鮒音方へ御出浮之程頼上候

両家が三月二五日に因州屋敷に出向くと、再度の東行に伴う東京御用で頼談があった。組合で一応相談したいため、三月二八日に鮒音方への出席を求めており、当日銭佐からは丈助が出席したが話に進展はなかったようである。それが、五月九日条にある平野屋斎兵衛からの同日付「因州様廻状」にも表れている。

> 今々因州様ゟ御召出ニ付罷出候処、先達而被仰聞候御頼談一条、今々何之御沙汰茂不被下、早々御返答御頼申上度段与被仰聞候、（中略）明後十一日朝飯早々より例席へ御出浮被成下度奉頼上候

平野屋が因州屋敷へ呼ばれ、東京御用の頼談で三月以来返答もないため、急ぎ返答を頼まれた。組合各家には五月一一日の例席に出席を求めている。東京御用に関し銭佐からの出銀は見られない。組合各家は戊辰戦争での頼談や藩主上京で出銀し、ついには出銀の遅れや頼談への返答を怠る態度に出ていたことが窺われる。

3　京都雑用金と銀目廃止

因州藩は京都にも屋敷があった。鴻池新十郎家では、京都屋敷が「油小路下立売下ル丁」、伏見屋敷が「伏見村上丁」、他に大坂での因州飛脚は三田屋武助（淀屋橋南詰一筋西之辻）と記す[29]。藩主は江戸参勤又は帰国の際は、常に伏見屋敷に着座し、京都屋敷は諸役人が留守をするのみだった。文久期（一八六一—六四年）以降、政情変化で藩主池田慶徳は上京することはあっても屋敷には入らなかった[30]。そして京都屋敷は文久・元治期（一八六一—六五年）に宿舎の借用も含め拡大して三藩邸となった。慶応期（一八六五—六八年）に新設はないが、北野藩邸に隣接する用地購入は行われ拡大傾向にあった。明治初年期は、慶応四年正—八月に戊辰戦争という軍事的要請から「新屋敷」という堀川寺之内藩邸（一一〇〇坪）が整備され四藩邸となり、ほかに「千本御屋敷」「百々御所」を借用していた[31]。

京都での行動拡大と屋敷の拡大傾向は、藩が政治機能を完全に京都に移したことに他ならず、雑用金の送金先も江戸から京都へいち早く移す必然があった。慶応四年二月六日条にある鴻池屋小七郎と平野屋斎兵衛よりの二月五日付「因州廻章」が二通到来しており、その二通目では次のように述べている。

昨日因州御屋敷ゟ被召候ニ付罷出候処、昨冬御請申上候当辰年分江戸御雑用金代月割之儀、江戸御屋敷御引払相成候ニ付、已後京都へ為御登相成候間、是迄之振合ニ而調達仕候様御談御座候、右ニ付御別紙御廻し申上候間御覧被成下

江戸雑用金に関して、江戸屋敷は引き払ったため、以後京都へ送金するよう通知された。続けて次のようにも記している。

旧蠟御頼談申候当年分江戸雑用金代月々御出銀之儀御承知被下候処、此度之次第柄ニ付、江戸屋敷向者引払候間、同所江之仕向ニ者及ひ不申処、右御調達可被下分者京都表之雑用金ニ仕向候様国元ゟ申越候間、当正月分ゟ御納

銀可被下候、此段可談申候
　但し、当月正・二月分御納銀被下候様致し度、此段も御談申候

国元から江戸雑用金に関しては江戸屋敷引き払いにより、京都雑用金で送金するよう申し越してきた。正月分から京都への送金となり正・二月分まとめて納めるよう伝えられた。

　正・二月分雑用金は、二月八日条にある磯岩源一郎と前田又兵衛よりの同日付「因州廻状」に三四貫二〇〇目とあり、同日に出銀された。この正・二月分雑用金は、「諸家貸」では「戊十二月　印分三口消合」とあり、明治二年七月二七日と同七年一二月一八日に一七貫一〇〇目ずつ元入され「皆済」に至った（表2（※3）も参照）。

　慶応四年五月九日触に旧来の丁銀・豆板銀《小玉銀》の廃止も含む銀目廃止が実施された。五月一二日触には「是迄之銀立手形者当月九日仕舞之相場を以金手形ニ認直させ候様可致候」と発せられ、これまでの銀手形は五月九日の仕舞相場を以て金へ書き換えが出された[32]。この五月九日の仕舞相場は金一両につき銀二一九・四九匁、銭一貫文につき銀一七・四八匁という突飛な相場だった[33]。

　しかし、六月一日触にある辰五月触には「先般御触達相成候通り、銀目廃止被仰出候ニ附、是迄銀目取引之者、其年月日之相場ニ相改候様被　仰出候処、右ニ而者市中之者共不便利之趣相聞候、尤貸借共元来双方相対を以融通致し居候事故、向後者御触面之不拘、相対相場を以速《スミヤカ》ニ金名手形ニ相改取引致し可申候、其中理非難決之筋有之候節者当役所江可申出者也[34]」とある。これまでの銀目での取引は、その取引年月日の相場へと改められることになった。その理由として、貸借は双方の相対で行っているため、相対相場で銀目手形を金へ書き換えるようにした[35]。

　他方、銀目廃止前の四月八月条には「因州様ゟ過日金手形相納申候処、正金ニ打替呉候様申参り候ニ付、備店へ広二郎使弐人同道ニて参り金子相渡申候之事」とあり、銭佐は因州屋敷に金手形を納めたが、正金への打ち替えを求められ、それに応じた。次に、五月八日条にある磯岩源一郎と前田又兵衛よりの同日付「因州様用書状」では五月分雑

用金の出銀額が知らされ、五月九日に銭佐は一七貫九〇〇目を出銀した。

その後、六月九日条にある磯岩源一郎と前田又兵衛よりの同日付「因州様廻状」では次のように求められ、銀目廃止のあおりを受けていった。

> 五月分雑用金代先達而御納銀被下居申候処、銀名停止被　仰出候ニ付而ハ御手形之儘預り居申候ニ付、右御納被下候分其儘御返し申候間、証文御持参可被下候、且又此度改而左ニ割方之通明十日早朝御納金可被下候

五月分雑用金は、因州屋敷へ銀目で納められたが、銀目廃止になり手形は預かったままである。この手形は組合各家へ返すため証文持参のこと。改めて六月一〇日に金換算の上で納金することになった。金額は、鴻池屋と平野屋の両家が一六九両ずつ、平瀬が一三三両、中村と吹田屋が一五両ずつ、白山が一二三両、平新と天忠が八五両ずつ、布屋が二六両二分、長田と塩屋が五九両ずつ、万屋・雑喉屋・油屋が二六両二分ずつ、銭佐が八二両と通知された。

六月一〇日条には「因州月賄五月分金子へ改相納、先達而納分銀手形戻り候事、使勝之助」とあり、雑用金を金額で納め、銀手形が戻ってきた。「諸家貸」ではこの貸借を次のように示している。五月九日に一七貫九〇〇目が出銀され、六月一〇日に手形戻りで返済の形となった。改めて五月分が六月一〇日に八二両（銀一八貫四〇目、明治六年一〇月一日帳簿上処理）出金された。この時、銭佐では金一両につき銀二二〇匁で換算している。このように慶応四年五月分雑用金は洗い替え式で行われたため、表1では五月分の出銀（前半）と出金（後半）が算入されていることを指摘しておく。銀目廃止により京都雑用金も、以後金額表示へと切り替わった。

銀目廃止直後、先述の度重なる臨時御用での頼談とも相俟って雑用金の出金は安定的ではなかった。まず、六月二八日条にある磯岩源一郎と前田又兵衛よりの同日付「因州様廻状」には六月分雑用金計九九〇両二分が通知されたが、一五軒の内、中村・布屋・吹田屋・万屋・雑喉屋の納入指定は無い。

七月二九日条にある磯岩源一郎と前田又兵衛よりの同日付「因州様廻状」では、雑用金に関して、七月分一六〇〇

両と八月分一一〇〇両で、計二七〇〇両を八月二日に納めるよう知らされた。折しも、八月二日条には「御上京御用御頼談一条」の廻状もあり、藩主の上京で多端を極めていた。八月二二日条には雑用金が遅れて納められた。

さらに、九月四日条にある磯岩源一郎と前田又兵衛よりの同日付「因州廻状」では、雑用金九月分一二〇〇両は九月五日に納めるよう知らされたが、九月五日条には月賄で手紙が出された。明治元年九月二六日条には雑用金が再び遅れて納められた。この七・八月と九月分雑用金の納入状況は、銭佐以外の他家も似た状況だったろう。

一〇月九日条にある佐藤又兵衛よりの同日付「因州様廻状」では、雑用金にも関係する変更が再び達せられた。

一、然者手形類是迄米子蔵役所与相認来ル処、当十月ゟ改而因州蔵役所与相認申候間右様御承知、以来者御受取手形之類悉因州役所与相認御差出可被下候、就而者米切手も已後因州蔵与相認、総而因州米与相改申候

手形類は米子蔵役所と認めてきたが、一〇月より因州蔵役所と認める。受取手形等も因州役所と認め、米切手も因州蔵と記し因州米と称するとした。

一二月三日条には平野屋斎兵衛と鴻池屋小七郎よりの一二月二日付「因州様用廻状」があり、明治二年各月の雑用金額が示された。その割合は前年とさほど変わらず、正月―六月の六ケ月は各一一〇〇両ずつ、七月は一六〇〇両、八月は一一〇〇両、九月は一二〇〇両、一〇月は一一〇〇両、一一月は一四〇〇両、一二月は三六〇〇両で、合計一万六六〇〇両だった。この時「因州様来巳年京都御雑用金別紙之通御頼談御坐候ニ付則御廻し申上候、(中略)右ニ付一応御打寄御相談申上度義御座候間、来ル五日朝飯後早々ゟ北浜天五郎方江御出浮可被成下候」とある。雑用金割合は示されたが、この件で一二月五日に寄合を行うことが通知された。他方、一二月二三日条にある平野屋斎兵衛と鴻池屋小七郎よりの一二月二一日付「因州様廻状」には、雑用金の利率引き上げが再び検討されている。

一、然者因州様御雑用金御月割御利合之義過日願置候処、昨日両家被召出被仰聞候ハ申立之義御尤ニ御聞上被成候へとも近々斗御物入続ニ而申立通ニハ難被遊一朱方御増、来巳年ゟ月八朱ニて承知仕候様元締様ゟ被仰越候、

（中略）右ハ御迷惑之御義ニ奉存候へとも於御屋鋪も種々御差支之趣も拝察仕居候義、押而願上候も如何与奉存候ニ付、右ニて御承知可被下候哉、（中略）尤御臨時等之節ハ別段御引合可申上心得ニ御座候

両家は雑用金の利率に関し過日願い出ており、一二月二〇日に因州屋敷に呼ばれ、明治二年より雑用金の利率を一朱引き上げ月八朱になることが承認された。ただし、臨時御用での出金の利率は申し合わせると述べている。明治二年の雑用金の利率は、月八朱が一二月七日の最後の雑用金まで適用された。前半の雑用金を見ると、廻状で出金高を通知する際は毎月一一〇〇両だが、実際計算すると一〇六七両である。

明治二年に入ると組合は一五人から一四人になる。日記には事情は記されてはいないが、塩屋と雑喉屋が外れた。この雑喉屋三郎兵衛は長堀宇和島町の元味醂・酒造業で蔵屋敷への館入をも行う指折の家柄だが、大坂三井組の一八五七（安政四）年閏五月一日―八日書状には、経営難により三井組へ融資を頼んだが断わられた経緯がある。(36) 代りに炭屋彦五郎が加わり白山家炭屋系は二軒で雑用金を勤めることになった。

4　雑用金の返済と金相場建問題

慶応四年の銀目廃止以前、御差別は一回実施された。慶応四年閏四月二二日条にある磯岩源一郎と前田又兵衛よりの閏四月付「因廻章」に、閏四月二三日に慶応三年二月半元と三月半元を行うと通知された。

銀目廃止後は、雑用金の御差別にも金相場建問題が伴うようになった。明治元年で銀目廃止以後、御差別は二度行われた。

一回目。九月二四日条にある磯岩源一郎・前田又兵衛よりの無日付「因州様廻状」には、九月二六日に慶応三年六月元（銀一四貫二〇〇目）、慶応三年七月半元（銀一〇貫四〇〇目）の雑用金代の御差別を行うとある。金相場建が六月元は銀一二〇・七匁替、七月半元は銀一二八・二匁替で金額へ直し元利御請取手形を出すよう伝えられた。これに基づ

き金換算すれば、六月元は金一一七両二分二朱余、七月半元は金八一両一朱余となる。

二回目。一一月二八日条にある磯岩源一郎・前田又蔵よりの同日付「因州廻状」[37]には、一一月二九日に慶応三年八月半元（銀一一貫二〇〇目）、慶応三年九月半元（銀一〇貫五〇〇目）の雑用金代の御差別を行うと予告された。金相場建が八月半元は銀一二七匁替、九月半元は銀一二八・五匁替で金額へ直すと通知された。これに基づき金換算すれば、八月半元は金八八両三朱余、九月半元は金八一両二分三朱余である。

しかし当日、一一月二九日条の磯岩源一郎・前田又兵衛よりの同日付「因州廻章」には「昨日御懸合申候雑用金・扶持方金等、今日御差別可致筈之処、此度平拘《均》相庭御触出し之趣も御座候ニ付、何れ御談可申儀も御座候間、先今日処御見合置可被下候」と通知された。雑用金・扶持方金の御差別は本日予定していたが、平均相場について触れ出されたため、今後の相談も含め突然延期となった。この「此度平拘《均》相庭御触出し之趣」は、一一月二二日触を指しており、関連部分は次のようにある。

一、御廃止已前之取引ハ貸附月或ハ品代売渡月之相場与仕舞相庭を以、平拘《均》之相場たるへき事

一、去ル寅年已前之貸附取引等ハ何年前たりとも、総而去ル寅年早春之取引相場ニ被準候事

但、去ル寅年ゟ当辰五月九日迄、月々平拘《均》相場見合之ため別帋を以相示之事[38]

触書では、①慶応二年以降で銀目廃止以前の取引は貸付月・売渡月の相場と仕舞相場との平均相場に準じる、②慶応二寅年以前の貸付取引は、何年前でも全て慶応二年正月（早春）相場に準じる[39]、③ただし、慶応二寅年以降で同四年五月九日の銀目廃止以前に関しては平均相場を見合わせたため、別紙に基準となる各月の平均相場を示した。

慶応三年で関連する平均相場のみ示すと、金一両につき、八月は銀一二六・三八一三匁、九月は銀一二八・五八二八匁、一〇月は銀一二九・四三〇三匁、一一月は銀一三四・七七五〇匁、一二月は銀一五八・三二九六匁である[40]。

明治元年一一月二二日触に応じる形で、一二月七日条にある磯岩源一郎と前田又兵衛よりの同日付「同所様《因州》廻状」

表3　慶応3年12月元雑用金の返済

	貸出銀高	換算金高			利息			合計		
	(銀)貫，匁	(金)両	分	(銀)匁.	(金)両	分	(銀)匁.	(金)両	分	(銀)匁.
御両家（鴻池屋）	36,600	193	3	0.198	22		5.272	215	3	5.470
御両家（平野屋）	36,600	193	3	0.198	22		5.272	215	3	5.470
中村	3,100	16	1	9.648	1	3	1.898	18	1	1.898
平新	18,700	98	3	14.651	11	1	2.120	110	1	1.771
天王寺屋	18,700	98	3	14.651	11	1	2.120	110	1	1.771
布屋	6,000	31	3	0.377	3	2	7.258	35	1	8.028
加島屋	12,800	67	3	0.643	7	2	13.483	75	1	14.126
塩屋	12,800	67	3	0.643	7	2	13.483	75	1	14.126
千草屋（平瀬）	28,700	151	3	10.934	17	1	4.216	169	1	0.150
炭屋（白山）	26,600	140	3	3.915	16		3.176	156	3	7.091
吹田屋	3,100	16	1	9.648	1	3	1.898	18	1	1.898
銭屋	17,700	93	2	12.022	10	2	10.910	104	1	7.932
萬屋	6,000	31	3	0.377	3	2	7.258	35	1	8.028
雑喉屋	6,000	31	3	0.377	3	2	7.258	35	1	8.028
油屋	6,000	31	3	0.377	3	2	7.258	35	1	8.028
合計	239,400									

出典）「日記」(明治2年6月〔佐古文書：銭屋 F10-20〕) より作成.
注1）「御差別」の実施は明治2年5月12日.
注2）換算金高・利息の合計は計算数値と史料数値では一致しないこともある.
注3）金相場建は金1両につき銀188.92匁替.

には、延期された御差別は一二月九日に行うと通知された。金相場建が慶応三年八月半元分は銀一七二・九三匁替（四五・九三匁上昇し、平均相場より四六・五四八七匁高）、九月半元分は銀一七四・〇三匁替（四五・五三匁上昇し、平均相場より四五・四四七二匁高）とされた。これに基づき金換算すれば、八月半元は金六四両三分余、九月半元は金六〇両一分一朱余となるため、当然この措置は藩にとって返済金額が当初予定より各二〇両余軽減されたことになった。

明治二年は六月末までに御差別は三回行われた。

一回目。一月二七日条にある磯岩源一郎・前田又蔵よりの同日付「因州廻状」には、一月二八日に慶応三年一〇月半元（銀一三貫七〇〇目）の御差別を行うと伝えられ、金相場建は一七四・四六匁替（平均相場より四五・〇二九七匁高）とされた。これに基づき金換算すれば七八両二分余となる。

二回目。三月二七日条にある津原久一郎・磯岩源一郎・前田又蔵よりの同日付「因州廻状」には、三月二九日に慶応三年一一月半元銀二三九貫四〇〇目（銭佐は一七貫七〇〇目出銀）の御差別を行うと伝えられた。金相場建は一七七・一三匁替（平均相場より四二・三五五匁高）とされた。これに基づき金換算すれば、銭佐は九九両三分二朱余となる(41)。

三回目。五月一二日条にある津原久一郎・磯岩源一郎・前田又蔵よりの無日付「因州廻章」には、同月一三日に慶応三年一二月元銀二三九貫四〇〇目（銭佐は一七貫七〇〇目出銀）の御差別を行うと伝えられた。金相場建は一八八・九二匁替（平均相場より三〇・六〇〇四匁高）とされた(42)。この廻状では、実際の御差別が組合各家まで詳述されており、それを示すと表3になる。借入期間は一八六七—一八六九（慶応三年一二月—明治二）年五月までの一九ケ月、利率は月六朱で計算された。この時、銭佐は合計で一〇四両一分余を受け取った。

銭佐「日記」では、雑用金に関し慶応三年一二月分までの御差別が記され、ここまでの雑用金は返済された。この事は、雑用金が藩債処分の対象となったとき、まさに慶応四年正月以降の新公債に該当する部分からの採用になったことに繋がる。なお、藩債処分における藩債内容の分析は第6章第4節を参照されたい。

第三節　明治二年七月以降の大名貸

一八六九（明治二）年七月以降の銭佐「日記」は残存していないため、「諸家貸」のみから雑用金や臨時御用を述べることにする（表2）。

臨時御用では、明治二年七月一一日に三口で計五〇〇〇両を出金しており、内訳は①金五〇〇両（銀一一〇貫目）、②金四〇〇〇両（銀八八〇貫目）、③金五〇〇両（銀一一〇貫目）である。①は同年一二月一日に元入された。②③は利率が月一歩であり(43)、かつ藩債処分の対象にもなったが、「諸家貸」では明治七戌年三月八日に帳簿上処理がある。しかし他方で、この明治二年七月一一日は、前年の臨時御用（四月二三日出銀は九月二六日に御差別）での出銀七回分が帳簿上処理されているが、その詳細は不明である。

雑用金は、明治二年一二月七日に、一二二両一分（銀二六貫八九五匁）の出金まで続いた(44)。慶応四年正月以降の雑用金は次のように処理された。先述のように、慶応四年正・二月分雑用金（二月八日出銀）は「戌十二月　印分三口消合」で皆済され、「明治元辰年正月半元」も藩債処分対象から消える。

慶応四年で銀目廃止以前に出銀された雑用金は、三月八日・四月二日・閏四月二三日があり、これらは明治七戌年一二月一八日に帳簿上処理された。他方、銀目廃止以後に出金された慶応四年六月一〇日—明治二年一二月七日の雑用金は、明治六酉年一〇月一日に帳簿上処理された。

定期的な雑用金終了後は、次のように見える。明治三年五月二八日に金一七五〇両（銀三八五貫目）・七月四日(45)に金一〇〇〇両（銀二二〇貫目）が出金されたが、同年一二月二四日に元入されている。

明治四未年には、御備銀一万両分（銀二二〇〇貫目）で、「寳印分七口消合」と記された出金三口、元入四口がある。出金三口について、同年三月一日に金四〇〇〇両（銀八八〇貫目）・金三〇〇〇両（銀六六〇貫目）・金三〇〇〇両（銀六六〇貫目）が出金され、これは「未二月半元口、八月晦日切米切手引当之口」とあり、米切手が抵当にされている。元入四口について、同年四月一日に金一四〇〇両（銀三〇八貫目）、四月三〇日に金二三〇〇両（銀五〇六貫目）、五月三〇日に四五〇〇両（九九〇貫目）、六月二九日に一八〇〇両（三九六貫目）が「元壱万両内へ元入」された。

おわりに

「日記」「諸家貸」を中心に幕末維新期の因州藩大名貸を考察してきた。そこではまず大坂での藩に対する大名貸は、年々赤字が累積し、融資先の京阪商人たちから見放されたものではなかったことが明らかである。見放された藩にならなかった要因には、藩が御差別という返済を定期的に行っており、少なくとも大坂商人間での信用が高かったことにほかならない。特に維新期の大名貸については次の結論が得られよう。

臨時御用に関しては、確かに戊辰戦争、藩主上京や東京御用では、藩から頼談が相次いだ。組合各家では出銀高も嵩み、銭佐も含む組合各家では頼談や出銀督促に対して執るべき対応をサボタージュするような行為が起き、組合各家が藩との関係に距離を置こうとするような行為は起きている。しかし、因州藩の「朝廷の藩屛」としての勤王的活動は、明治元年の銭佐の臨時御用での出銀高の多さが象徴するように、組合各家の出銀に支えられていたと判断できよう。

雑用金に関しては、江戸から京都への送金変更はあったが、ほぼ恒常的に毎月出銀ないし出金されていた。この雑用金は、藩の京都での政治的活動を当然支えたことにもなろう。藩からの御差別については銀目廃止の影響により、藩が金相場建を明治政府の公表した平均相場より高く設定してきたことで、組合各家は債権の実質的切り下げに遭った。このような状況下でも、御差別は恒常的に実施され、慶応三年一二月雑用金までは返済されたことになった。藩では藩政改革の一環で一八五七(安政四)年から大坂商人に対し、利率は月利八朱から五朱を実現させていた。しかし、逆に今度は組合側が交渉によって次第に利率を引き上げ、明治二年には月利八朱に戻すに至っている。

最後に明治政府による藩債処分への展望を指摘しておきたい。銭佐らについて見てきた因州藩債は、新公債のみで、旧公債(慶応三年一二月まで)の該当はない。因州藩の大名貸は、毎月定期的な雑用金や巨額とも言える臨時御用はあったが、定期的に御差別という返済があったこと、藩債処分でも採用が新公債であることが大きな特徴である。これら特徴は大坂商人側から見て好ましい条件だったはずで、この意味では、比較的優良な大名貸事例であったと判断することができるのではないだろうか。

以後の研究は、安達辰三郎が藩政改革で活躍する時期で、廻状が日記中に具体的に記載される時期である、安政期を中心とした大名貸の展開を課題に置きたい。

（1）　佐古慶三教授収集文書（大阪商業大学商業史博物館所蔵）。以下〔佐古文書〕と略す。
（2）　主な研究は次の通りである。山中寿夫「鳥取藩の中期改革の一考察――宝暦改制をめぐる」『鳥取大学学芸学部研究報告（人文科学）』一〇巻二号、一九五九年。同「藩政改革の諸段階――鳥取藩の場合」『鳥取大学学芸学部研究報告（人文科学）』一三巻、一九六二年。同「藩政改革と宝暦＝天明期の問題」『歴史学研究』二九九号、青木書店、一九六五年。同「鳥取藩における安永年間の改革について」『鳥取大学教育学部研究報告（人文・社会科学）』二三巻二号、一九七一年。徳永職男「明治新藩制の推移と鳥取藩」『鳥取大学学芸学部研究報告（人文・社会科学）』一六巻、一九六六年。河手龍海「鳥取藩の政治変革」『鳥取大学教養部紀要』九巻、一九七六年。
（3）　山中寿夫「鳥取藩の幕末藩政改革と国産流通統制」『鳥取大学学芸学部研究報告（人文・社会科学）』一四巻、一九六三年。同「化政期鳥取藩における木綿の流通統制について」『鳥取大学学芸学部研究報告（人文・社会科学）』一六巻、一九六六年。同「鳥取藩における藍の統制について」『鳥取大学教育学部研究報告（人文・社会科学）』二五巻一号、一九七四年。新倉拓生「徳川後期における鳥取藩領域経済と因伯木綿業の発展について」『大阪大学経済学』四八巻二号、一九九八年。河手龍海「因州鳥取藩の藩札について」『鳥取大学教養部紀要』二二巻、一九八八年。
（4）　『鳥取県史（近代三巻　経済篇）』鳥取県、一九六九年、一―三頁。
（5）　森泰博「鳥取藩大坂蔵屋敷の成立」『商学論究』三七巻、関西学院大学、一九八九年。阿部裕樹「幕末鳥取藩京都藩邸の所在と拡大――絵図から見る空間的拡大過程」『鳥取地域史研究』一二号、鳥取地域史研究会、二〇一〇年。
（6）　「日記三番　本銭屋」（安政四年七月―一〇月一五日〔佐古文書：銭屋Ｆ一〇―七〕）。「日記□（破損）番　銭屋」（安政六年八月―一二月〔佐古文書：銭屋Ｆ一〇―一三〕）。
（7）　銭佐「日記」七冊（慶応二年正月―明治二年六月〔佐古文書：銭屋Ｆ一〇～一四―二〇〕）で、詳細は第1巻史料解題「銭佐日記」を参照のこと。
（8）　大阪市東区役所文書（大阪大学文学部日本史研究室所蔵）には、銭佐の御触書・御布令書が含まれる。以下、大阪市東区役所文書は〔東区〕と記す。銭佐関係では幕末～明治初期を中心に六冊残存しており、年代順に示すと次のようになる（大阪

市史編纂所編「大阪市東区役所文書（大阪大学文学部日本史研究室）」二〇〇七年）。

「御触控　壱（本逸）」（元治元年五月―慶応元年閏五月（東区：一三―一））。

「御触書　弐（本逸）」（慶応元年閏五月―一〇月（東区：一三―三））。

「御触書　六（逸身店）」（慶応三年四月―一二月（東区：一三―一二））。

「御触書控　壱番（逸身店）」（慶応四年正月―五月（東区：一三―五））。

「御触書控（逸身店）」（慶応四年六月―明治元年一二月（東区：一三―四））。

「御布令書写（逸身店）」（明治四年一一月―五年二月（東区：一三―六））。

これらには、蔵書印が「永江文庫」、入手先が阪急百貨店のところから、大阪商業大学商業史博物館所蔵「佐古文書」に含まれる日記帳・家法定則覚・通商司為換会社一件などと共通点が見られる。書き手は、筆跡から日記とほぼ同じ人物と類推される。詳細な内容に関しては、比較検討を要するが、基本的には、『大阪市史』（四巻下、一九一一年）及び『大阪府布令集』（一　自慶応四年至明治六年、一九七一年）と同様の内容である。また、「御布令書写（逸身店）」の特徴として、表紙以外は中央に「逸身氏〇」と入った青色の罫紙に記述されており、筆跡から書き手の変化も見られる。

（9）『鳥取藩史（二巻　職制志・禄制志）』鳥取県、一九七〇年、二八八―二九三頁。
（10）『鳥取藩史（四巻　財政志・刑法志・寺社志）』鳥取県、一九七一年、二三八―二四三頁。『鳥取県史（三巻　近世・政治）』鳥取県、一九七九年、四二七頁。
（11）水戸藩主徳川斉昭の子。徳川慶喜は慶徳の異母弟にあたる。
（12）銭佐「日記」で安達の大坂着と大坂発の暇乞が安政三年―安政六年に確認できる。
（13）『鳥取県史（三巻　近世・政治）』鳥取県、一九七九年、五一三―五一六頁。『鳥取藩史（四巻　財政志・刑法志・寺社志）』鳥取県、一九七一年、二三七頁。
（14）『鳥取県史（三巻　近世・政治）』鳥取県、一九七九年、五一七―五二一頁。
（15）『鳥取藩史（四巻　財政志・刑法志・寺社志）』鳥取県、一九七一年、二一八頁・二二九―二三〇頁。
（16）「日記弐番　銭屋店」（安政四年四月―六月（佐古文書：銭屋F一〇―六））。
（17）「大坂御屋敷絵図」（年代未詳（鳥取県立博物館所蔵　鳥取藩政文書一一四〇））中に「御名代早川藤四郎」とある。
（18）「日記三番　本銭屋」（安政四年七月―一〇月一五日（佐古文書：銭屋F一〇―七））。

(19)「日記帳　本銭屋店」(安政五年九月―一二月〈佐古文書：銭屋F一〇―一一〉)。

(20) 森泰博「鳥取藩大坂蔵屋敷の成立」『商学論究』三七巻、関西学院大学、一九八九年、五一九頁。

(21)『鳥取県史(三巻　近世・政治)』鳥取県、一九七九年、三三六―三三七頁。

(22)「万日記」(天保一四年正月―一二月〈佐古文書：鴻池屋F九―四〇〉)。

(23)「万日記」(天保九年正月―一二月〈佐古文書：鴻池屋F九―二九〉)は『鴻池屋Ⅰ』(大阪商業大学商業史博物館史料叢書五巻)大阪商業大学商業史博物館、二〇〇四年に所収。「万日記」(天保一四年正月―一二月〈佐古文書：鴻池屋F九―四〇〉)。

(24) 銭佐「日記」では、安政六年まで江戸雑用金に関する記述は安定しない。その記し方にも差があり、月によっては、組合各家の出銀高も完全な場合、銭佐の出銀額のみの場合、因州屋敷へ手形を納めた事実のみの場合、というように統一された基準で記されていない。銭佐「日記」で、毎月の出銀額が見られるようになるのは、安政三年以降である。ここから雑用金を出銀する組合各家の変化を知ることができるようになる。

(25)「日記帳」(安政三年正月―五月〈佐古文書：銭屋F一〇―三〉)。「日記帳」(安政三年一〇月―一二月〈佐古文書：銭屋F一〇―四〉)。

(26)「〔日記〕」(安政四年正月―三月〈佐古文書：銭屋F一〇―五〉)。

(27) 因州藩の政治的動向は次の文献を参照した。徳永職男「明治新藩制の推移と鳥取藩」『鳥取大学学芸学部研究報告』(人文・社会科学一六巻)一九六六年、四七頁。『鳥取県史(近代一巻　総説篇)』一九六九年、三六〇―三六一頁・三六四―三六五頁。

(28)『鳥取県史(近代一巻　総説篇)』鳥取県、一九六九年、七七―八三頁。

(29)「〔備忘録〕〔鴻池〕」(文政七年―明治五年〈佐古文書：鴻池屋F九―三七〉)。

(30)『鳥取藩史(二巻　職制志・禄制志)』鳥取県、一九七〇年、二九四頁。

(31) 阿部裕樹「幕末鳥取藩京都藩邸の所在と拡大――絵図から見る空間的拡大過程」『鳥取地域史研究』一二号、鳥取地域史研究会、二〇一〇年、四一―四九頁。

(32)「御触書控　壱番(逸身店)」(慶応四年正月―五月〈東区：一三―五〉)。

(33) 沢田章『明治財政の基礎的研究』柏書房、一九六六年、一七二―一七三頁。

(34)「御触書控　逸身店」(慶応四年六月—明治元年一二月〔東区：一三—四〕)。
(35)前掲沢田章『明治財政の基礎的研究』、一七六—一七七頁。
(36)「京江戸別通之控」(安政四年—安政六年〔三井文庫所蔵　別三四五〕)。「雑喉屋聞合書（五通）」(安政四年〔三井文庫所蔵　続五〇八—六〕)。
(37)明治元年一一月一四日条にある倉橋屋庄兵衛からの同日付「因州廻状」に、前田又兵衛は前田又蔵へ改名したとある。
(38)「御触書控（逸身店）」(慶応四年六月—明治元年一二月〔東区：一三—四〕)。
(39)前掲沢田章『明治財政の基礎的研究』、一七九—一八〇頁。
(40)「御触書控（逸身店）」(慶応四年六月—明治元年一二月〔東区：一三—四〕)。
(41)慶応三年一二月一日条にある「因州廻章」では、この銀一七貫七〇〇目は「当十二月分江戸雑用銀」とある。「諸家貸」上では順当に御差別は行われたが、出銀時の「日記」上から見ると宙に浮く雑用金が原則一つどちらか出ることも指摘しておく。「日記」に依れば次の通りである。一〇月三〇日条にある「因州廻章」では「当十一月分雑用金代」合計は銀一八四貫八〇〇目（銭佐は一三貫七〇〇目出銀）。一二月一日条にある「因州廻章」では「当十二月分江戸雑用銀」合計は銀二二一貫四〇〇目（銭佐は一七貫七〇〇目出銀）。
(42)慶応三年一二月一一日条にある「同廻章」では「当十二月分雑用金代」合計は銀二三九貫四〇〇目（銭佐は一七貫七〇〇目出銀）とある。
(43)「諸藩貸上証文写」(明治四年〔佐古文書：銭屋Ｆ一〇—二三〕)。
(44)「諸藩貸上明細」(明治六年〔佐古文書：銭屋Ｆ一〇—三〇〕)には明治二年一一月半元とあり、出金月との違いが見られる。表2の雑用金に関し、ここでも出銀時の日記での月指定と藩債処分での月指定が一月ずれている。
(45)この日には、早川・中村出入分で金五〇〇両（銀一一〇貫目）が元入れされている。
(付記)蔵屋敷について御教示いただいた、鳥取県立博物館及び大嶋陽一氏に感謝申し上げる。

逸身家文書調査・研究の軌跡

本書は、大坂島の内・石灰町で両替商・逸身銀行を経営した銭屋（逸身）佐兵衛家に伝来した逸身家文書に関する一〇年余にわたる共同調査・研究の成果をまとめたものである。ここでは、ご子孫にあたる逸身喜一郎氏より逸身家文書に関する情報が寄せられて、調査を開始した二〇〇四年六月からこれまでの共同調査・研究の軌跡をごく簡単に紹介したい。

共同調査・研究は、逸身家文書の現状記録調査と、その成果をまとめた『大坂両替商・逸身家文書現状記録調査報告書』（ぐるーぷ・とらっど3　二〇〇六—二〇一〇年度科学研究費補助金・基盤研究（S）「16—19世紀、伝統都市の分節的な社会＝空間構造に関する比較類型論的研究」（研究代表者＝吉田伸之）、二〇一〇年、以下「報告書」）の刊行後に組織された逸身家文書研究会の活動に大きく分けられる。

Ⅰ　現状記録調査

二〇〇四年六月二七日、逸身喜一郎氏のご親戚宅に長年保管されていた分（単位一～六）と、逸身氏のお父様が調査のために大阪府箕面市のご自宅で保管されていた分（単位七）を東京大学文学部図書室貴重書庫へ搬出し、その後六回にわたって東京大学日本史学研究室において現状記録調査を行った。調査は吉田伸之氏の指導の下、逸身家文書を素材とした共同研究の展開を意識しながら進められ、調査の合間には研究報告の場も設けられた。

二〇〇四年六月と二〇〇七年五月には、逸身氏、お母様の娩子氏、弟様の健二郎氏からお話をおうかがいする機会を得た。娩子氏からは逸身家で使用された符丁など、逸身家文書を理解する上で重要となる様々な知識をご教示いただいた。

二〇〇七年度には逸身家文書二五〇〇点弱のほぼ全点をマイクロカメラで撮影し、さらにこれらのデジタルスキャニングを行い、共同研究に適した環境を整え、「報告書」の刊行に向けて歩み出した。「報告書」は吉田氏の監修の下、近世・イエ関係を小松愛子、近代・経営関係を小林延人氏と役割分担して編集作業をすすめた。二〇〇九年には「報告書」編集に向けた会議を三回開催した。この会議には、後述する逸身家文書の大阪歴史博物館への移管を視野にいれて、同館の八木滋氏にも新たに参加いただいた。「報告書」編集中には、例えば東京大学法学部法制史資料室といううごく至近な場所で、銭佐本店が位置した石灰町の町有文書とみられる文書群（「大阪石灰町人諸届書」七八点）が見つかるなどしていたが、これに加えて、八木氏から大阪商業大学商業史博物館に所蔵される佐古慶三教授収集文書（佐古文書）の中に「銭佐日記」など四七点が含まれるという新たな情報がもたらされた。この佐古文書中の銭佐関係史料は、幕末維新期の銭佐を構成する人びとの日々の動向を明らかにする、銭佐を理解する上で不可欠な文書群であった。こうした逸身家文書・銭佐に関わる様々な文書群が新たに確認され、研究のさらなる進展が予感される中、「報告書」は二〇一〇年三月の逸身喜一郎氏の定年退職になんとか間に合うかたちで刊行させることができた。「報告書」の構成を以下に示す。

・史料ノート　1逸身家文書の住友関係史料（海原亮）／2文化一四年の御用金（若山太良）／3別家・銭屋市兵衛家と奉公人（松田暁子）／4銭屋佐兵衛と石灰町（吉田伸之）／5「天照皇大神宮御降臨諸事扣」からみる銭屋の社会的関係（竹ノ内雅人）／6逸身家文書から見た維新期通商司政策（小林延人）
・史料紹介　「土佐用日記」解題（小林延人）／翻刻「土佐用日記」123附録
・付録　東京大学法学部法制史資料室所蔵「大阪石灰町人諸届書」史料細胞現状記録

・逸身家文書・史料細胞現状記録（目録）
・現状記録調査の概要（武部愛子）
・逸身家文書・解題（武部愛子・小林延人）
・逸身家文書・解説　逸身家文書と銭佐ならびに逸身家（逸身喜一郎）

Ⅱ　逸身家文書研究会

「報告書」の刊行後、現状記録調査以来の参加者である逸身喜一郎氏、海原亮氏、小林延人氏、小松愛子、杉森哲也氏、竹ノ内雅人氏、中西聡氏、八木滋氏、吉田伸之氏をはじめ、銭佐に関してすでに研究を進めてこられた中川すがね氏、須賀博樹氏という新たなメンバーを加えて逸身家文書研究会を組織し、数年後の論集刊行を目指して共同研究を開始することになった。

二〇一〇年四月には、大阪歴史博物館で第一回の研究会を開き、以後定期的に東京と大阪で研究会を行った。大阪商業大学商業史博物館の佐古文書に含まれる銭佐関係史料については、同館のご協力を得て、全点を撮影することができ、研究会メンバーで共有して読み進めた。また、逸身氏のご実家においても、新たな文書が確認された（単位八〜一二）。この中には、両替商を開業する延享元（一七四四）年から逸身銀行破綻直前の明治三二（一八九九）年までの連続する決算帳簿（「本店銀控帳」〔8-5, 7〕など、銭佐の経営状況を示すきわめて重要な史料も含まれている。

二〇一二年一月には、吉田氏の定年退職を間近に控えて、調査・整理作業の区切りがついた逸身家文書を、東京大学から大阪歴史博物館へ移管することになった。これまで逸身家文書は、作業の便宜上、東京大学文学部図書室貴重書庫に保管されてきたが、吉田氏が、本来あるべき場所——大阪——に返し、将来にわたって閲覧・利用が可能な施設に保管されることが望ましいと逸身氏に勧められ、逸身氏もこれに賛同し、大阪歴史博物館・八木氏に依頼して、同館に寄託されることになった。

のべ一一回にわたって開催した研究会では、新たに確認された文書等の調査成果のほか、本論集に向けた執筆構想報告、提出された論考の書評など、メンバー間で情報を共有しあい相互理解を深めた。このような濃密な議論を重ねてこられたのは、逸身氏の熱意によるところが大きいが、それだけではなく、吉田氏の過去に生きた全ての人びとに対する敬愛のまなざしと逸身氏が用いたプロソポグラフィの手法に通じるところがあったこと、そしてその組み合わせによってひらかれる銭佐の営みの全貌を間近で学び知りたいと、その魅力に研究会メンバーが心打たれていったこともあげられるだろう。

本論集は、共同調査・研究を行ったうちの一一人のメンバーの成果をまとめたものであるが、これまで数多くの方々、機関のご協力・ご教示が得られてここまで到達することができた。末筆ながらここに記して感謝の意を表したい。

・現状記録調査

第一次〔二〇〇四年八月九—一〇日〕　現状記録（単位一〜七）

第二次〔二〇〇四年一二月二二日〕

第三次〔二〇〇五年五月一四日〕　研究報告・吉田伸之「天保一四年御用金一件」

第四次〔二〇〇五年六月一八日〕　研究報告・海原亮「大坂両替商・銭屋佐一郎と幕末の住友」

第五次〔二〇〇五年七月二二—二三日〕　研究報告・石井寛治「廣海家と逸身家の取引関係」、吉田伸之「逸身家系図と佐一郎」、逸身喜一郎「逸身家・人名に関するメモ」

第六次〔二〇〇五年九月二九日〕

第七次〔二〇一〇年四月一九日〕　現状記録（単位八）

第八次［二〇一〇年八月一一―一四日］　現状記録（単位九・一〇）、妙徳寺墓石、精霊棚位牌、くり出し位牌、過去帳・戸籍類の調査
第九次［二〇一四年一月三日］　現状記録（単位一一）

・「報告書」編集会議
第一次［二〇〇九年一月二二日］　研究報告（小林延人）
第二次［二〇〇九年一〇月一日］
第三次［二〇〇九年一二月二一日］　研究報告（海原亮、小林延人、小松愛子）

・逸身家文書研究会
第一次［二〇一〇年四月一七・一八日、於大阪歴史博物館、大阪商業大学商業史博物館］
第二次［二〇一〇年九月五日、於東京大学］　執筆構想報告（逸身喜一郎、小松愛子、須賀博樹、中川すがね、藤田壮介、吉田伸之）
第三次［二〇一一年四月二四日、於東京大学］　執筆構想報告（逸身喜一郎、小林延人、中西聡）
第四次［二〇一一年八月六日、於大阪歴史博物館］　執筆構想報告（逸身喜一郎・須賀博樹・中川すがね）
第五次［二〇一二年一月九日、於東京大学］　執筆構想報告（逸身喜一郎、八木滋、吉田伸之）
第六次［二〇一二年五月一二日、於大阪歴史博物館］　執筆構想報告（逸身喜一郎・小林延人・須賀博樹・八木滋）
第七次［二〇一二年一一月二四日、於東京大学出版会］　第1巻四代佐兵衛 評伝書評会　報告（中西聡・八木滋・吉田伸之）
第八次［二〇一三年五月二七日、於東京大学出版会］　執筆構想報告（小松愛子、須賀博樹、八木滋、吉田伸之）
第九次［二〇一三年七月一九日、於東京大学出版会］　執筆構想報告（海原亮、小松愛子、須賀博樹、杉森哲也）
第一〇次［二〇一三年九月一七日、於東京大学出版会］　論集編集会議
第一一次［二〇一四年二月一三日、於東京大学出版会］　報告者（逸身喜一郎、小松愛子、八木滋）

調査・研究会参加者（五十音順、敬称略）

荒木裕行、石井寛治、逸身喜一郎、海原亮、小野歩実、小原紗貴、垣屋譲治、角和裕子、川勝守生、木下はるか、小林延人、小松愛子、佐藤雄介、須賀博樹、杉森哲也、鈴木淳、曺承美、竹ノ内雅人、中川すがね、中西聡、永原健彦、藤田壮介、松田暁子、三ツ松誠、村和明、八木滋、安田智昭、矢野奈苗、吉田伸之、米岡耕平、若山太良、渡辺拓也

小松愛子

跋

江戸時代には両替商という商いがあった。市井のひとの身近なとらえ方では金貨・銀貨を銭に両替してくれる店である。市中のちょっとした売買で流通する貨幣は銭であるが、そのいっぽうで改まった大金を金貨ないし銀貨で手にすることもある。ただしそのままでは市中で使えない。いまのようにおつりが出ない。というわけで口銭を払っての両替である。

高額の両替もある。江戸は金本位制、大坂は銀本位制だから、金から銀へ、あるいはその逆の両替の必要が起きる。そのために相場がたつ。金と銀との交換レートが変わるという事態から投機が発生する。投機とまでいかなくとも損をしないためにいつ交換すればよいか、その時期を判断することは、大金を扱う者にとって重要な関心事であった。この金銀の交換をするのも両替商である。

さらにまた両替商は金貸しでもある。これも様々なレベルの貸しがある。質屋のように担保をとって小金を用立てることから、長年の取引先との信用関係にもとづいて、今日でいえば小切手を預金よりも超過させて発行することを許すもっと大規模な貸付である。商売人にとっていちいち現金・現銀で支払をすることは端的にいって不便である。節季毎に清算すればよいことである。

手形にはさらに地域を違えての清算もある。大坂の商人が京都での支払のため、いちいち京都まで現金を運ぶことは危険ですらある。京都での「口座」と大坂の「口座」とで数字に即して清算してくれるシステムがあればよい。

このあたりが両替商本来の業務だろう。この書物が扱う大店の「銭佐」の場合、船場の備後《びんご》町《まち》にある店がこれにたずさわった。

商人相手の貸付にくらべはるかに規模の大きな借り手が大名であった。大名は領地の農民から「税」を米で収納する。しかし米の収穫は年に一回しかない。そうした大名に対してやがて収穫される米を担保に、商人が何人か組になって金を貸す。いわゆる大名貸である。銭佐は島之内の石灰町《いしばいまち》の本店でこれに携わった。

さらに大名もまた米以外の収益をあげるために地域の特産物の生産を振興する。ここにも両替商が入り込んだ。領地での生産から都市での消費にあたっての流通に資金がいる。売り手と買い手の仲介も必要で、そのルートの確立と円滑な運用にも両替商が絡んできた。銭佐の場合、砂糖を介して土佐藩と、明礬を介して肥後藩と関係した。

経済学にも日本史にも門外漢である私が以上のような解説を書けるに至ったのは、一〇年余りにわたる耳学問に支えられながら、まがりなりにも私なりに勉強したおかげである。文書発見以前、私の先祖（歴代の銭屋佐兵衛）が大坂の両替商を営んでいたことを知っていても、その実態は文書が現れるまでなにひとつ分からなかった。正確にいえば分かろうともしなかった。

しかし私が評伝で描いたのは経済的側面だけではない。銭佐のイエの人々が商いをどのように捕らえていたかという社会的側面にも留意した。つまり帳簿を読んでいても金額の数字だけではなしに、そこに書き込まれた項目の但し書き、さらには筆跡の推移（帳簿を翻刻したら消えてしまう情報である）にも関心をいだいた。誰が何のためにこの帳簿を書いているのか。

この作業が家族のひとたちの同定にも役に立った。逸身家の過去帳は仏壇の抽斗に入っていたため仏壇ともども戦災にあわずにすんだのであるが、菩提寺の過去帳は焼失した。残された過去帳にあるのは百名をこえる戒名とそれぞれの没年だけで、俗名は（ごく一部を除いて）記されていなかった。誰が誰から生まれ、誰が誰とどんな関係にあったか。誰が誰に対して優位に立っていたのか。人間の同定は基本中の基本だけれど、戒名だけからはほとんど何も分からない。

しかし戒名群は没年順に並べられていなかった。そこでその順序の意味を読み取り、他の史料（たとえば墓石に刻まれた戒名の位置）ともつきあわせ、様々な推論を駆使することでほぼ完璧に同定が可能になった。厖大な数の子供が生まれ、死んでいった。そして産後の肥立ちが悪いのか、母親もまたお産の直後に死ぬことがたいそう多い。いっぽう当主は倅をもうけることに執念を抱いている。それを支えるのは、倅がなければ老後も危うい社会基盤であるし、銭佐を支えている別家や奉公人にとっても店の存続は重要だから、イエは家族のためだけに存続させればよいのではなかった。

家族の同定は出発点であったが、もしそれだけで終わっていたら、評伝は貧しかったろうと思う。家族がある程度分かった段階で次に同定作業を開始したのは、姻戚、店の別家とその家内、手代や下女下男、出入方などイエの周辺である。といっても当時の人々の名前は男でも幼名から幾度も変わるし、当主の名前は人物が変わっても常に同じだし、奉公人の名前となればいってみれば符丁である。さらにこれも今回はじめて分かったのであるが、嫁入りにさいして娘の名前も変えられるのである。銭屋佐兵衛が銭佐となるように、出入りや近所のひとたちも三木東とか石吉と記されて、「フルネーム」で呼ばれることは少ない。それに史料によって字もゆれる。常七と恒七が同一人か否か（これは同一事件を記したふたつの史料のあいだで齟齬が見つかり、同一と結論づけられた）。誰と誰が同一人物かを決定するのは基本中の基本であるが、丹念に史料を読んで記憶しなくてはならない。ある人物がこのときにこのような行動をしていたと新たに決定できたときの快感を喩えれば、ジグソーパズルに新たな一片のピースをはめこむことに通じる。

これまで別家とか出入方という階層は、実際にはどういうものなのかよく分からなかった。それらをたんに階層として大づかみにするのではなく、ひとりひとりの具体的な行動に還元してはじめて見えてくるものがある。別家の女性たちや下女も同様である。

イエに属しイエを取り巻く様々な階層の人々の行動からあらわになるのは、あらゆる仕事が人間関係に還元され、かつすべての人間がどちらが格上でどちらが格下かで位置づけられる社会である。身分制社会といえばそれまでだが、別家間にも序列があるように、階層はあらゆるところで幾層にもなっている。そして身分差を支えるために、忠孝の倫理ともども金銭の授受が機能する。これまた贈答社会といえばそれまでになってしまうが、ことあるごとに人々は馳せ参じ、饗応され、祝儀が渡される。それが人間関係を目に見える形にして秩序を維持するのである。

さらにいえば先祖の供養は一大事であり、先祖尊崇の念が日々の倫理基盤でもあるから、生者のみならず死者との間にも上下関係があるといえる。もし死後の世界というものがありそこで死者たちは生前の倫理を維持しているのなら、西洋かぶれの私は死後たちどころに勘当されてしまうだろう。

評伝には探究の結果だけではなく探究の過程もまた反映している。パズルのピースをはめる模索と推理が楽しかったからだけではない。評伝を書くということそれ自体が何であるか、という問題意識のあらわれとご理解願いたい。森鷗外の『澁江抽斎』を意識しなかった、といえば嘘になるが。

もちろん私の探究の一部始終を逐一書いてはいない。内輪話を言い出せば切りがないが、ただし六〇歳を越えたあとの、字を読む修練はつらかった。外国語を読めないままに外国文学研究をやってしまった、という忸怩たる思いが残る。何百回（何千回？）小松（武部）愛子さんに字の読み方と文章の読み方とを訊いたことか（たんに字が読めないから文章が読めないのではない。日本語の文章の知識に欠けているから字も読めないのである）。小松さんは「まだ相変わらず読めないの？」といった顔ひとつせず、いつも丁寧に教えてくださり、そしてその場で読めない字についてはご自分で考え抜いてあとから回答をいただいた。校正の最後の最後まで元史料にあたり幾多の誤りを訂正して下さったその根気にも頭が下がる。

文書発見以前には数頁にも足りなかったであろう私の知識が、三六四頁もの評伝へと増大したのには多くの幸運が重なっている。まずは逸身家文書が残されたこと。太平洋戦争末期の強制疎開のとき文書を運んだ親戚の家は焼けずにすんだ。最大の僥倖である。しかもそれに加えてその親戚はずっと文書を放っておくことを許してくださった（もっとも誰ひとり文書が残っていることを知らなかった）。かりにもし例えば昭和三〇年代四〇年代に家を壊すようなことが起きていたなら、文書はそのついでに廃棄されてしまっていただろう。そういう時代だった。文書の発見が平成一五年だったことは幸運であった。

故・佐古慶三氏が銭佐関連の史料を収集し、それを大阪商業大学に託されていたことにも感謝したい。日記がなければ銭佐の細かな姿は読めなかった。

吉田伸之さんが私の同僚であったことも幸いした。近世史の泰斗だからといって誰もが吉田さんのような人とは限らないだろう。逸身家文書の簡単な史料報告で終わっていた可能性は多分にある。吉田さんは研究会を組織したのみならず、私に研究会に加わるように、そして私も何かを書くように促した。私にできることはせいぜい先祖の同定ぐらいだろう、といった時、彼にかけてもらったことばは忘れられない。「人間ひとりひとりの歴史こそが歴史叙述の根本にあります」。プロソポグラフィ（個人同定からはじめて人間関係から社会を描き出す手法）の日本史への適用という大げさな言い方を私はしているが、吉田さんの研究方法はすでにそれ以前からプロソポグラフィと多分に通じていた。

私の母が健在であったことも僥倖といえる。跡取り娘であった母は、曾祖父（六代佐兵衛）から祖母を経て伝わった伝承をよく記憶していた。一般にいって娘は息子に比べ親の言葉をよく覚えているものだという。おかしな言い方だが、祖父に息子がいなくてよかった。

「どうせ破産するなら、早うてよかったんとちゃいますか」。八木滋さんはかつて研究会のあと私に大阪弁でこういった。その時には少しむうっとしたが、今思えばこれは至言である。私が九代佐兵衛として家業を継ぐような事態はまずもってなかったろうが、破産から百年以上経っていたからこそ私は東京で西洋古典学を専門とすることができたし、先祖の歴史、ひいては前近代の大坂の社会を客観的に見ることができるようになった。家それぞれであるが、破産というトラウマを脱しきるにはどうも三世代くらいかかるようである。

史料は友を呼ぶというそうだが、まだ銭佐のことが記されているかもしれない未調査の史料が残っている。日本近世史には未読の史料がそれこそ無尽蔵（ほんとうは有限だろうがそれはともかく）に残されている。西洋古典に新史料はない（これにも留保はつくけれど）。研究会の面々に少々うらやましさを覚えるが、なにしろ文字が最後までろくすっぽ読めなかった私はぼつぼつ本業に戻るべき時が来たようだ（残された時間は少ない）。すでに本書第2巻の論文で逸身家文書を他の史料と組み合わせることで視界を広げられている研究会の仲間には、このあとなおいっそう大きな世界を描き出されることを、逸身家文書の所有者という僥倖のおかげで本書の編者のひとりにしていただいた私からエールを送りたい。

逸身喜一郎

吉田伸之・伊藤毅 編	伝統都市〔全4巻〕	A5	各四八〇〇円
西坂靖 著	三井越後屋奉公人の研究	A5	七五〇〇円
杉森哲也 著	近世京都の都市と社会	A5	七二〇〇円
村和明 著	近世の朝廷制度と朝幕関係	A5	六五〇〇円
松方冬子 著	オランダ風説書と近世日本	A5	七二〇〇円
松方冬子 編	別段風説書が語る19世紀	A5	七六〇〇円
松沢裕作 著	明治地方自治体制の起源	A5	八七〇〇円
高橋康夫・吉田伸之・宮本雅明・伊藤毅 編	図集日本都市史	A4	二五〇〇〇円
石井寛治・原朗・武田晴人 編	日本経済史〔全6巻〕	A5	四八〇〇～五五〇〇円

ここに表示された価格は本体価格です．御購入の際には消費税が加算されますので御了承下さい．

両替商　銭屋佐兵衛
2　逸身家文書 研究

2014年10月30日　初　版

［検印廃止］

編　者　逸身喜一郎《いつみきいちろう》・吉田伸之《よしだのぶゆき》

発行所　一般財団法人　東京大学出版会
代表者　渡辺　浩
153-0041 東京都目黒区駒場 4-5-29
http://www.utp.or.jp/
電話　03-6407-1069　Fax 03-6407-1991
振替　00160-6-59964

印刷所　株式会社理想社
製本所　誠製本株式会社

ISBN 978-4-13-026237-8　Printed in Japan

執筆者紹介（編者・50音順）

逸身喜一郎（いつみ きいちろう）（編者・第1巻「四代佐兵衛 評伝」）
1946年生．東京大学名誉教授：西洋古典学
主要著作：『ギリシャ・ローマ文学――韻文の系譜』（放送大学教育振興会，2000年），*Pindaric Metre: The 'Other Half'*（Oxford University Press　2009年）．

吉田伸之（よしだ のぶゆき）（編者・第1巻史料解題9，第2巻第一章）
1947年生．東京大学名誉教授教授：日本近世史
主要著作：『伝統都市・江戸』（東京大学出版会，2012年），『シリーズ　遊廓社会』（全2巻，共編．吉川弘文館，2013-14年）．

海原　亮（うみはら りょう）（第2巻第八章）
1972年生．住友史料館主任研究員：日本近世史
主要著作：『近世医療の社会史』（吉川弘文館，2007年），『江戸時代の医師修業』（吉川弘文館，2014年）．

小林延人（こばやし のぶる）（第1巻史料解題6,7,8，第2巻第六章）
1983年生．秀明大学講師：日本近代史・日本経済史
主要著作：『明治維新期の貨幣経済』（東京大学出版会，2015年刊行予定），「幕末維新期の貨幣経済」（『歴史学研究』898号，2012年）．

小松(武部)愛子（こまつ あいこ）（第1巻史料解題10，第2巻第四章）
1979年生．東京大学大学院人文社会系研究科特任助教：日本近世史
主要著作：「寺院領主と地域社会」（塚田孝・吉田伸之編『身分的周縁と地域社会』山川出版社，2013年），「寛永寺貸付金をめぐる一考察」（『東京大学日本史学研究室紀要別冊 近世社会史論叢』，2013年）．

須賀博樹（すが ひろき）（第1巻史料解題3，第2巻第一〇章）
1971年生．日本近世史
主要著作・論文：「安政六年の天保通宝払い下げ」（『日本歴史』665号，2003年），「近江屋猶之助両替店の大名貸史料」（『大阪商業大学商業史博物館紀要』10号，2009年）．

杉森哲也（すぎもり てつや）（第2巻第三章）
1957年生．放送大学教養学部教授：日本近世史
主要著作：『近世京都の都市と社会』（東京大学出版会，2008年），『描かれた近世都市』（山川出版社，2003年）．

竹ノ内雅人（たけのうち まさと）（第1巻第二章）
1977年生．東京大学大学院人文社会系研究科助教：日本近世史
主要著作：「近世後期佃島の社会と住吉神社」（『年報都市史研究』14，2006年），「南信地域における

神職の組織編成と社会変容」（塚田孝・吉田伸之編『身分的周縁と地域社会』山川出版社，2013年）.

中川すがね（なかがわ すがね）（第1巻史料解題4,5，第2巻第五章）
1960年生．愛知学院大学文学部教授：日本近世史
主要著作：『大坂両替商の金融と社会』（清文堂出版，2003年），「江戸後期の本両替経営について――銭屋市兵衛を例に」（愛知学院大学『人間文化研究所紀要』28，2013年）.

中西　聡（なかにし さとる）（第2巻第七章）
1962年生．慶應義塾大学経済学部教授：日本社会経済史
主要著作：『近世・近代日本の市場構造』（東京大学出版会，1998年），『海の富豪の資本主義』（名古屋大学出版会，2009年）.

八木　滋（やぎ　しげる）（第1巻史料解題1,2，第2巻第九章）
1969年生．大阪歴史博物館学芸員：日本近世史
主要著作：「青物商人」（『身分的周縁と近世社会』3，吉川弘文館，2007年），「近世前期道頓堀の開発過程」（『大阪歴史博物館研究紀要』12，2014年）.

総索引

1. 配列は五十音順を原則としたが，人名は同族でまとめるなど，一部便宜的に配列した．
2. 数字は第2巻「逸身家文書 研究」のページ数，（ ）で示した数字は第1巻「四代佐兵衛 評伝」の節番号，「解」を付した数字は第1巻所収の史料解題の番号を示す．
3. 太字のページ数は，その後頻出することを示す．
4. 人名については第1巻「人名索引」も参照されたい．

あ 行

か　行

さ　行

た　行

な 行

は 行

ら 行

わ 行